21 世纪法学系列教材

网络与人工智能法学

Cyber and Artificial Intelligence Law

主　编｜王建文

副主编｜王　炳　李宗辉

撰稿人｜王建文　王　炳　王文军
以姓氏笔画为序｜孙清白　李宗辉　刘　伟
郑文革　洪　骥　熊　敬

法律出版社
——北　京——
始创于 1954 年

图书在版编目(CIP)数据

网络与人工智能法学 / 王建文主编 ; 王炳, 李宗辉副主编. -- 北京 : 法律出版社, 2023
ISBN 978-7-5197-7467-7

Ⅰ. ①网… Ⅱ. ①王… ②王… ③李… Ⅲ. ①人工智能-法学-研究-中国 Ⅳ. ①D922.174

中国国家版本馆 CIP 数据核字(2023)第 002926 号

网络与人工智能法学
WANGLUO YU RENGONG ZHINENG FAXUE

王建文 主 编
王 炳 李宗辉 副主编

责任编辑 吴 昉 蒋潆莹
装帧设计 凌点工作室

出版发行 法律出版社
编辑统筹 法律教育出版分社
责任校对 王 丰 李景美
责任印制 刘晓伟
经 销 新华书店

开本 787 毫米×1092 毫米 1/16
印张 19.5 **字数** 352 千
版本 2023 年 2 月第 1 版
印次 2023 年 2 月第 1 次印刷
印刷 固安华明印业有限公司

地址:北京市丰台区莲花池西里 7 号(100073)
网址:www.lawpress.com.cn
投稿邮箱:info@lawpress.com.cn
举报盗版邮箱:jbwq@lawpress.com.cn

销售电话:010-83938349
客服电话:010-83938350
咨询电话:010-63939796

书号:ISBN 978-7-5197-7467-7
定价:45.00 元

凡购买本社图书,如有印装错误,我社负责退换。电话:010-83938349

出 版 说 明

法律出版社作为中国历史悠久、品牌积淀深厚的法律专业出版社，素来重视法学教育图书之出版。

原“21世纪法学规划教材”系列作为本社法学教育出版的重心，延续至今已有十余年。该系列一直以打造新世纪新经典教材为己任，遍揽名家新秀，因其卓越品质而颇受瞩目并广受肯定。当前，根据法学教育发展变化的客观需要，本社将原有教材系列调整重组，形成新编“21世纪法学系列教材”，以便更好地为法学师生服务。

中国的法学教育正面临深刻变革，未来的法学教育势必以培养高素质法律人才为目标，以知识教育与应用教育相结合、职业教育与素质教育相结合、精英教育与大众教育相结合为导向，法学教育图书的编写与出版也将由此进入变革与创新的时代。

为顺应未来法学教育的改革方向和发展趋势，本社将应时而动，为不同学科、不同层次、不同阶段、不同需求的法学师生量身打造法学教材及教学辅助用书。在教材方面，将推出课堂教学系列、实训课程系列、通识课程系列、简明本系列、双语教学系列等；在教学辅助用书方面，将推出案例教程系列、法规教程系列、练习与测验系列、法学讲座系列、专业培训系列等。或革新，或全新，以厚基础、宽口径、多元化、开放性为基调，力求从品种、内容和形式上呈现崭新风采，为法学师生提供更好教本与读本，同享教材规划之盛。

“好书，同好老师和好学生分享。”本社在法学教育图书出版上必将继往开来，以精益求精的专业态度，打造全新“21世纪法学系列教材”，传播法学知识，传承法学理念，辅拂法律教育事业，积累法律教育财富，服务万千法学师生和明日法治英才。

法律出版社

2015年1月

作 者 简 介

王建文 法学博士，南京大学法学院教授、博士生导师，国家社科基金重大项目“优化市场化法治化国际化便利化营商环境研究”首席专家，首批国家级一流本科课程“网络与人工智能法”负责人。主要研究领域为商法、金融法，并立足于民商法开展网络与人工智能法领域的交叉学科研究、营商环境研究与评价工作。主要社会兼职有：江苏省委法律专家库成员，江苏省人大常委会立法工作决策咨询专家，江苏省政协法律顾问，江苏省法官、检察官遴选委员会非常任委员，南京市中级人民法院特邀咨询专家，南京市秦淮区委法律顾问。主要学术兼职有：中国商法学研究会常务理事兼信托法专业委员会主任，江苏省法学会商法学研究会副会长兼秘书长，江苏省法学会互联网与信息法学研究会会长。获中国法学会商法学研究会“2020 中国商法年度人物”（2021 年入选）、第三届江苏省优秀青年法学家（2013 年入选）、江苏省“333 高层次人才培养工程”中青年科学技术带头人（2011 年入选）、江苏省高校“青蓝工程”中青年学术带头人（2010 年入选）、江苏省高校“青蓝工程”优秀青年骨干教师（2004 年入选）等荣誉称号。主持国家社科基金重大项目及一般项目、中国博士后科学基金特别资助项目及面上项目、教育部人文社会科学研究项目、江苏省社会科学基金重点项目及一般项目等国家级及省部级课题多项，并承担江苏省人大常委会法制工作委员会、江苏省工商业联合会、江苏省司法厅委托课题多项。作为第三方评价负责人，持续承担江苏省营商环境评价工作。在《中国法学》、《法学家》、《法商研究》、《法律科学》、《法学》、《现代法学》、《法学评论》、《比较法研究》、《环球法律评论》、《政治与法律》、《当代法学》、《法学论坛》、《法学杂志》及《比较法学》（日本）等学术刊物发表学术论文百余篇，其中十余篇被《中国社会科学文摘》《高等学校文科学术文摘》《中国人民大学复印报刊资料》《社会科学文摘》转载。出版专著、专著型统编教材 20 余部，主要有：《商法总论研究》（中国当代青年法学家文库 · 王建文商法学研究系列，2021 年，独著）、《证券法研究》（中国当代青年法学家文库 · 王建文商法学研究系列，2021 年，独著）、《商法教程》（第 4 版）（“十三五”江苏省高等学校重点教材，2019 年，独著）、《中国商法的理论重构与立法构想》（法律科学文库 · “十二五”国家重点图书出版规划，2018 年，独著）、《公司高管重大经营决策失误民事责任研究》（2012 年，第一作者）、《中国商法立法体系:批判与建构》(2009 年,独著)、《商法学》(第 5 版)(2021 年,第二作者)、《证券法》(第 3 版)(2020 年,第二作者)、《商法总论》(第 2 版)(2019 年,第二作者)、《公司法》(第 5 版)(“十二五”普通高等教育本科国家级规划教材,2018 年,第二作者)、《保险法》(2017 年,第二作者)、《破产法》(2009 年,第二作者)、《商法的价值、源流及本体》(第 2 版)(2007 年,第二作者)、《商法基础理论专题研究》(教育部高等教育司推荐“研究生教学用书”,2005 年,第二作者)、《商法》(第 2 版)(教育部高等教育司组编、全国成人高等教育规划教材,2005 年,第二作者)、《商法论》(2003 年,第二作者)、《商法学》(马克思主义理论研究和建设工程重点教材,2019 年,参编)等。

王　炳　法学博士,南京航空航天大学法律系教授,网络与人工智能法治研究院院长,首批国家级一流本科课程“网络与人工智能法”执行负责人,牛津大学访问学者(2014 年 11 月 -2015 年 11 月)。兼任江苏省法学会互联网与信息法学研究会副会长兼秘书长、江苏省法学会经济法学研究会副会长、中国法学会网络与信息法学研究会理事、中国法学会经济法学研究会理事、中国计算机协会计算法学分会执行委员,为国家社科基金项目同行评审专家、科技部基地与外专项目评审专家、中国科协网络与数据法治决策咨询专家团队专家、江苏省市场监督管理局公平竞争审查和反垄断专家、江苏省司法厅合法性审查专家等。主持国家社科基金重点项目、一般项目、重大项目子课题及教育部人文社会科学研究项目、江苏省社科基金项目、江苏省高校哲学社会科学研究项目等课题 7 项,主持或参与其他课题 20 余项,出版独著 3 部、合著 3 部,在《法律科学》《法学评论》《人民日报》等主流期刊及权威报纸发表论文多篇,多篇论文被《中国人民大学复印报刊资料》、中国社会科学网、光明网、人民网等全文转载,论文多次获得全国或省经济法学研究会等奖项。

李宗辉　法学博士,南京航空航天大学法律系副研究员,网络与人工智能法治研究院副院长,知识产权研究咨询中心主任,首批国家级一流本科课程“网络与人工智能法”主要成员。兼任江苏省大数据与人工智能法学研究会副会长、江苏省法学会互联网与信息法学研究会常务理事、中国知识产权法学研究会会员、中国通信学会网络空间安全战略与法律委员会委员、江苏省知识产权法学研究会理事、江苏省法学教育研究会理事。主要研究方向为知识产权法。主持国家社科基金、司法部课题各一项,出版专著 3 部,在《中国法学(英文版)》《现代法学》《法商研究》《知识产权》《人民日报》《电子知识产权》等刊物上发表学术论文 70 余篇,参与编写数部知识产权法学教材和工具书。

王文军 法学博士，南京航空航天大学法律系教授，首批国家级一流本科课程“网络与人工智能法”主要成员。兼任江苏省法学会互联网与信息法学研究会理事等。主要研究方向为民法学。主持国家社科基金、教育部人文社科规划基金等多项课题，出版专著《继续性合同研究》《提单项下海运货物索赔之请求权基础研究》，合著《我国物权立法难点问题研究》（崔建远主编，清华大学出版社2005年版），在《法商研究》《清华法学》《法学》《法律科学》《政治与法律》等期刊发表学术论文30余篇。

刘　伟 法学博士，江苏省社会科学院法学研究所副研究员，江苏省第六期“333高层次人才培养工程”培养对象。兼任江苏省法学会刑法学研究会常务理事，江苏省法学会案例法学研究会副会长，中国法治现代化研究院特邀研究员，中共江苏省委政法委省级重大决策社会稳定风险评估专家库专家。主要研究方向为刑法理论、经济刑法。主持国家社科基金青年项目和一般项目、最高人民检察院检察理论一般项目、江苏省法学会年度项目等多项课题，出版学术专著《经济刑法规范适用原论》《集资型金融犯罪刑法规制完善问题研究》，在《环球法律评论》《法学》《政治与法律》《中国刑事法杂志》等刊物发表学术论文多篇，部分文章被《中国社会科学文摘》《中国人民大学复印报刊资料》全文转载。

熊　敬 法学博士，南京航空航天大学法律系讲师，首批国家级一流本科课程“网络与人工智能法”主要成员。兼任最高人民法院第三巡回法庭诉讼服务志愿专家、江苏省法学会互联网与信息法学研究会理事、江苏省法学会商法学研究会副秘书长。主要研究方向为公司法、信托法、网络与人工智能法。国家社科基金重大项目“优化市场化法治化国际化便利化营商环境研究”主要成员。在CSSCI来源期刊发表论文多篇。

郑文革 法学博士，南京航空航天大学法律系讲师，首批国家级一流本科课程“网络与人工智能法”主要成员。兼任江苏省法学会互联网与信息法学研究会理事等。主要研究方向为法学理论、西方法律思想史、网络与人工智能法学等。国家社科基金重大项目“优化市场化法治化国际化便利化营商环境研究”主要成员。

洪　骥 法学博士，南京航空航天大学法律系讲师，首批国家级一流本科课程“网络与人工智能法”主要成员。兼任早稻田大学比较法研究所兼职研究员。主要研究方向为行政法。在《比较法学》（日本）、《早稻田法学会誌》（日本）、《日本法研究》等中日文期刊发表论文多篇。

孙清白　法学博士，南京航空航天大学法律系讲师，首批国家级一流本科课程"网络与人工智能法"主要成员。兼任江苏省法学会互联网与信息法学研究会理事兼副秘书长、江苏省法学会大数据与人工智能法学研究会理事。主要研究方向为互联网与信息法学、大数据与人工智能法学。国家社科基金青年项目"数字经济发展视野下商业数据交易规则体系建构研究"(22CFX078)负责人，国家社科基金重大项目"优化市场法治化国际化便利化营商环境研究"主要成员。在《行政法学研究》《法学杂志》等学术期刊发表文章多篇。

前　　言

当今世界,互联网与人工智能广泛融合于国际、国家、社会与个人事务中,网络安全、电子政务、电子商务、网络金融、网络知识产权、网络犯罪等领域的法律问题日益突出,人工智能法律问题也日益严峻。为此,我国近年来颁布了《网络安全法》《数据安全法》《个人信息保护法》《电子商务法》等法律法规,相关法律法规逐步实施,相关教学活动也在不同程度上展开,但相关教材较为缺乏。这严重影响网络与人工智能法的教学与科学研究。因此,为促进新时代人才培养与前沿问题研究,开展网络与人工智能法的教学和教材撰写工作可谓当前迫切的社会需求。

在推进网络与人工智能法学课程建设过程中,教育部启动了国家级一流本科课程建设工作,我带领团队顺势而为、积极申报,于 2020 年顺利获批首批国家级一流本科课程“网络与人工智能法”。为推进课程建设,我们在 2020 年年底即启动了本教材的写作工作,但因其间陆续出台多部相关法律,故延搁至今。

本书紧跟网络与人工智能法前沿问题,具有开放性和学术性。这有利于培养学生思考问题和解决问题的能力,促进新时代人才的全面发展。本书主要根据我国近年来出台的《民法典》《网络安全法》《数据安全法》《个人信息保护法》《电子商务法》《电子签名法》等法律法规编撰,并将我国实践中比较突出的电子政务法、网络金融法、网络知识产权法、网络犯罪、人工智能法的内容独立成章进行编撰。这将使本教材具有实践价值。

本书的主要特色有三。一是前沿性,本教材紧跟时代发展前沿,将网络与人工智能法的新现象、新趋势、新问题融入其中。二是科学性,本教材以网络与人工智能法的成熟理论为基础,体现网络与人工智能法学的最新研究成果,具有理论先进性。三是实用性,本教材阐述网络与人工智能法的实践问题与解决对策,对网络与人工智能法的实践工作具有益处。本书的创新性之处在于:结合技术前沿,将法律前沿与理论前沿融为一体。

本书由王建文教授、王炳教授负责组织撰写和统稿,各章撰写者分别为:第一章网络与人工智能法学导论,郑文革、王建文;第二章网络安全法,王文军;第三章电子政务法,洪骥;第四章电子商务法,熊敬、王建文;第五章网络金融法,王炳;第六章网络知识产权法,李宗辉;第七章网络犯罪,刘伟;第八章人工智能法,孙清白、王建文。

网络与人工智能法的发展可谓日新月异,我们虽竭尽所能,但书中不足和疏漏之处在所难免,恳请广大读者不吝批评指正。

王建文

2022 年 6 月于南京

目　录

第一章　网络与人工智能法学导论

第一节　网络与人工智能法学概述

一、网络与人工智能

(一)网络与人工智能的基本内涵

网络一般是指由节点和连接节点的线路构成的交错连接的系统,各节点之间相互联系,具有多点性、连结性、交互性等特点。本书所称网络主要是指互联网(Internet),即由计算机网络相互连接而形成的全球性网络。互联网是由1969年美国的阿帕网(ARPANet)发展演变而来的。最初的阿帕网只有加利福尼亚大学洛杉矶分校、斯坦福大学、加利福尼亚大学和犹他州大学四个节点,后来逐渐发展成全球性互联互通的庞大网络。互联网基于一组通用协议——传输控制协议(Transmission Control Protocol,TCP/IP)将原本独立的所有计算机网络连接到一起,形成资源互通、互联合作的体系。互联网的核心其实就是这些协议,它们是互联网行为的基本规则。只有遵守这些协议,各个计算机网络才能够互联互通,实现互联网开放、互联、共享的目的。互联网的发展速度超乎人们的想象,其功能也大大超越了设计者的最初目的。目前网络已广泛应用于社会生活的各个领域,与人们日常生活息息相关、密不可分。互联网不但是一种物理的计算机网络连接系统,而且已经形成了人们社会交往的新空间,即网络空间(cyberspace)。网络空间是人们社会活动的新领域,现实社会中的很多行为可以通过网络来完成,很多需求都可以在互联网上得到满足,如网络购物、网络金融、网络教育、网络医疗等。因此,网络空间已然成为社会活动的第二空间,人们在网络上的行为和交往逐渐形成一个新的网络社会。网络社会如同现实社会一般,会产生各种各样的问题,如网络犯罪、网络侵权等。这些问题同样需要规制,因而对网络社会进行规制是社会发展的必然结果。社会规制的方式多种多样,网络社会有着不同于现实社会的虚拟性、去中心化和全球性等基本特征,但如何科学合理地规制网络空间需要进一步深入讨论。

人工智能一般是指具有一定人类智力的信息技术体。首先,人工智能是信息技术体。因此,人工智能为非自然物,而是人类研究、设计、创造的物,其融合一定的信息技术并体现于产品等创造物中。其次,人工智能具有一定的人类智力。按照人工智能的智力水平高低,可以将人工智能分为弱人工智能、类人工智能和超人工智能。最后,人工智能可在一定程度上从事人类意欲从事的活动,而人类研究、设计、创造人工智能是为了使其替代人类活动或完成人类难以完成的复杂活动。

值得指出的是,网络的概念与人工智能的概念虽然不同,但二者是紧密相连的范畴。理由在于:网络中常常存在人工智能的要素,进而使网络与人工智能融为一体,使网络成为智能网络;而人工智能虽然有时可相对独立地运行,但其在内部构造上存在网络系统,其外部工作条件有时也离不开互联网的支撑。因此,现代网络是智能化网络,而高级人工智能是网络化智能。因此,网络与人工智能二者之间常常是相互嵌套的关系。

(二)网络与人工智能的基本特征

1. 虚拟性

网络与人工智能具有一定的虚拟性。网络的虚拟性,是指互联网上的人不是现实中活生生的人,而是戴着面具的人。网络空间的人的身份是匿名的,我们不知道与我们在网上沟通的人在现实中的身份,正如《纽约客》1993 年 7 月 5 日刊登的彼得·施泰纳(Peter Steiner)的那幅漫画所示,“互联网时代,没有人知道你是一条狗”。互联网的这种虚拟性会让网络参与者拥有不同于现实中的较大程度的自由,而这种不加限制的自由会在网络领域产生一系列问题。与此同时,网络的虚拟性特征还会导致网络参与者之间信息的不对称。这种信息失衡很容易被用来从事违法犯罪活动,如通过网络全面搜集他人信息从事诈骗活动、利用网络消费者信息掌握有限的情况哄抬物价等。这些都需要法律进行规制,虚拟网络社会的新情况、新问题极大地拓展了法律规制的范围和广度,展现了法治的新形态、新模式。人工智能的虚拟性在于,人工智能是由虚拟的程序、算法、数据等进行控制的,其内嵌于智能产品与其终端中,有时需与虚拟的互联网连接才可运行。这使得人工智能侵害行为的认定、法律责任的分配等问题具有挑战性。

2. 去中心化

去中心化是互联网发展过程中产生的新型社会关系形态,也是互联网内容生产的新形态。去中心化是相对于中心化来说的。中心化就是互联网中有中心、有节点,节点依赖于中心,离开中心,节点无法单独存在。去中心化则与之截然相反,即没有所谓的中心,所有人既是节点也是中心,不存在相互依存的关系。在 Web2.0 兴起后,互联网的去中心化特点越来越明显,诸如网络百科、微博微信、网络论坛等,所有人都可以参与编辑相关内容或发表自己的相关看法,共同完成互联网的信息创造过程。这对新的互联网特征的形成具有重大的变革性意义。网络的去中心化特征彻底改变了传统的信息产出与传播方式,极大地促进了网民的参与积极性,丰富了网络的内容和形式,每个网民都可以是信息的制造者和传播源,进而使互联网呈现更加扁平化和多元化的特点。不过,去中心化也有一定的缺陷,如信息的真实性、言论自由的边界等,进而导致网络谣言等现象屡禁不止。特殊情况下的网络谣言会严重影响社会稳定,因而必须由法律规范来设定网上言论的边界。诸如此类的问题对网络法律规制的精细化程度提出了很高的要求。就人工智能而言,其可以以独体物形式存在,自我运行;也可能仅受到某一独立程序操纵运行;更可能依托互联网而运行。但无论如何,人工智能都可能摆脱社会控制而独立存在,实现去中心化。这样,人工智能的应用风险问题就需要进行法律规制。

3. 全球性

网络是计算机之间的互通互联,这种互通互联可以跨越国界,只要满足特定的条件,就可以把世界上所有的计算机都连接起来。这种跨越国界的计算机之间的互联互通就表现为网络的全球性。网络的全球性加快了信息的流通和产出,变革了人们的沟通方式和交往模式,给人们的生活带来了极大的便利。然而,网络的全球性特征是一把“双刃剑”,在带来各种便利的同时,同样会带来很多问题。网络空间是虚拟的,不会受到物理国界的限制,没有任何一个国家或主体能够有效地控制整个互联网系统。当网络参与者的活动跨越了国界之时,在管辖治理、法律适用等方面就会产生一系列的冲突与问题。就人工智能而言,其可能因受到互联网的控制而跨国运行,也可能因远程控制的独立程序而跨国运行。因此,网络与人工智能的全球性突破了传统法律地域效力范围的限制,这也决定了未来网络与人工智能法治必须走全球合作的道路。因此,各国应当在最大限度上求同,在合理范围内存异,共同促进全球网络与人工智能法治发展。

二、网络与人工智能法

(一)网络与人工智能规制的路径选择

网络与人工智能不是法外之地,对网络与人工智能进行规制是社会实践发展的必然要求。申言之,将网络与人工智能纳入国家法律的规制范围,也是现代法治建设的必然要求。然而,在网络与人工智能的发展过程中,网络与人工智能是否需要法律规制、如何进行法律规制曾备受争论,争点在于对网络与人工智能究竟采取何种规制路径。

1. 法律不加规制

互联网先驱约翰·佩里·巴洛(John Perry Barlow)主张网络空间不应受到现实

社会中政府的干涉,不受现实社会中法律的规制。他在1996年发表的《网络空间独立宣言》开篇明确阐明了自己的观点:"工业世界的政府,你们这些令人生厌的钢铁巨人,我来自网络空间,思想的新家园。我代表未来,请求过去的你们不要管我们。我们不欢迎你们。在我们聚集之地,你们没有主权。"〔1〕巴洛是典型的网络空间无政府主义者,他质疑现实世界政府的权威,并主张政府不应介入网络空间的任何事项,一切应该由技术人员和网民组成的共同体来统治。这一宣言实际上是针对美国政府1996年2月通过的《通讯内容端正法》(The Communication Decency Act)而作,后者因禁止互联网站向未成年人发放或展示猥亵或明显令人不安的信息内容而被法院宣布部分违宪。可以说,巴洛的思想代表了相当一部分人的主张。这主要是因为,美国政府自互联网诞生之日起就没有制定过法律来规制网络行为。这和互联网发展初期很多人认为互联网极大地增加了个人对抗政府的力量的观点是一致的。〔2〕 然而,互联网的超脱地位只能停留在互联网先驱者们的理想主义乌托邦思想之中,网络社会的快速发展使得网络对人们的日常生活影响越来越大,人们越来越多的行为都在网络上完成,网络不是法外之地逐渐成为人们的共识。就人工智能而言,虽然人们对人工智能的风险存在担忧甚至恐惧,进而希望通过法律加以规制,但由于人工智能体不具备法律关系主体地位和责任能力,故人工智能体本身是否需要法律规制也存在疑问。

2. 非法律规范规制

有观点认为,以计算机为基础的全球性沟通打破了物理的边界,破坏了以地理地域为基础的法律的正当性与可行性。一种有别于地域界限的以屏幕和密码为基本构成的新界限将网络世界与现实世界区分开来,网络世界能够创造自己的法律与制度,这些新规则调整的是现实世界从未有过的现象,并且会凝聚成网络参与者自己的价值观。〔3〕 这一观点的核心是主张互联网的行业自治,由网络参与者形成自己的自治准则,将网络世界交给社会,而不是交给政府。这一层面的互联网治理在技术层面得到了很大程度的实现。例如,1994年10月万维网的发明者蒂姆·伯纳斯·李(Tim Berners-Lee)在麻省理工学院计算机科学实验室创立的万维网联盟(World Wide Web Consortium,W3C),又称"W3C理事会",是Web技术领域最具权威和影响力的国际中立性技术标准机构。自其成立迄今,已发布近百项关于万维网的技术标准和实施指南,如广泛采纳的超文本标记语言(Hyper Text Markup Language,HTML)、可扩

〔1〕 John Perry Barlow, *A Declaration of the Independence of Cyberspace*, EFF(Jan. 20, 2016), http://homes.eff.org/cyberspace-independence.

〔2〕 参见胡凌:《"马的法律"与网络法》,载《网络法律评论》2010年第1辑。

〔3〕 See David R. Johnson & David Post, *Law and Borders – The Rise of Law in Cyberspace*, 48 Stanford Law Review 1367-1402 (1996).

展标记语言(Extensible Markup Language,XML)以及 Web 内容无障碍指南(Web Content Accessibility Guidelines,WCAG)等,对互联网的发展具有重要的基础性作用。就人工智能而言,企业通过科技创新填补人工智能漏洞,通过建章立制进行自我监管是多元共治体系的一部分。[4] 为此,欧洲联盟(European Union,EU,以下简称欧盟)人工智能高级专家组于 2019 年 4 月发布了《可信任人工智能伦理指南》(The Ethics Guidelines for Trustworthy Artificial Intelligence),提出了人工智能应尊重人类自治、预防损害、公平、可解释性的四项伦理原则。2019 年 6 月,我国国家新一代人工智能治理专业委员会发布了《新一代人工智能治理原则——发展负责任的人工智能》,明确人工智能发展相关主体应遵循和谐友好、公平公正、包容共享、尊重隐私、安全可控、共担责任、开发协作、敏捷治理原则。可见,从非法律规范层面探讨人工智能规制问题也是重要问题之一。

3. 法律规范规制

由于网络引发的一系列社会问题,人们认识到对网络空间实行规制的重要性和必要性,目前对网络空间进行法律规制已经基本形成共识,存有异议的仅仅是网络空间法律规制的范围与深度。就人工智能而言,无论其是否具有中立性,预防其风险、阻止其损害、追究相关主体法律责任问题已成为法学界的共识。法律规制固然有其一定的局限性,但一定程度的不足并不能妨碍法律规制和有效性,这些局限可以在理论和实践的不断努力下加以完善。不过,社会仍然难免为此担忧,因为规制模式和效果确实是一个重大问题。正如法谚所云:“法非良法,不如无法。”因此,网络与人工智能法律规制具体采取何种规制模式和规制路径依然是值得深入探讨的问题。

(二)网络与人工智能法的名实之争

1. “马法之议”

1996 年美国芝加哥大学举办了一次网络法研讨会,美国法官弗兰克·伊斯特布鲁克(Frank H. Easterbrook)以《网络空间与马的法律》一文阐释了自己对于网络法的观点,并引起热烈的反响。伊斯特布鲁克在该文开篇指出,芝加哥大学法学院前院长格哈德·卡斯帕(Gerhard Casper)说过“他很自豪芝加哥大学没有一门叫马法的课程”。卡斯帕这么说的意思是,诸如“法律与……”这样的课程只能在所涉主题能够反映法的整体时才会开设,马法显然不满足这样的条件,因为之前已经有了很多有关马的买卖、马的侵权、马的饲养等方面的判例,这些判例都是在既有的法律框架下作出的,马法只是各个部门法在马这一特殊事物中的反映,因而其独立显然没有必要。据此,伊斯特布鲁克进一步指出,现在同样不需要有一门叫作“网络法”(cyberlaw)的课

[4] 参见张吉豫:《构建多元共治的算法治理体系》,载《法律科学(西北政法大学学报)》2022 年第 1 期。

程,因为既有的法律框架同样可以解决关于网络方面的法律问题。[5] 伊斯特布鲁克的观点即学者通常所谓的“马法之议”,旨在否定网络法作为一个独立部门法的合理性与必要性。在我国,也有学者认为,“网络法”一词本身就是不科学的主观臆造的提法,因为鲜有一种法律是以其特征化技术来定义的。互联网引发的法律问题大多是“新技术,老问题”,大多数现有法律规制可以灵活调整处于规则边缘或空隙中的新的社会实践,对互联网所涉法律问题的研究,其重心宜放在如何将现有法律有效地适用于新的环境上,而不是动辄制定新的法律,导致立法资源的巨大浪费。[6] 其实,这一观点和“马法之议”的核心论点异曲同工,都是反对给予网络法以独立的地位,主张在现有的法律体系框架内解决网络法律相关问题。在网络法刚起步的阶段,“马法之议”确实具有很大的说服力,因为这时人们并没有认识到网络可能产生的重大影响,以独立部门法的方式来进行规制和研究确实有点画蛇添足。然而网络的迅猛发展以及其对社会生活深远而广泛的影响逐渐动摇着“马法之议”,现实的需求迫使人们重新思考网络法独立的意义。对于人工智能的发展带来的新问题而言,如果没有正确的分析方法,同样很容易再次步入“马法”的误区。[7]

2. 网络与人工智能法之议

在“马法之议”提出不久,1999 年哈佛大学的劳伦斯 · 莱斯格(Lawrence Lessig)发表文章回应了伊斯特布鲁克的观点。莱斯格表示他也不认同关于“马的法律”是有必要的,但是网络法和“马的法律”确有着本质的区别,因为网络领域的法律规制能够给我们呈现其他领域所没有的一些特征,比如隐私保护等问题在现实世界和网络世界就截然不同。此外,网络法并非像伊斯特布鲁克所说的那样“只是有关具体领域的知识,无法体现法的整体和一般规则”,网络与法的结合同样会产生很多重要的法律基础知识点。正是这些基础知识点和基本价值为我们学习研究网络法提供了根据和缘由。[8] 莱斯格的核心观点是,网络法并非简单的“马的法律”,因而不能用“马法之议”来否认网络法的独立,同时强调了网络法具有其独特的意义和价值。随着时间的推进以及近些年网络的快速发展、人工智能技术的演进,网络与人工智能法作为一门独立的部门法已经基本成为共识。以网络法为基础,网络与人工智能法相关课程也已经在各大法科院校广泛开设。网络与人工智能法学作为独立的二级学科,除传统的调

[5] See Frank H. Easterbrook, *Cyberspace and the Law of the Horse*, 1996 University of Chicago Legal Forum 207 (1996).

[6] 参见刘满达:《“网络法”热的冷思考》,载《当代法学》2003 年第 5 期。

[7] 参见李琛:《论人工智能的法学分析方法——以著作权为例》,载《知识产权》2019 年第 7 期。

[8] See Lawrence Lessig, *The Law of the Horse: What Cyberlaw Might Teach*, 113 Harvard Law Review 501 (1999).

整对象和调整方法标准之外，还可以从领域法学的角度来进行论证。所谓领域法学（Science of Field Law），是指以问题为导向，以特定经济社会领域全部与法律有关的现象为研究对象，融经济学、政治学和社会学等多种研究范式于一体的整合性、交叉性、开放性、应用性和协同性的新型法学理论体系、学科体系和话语体系，具有研究目标的综合性、研究对象的特定性以及研究领域的复杂性等特征。[9] 在社会不断发展进步的过程中，法律需要紧跟社会的步伐，领域法学可以说是法律对社会发展变化的一种自我调节器，此前产生的新兴法学学科如环境保护法、社会保障法等都可以视为一种领域法学。网络与人工智能法学即是研究网络与人工智能领域法律现象的特殊法学学科，网络与人工智能法学作为一种新兴的领域法学，其涉及的学科范围更广，跨度更大，尤其涉及与人文社科关系不是很紧密的网络与计算机学科，这是作为领域法学的网络与人工智能法学和传统部门法学最大的不同，也是其基本特征。

在实践中，网络与人工智能法学的产生同样具有其正当性。网络的不断发展产生了一系列问题，甚至会产生网络与人工智能犯罪行为，严重影响了社会秩序，人们逐渐认识到网络与人工智能不应是法外之地，如若法律再置之不顾则会发生难以预测的严重后果。为了遏制网络与人工智能的负面影响，促进网络与人工智能健康发展和更好地服务于人们的生活，网络与人工智能亟需系统化和体系化的法律规制。作为对实践需求的回应，网络与人工智能规制法的理论研究同样需要系统化和体系化，其结果就是网络与人工智能法学的诞生。

（三）网络与人工智能法的特征

网络与人工智能法是调整网络与人工智能社会关系的法律规范的总称。网络与人工智能社会关系纷繁多样，包括网络安全关系、电子政务关系、电子商务关系、网络金融关系、网络知识产权关系、网络犯罪关系、人工智能关系等。由于网络与人工智能的虚拟性、去中心化和全球性属性，网络与人工智能法也呈现以下特征：

1. 网络与人工智能法是由技术规范和行为规范构成的综合性法律部门。网络与人工智能法和其他部门法不同，其中技术性规范对网络与人工智能的发展至关重要，其为网络与人工智能法律行为规范的基础，而 W3C 理事会等机构制定的国际性技术标准则为各国网络与人工智能技术立法的重要参考。网络与人工智能法的核心在于技术性法律规范，其基本价值应与技术规范相一致。[10] 网络与人工智能法在技术性规范之外还有大量的行为规范。这些行为规范是网络与人工智能活动参与者的基本行为准则，构成了网络与人工智能活动法律规范的主要内容。网络与人工智能法就是

---

〔9〕 参见商希雪：《〈网络法学〉课程定位与教学设计研究》，载《中国法学教育研究》2019 年第 2 期。

〔10〕 参见张楚：《关于网络法基本问题的阐释》，载《法律科学（西北政法大学学报）》2003 年第 6 期。

由技术规范和行为规范构成的综合性法律部门，既为人们的网络与人工智能活动设定准则，同时又对网络与人工智能的相关技术标准加以规定。这是网络与人工智能法不同于传统法律部门之处。

2. 网络与人工智能法是突破传统公私法划分的混合法。自从古罗马法学家乌尔比安(Domitius Ulpianus)提出公法与私法的划分以来，以罗马法为圭臬的大陆法系国家一直延续着这一传统，对法律部门的划分基本上会区分公法和私法。随着社会生活的发展，法律也逐渐突破了公私法的划分传统，出现了一些新的法律类型，如环境保护法、劳动与社会保障法等。网络与人工智能法就是这样一种兼具公法和私法特征的法律，它既调整涉及公法领域的事项，如网络犯罪、电子政务等；又调整私法的事项，如网络侵权、电子商务、网络知识产权、人工智能等，具有典型的混合法的特征。这是网络与人工智能法不同于传统部门法的另一重要特征。

3. 网络与人工智能法兼具实体法和程序法属性。网络与人工智能法的主要组成部分是实体法，如网络犯罪和侵权、网络金融、电子商务、电子政务、人工智能方面的规定，都是对网络与人工智能参与者实体性权利义务的安排。但是，网络与人工智能法也有一部分内容是关于程序性事项的规定和安排，如网络管辖权、电子证据、网络法院、网络仲裁等。在“互联网+”、人工智能辅助司法体系逐步完善的情况下，网络与人工智能法会越来越多地涉及程序性事项的制度性安排和规定，例如，目前我国“智慧法院”建设过程中就会涉及有关立案、庭审、执行等一系列程序性规则。这又为网络与人工智能法增添了兼具实体性和程序性的特征。

(四)网络与人工智能法的作用

1. 规范网络与人工智能参与者的行为。网络与人工智能参与者在网络与人工智能活动的过程中会产生各种各样的行为。网络与人工智能参与者的行为并非都是积极有益的，有些行为会侵犯他人的合法权益，对社会产生危害。网络与人工智能法的作用就是为网络与人工智能参与者的行为订立准则，对于积极地促进网络与人工智能发展的行为予以肯定，如电子交易、网络沟通、智能交易等；对于侵犯他人合法权益扰乱网络与人工智能秩序的行为则给予一定的惩罚，如网络犯罪与人工智能侵权等，从而通过正反两个方面的评价，引导网络与人工智能参与者正确实施网络与人工智能行为。

2. 协调各方的利益冲突。不同主体之间存在各种各样的利益冲突。例如，不同的网络与人工智能参与者之间、网络与人工智能参与者和网络与人工智能经营者之间，网络与人工智能参与者和社会整体之间都存在不同类型的利益冲突。例如，网络消费者和网络销售者在发生纠纷时如何确定管辖的问题，网络信息传播与个人隐私保护之间的冲突问题等。这些问题和冲突的解决不仅会涉及技术性问题，更需要对问题背后的不同价值进行取舍权衡。因此,如何在这些不同的利益之间进行协调,更好地保护每一方的合法利益便是网络与人工智能法需要重点考虑的问题。

3. 保障网络与人工智能健康发展。网络与人工智能法规范网络与人工智能参与者的行为、平衡各方的利益冲突,也是为了促进网络与人工智能的健康发展,让网络与人工智能更好地服务人们生活,从而进一步推动社会进步。为了实现这个最终目标,必须通过法律为网络与人工智能发展创造一个健康良好的环境,对各种危害网络与人工智能安全的行为进行打击,消除各种可能影响网络与人工智能发展的法律障碍。同时,要积极构建促进网络与人工智能发展的法律框架,使网络与人工智能参与者都能够平等、有序、积极、高效地参与到网络与人工智能活动中,让网络与人工智能成为促进社会进步发展的重要技术杠杆。

三、网络与人工智能法学

(一)网络与人工智能法学的概念

网络与人工智能法调整的是新型的社会关系,网络与人工智能法学是伴随着网络与人工智能法的发展而不断发展的,是研究调整网络与人工智能社会关系的法律规范的新兴法学学科。网络与人工智能法学所研究的法律规范主要涉及网络安全、电子政务、电子商务、网络金融、网络知识产权、网络犯罪与人工智能等方面。网络与人工智能法学是研究网络与人工智能法律规范的新兴法学二级学科,具有极强的专业性和学科交叉性,并且随着网络与人工智能法的快速发展正在逐步成型并不断完善。随着网络与人工智能立法数量的增加以及学者们研究的深入,网络与人工智能法学的学科独立性逐步显现,网络与人工智能法学的学科体系逐渐明朗,研究方法与研究思维也呈现新的不同特征,正在不断发展成为法学学科新的热门研究领域。

(二)网络与人工智能法学的研究对象

网络与人工智能法学是对网络与人工智能法律规范的研究,而调整网络与人工智能社会关系的法律规范根据调整内容的不同大体可以分为网络安全法、电子政务法、电子商务法、网络金融法、网络知识产权法、网络犯罪与人工智能法等方面。当然,网络与人工智能法的研究对象和范围不仅限于此,网络主权法、网络传播法、国际网络法、电子证据法、网络诉讼与仲裁、网络冲突法等都会随着网络与人工智能法的发展被逐步纳入网络与人工智能法学的学科体系之中。

由于研究对象的广泛性和复杂性,有关网络与人工智能法学的概念目前在学界也存在一些争议。概括而言,相关称谓主要有网络法学、信息法学、数字信息法学、信息技术法学、信息网络法学、网络信息法学、计算法学、电信法、媒体法、电子商务法等。这些称谓中有一些只涉及网络法学的某一方面,如电子商务法;有些是和网络法学存在交叉的关系,如电信法、媒体法和信息法学仅在涉及网络电信、网络媒体和网络信息的部分才是网络与人工智能法的调整对象。这些不同的称谓基本上是因为对网络与人工智能法学基本内涵和外延的界定或者研究的侧重点不同而导致的。网络与人工智能法学的概念界定应该紧密围绕网络与人工智能本身;信息与网络不同,其范围可能更广;电信、媒体等则与网络之间存在交叉;计算机技术是网络发展的支撑,与网络本身还是有一定区别的。因此,尽管网络与人工智能本身的发展方兴未艾,导致网络与人工智能法的相关概念层出不穷,进而使得网络与人工智能法学的称谓百花齐放,然而大多数概念无法准确表述这一现象。

四、网络与人工智能法的立法现状

(一)域外立法

1. 国际立法

目前,网络与人工智能领域的国际立法主要体现在网络法领域。网络的虚拟性和跨国性使得网络立法呈现出超国家的特征,一些国际组织在网络立法领域制定了一系列规范性文件,其中影响较大的组织有联合国国际贸易法委员会(United Nations Commission on International Trade Law,UNCITRAL)、经济合作与发展组织(Organization for Economic Co - operation and Development,OECD)、国际商会(International Chamber of Commerce,ICC)、世界贸易组织(World Trade Organization,WTO)、世界知识产权组织(World Intellectual Property Organization,WIPO)、国际互联网地址分配组织(The Internet Corporation for Assigned Names and Numbers,ICANN)等。联合国国际贸易法委员会制定的网络规范性文件主要有《国际贷记划拨示范法》《电子资金传输示范法》《电子商务示范法》《电子签字示范法》等,这些规范性文件为国际网络贸易和各国网络贸易立法提供了重要的参考。OECD 制定的规范性文件主要有《过境数据流宣言》《OECD 电子商务行动计划》《有关国际组织和地区组织的报告:电子商务的活动和计划》《工商界全球商务行动计划》《电子商务中消费者保护指南》等。OECD 制定的文件大多是宣言性或指南性的软法,没有强制力,但是同样为各国相关立法提供了重要的标准。国际商会制定的网络法律规定性文件主要有《国际数字签署商务通则》《电子贸易和结算规则》《跟单信用证电子交单统一惯例》等。这些文件为国际电子商务交往提供了重要的规范指引,其中《国际数字签署商务通则》被认为是第一部真正意义上的电子商务全球性自律规范。[11] 此外,WTO、WIPO、ICANN 等同样制定了一系列有关网络方面的规范性文件,主要有 WTO 公布的《全球基础电信

〔11〕 参见孙占利主编:《信息网络法学》,厦门大学出版社 2012 年版,第 13 页。

协议》《信息技术协议》《开放全球金融服务市场协议》等，WIPO 公布的《关于网络域名程序的最后报告》以及 ICANN 公布的《统一域名争议解决政策》和《统一域名争议解决政实施规则》等。这些协议、报告、政策等同样在各自的范围内为网络法的发展做出自己的贡献。[12]

除了上述国际性组织的网络规则之外，欧盟在网络立法领域同样取得了不俗的成就。欧盟在 1997 年曾制定了一份《欧洲电子商务行动动议》，为欧盟的电子商务制定了框架。此外，欧盟制定的有关网络法的规范性法律还有 1997 年颁布的《欧盟远程销售指令》、1998 年的《欧盟关于信息社会服务的透明度机制的指令》、1999 年的《欧盟关于建立有关电子签名共同法律框架的指令》、2000 年的《欧盟电子商务指令》、2002 年的《欧盟电子通信指令》等，欧盟的这些指令与国际组织制定的规范性文件不一样，它们可以直接对各欧盟成员国发生效力，是真正的规范性法律文件。[13]

值得注意的是，欧洲议会法律事务委员会（European Parliament Committee on Legal Affairs）于 2016 年 10 月发布了《机器人民事法律规则》（Civil Law Rules on Robotics）。2021 年 4 月，欧盟委员会（European Commission）提出了《人工智能法案》（Artificial Intelligence Act）。

2. 各国立法

目前，网络与人工智能立法集中体现在网络法领域。比较而言，美国、英国、德国、法国、日本等国家的网络立法相对较为先进。美国的网络立法有《统一电子交易法》《统一计算机信息交易法》《儿童互联网保护法》《反网络盗版法案》《反垃圾电子邮件法案》《数字千年版权法案》等，英国的网络立法有《1990 年禁止滥用电脑法》《英国三 R 安全网络规则》《2003 年通信法》《隐私和电子通信条例》等，德国的网络立法有《信息与通讯服务法》《联邦数据保护法》《电信媒体法》等，法国的网络立法有《数字经济信任法案》《促进网络作品传播与保护法案》《关于信息社会中作者权与邻接权的法案》《关于互联网文学艺术产权刑事保护的法案》等，日本的网络立法有《个人信息保护法》《保证青少年安全安心上网环境的整顿法》《建立高度信息通信互联网社会的基本法》等。除此之外，其他国家也有一些比较先进的网络立法，比如俄罗斯的《电子签名法》《个人数据保护法》《网络黑名单法》，意大利的《电子文件和数字签名法》，澳大利亚的《电子交易法》《禁止网络赌博法》《反垃圾邮件法》，韩国的《电子文书及电子交易基本法》《促进信息通信网络利用以及信息保护法》，新加坡的《电子交易法》等。总体来看，世界上主要国家基本上都对网络空间进行了立法规制。尽管各国之间立法

---

〔12〕 参见李艳主编：《网络法》，中国政法大学出版社 2008 年版，第 4 页。

〔13〕 参见孙占利主编：《信息网络法学》，厦门大学出版社 2012 年版，第 13－14 页。

的数量和规制的侧重点有所不同，但是都反映了各国政府逐步加大对网络领域的管控。网络不是法外之地已经是基本的共识，网络法也是呈现一片欣欣向荣之势。

值得指出的是，美国国会于2017年12月提出了《人工智能未来法案》（Future of Artificial Intelligence Act），以促进人工智能应用和保护个人隐私等。

（二）我国网络与人工智能立法现状

我国在20世纪90年代中期才接入国际互联网，网络的起步相对较晚，但30年来我国网络法的发展可谓一日千里、突飞猛进，如今网络通信、电子支付、电子商务等已经深深地融入每个普通人的生活中。2022年2月25日，中国互联网络信息中心（China Internet Network Information Center，CNNIC）在北京发布第49次《中国互联网络发展状况统计报告》。该报告围绕互联网基础设施建设、网民规模及结构、互联网应用、工业互联网、互联网政务服务和互联网安全状况六个方面，力求通过多角度、全方位的数据展现，综合反映2021年我国互联网发展总体情况。该报告显示，截至2021年12月，我国网民规模达10.32亿，较2020年12月增长4296万，互联网普及率达73.0%，庞大的网民构成了中国蓬勃发展的消费市场，也为数字经济发展打下了坚实的用户基础。[14]

在我国的法律实践中，网络与人工智能的司法运用已经取得了相当可观的成绩，特别是以“智慧法院”为代表的司法建设可圈可点。“智慧法院”是以实现司法公正和高效为目标，以数据开放共享和安全可信为基础，运用大数据和云计算等信息技术，促进司法审执公正化和法院管理高效化的信息化系统。[15]“智慧法院”是人民法院组织、建设、运行和管理的新形态，2016年1月最高人民法院首次提出建设立足于时代发展前沿的“智慧法院”，之后“智慧法院”建设很快被纳入《国家信息化发展战略纲要》和《“十三五”国家信息化规划》。全国法院在“智慧法院”建设中取得了一些具有代表性的成果。例如，河北法院的“智审1.0系统”和“庭审自动巡查系统”[16]，北京法院的新一代审判智能辅助系统“睿法官”，江西法院的“收转发e中心”，四川省眉山市东坡区人民法院打造的线上“矛盾纠纷多元化解一体化平台”等。根据2018年4月最高人民法院发布的《智慧法院建设评价报告（2017年）》，在全国法院网络信息化“三大能力”中，基础支撑能力指数最高，达到90，基本形成以“云网一体化”为纽带的信息基础设施全覆盖格局；2017年度全国法院智慧法院建设平均指数为72，智慧法院建设指数在80－90区间的法院最多，达到847家，标志着全国智慧法院建设格局已初

---

〔14〕 参见中国互联网络信息中心：《第49次中国互联网络发展状况统计报告》，载中国互联网络信息中心网2022年2月25日，www.cnnic.cn/hlwfzyj/hlwxzbg/hlwtjbg/202202/P020220407403488048001.pdf。

〔15〕 参见徐骏：《智慧法院的法理审思》，载《法学》2017年第3期。

〔16〕 罗书臻：《建立“互联网＋”时代下的智能庭审》，载《人民法院报》2016年11月18日，第2版。

步形成。[17] 此外,司法行政机关的网络信息化建设也取得了可喜成效,司法部持续加强智能化建设,深化"数字法治、智慧司法"建设,覆盖行政立法、行政执法、刑事执行、公共法律服务四大职能的"大平台、大系统、大数据"初步形成,为推进全面依法治国,推进国家治理体系和治理能力现代化提供可靠支撑。[18]

在网络与人工智能技术迅猛发展和网络与人工智能法律实践成绩显著的背景之下,我国在网络与人工智能方面进行了一系列的立法。在国家层面,全国人大及其常委会、国务院均有网络相关立法,主要的立法有:《个人信息保护法》、《数据安全法》、《网络安全法》、《电子签名法》、《电子商务法》、全国人大常委会《关于维护互联网安全的决定》、全国人大常委会《关于加强网络信息保护的决定》、《计算机信息系统安全保护条例》及《计算机信息网络国际联网管理暂行规定》等,最高人民法院也制定了《关于审理涉及计算机网络著作权纠纷案件适用法律若干问题的解释》等司法解释。除了上述这些级别较高的全国性法律、行政法规、司法解释外,还有大量有关网络立法的地方性法规、部门规章和行业管理规范等,例如,广东省 2002 年颁布的《广东省电子交易条例》、商务部 2011 年发布的《第三方电子商务交易平台服务规范》、原卫生部办公厅 2009 年印发的《人工智能辅助诊断技术管理规范(试行)》、2001 年成立的中国互联网协会制定的《中国互联网行业自律公约》《文明上网自律公约》《互联网新闻信息服务公约》等。此外,传统的部门法中也有一些关于网络与人工智能法律规制的内容。例如,民法中有关电子合同的规定,刑法中有关计算机系统的网络犯罪,诉讼法中有关网络管辖、电子证据等方面的内容等。

尽管我国网络与人工智能立法已经取得了一定的成绩,但是我国网络与人工智能立法还存在较多的问题,严重掣肘我国网络与人工智能的健康发展,这些问题集中体现为以下几个方面:

1. 网络与人工智能立法的层次相对较低,由全国人大及其常委会制定的法律,严格来说目前只有《个人信息保护法》《数据安全法》《网络安全法》《电子商务法》《电子签名法》等为数不多的几部,其他大多是行政规章、司法解释及地方性立法,立法主体位阶不高,权威性不够,地方性网络与人工智能立法的适用范围具有局限性。这一现状要求我国仍需要加强全国人大及其常委会层面的网络与人工智能立法,提高网络与人工智能立法的位阶和权威性。

2. 网络与人工智能立法的主体较多,立法之间难免存在冲突龃龉。如上所述,全

---

〔17〕 参见张昊:《智慧法院像网店一样方便》,载法治网,http://www.legaldaily.com.cn/index/content/2018-05/02/content_7534366.htm?node=20908。

〔18〕 参见张晨:《司法行政智能化建设取得新成效》,载《法制日报》2020 年 6 月 9 日,第 1 版。

国人大及其常委会、国务院及其各部委、地方人大及政府、行业自治组织等均在网络与人工智能治理方面制定了相关规范性文件，这些规范性文件有的是具有强制力的国家法律法规，有的是仅具有指引性、自律性作用的软法。这些不同种类不同层级的规范性文件在立法背景、立法目的等方面存在很大的不同，即便是同一内容的立法，其侧重点也会有所不同，这就导致不同主体的立法之间不可避免地存在冲突和龃龉的情况。如果这种冲突和龃龉发生在上、下位法之间，尚且可以通过上位法优于下位法的法理来解决；如果是发生在同一层级的法律规范之间，尤其是不同类型的互不隶属的立法主体之间，既无上、下位法之分，也无特别法、一般法之分，则没有办法确定到底应该如何适用法律。因此，立法主体的复杂性现状要求网络与人工智能立法要加强顶层设计，在宏观层面进行统一把控。

3. 大量网络与人工智能立法的民主性和科学性不足。除了《个人信息保护法》《数据安全法》《网络安全法》《电子商务法》《电子签名法》等少数几部法律规范是中央层面通过正规的立法程序所立之外，大多数网络与人工智能法律规范在立法过程中缺乏民主参与和科学的立法方式。大多数网络与人工智能规范性文件都是部门行政规章和行业自律规范，部分主体不仅在立法过程中可能会有部门利益偏见，而且缺乏科学合理的立法程序，包括一些必要的立法听证程序，无法充分合理地吸收相关专家和大众的意见。这样的立法无法满足基本的立法原则和程序性要求，而立法越多可能会导致网络与人工智能立法体系越混乱，亟待纠正。

总体来说，我国的网络与人工智能立法还处于刚刚起步阶段，尽管有一些较为成熟的立法，但是网络与人工智能法的总体框架和体系尚未显现，在立法主体、立法程序、立法内容方面还存在比较多的问题。这与网络与人工智能本身目前依旧处于快速发展之中，网络与人工智能中的新问题仍然层出不穷不无关系。网络与人工智能社会关系无法定型，网络与人工智能法的体系和立法框架也就无法确定，这是社会与法律发展的必然规律。可以说，我国的网络与人工智能立法必然还有很长的一段路要走，任重而道远。

五、网络与人工智能法的立法原则

网络与人工智能法的立法原则，是指网络与人工智能立法所必须遵从的基本性原理和准则。关于网络与人工智能法的立法原则有不同的观点。有学者认为，网络法立法应该遵从两类规范间相互协调与促进、具有可操作性、兼顾全球趋同性、他律与自律相结合原则。[19] 有观点认为，网络法的立法原则为合法性、最低程度、安全性、权利保

---

〔19〕 参见张楚：《关于网络法基本问题的阐释》，载《法律科学（西北政法大学学报）》2003年第6期。

障、产业发展、全球性、开放性、技术中立原则。[20] 上述这些观点是从不同的角度和侧重点对网络与人工智能法立法原则的概括，都具有一定科学性和合理性，但是不同观点之间就原则的具体内容上还是存在较大差异的，需要进一步的论证和统一。从不同学者对网络与人工智能立法基本原则的界定差异可以看出，目前有关网络与人工智能立法和网络与人工智能法的框架仍然没有基本共识。

本书认为，网络与人工智能立法原则大体上包括共有原则和特有原则两个层面。共有原则是所有立法都必须遵循的准则，包括民主性原则、科学性原则、合宪性原则、适时性原则、法制统一原则等。网络与人工智能立法也是立法活动，必须充分反映民意，实事求是，遵从法定的立法程序和形式，在以宪法为根本依据，遵守法制统一的基础上，不断地顺应历史发展和时代变化，及时适时地根据这种变化，创制出符合时代需要的法律。[21] 特有原则是指在网络与人工智能法立法领域，因为网络与人工智能法的特殊性质而需要遵循的特别立法原则，大体上包括保障安全原则、权益保护原则、全球性原则、维护国家主权原则、促进网络与人工智能健康发展原则等。

(一)保障安全原则

网络的开放性特征导致其很容易受到攻击、侵入、干扰、破坏和非法使用等，进而使网络的安全性存在很大的问题。而安全的网络环境是网络作用充分发挥的前提和基础，所以安全问题是网络健康发展必须解决的首要问题。在人工智能的应用中，其违法犯罪风险问题也需要解决。解决网络与人工智能安全问题，可以采取技术手段，也可以通过法律规范对危害网络与人工智能安全的行为进行惩罚，这种法律规范就是网络与人工智能法。可见，网络与人工智能法的基本任务之一便是保障安全，因此在网络与人工智能立法之时应该贯彻保障安全原则，在法律上明确国家网络与人工智能主管部门、运营者、使用者的安全责任，确立网络设备安全设施安全、网络运行安全、网络数据安全、网络信息安全、智能产品安全等各方面基本制度，保障网络处于稳定可靠的运行状态，保障网络存储、传输、处理信息的完整性、保密性、可用性，提高网络安全保护的能力和水平，[22] 提高人工智能产品的安全性。

(二)权益保护原则

法律的最终目的是通过各种制度设计来保障权利。“法”这一词汇本身就包含权利的内涵，因而网络与人工智能法的重要任务便是保护网络与人工智能主体的基本权益，既包括已经被法律明文规定的权利(力)，也包含尚未被法律明文规定的一些合法

[20] 参见陈奎、刘宇晖编著:《网络法十六讲》，对外经济贸易大学出版社 2014 年版，第 8 - 9 页。
[21] 参见张文显主编:《法理学》(第 3 版)，法律出版社 2007 年版，第 219 - 241 页。
[22] 参见杨合庆主编:《中华人民共和国网络安全法解读》，中国法制出版社 2017 年版，第 2 页。

利益。这里的网络与人工智能主体是一个广义的概念,是包含国家主管部门、运营者和参与者在内的所有网络与人工智能法律关系的主体,他们的所有权益都是网络法保护的对象。具体来说,网络与人工智能立法要明确网络与人工智能管理者的管理权限、管理模式和管理方法,规范其管理行为;同时对运营者的权利、义务和责任进行清晰界定,尤其是要界定清楚运营者在特定情况下的责任承担;最重要的是要充分保障每一位参与者的合法权益,既要为网络与人工智能参与者充分行使权益创造良好的法律环境,又要建立健全预防、惩治网络与人工智能侵权行为的法律责任追究机制,使网络与人工智能参与者的合法权益在受到不法侵害时能够得到及时有效的救济和补偿。

(三)全球性原则

在网络与人工智能法中,全球性原则的核心是促进相关法律规则的国际性、全球性。理由在于:网络的全球性特征决定了网络立法必须体现全球性原则,因为网络突破了国家的地域限制,网络主体的很多行为都是跨越国(边)境的,这给单一国家的网络法律治理带来了很大困难,尤其是在法律文化和法律制度存在较大区别的国家之间,这种困难越发明显。为了消弭不同国家在网络治理方面的法律制度和规范差异,各国网络立法需要逐步趋同。国家的网络立法要积极借鉴国际通行规则和相关国际组织制定的规范,同时国家也要积极参与国际网络规则的制定,保障国家在遇到跨越国(边)境的网络法律问题时能够妥善处置,实现全球网络法治的一体化。目前,在网络空间治理全球化方面,部分国家已经在一定范围内达成了共识。例如,第三届世界互联网大会智慧法院暨网络法治论坛就达成了乌镇共识,共识要求与会各国法院均高度重视并顺应网络空间法治化进程和需要,共同致力于打击网络犯罪,积极研究并妥善处理与网络有关的新类型案件,推动全球网络空间法治化。各国不断拓展和深化彼此在法院信息化和网络空间法治化领域的交流与合作,加强彼此在利用信息技术推进司法公开、诉讼服务、案件审判、法院管理和案例研究等方面的经验交流和成果分享,促进建立更加常态化的各国法院信息化工作交流与合作机制。[23] 因此,只有坚持网络与人工智能立法的全球性原则,才能保证网络法契合网络的全球性特征,有效解决跨越国(边)境的网络法律问题,满足国家法律治理的实践需求。同时,网络与人工智能立法的全球性原则能够使得国内立法与国际接轨,甚至可以在某些情况下引领国际网络与人工智能治理规则的制定,掌握国际网络与人工智能法治的话语权。

(四)维护国家主权原则

在网络与人工智能法中,维护国家主权原则的重要内容是维护网络空间主权

〔23〕 参见《第三届世界互联网大会智慧法院暨网络法治论坛乌镇共识》,载《人民法院报》2016年11月18日,第3版。

(Cyberspace Sovereignty)。网络空间主权是国家的主权在网络空间的延伸和扩展。“网络空间主权”这一用语并非我国独创,而是由美国网络法学者吴修铭(Timothy S. Wu)在1977年的《网络空间主权?——互联网与国际体系》一文中率先使用,之后的20年则见证了西方理论界对其从抗拒到有条件接受的转变过程。[24] 尽管约翰·佩里·巴洛发表的《网络空间独立宣言》代表了一些主张网络世界自由者的观点,但是国家对网络空间享有主权已经基本成为各国共识,我国《网络安全法》第1条也明确规定了网络空间主权。网络空间主权包括内部主权和外部主权两个层面:在内部主权的层面上,建构基本立法权、简约行政权和类型化的司法管辖权;在外部主权的层面上,主张网络安全、平等参与、共同利用、善意合作的国际法新秩序。[25] 具体来说,网络空间主权至少应该包括以下几个方面的内容:一是国内主权,即国家拥有对其领土范围内网络基础设施、网络活动与信息的管辖权;二是“依赖性主权”,即国家拥有管理跨界网络活动的权力,这一权力通常需要依赖国家之间的合作来实现;三是独立权,即独立制定政策,自主处理国内外网络事务,不受他国干涉的权力;四是自卫权,即对他国的网络攻击有采取自卫措施的权力。[26] 网络立法只有坚持网络空间主权原则,才能够更好地维护国家主权和安全,建立平等、独立、开放、合作的网络治理体系。

(五)促进网络与人工智能健康发展原则

互联网与人工智能技术的快速发展使得人类社会产生了深刻变革,推动了经济社会的转型发展,同时对每个人的学习、工作和生活方式带来了巨大影响。随着互联网、人工智能与各行业各领域的深度融合,一系列“互联网+传统经济”、智能化的产业发展新形态应运而生,充分发挥了互联网与人工智能在社会资源配置中的优化和集成作用,将互联网与人工智能的创新成果深度融合于经济、社会各领域之中,形成以互联网为基础设施和以人工智能为实现工具的经济发展新形态。2015年7月4日,国务院印发了《关于积极推进“互联网+”行动的指导意见》。2022年3月5日,国务院原总理李克强在政府工作报告中提出,要促进数字经济发展,加强数字中国建设整体布局,包括:建设数字信息基础设施,推进5G规模化应用,促进产业数字化转型,发展智慧城市、数字乡村;加快发展工业互联网,培育壮大集成电路、人工智能等数字产业,提升关键软硬件技术创新和供给能力;完善数字经济治理,释放数据要素潜力,更好赋能经济发展、丰富人民生活。这体现了国家和政府层面对网络数字产业的重视,也从侧面反映了互联网与人工智能对人类社会进步的重要推动作用以及给人们生活带来的各

---

〔24〕 参见张新宝、许可:《网络空间主权的治理模式及其制度构建》,载《中国社会科学》2016年第8期。
〔25〕 参见张新宝、许可:《网络空间主权的治理模式及其制度构建》,载《中国社会科学》2016年第8期。
〔26〕 参见杨合庆主编:《中华人民共和国网络安全法解读》,中国法制出版社2017年版,第4页。

种便利。但是,在网络与人工智能发展过程中会产生各种各样的风险,如网络犯罪、网络侵权、信息泄露、网络霸权等,它们阻碍着网络与人工智能积极作用的发挥。这些负面阻碍都需要通过网络与人工智能法来进行规范。因此,为了保障网络与人工智能健康正常运转,使网络与人工智能促进经济社会发展的作用得到最大限度地发挥,网络与人工智能立法必须坚持促进网络与人工智能健康发展的原则。

第二节 网络与人工智能法学的学科体系

一、网络与人工智能法学的学科定位

网络与人工智能法在产生之初有过很多争议,甚至在其存在的必要性上都曾有过否定意见,后来网络与人工智能法的独立地位逐步被获得认可。随着网络与人工智能法的独立,网络与人工智能法学也逐渐兴起并迅速发展起来。网络与人工智能法学产生之后必然会有一个分门别类的问题,也就是网络与人工智能法学在整个法学学科体系中处于什么样的地位。简单来说,就是网络与人工智能法学到底是从属于既有的部门法,还是一个全新的独立法学二级学科。网络与人工智能法学的地位,从根本上来说受制于网络与人工智能法的立法模式。在立法模式上,网络与人工智能相关立法存在两种立法模式:专门性立法与延伸性立法。专门性立法是指针对网络与人工智能行为涉及的社会关系,专门制定网络与人工智能基本法及其他相关立法,如《个人信息保护法》《数据安全法》《网络安全法》《电子商务法》《电子签名法》等。而延伸性立法则是传统法律部门在其部门立法中对于本部门中相关的网络与人工智能法问题作出的立法规制,如《刑法》《民法典》《消费者权益保护法》等,均会涉及网络与人工智能关系的调整与规范。[27] 这两种立法模式目前在我国都存在。在网络与人工智能法开始兴起的时期,一般会采取延伸性立法模式,因为涉及的网络与人工智能问题比较少,不需要专门立法进行规制。随着网络与人工智能的发展,网络与人工智能相关社会问题逐渐增多,专门性立法则逐步取得了主要地位。在延伸性立法时期,网络与人工智能法规范仅仅是其他部门法的一个组成部分,很难说其有着独立的地位,相应的网络与人工智能法学在法学学科体系中也没有作为独立部门法学的立足之地。在专门性立法时期,因为已经有了单独的立法,网络与人工智能法学的研究有了自己的法教义学根据,具备成为一门独立的法学二级学科的条件。目前,我国的网络与人工智能立

〔27〕 参见商希雪:《〈网络法学〉课程定位与教学设计研究》,载《中国法学教育研究》2019 年第 2 期。

法已经进入了专门性立法阶段,网络与人工智能法学的学科定位应当是一门新的法学二级学科。

网络与人工智能法学作为一门法学二级学科,既是新兴学科,又是交叉学科。作为一门新兴学科,网络与人工智能法学与传统部门法存在差异。传统的法学二级学科一般是根据调整对象和调整方式来进行划分的,比如民法调整平等民事主体之间的人身关系和财产关系,但是网络与人工智能法调整对象和调整方式较之传统部门法就更加多元。例如,在调整对象上,网络与人工智能法既可能调整平等的网络与人工智能参与者之间的法律关系,也可能调整政府网络与人工智能管理者和网络与人工智能服务提供者之间的关系;在调整方法上,网络与人工智能法不但有网络与人工智能犯罪的刑事制裁性处罚,而且有网络与人工智能侵权的民事赔偿性责任。因此,网络与人工智能法的新不在于其调整对象或调整方法,而在于它是一种新的法学领域,如同环境保护法、航空航天法一样,以自己调整的独特的社会关系领域获得独立学科地位。这就是领域法学的基本内涵。作为一门交叉学科,与法学传统的交叉学科,如法经济学、法社会学、法伦理学等相比,网络与人工智能法学涉及的学科跨度更大,不但涉及哲学、法学、经济学、政治学、社会学等人文社会科学,而且涉及计算机科学与技术、电子科学与技术、信息与通信工程、网络空间安全等工程与技术科学、人工智能技术等。这就要求网络与人工智能法学的研习者具有更加丰富的跨专业背景知识。而跨度更大的交叉学科特征同样验证了网络与人工智能学的独立性和必要性,因为它的研究领域是传统部门法所无法涵盖的。

二、网络与人工智能法学的学科内容

网络与人工智能法学是一门研究调整网络与人工智能领域社会关系的法律规范的法学二级学科。它的学科内容取决于网络与人工智能领域的范围,只要是调整网络与人工智能领域的法律规范,都是网络与人工智能法学的研究内容。由于网络与人工智能仍然在日新月异地发展,网络与人工智能领域的社会关系也就处于不断变动的状态,网络与人工智能法必须要顺应这种变化。这就使得网络与人工智能法学的学科内容同样处于一种开放性的状态,有些可能比较成熟,有些内容体系有待于完善,还有些正逐步纳入网络与人工智能法学的内容体系之中。本书仅就其中属于纯粹法律规范的部分,并且发展相对比较成熟的重点内容加以研究,具体包括网络安全法、电子政务法、电子商务法、网络金融法、网络知识产权法、网络犯罪与人工智能法七个方面的内容。

(一)网络安全法

一般而言,网络安全涉及以下四个方面的内容:物理安全、运行安全、数据安全、内容安全，其分别对应基础设施的安全、信息系统的安全、信息自身的安全和信息利用的安全。[28] 我国《网络安全法》将网络安全的范围确定为网络运行安全和网络信息安全两个方面，将网络安全定义为：通过采取必要措施，防范对网络的攻击、侵入、干扰、破坏和非法使用以及意外事故，使网络处于稳定可靠运行的状态，以及保障网络数据的完整性、保密性、可用性的能力。2011 年 3 月，美国国防部发布了《网络空间行动战略》，将网络空间列为与陆、海、空、天并列的行动领域。可见，网络空间安全具有越来越重要的国家战略意义。关于网络安全、网络空间安全和信息安全的概念，有学者作出了区分，认为信息安全可以泛称各类信息安全问题，网络安全可以指称网络所带来的各类安全问题，网络空间安全则特指与陆域、海域、空域、太空并列的全球五大空间中的网络空间安全问题。三者均类属于非传统安全领域，都聚焦于信息安全，可以相互使用，但各有侧重。[29] 网络安全法广义上是指保护网络安全的所有相关法律规范的总称，狭义上仅指有关网络安全的专门立法。本书是在狭义上使用这一概念。网络安全法是网络安全领域的基础性法律，网络安全法对维护国家网络空间主权、保障网络安全和网络参与者的合法权益、保障经济社会信息化健康发展具有重要的意义。2016 年 11 月 7 日，第十二届全国人大常委会第二十四次会议审议通过了《网络安全法》，这标志着我国在网络安全领域有了自己的基础性法律。《网络安全法》主要包括网络安全工作的基本原则与主要任务、网络安全支持与促进、网络运行安全、网络信息安全、网络安全监测预警与应急处置以及网络安全法律责任的承担等方面的内容。

（二）电子政务法

电子政务是政府运用现代网络信息技术手段实现自己管理和服务职能的活动，是网络时代背景下政府运作的新形式。美国最早提出发展电子政府，并于 2002 年制定了《电子政府法》。该法案的宗旨在于促进美国联邦信息系统之间的信息交流以及信息系统与政府工作人员、政府工作人员与社会公众之间的信息交流的畅通。[30] 我国电子政务发展也如火如荼。2021 年，随着以国家政务服务平台为总枢纽的全国一体化政务服务平台建设成效逐步显现，我国网上政务服务发展已由以信息服务为主的单向服务阶段，开始迈向以跨区域、跨部门、跨层级一体化政务服务为特征的整体服务阶段。全国一体化政务服务平台正在成为创新行政管理、优化营商环境的重要手段，成为服务人民群众的重要渠道。[31] 电子政务法，是指调整现代信息技术在公共行政中

---

〔28〕 参见谢永江、李欲晓主编：《网络安全法学》，北京邮电大学出版社 2017 年版，第 61 页。

〔29〕 参见王世伟：《论信息安全、网络安全、网络空间安全》，载《中国图书馆学报》2015 年第 2 期。

〔30〕 参见李艳主编：《网络法》，中国政法大学出版社 2008 年版，第 218 页。

〔31〕 参见中国互联网络信息中心：《第 49 次中国互联网络发展状况统计报告》，载中国互联网络信息中心网 2022 年 2 月 25 日，www.cnnic.cn/hlwfzyj/hlwxzbg/hlwtjbg/202202/P020220407403488048001.pdf。

应用的范围、条件、方式、地位、效力等事项的法律规范的总称。电子政务推动以全球化为标志的后现代法治国家的产生，有关的法律问题是国家主权的国际化和地方化转移、电子政府和电子行政的法律地位以及公民信息权和隐私权的保护等。[32] 目前我国尚未制定专门的电子政务法，电子政务立法相对落后于电子政务实践。在理论体系上，电子政务法调整的范围主要包括电子政务组织法、电子行政行为法、电子政务公开法以及电子政务安全法等方面。[33]

（三）电子商务法

电子商务法是对电子商务进行规制的法律规范体系，而电子商务一般是指通过互联网等信息网络销售商品或者提供服务的经营活动。我国电子商务起步于 20 世纪 90 年代，但是其发展速度十分迅猛，目前电子商务已经融入每个人的生活之中。CNNIC 发布的数据显示：截至 2021 年 6 月，我国网络购物用户规模达 8.12 亿，较 2020 年 12 月增长 2965 万，占网民整体的 80.3%。我国网络支付用户规模达 8.72 亿，较 2020 年 12 月增长 1787 万，占网民整体的 86.3%。[34] 电子商务的蓬勃发展离不开法律的规范，我国在电子商务领域已经有了专门的法律，2018 年 8 月 31 日，第十三届全国人大常委会第五次会议表决通过《电子商务法》，该法自 2019 年 1 月 1 日起施行。《电子商务法》是为了保障电子商务各方主体的合法权益，规范电子商务行为，维护市场秩序，促进电子商务持续健康发展。我国《电子商务法》的内容主要包括电子商务的基本原则、电子商务合同的订立与履行、电子商务争议解决、电子商务促进以及相关法律责任的承担等，有关电子商务法的理论研究也主要是围绕上述内容进行的。

（四）网络金融法

网络金融，是指互联网领域的金融活动，具体包括网络金融机构、网络金融交易、网络金融市场和网络金融监管等方面。网络金融是适应电子商务需要而产生的特殊金融运行模式。网络金融的发展给金融业带来了新的问题，主要表现为网络技术性问题可能带来的金融风险和经济风险，因此必须加强网络金融监管，目前我国的网络金融监管存在监管法律体系不完善、监管模式滞后等缺陷，这些问题阻碍了我国网络金融的积极发展。[35] 为解决网络金融带来的新问题，必须加强网络金融立法，用法律手

---

〔32〕 参见高家伟：《论电子政务法》，载《中国法学》2003 年第 4 期。

〔33〕 参见孙占利主编：《信息网络法学》，厦门大学出版社 2012 年版，第 23－239 页。

〔34〕 参见中国互联网络信息中心：《第 48 次中国互联网络发展状况统计报告》，载中国互联网络信息中心网 2021 年 9 月 15 日，www.cnnic.cn/hlwfzyj/hlwxzbg/hlwtjbg/202109/P020210915523670981527.pdf。

〔35〕 参见王建文、奚方颖：《我国网络金融监管制度：现存问题、域外经验与完善方案》，载《法学评论》2014 年第 6 期。

段对网络金融进行有效的监管和保障。网络金融法是调整网络金融关系的法律规范的总称,网络金融关系主要包括网络金融业务关系和网络金融监管关系。我国目前没有专门的网络金融法,相关专门性的法律规范主要有《电子银行业务管理办法》《网络交易管理办法》《网络借贷信息中介机构业务活动管理暂行办法》等。这些专门规范的层级相对较低,立法的内容比较单一,这表明我国的网络金融立法依然任重道远。网络金融法理论研究主要涉及网络金融法的概念和调整对象、网络金融法的立法与体系、网络金融法律关系与法律责任。从具体内容上来说,网络金融法主要包括网络银行法、网络证券法、网络保险法、网络信托法、网络金融监管法等方面的内容。

(五)网络知识产权法

网络知识产权,是指在网络空间的著作权、专利权、商标权和域名权利等。网络对传统知识产权产生了较大的影响,网络影响了知识产权的性质,增强了知识产权客体的无形性,削弱了知识产权本体的专有性,冲击了知识产权保护的地域性。网络对传统知识产权法也产生了重要影响,主要体现在知识产权客体制造、应用形式、保护方式、侵权主体和产权限制等方面。网络知识产权法主要由两大部分组成,一部分是传统知识产权在网络空间的体现,另一部分是网络领域特有的知识产权制度。在网络知识产权立法上,国内外的网络知识产权专门立法主要集中在以表达为客体的版权法律制度上。例如,美国1996年《数字千年版权法》,欧盟2001年《信息社会版权指令》。国内最早的关于网络知识产权的规范性文件是2000年最高人民法院《关于审理涉及计算机网络著作权纠纷案件适用法律若干问题的解释》,后面又陆续制定了一系列专门性的规范性文件,主要有最高人民法院《关于审理涉及计算机网络域名民事纠纷案件适用法律若干问题的解释》、《信息网络传播权保护条例》、最高人民法院《关于审理侵害信息网络传播权民事纠纷案件适用法律若干问题的规定》等。我国目前网络知识产权的立法层级相对较低,立法有进一步完善的空间。网络知识产权法在理论体系上主要有网络著作权及其限制、网络专利权、网络商标权、网络域名、网络知识产权侵权与保护等方面的内容。

(六)网络犯罪

从广义上说,除了一些必须要在现实空间中完成的犯罪之外,其他的大多数传统犯罪都有可能成为网络犯罪。狭义的网络犯罪一般仅指刑法所规定的网络犯罪活动,如非法侵入计算机信息系统罪、破坏计算机信息系统功能罪等。2001年欧洲理事会(The European Council)《关于网络犯罪的公约》(Convention on Cybercrime)呼吁将四类九种行为犯罪化:第一类是"侵犯计算机数据和系统的机密性、完整性和可用性的违法行为";第二类是"计算机相关违法行为",包括计算机相关伪造行为和计算机相关欺诈行为;第三类是"内容相关违法行为",包括儿童色情相关违法行为,并辅之以通过计算机系统传播种族主义或者仇外材料的行为；第四类是“侵犯版权及其相关权利的违法行为”。[36] 美国的网络犯罪采三分法：一是计算机作为犯罪对象（the object of a crime）的网络犯罪。它以计算机本身及其存储的信息为犯罪目标。二是计算机作为犯罪主体（the subject of a crime）的网络犯罪。它意指计算机是犯罪的物理场所或者侵害的源头和原因，如蠕虫病毒等的侵犯。三是计算机作为犯罪工具（a criminal instrumentality）的网络犯罪。它以更加复杂的行为方式实施传统的犯罪行为，如盗窃、诈骗等。[37] 总结来说，网络犯罪理论上大体可以分为三种类型：一是利用计算机网络实施传统犯罪；二是针对计算机信息系统本身的犯罪；三是非法利用计算机网络的犯罪。

我国没有专门的网络犯罪法，单独进行网络刑事立法的时机也并不成熟。目前关于网络犯罪的内容主要规定在《刑法》之中，尤其是针对计算机信息系统本身的犯罪和非法利用计算机网络的犯罪等类型的犯罪，《刑法》有专门的罪刑规定，如第285条非法侵入计算机信息系统罪；第286条破坏计算机信息系统罪；第286条之一拒不履行信息网络安全管理义务罪；第287条之一、之二非法利用信息网络罪和帮助信息网络犯罪活动罪。关于利用计算机网络实施传统犯罪，第287条有关于利用计算机实施犯罪的提示性规定，即利用计算机实施金融诈骗、盗窃、贪污、挪用公款、窃取国家秘密或者其他犯罪的，依照《刑法》有关规定定罪处罚。网络犯罪的理论研究主要涉及的内容有网络犯罪的概念特征、网络犯罪的类型和表现形式、网络犯罪的管辖、网络犯罪构成与刑罚处罚以及一些常见网络犯罪的分析研究等。

（七）人工智能法

“人工智能”（Artificial Intelligence）一词诞生于1956年的达特茅斯会议，以约翰·麦卡锡（John McCarthy）、马文·明斯基（Marvin Minsky）等人为首的年轻科学家聚集在一起开会，提出了“人工智能”这一术语，并且创立了人工智能这一学科，以致力于研究用机器模拟人类智能的一系列问题。人工智能是一门新兴学科，属于自然科学、社会科学、技术科学等交叉学科，涉及哲学和社会科学、数学、神经生理学、心理学、计算机科学、信息论、控制论、不定性论、仿生学等学科。人工智能的发展必然会引起一系列的问题，国务院《新一代人工智能发展规划》（国发〔2017〕35号）指出，人工智能发展的不确定性带来新挑战，人工智能是影响面广的颠覆性技术，可能带来改变就业

---

〔36〕 See Amalie M. Weber, *The Council of Europe's Convention on Cybercrime*, 18 Berkeley Technology Law Journal 431 (2003). 转引自刘艳红：《网络犯罪的刑法解释空间向度研究》，载《中国法学》2019年第6期。

〔37〕 See Eric J. Bakewell et al., *Computer Crime*, 38 American Criminal Law Review 485 (2001); Michael W. Carroll & Robert Schrader, *Computer-Related*, *Crimes*, 32 American Criminal Law Review 185(1995). 转引自刘艳红：《网络犯罪的刑法解释空间向度研究》，载《中国法学》2019年第6期。

结构、冲击法律与社会伦理、侵犯个人隐私、挑战国际关系准则等问题，将对政府管理、经济安全和社会稳定乃至全球治理产生深远影响。任何技术的发展都是一把“双刃剑”，在鼓励发展人工智能技术造福人类的同时，我们更要警惕人工智能技术带来的风险与挑战。法律是社会关系的调节器，在法治作为社会治理基本方式的今天，人工智能的发展必然离不开法律的规制。如何在不妨碍人工智能发展的前提下，减少技术创新可能给社会造成的负面影响，是网络时代对人工智能进行法律规制的难点所在。目前人工智能法的框架体系尚未形成，人工智能相关法律研究主要围绕人工智能的法律地位、人工智能法律规制的困境、人工智能法律制度框架的建构等方面进行，然而当前理论研究的深度和广度均有待于进一步提升，人工智能法有可能成为法学研究的下一个热门领域。

第三节　网络与人工智能法学的研究方法

对于科学研究来说，方法问题至关重要。正确的方法可以使研究事半功倍，错误的方法有可能会让研究者缘木求鱼，方法选择的对错直接决定着研究的成败，因此科学的研究方法是研究顺利开展的关键性因素，方法抉择不可不慎。在法学领域，有两种基本的方法大类，即法学方法和法律方法。法学方法通常只是人们在法律研究和实践的过程中所运用的各种方法，既包括法学学者在法学学术研究过程中进行理论建构和理论批判的方法，也包括法官、检察官和律师等法律职业者在适用法律解决具体案件的过程中所使用的各种特定方法；法律方法是指在法律适用过程中用以发现、选择、解释和论证法律和法律结论的各种方法。[38] 法学研究层面的方法，主要是指法学方法。法学方法一般来说由哲学方法、实证方法和规范分析方法组成，其中哲学方法是方法论的认识论基础，实证方法是作为科学的各学科所共有的方法，规范分析方法是法学所特有的方法。[39] 作为一门法学二级学科，网络与人工智能学的研究方法同样可以从这三个方面来进行把握。

一、哲学方法

哲学方法位于整个方法论体系的最高层，因为它提供了观察和认识法律现象的世界观和方法论。与其他方法相比，它更具有根本性和方向性。在其他层次方法上，不

〔38〕 参见张文显主编：《法理学》（第3版），法律出版社2007年版，第13－14页。
〔39〕 参见朱景文主编：《法理学》（第3版），中国人民大学出版社2015年版，第11页。

同的法学流派可能有更多的共同点，如果在哲学方法上有差别，则可能造成根本不同的法律观。[40] 简单来说，哲学方法解决的是方法论上的指导思想问题，也即我们的研究到底是科学的还是玄学的，是唯物的还是唯心的，是实事求是的还是形而上学的。网络与人工智能法学研究要坚持正确的哲学指导方法，以辩证唯物主义为哲学基础，从网络与人工智能发展的实际情况出发，全面地、客观地、实事求是地分析研究网络与人工智能法律问题，既不能太过超前，也不能过于保守，在网络与人工智能法律实践的基础上，科学合理地构建一种符合现阶段网络与人工智能发展实际情况的网络与人工智能法学框架体系。

二、实证方法

实证方法是从自然科学引入社会科学领域的。这种方法的主要逻辑是假设演绎法。科学的理论假说只有在得到经验事实的验证之后才是正确的。这一方法对自然科学的独立和发展起到了重要的推动作用。胡适之先生曾说的“大胆假设、小心求证”就是这一研究方法核心内涵的体现。实证方法的关键是如何证实，而证实需要大量的经验材料，因此获取经验材料的各种方法便是实证分析法的具体表现形式，如观察、调查、访问、实验、比较、文献研读等。网络与人工智能法学的研究过程同样需要实证的方法。在网络与人工智能立法的过程中，立法主体需要进行大量的文献研读、调查访问和比较分析，必要时甚至可以考虑进行网络与人工智能立法实验，在准确把握网络与人工智能发展现状的基础上，创制符合当下社会需求的网络与人工智能法律规范。在网络与人工智能法后续修改完善和进行社会效果评价时，同样离不开实证的方法，即需要在通过各种方法考察网络与人工智能法律实践的基础上，综合评估网络与人工智能法治运行状况，从而作出网络与人工智能法律规范的调整。由于网络与人工智能法的特殊性质，在采用实证方法进行研究的过程中，还需要综合运用社会科学、计算机科学与技术、网络工程技术、人工智能技术等学科的内容进行交叉学科的分析研究。

三、规范分析方法

规范分析方法是研究规范性内容的学科最基本的研究方法。最常见的研究规范性内容的学科就是伦理学和法学，伦理学研究的是道德规范，法学研究的是法律规范。网络与人工智能法学作为法学的一种，也是研究规范性内容的学科，其规范性内容就表现为各个层级、各个方面的网络与人工智能法律规范。网络与人工智能法学的规范

---

〔40〕 参见朱景文主编：《法理学》（第3版），中国人民大学出版社2015年版，第11页。

分析方法,其实就是从法律角度看待网络与人工智能问题,用网络与人工智能法律规范来衡量网络与人工智能参与者的各种行为,具体可以从以下两个方面把握:第一,在网络与人工智能法的制定过程中,需要分析网络与人工智能法的立法原则、立法程序、立法技术,网络与人工智能法律规范的效力、结构、种类,网络与人工智能法的体系结构,网络与人工智能法与其他部门法的关系,网络与人工智能法律规范的渊源等方面的内容;第二,在网络与人工智能法的实施过程中,需要研究网络与人工智能司法管辖权,网络与人工智能法律关系的性质、种类和基本构成,网络与人工智能法律关系的主体、客体、内容,网络与人工智能法律事实的种类,网络与人工智能违法犯罪的构成要件,网络与人工智能法律责任的种类和承担方式等方面的内容。此外,在网络与人工智能法的司法适用过程中,法教义学的方法也是规范分析方法的当然内涵,即以司法三段论为理论基础的正确认定案件事实和适用法律规范的各种方法。例如,网络与人工智能法律规范的解释种类和方法,网络与人工智能法律规范的推理和类推适用,对网络与人工智能司法判决理由的正当性、合法性进行法律论证等。因此,可以说规范分析方法是法学研究者的看家本领,是进行网络与人工智能法学研习必须熟练掌握的方法。

第二章　网络安全法

第一节　网络安全法概述

一、网络安全问题

在如今的互联网时代，网络技术日臻发达，并已经深刻地融入人们的生活之中。互联网具有高度的开放性、现实性和社会性。而开放的网络环境是一把“双刃剑”，一方面，它帮助人们获取更多信息以及更加便捷地与他人沟通；另一方面，人类所拓展的这一新的活动领域也成为一些非法、不安定因子的寄居地。近年来，网络安全事件时有发生，给个人、社会甚至国家带来极大的影响，网络安全问题日益凸显。

网络安全不仅涉及个人安全、社会安全，还涉及国家安全。这从广为人知的“棱镜门事件”中可见一斑。2013 年 6 月，美国中央情报局（Central Intelligence Agency）前职员爱德华·斯诺登（Edward Snowden）爆料“棱镜计划”（Prism）。这是一项由美国国家安全局（National Security Agency，NSA）自 2007 年起开始实施的绝密电子监听计划，能够对即时通信和既存资料进行深度地监听，监听对象包括任何在美国以外地区使用参与计划公司服务的客户，或是任何与国外人士通信的美国公民。受到“棱镜”监控的主要有 10 类信息：电邮、即时消息、视频、照片、存储数据、语音聊天、文件传输、视频会议、登录时间和社交网络资料的细节。通过棱镜项目，美国国家安全局甚至可以实时监控一个人正在进行网络搜索的内容。[1] 斯诺登向德国《明镜》周刊提供的文件表明，美国针对中国进行大规模网络进攻，并把中国领导人和华为公司列为目标，攻击的目标包括商务部、外交部、银行和电信公司等。美国国家安全局还对清华大学的主干网络发起大规模的黑客攻击。中国六大骨干网之一的中国教育和科研计算机网就设在清华大学，清华的主干网络一旦被黑，就意味着数百万中国公民的网络数

---

〔1〕 参见蔡东海：《揭秘：棱镜计划》，载中国日报网，http://www.chinadaily.com.cn/hqzx/2013－06/19/content_16637738.htm。

据可能失窃。[2] 总之,网络安全事关人类共同利益,事关世界和平与发展,事关各国国家安全。

二、网络安全的概念

一般而言,网络安全涉及以下四个方面的内容:物理安全、运行安全、数据安全、内容安全,其分别对应基础设施的安全、信息系统的安全、信息自身的安全和信息利用的安全。具体而言,网络物理安全,是指包括环境、设备和记录介质在内的所有支持信息系统运行的硬件设备的安全;网络运行安全,是指网络运行体系、数据处理服务系统、网上的应用软件等能够正常运转,不被非法侵入和破坏;网络数据安全,是指确保网上数据信息的保密性、完整性、可用性;网络信息内容安全,是指网络上的信息应当符合法律的规定,不得危害国家安全、社会公共利益和个人的合法权益。网络安全的上述四个方面是相辅相成的,共同维护着安全、可信、和平、健康的网络空间,其中,网络物理安全是前提,网络运行安全是基础,网络数据安全是核心,上述三项安全在技术层面维护网络空间的安全可信,而网络信息内容安全则是在社会、文化方面维护网络空间的和平和健康。[3]

人们常使用"信息安全"或"网络信息安全"的提法,其与"网络安全"的概念相近。[4] 习近平总书记在2014年中央国家安全委员会第一次会议上提出总体国家安全观,要求构建集政治安全、国土安全、军事安全、经济安全、文化安全、社会安全、科技安全、信息安全、生态安全、资源安全、核安全为一体的国家安全体系,其中使用的是"信息安全"的概念。之后施行的《国家安全法》第25条提出国家建设网络与信息安全保障体系,在与总体国家安全观中"信息安全"对应的条款中采用了"网络与信息安全"的提法。《网络安全法》则正式使用了"网络安全"的概念。由于网络的基本功能是传输和处理信息数据,保障网络的物理安全、运行安全的根本目的是保障网络数据的完整性、保密性、可用性,所以网络安全与网络信息安全基本上是等同的概念。

从国外立法情况看,主要国家和地区也都是从保障网络信息数据的保密性、完整性和可用性的角度来定义网络安全或信息安全的,如《欧盟关于建立欧洲网络与信息安全局的第460/2004号条例》、美国2002年《联邦信息安全法》、日本《网络安全基本

---

〔2〕 参见张洋:《看山姆大叔如此偷窥世界》,载新华网,http://www.xinhuanet.com//world/2014-05/27/c_1110870573_2.htm。

〔3〕 参见谢永江、李欲晓主编:《网络安全法学》,北京邮电大学出版社2017年版,第61页。

〔4〕 相关概念辨析,可参见寿步:《网络安全法基本概念若干问题》,载周汉华主编:《网络信息法学研究》第3期,中国社会科学出版社2018年版。

法》、俄罗斯《信息、信息技术和信息保护法》等。[5] 在美国2002年《联邦信息安全法》中,“信息安全”被定义为“保护信息和信息系统以避免未经授权的访问、使用、泄露、破坏、修改或者销毁,以确保信息的完整性、保密性和可用性”。日本《网络安全基本法》第2条将“网络安全”定义为,为保障以电子化方式、磁气化方式及其他以人的知觉所无法认知的方式记录或发送、传播信息,保障该信息不被泄露、销毁、毁坏等任何为信息安全管理而进行的必要措施,以及确保信息系统及信息通信网络的安全性和可信性而采取的必要措施(含对联通信息通信网络及制作成电磁式记录形式的记录媒体的电子计算机进行的不正当活动的损失预防所需要采取的必要措施),而且这些措施皆维持恰当的状态。

我国《网络安全法》根据当前社会的普遍认知,将网络安全的范围确定为网络运行安全和网络信息安全两个方面,将网络安全定义为:通过采取必要措施,防范对网络的攻击、侵入、干扰、破坏和非法使用以及意外事故,使网络处于稳定可靠运行的状态,以及保障网络数据的完整性、保密性、可用性的能力(《网络安全法》第76条第2项)。所谓完整性,即防止信息被不正当地修改或破坏,并且包括确保信息的不可否认性和真实性;所谓保密性,即保留对获取和披露的授权限制,包括保护个人隐私和专有信息;所谓可用性,即确保及时可靠地获取和使用信息。

三、网络安全立法

美国著名网络法学者莱斯格认为,网络空间行为规制有四个维度,即法律、社群规范、市场与架构。社群规范通过共同体施加的声誉毁损来进行约束,市场通过其中的价格来进行约束,架构通过其施加的物理负担来进行约束,而法律则通过惩罚的危险来进行约束。[6] 开发和应用网络安全技术,可解决网络安全漏洞,如此,架构上的约束有助于实现维护网络安全的目的。法律规范人们的权利、义务,更以责任施加威慑,可建立起维护网络安全的法律秩序。我国网络法治建设的实践已经充分说明,网络法治越强,越能构筑安全底线,奠定国家长治久安与可持续发展的基础。[7]

网络安全法律制度是一个综合的法律体系,而其中单行的网络安全法及关联法律是网络安全法制建设的重中之重。[8] 2016年11月,我国《网络安全法》出台。这是我国网络安全领域的基础性法律。该法以“建设、运营、维护和使用网络,以及网络安

---

〔5〕 参见杨合庆主编:《中华人民共和国网络安全法解读》,中国法制出版社2017年版,第160页。

〔6〕 参见[美]劳伦斯·莱斯格:《代码2.0:网络空间中的法律》(第2版),李旭、沈伟伟译,清华大学出版社2018年版,第135-137页。

〔7〕 参见周汉华:《网络法治的强度、灰度与维度》,载《法制与社会发展》2019年第6期。

〔8〕 参见刘品新:《网络法学》(第2版),中国人民大学出版社2015年版,第79页。

全的监督管理”为调整对象，共7章79条，包括总则、网络安全支持与促进、网络运行安全、网络信息安全、监测预警与应急处置、法律责任等主要内容，确立了国家、有关主管部门、网络运营者、网络使用者的网络安全责任，确立了网络设备设施安全、网络运行安全、网络数据安全、网络信息安全等各方面基本制度，以防范对网络的攻击、侵入、干扰、破坏和非法使用以及意外事故，提高网络安全保护能力和水平，保障网络处于稳定可靠运行的状态，保障网络存储、传输、处理信息的完整性、保密性、可用性。有学者概括，我国网络安全法的基本原则包括网络空间主权原则、网络安全与发展并重原则、责权利相统一原则和共同治理原则四项基本原则。[9]

除《网络安全法》之外，网络安全法律制度还包括其他部门法中的网络安全法律规范。例如，全国人大常委会《关于维护互联网安全的决定》从保障互联网运行安全、维护国家安全和社会稳定、维护市场经济秩序和社会管理秩序及保护个人、法人和其他组织的人身、财产等合法权利等方面，对利用互联网从事的违法行为作了若干具体规定；全国人大常委会《关于加强网络信息保护的决定》专门对网络信息安全作了强化规定；《刑法》规定了出售、非法提供公民个人信息罪，非法获取公民个人信息罪，非法侵入计算机信息系统罪等；《治安管理处罚法》规定对入侵计算机系统、破坏计算机运行、制作传播计算机病毒等违法行为给予治安管理处罚。此外，《计算机信息系统安全保护条例》《电信条例》《互联网信息服务管理办法》等行政法规也有涉及网络安全的规定。

截至目前，我国基本上形成了以《网络安全法》为基础，辅以《反间谍法》、《刑法》、《电子签名法》、《民法典》（侵权责任编部分），配套以《信息网络传播条例》《电信条例》《国家网络空间安全战略》《互联网广告管理暂行办法》《网络空间国际合作战略》《互联网新闻信息服务管理规定》等有关信息内容、网络服务与安全管理方面的法规和规章及其他规范性文件，形成了一个网络安全的保障体系。在《网络安全法》这一基本法的支撑下，网络安全立法体系更加扎实，随着今后我国立法的进一步细化展开，有望实现跨越式的实质性突破。[10]

四、网络安全战略

国家网络安全战略是国家从网络安全国际国内形势和全局出发，确定网络安全工作目标、任务，并为实现上述目标和任务而制定的方略和规划。国家网络安全战略具

---

〔9〕 参见谢永江：《论网络安全法的基本原则》，载《暨南学报（哲学社会科学版）》2018年第6期。

〔10〕 参见刁胜先、郑浩：《大数据战略视野下我国信息网络安全立法分析》，载《重庆邮电大学学报（社会科学版）》2018年第1期。

有全局性、综合性、整体性、长远性，是指导、统筹网络安全工作的最高原则和纲领。[11] 近年来，世界主要国家都先后制定了网络安全战略。一方面，制定国家网络安全战略是提升国家基础设施和服务安全性、可恢复性的重要手段；另一方面，对外宣示一国的网络安全战略，能够提升网络安全政策的透明度，增加国际互信，有利于开展和推动网络空间国际合作。[12] 为此，《网络安全法》第 4 条规定："国家制定并不断完善网络安全战略，明确保障网络安全的基本要求和主要目标，提出重点领域的网络安全政策、工作任务和措施。"

2016 年 12 月，经中央网络安全和信息化领导小组批准，国家互联网信息办公室（以下简称国家网信办）发布了我国第一个《国家网络空间安全战略》。该战略首先分析了我国网络安全面临的机遇和挑战，提出网络空间是信息传播的新渠道、生产生活的新空间、经济发展的新引擎、文化繁荣的新载体、社会治理的新平台、交流合作的新纽带、国家主权的新疆域，指出我国面临网络渗透危害政治安全、网络攻击威胁经济安全、网络有害信息侵蚀文化安全、网络恐怖和违法犯罪破坏社会安全、网络空间的国际竞争方兴未艾带来的挑战，网络空间机遇和挑战并存，机遇大于挑战。该战略指出，国家网络空间安全的目标是：以总体国家安全观为指导，贯彻落实创新、协调、绿色、开放、共享的发展理念，增强风险意识和危机意识，统筹国内国际两个大局，统筹发展安全两件大事，积极防御、有效应对，推进网络空间和平、安全、开放、合作、有序，维护国家主权、安全、发展利益，实现建设网络强国的战略目标。该战略提出了维护网络空间安全的原则，即尊重维护网络空间主权、和平利用网络空间、依法治理网络空间、统筹网络安全与发展；明确了战略任务，包括坚定捍卫网络空间主权、坚决维护国家安全、保护关键信息基础设施、加强网络文化建设、打击网络恐怖和违法犯罪、完善网络治理体系、夯实网络安全基础、提升网络空间防护能力、强化网络空间国际合作。

五、网络安全管理体制

管理体制，是指某一系统中的组织结构和任务分配，即该系统由哪些部门组成以及这些部门的具体任务、职权，完成任务、落实职权的手段。网络安全管理体制就是中央、地方、各部门在网络安全管理工作中的管理范围、权限职责和利益关系。由此可见，网络安全管理体制的核心是管理机构的设置、各机构职权的分配和不同机构之间的协调关系。网络安全管理体制的设置是否合理，直接影响到我国网络安全管理工作

---

〔11〕 参见杨合庆主编：《中华人民共和国网络安全法解读》，中国法制出版社 2017 年版，第 9 页。
〔12〕 参见谢永江、李欲晓主编：《网络安全法学》，北京邮电大学出版社 2017 年版，第 65 页。

的效果。[13]

我国《网络安全法》第 8 条规定:“国家网信部门负责统筹协调网络安全工作和相关监督管理工作。国务院电信主管部门、公安部门和其他有关机关依照本法和有关法律、行政法规的规定,在各自职责范围内负责网络安全保护和监督管理工作。县级以上地方人民政府有关部门的网络安全保护和监督管理职责,按照国家有关规定确定。”2011 年 5 月,国务院设立国家互联网信息办公室。2014 年 2 月,中央网络安全和信息化领导小组成立,同时成立了领导小组办事机构即中央网络安全和信息化领导小组办公室(以下简称中央网信办),由国家网信办承担具体职责。2014 年 8 月,国务院发出《关于授权国家互联网信息办公室负责互联网信息内容管理工作的通知》,授权重新组建的国家网信办负责全国互联网信息内容管理工作,并负责监督管理执法。根据国务院确定的职责,工业和信息化部(以下简称工信部)作为电信行业主管部门,主要承担互联网行业管理、信息通信领域网络与信息安全保障体系建设以及网络安全防护、应急管理和处置等职责;公安部主要承担计算机信息系统安全保护、计算机病毒等防治管理、网络违法犯罪案件的查处等职责;其他有关部门依其职责开展网络安全保护和监督管理工作。与中央政府相对应,地方的网信、电信、公安部门是承担网络安全保护和监督管理职责的主要部门。[14]

第二节 网络运行安全法律制度

网络处于稳定可靠运行的状态,是网络安全的题中应有之义。鉴于此,我国《网络安全法》第三章对网络运行安全作了专门规定。除了网络运行安全的一般规定外,为了保障关键信息基础设施安全,维护国家安全、经济安全和保障民生,《网络安全法》设专节对关键信息基础设施的运行安全作了规定,实行重点保护。

一、网络运行安全概述

网络运行安全,是指在网络运行的过程中,计算机操作系统、应用软件、网络协议等维持网络运行的程序能充分发挥其功能,消除负面因素,免受外部的干扰和破坏,保证网络稳定有序地运行,使网络处于一个安全的状态。网络安全需要依赖以下几个方面的协调:第一,体系结构的合理分配。计算机工作的程序是由下层向上层提供信息,

---

〔13〕 参见马民虎主编:《网络安全法适用指南》,中国民主法制出版社 2019 年版,第 19 页。

〔14〕 参见杨合庆主编:《中华人民共和国网络安全法解读》,中国法制出版社 2017 年版,第 21 – 23 页。

网络的安全运行需要保证下层提供信息的准确性，并在信息传播的过程中保证信息能顺利完整地传达给上层。第二，网络通信的安全。网络通信是要在网络设备之间、网络设备与主机节点之间进行信息交换，因此保证通讯协议和通讯系统的安全至关重要。第三，操作系统的安全。任何其他软件都必须在操作系统的支持下才能运行，操作系统的安全漏洞一旦被黑客发现并利用，就可能会使整个网络系统遭受严重的损失甚至瘫痪。第四，应用程序的安全。应用程序是针对用户的某种应用目的而编写的程序。因此，应及时检测并弥补应用程序的漏洞，避免黑客通过漏洞窃取重要的信息，保证应用程序的安全。[15]

一般而言，网络运行安全面临着以下几个方面的威胁：第一，网络病毒造成的安全问题。计算机网络病毒是人为编写的一种破坏性程序，不同性质的网络病毒给网络运行带来的危害也是不同的，如有的病毒会窃取用户数据，有的则会直接摧毁用户的数据。第二，网络系统漏洞引发的安全问题。计算机网络系统不可避免地都会存在一定的漏洞，有些不法分子便会利用这些漏洞来破坏他人的计算机系统。第三，网络管理造成的安全问题。计算机网络管理是维护信息安全的重要手段之一，若网络管理者有所疏忽，就很容易导致信息泄露，从而造成严重的损失。[16]

保障网络运行安全，需要采取技术、法律、管理等多项措施。先进的技术是保障网络安全最为重要的手段，这些手段包括认证服务、入侵检测、访问控制、安全补丁和修复包、杀毒软件等。除了技术手段之外，健全的法律对于网络运行安全是必不可少的。法律规定各方主体的权利义务，对破坏网络运行安全的行为进行惩治，对违法者进行威慑，引导人们合法实施网络行为。《网络安全法》第三章全面系统地规定了保障网络运行安全的法律制度。其中，针对系统安全，《网络安全法》侧重于实现网络运行安全，采取了分类分级的保护思路，在网络安全等级保护制度的基础上，对关键信息基础设施实施特殊保护。针对一般网络，《网络安全法》要求网络运营者按照网络安全等级保护制度的要求，履行安全保护义务，保障网络免受干扰、破坏或者未经授权的访问，防止网络数据泄露或者被窃取、篡改。由于网络运行安全在很大程度上取决于其所使用的网络产品和服务的安全性，故《网络安全法》特别强调网络产品和服务的质量，要求网络产品、服务应当符合相关国家标准的强制性要求。针对关键信息基础设施，《网络安全法》对其安全性提出了更高的保障要求，并为其量身定制了网络安全审查制度、数据跨境安全评估制度和年度安全评估三大安全保障制度。[17]

---

〔15〕 参见谢永江、李欲晓主编：《网络安全法学》，北京邮电大学出版社 2017 年版，第 86 页。

〔16〕 参见周小健、鲁梁梁：《大数据时代背景下计算机网络安全防范应用与运行》，载《网络安全技术与应用》2017 年第 5 期。

〔17〕 参见马宁：《我国网络安全的法治化进程：从诸法分立到协调统一》，载《人民法治》2019 年第 19 期。

二、网络运行安全的一般规定

(一)网络安全等级保护制度

我国《网络安全法》第21条明确规定,国家实行网络安全等级保护制度。网络安全等级保护制度是我国现行的网络安全领域的一项重要制度。在《网络安全法》出台之前,我国多个规范性文件以及标准中已有网络安全等级保护制度的具体规定。1994年,国务院制定的《计算机信息系统安全保护条例》第9条规定,计算机信息系统实行安全等级保护。安全等级的划分标准和安全等级保护的具体办法,由公安部会同有关部门制定,并首次明确提出计算机信息系统施行安全等级保护。2001年1月,《计算机信息系统安全保护等级划分准则》正式实施,规定了计算机系统安全保护能力的用户自主、系统审计、安全标记、结构化、访问验证五个保护级。2007年,公安部、国家保密局、国家密码管理局、国务院信息化工作办公室联合发布了《信息安全等级保护管理办法》,对信息安全等级保护制度作了较为具体的规定,提出了影响信息安全保护等级定级的因素,即信息系统在国家安全、经济建设、社会生活中的重要程度,信息系统遭到破坏后的国家安全、社会秩序、公共利益以及公民、法人和其他组织的合法权益的危害程度等,并据此将信息系统的安全保护等级由低到高分为五级,规定了每个等级的范围、信息系统运营者的义务及应对措施等。《网络安全法》总结上述实践经验,对之前的信息系统安全保护等级制度的名称进行了调整,改为网络安全等级保护制度,并规定了主要内容。《网络安全法》出台后,与网络安全等级保护制度配套的国家标准也随之修订。2019年5月,《信息安全技术—网络安全等级保护基本要求》(GB/T 22239—2019)正式发布,等级保护制度的保护对象从信息系统调整为基础信息网络、信息系统(含采用移动互联技术的系统)、云计算平台/系统、大数据应用/平台/资源、物联网和工业控制系统等。[18] 同时,为贯彻落实《网络安全法》,深入推进实施国家网络安全等级保护制度,公安部会同有关部门起草了《网络安全等级保护条例(征求意见稿)》,并于2018年6月向社会公开征求意见。

网络安全等级保护制度的主要内容可以分为技术类安全要求和管理类安全要求两大类。技术类安全要求主要从物理安全、网络安全、主机安全、应用安全和数据安全等方面提出,通过在信息系统中部署软硬件并正确配置其安全功能来实现;管理类安全要求从安全管理制度、安全管理机构、人员安全管理、系统建设管理和系统运维管理等方面提出,通过控制各种角色的活动,从政策、制度、规范、流程以及记录等方面作出

---

〔18〕 参见马力等:《〈网络安全等级保护基本要求〉(GB/T 22239—2019)标准解读》,载《信息网络安全》2019年第2期。

规定来实现。[19]

我国《网络安全法》第 21 条根据网络安全等级保护制度，对网络运营者的安全保护义务作了基本规定，以保障网络免受干扰、破坏或者未经授权的访问，防止网络数据泄露或者被窃取、篡改。这些基本义务主要包括以下几个方面：

1. 制定内部安全管理制度和操作规程，确定网络安全负责人，落实网络安全保护责任。内部安全管理制度是网络运营者制定的有关网络安全管理组织架构、人员配备、行为规范、管理责任的规则；操作规程是网络运营者制定的有关人员在操作设备或办理业务时应当遵守的程序或者步骤。网络运营者应当依照法律、行政法规及网络安全等级保护制度的规定，制定内部安全管理制度和操作规程，细化并落实安全管理义务，根据不同保护等级设置安全管理机构、安全管理人员、安全主管、安全管理负责人等，并明确相关机构和人员的职责。[20] 网络安全等级保护的核心是保证不同安全保护等级的对象具有相适应的安全保护能力。《信息安全技术—网络安全等级保护基本要求》规定了不同安全保护等级对象的基本管理要求，对安全管理制度、安全管理机构和安全管理人员等提出了不同程度的要求。

2. 采取防范危害网络安全行为的技术措施。网络运营者应当依照法律、行政法规及网络安全等级保护制度的规定，切实采取技术防范措施，从技术上防范计算机病毒和网络攻击、网络侵入等网络安全风险。例如，安装防病毒软件，防范计算机病毒；安装网络身份认证系统、网络入侵检测系统、网络风险审计系统等，防范网络攻击、侵入；安装自动报警系统，当检测到安全风险时自动报警等。公安部发布的《互联网安全保护技术措施规定》对于网络运营者应当承担的技术措施作出了规定。

3. 配备相应的硬件和软件监测、记录网络运行状态、网络安全事件，按照规定留存相关网络日志。网络日志是对网络信息系统的用户访问、运行状态、系统维护等情况的记录，对于追溯非法操作、未经授权的访问，并维护网络安全以及调查网络违法犯罪活动具有重要作用。[21] 在《网络安全法》颁布之前，我国许多规范性文件中已经存在日志留存相关的规定。这些规定基本源自 2000 年国务院发布的《互联网信息服务管理办法》。依其规定，互联网信息服务提供者和互联网接入服务提供者的记录备份应当保存 60 日，并在国家有关机关依法查询时予以提供。从执法实践来看，上述规定的期限过短，一旦发生网络违法犯罪难以有效追溯。[22] 鉴于此，《网络安全法》第 21 条第 3 项规定，网络运营者应当按照规定留存相关的网络日志不少于 6 个月。值得注意

---

〔19〕 参见杨合庆主编：《中华人民共和国网络安全法解读》，中国法制出版社 2017 年版，第 48 – 49 页。

〔20〕 参见杨合庆主编：《中华人民共和国网络安全法解读》，中国法制出版社 2017 年版，第 49 页。

〔21〕 参见杨合庆主编：《中华人民共和国网络安全法解读》，中国法制出版社 2017 年版，第 50 页。

〔22〕 参见马民虎主编：《网络安全法适用指南》，中国民主法制出版社 2019 年版，第 75 – 76 页。

的是,并非所有的网络日志均须留存不少于6个月。《网络安全法》(草案二次审议稿)规定,网络运营者应当留存网络日志不少于6个月。由于一些互联网企业提出,从维护网络安全的需要看,要求所有网络日志都留存6个月没有必要,故《网络安全法》(草案三次审议稿)将其修改为网络运营者应当按照规定留存相关的网络日志不少于6个月,并成为正式通过的《网络安全法》第21条的文本表述。

4. 采取数据分类、重要数据备份和加密等措施。数据分类就是按照某种标准(如重要程度)对数据进行区分、归类。数据备份就是为防止系统故障或者其他安全事件导致数据丢失,而将数据从应用主机的硬盘或阵列复制、存储到其他存储介质。数据加密就是通过加密算法和密钥将明文数据转变为密文数据,从而实现数据的保密性。网络运营者应当依照法律、行政法规及网络安全等级保护制度的规定,采取数据分类、重要数据备份和加密等措施,保护网络数据安全。[23] 对于何为"重要数据",《网络安全法》未作具体的界定。有学者认为,此处"重要数据"的认定应当以保护国家安全、社会秩序、公共利益以及公民、法人和其他组织的合法权益为导向,重点考量数据备份和加密对于网络运营者业务运营的重要意义以及数据不备份、不加密是否会对国家安全、社会秩序以及公民、法人和其他组织的合法权益造成不利影响。[24]

5. 法律、行政法规规定的其他义务。例如,上述《计算机信息系统安全保护条例》《信息安全等级保护管理办法》等法律法规中规定的网络安全保护义务。《网络安全等级保护条例(征求意见稿)》第21条落实网络安全等级保护制度的要求,规定第三级以上网络的运营者除履行一般安全保护义务外,还应当履行下列安全保护义务:(1)确定网络安全管理机构,明确网络安全等级保护的工作职责,对网络变更、网络接入、运维和技术保障单位变更等事项建立逐级审批制度;(2)制定并落实网络安全总体规划和整体安全防护策略,制定安全建设方案,并经专业技术人员评审通过;(3)对网络安全管理负责人和关键岗位的人员进行安全背景审查,落实持证上岗制度;(4)对为其提供网络设计、建设、运维和技术服务的机构和人员进行安全管理;(5)落实网络安全态势感知监测预警措施,建设网络安全防护管理平台,对网络运行状态、网络流量、用户行为、网络安全案事件等进行动态监测分析,并与同级公安机关对接;(6)落实重要网络设备、通信链路、系统的冗余、备份和恢复措施;(7)建立网络安全等级测评制度,定期开展等级测评,并将测评情况及安全整改措施、整改结果向公安机关和有关部门报告;(8)法律和行政法规规定的其他网络安全保护义务。

依《网络安全法》第59条第1款规定,网络运营者不履行相关网络安全保护义务

---

〔23〕 参见杨合庆主编:《中华人民共和国网络安全法解读》,中国法制出版社2017年版,第50-51页。
〔24〕 参见马民虎主编:《网络安全法适用指南》,中国民主法制出版社2019年版,第78页。

的，由有关主管部门责令改正，给予警告；拒不改正或者导致危害网络安全等后果的，处1万元以上10万元以下罚款，对直接负责的主管人员处5000元以上5万元以下罚款。

（二）网络产品和服务提供者的网络安全保护义务

网络产品和服务，是指作为网络组成部分以及维持网络功能的设备、软件和服务。[25] 由于网络运行安全在很大程度上取决于其所使用的网络产品和服务的安全性，《网络安全法》第22条规定了网络产品和服务提供者的网络安全保护义务。这些义务包括：[26]

1. 符合国家标准的强制性要求。国家标准是对重要产品等需要在全国范围内统一适用的技术要求，网络产品和服务应当符合相关国家标准的强制性要求。目前，落实《网络安全法》规定的国家标准《信息安全技术—网络产品和服务安全通用要求》已出台，而对于尚未制定强制性国家标准的网络产品和服务，按照《产品质量法》的规定，也必须符合保证人体健康和人身、财产安全的要求。

2. 不得设置恶意程序。恶意程序，是指专门编写的用于实施网络攻击、干扰网络正常使用、窃取网络数据等行为的程序，通常是指计算机病毒以及侵害用户软件安装、使用和卸载有关的知情权、选择权的恶意软件。恶意程序严重损害网络安全，应当予以禁止。2016年12月，工信部发布《移动智能终端应用软件预置和分发管理暂行规定》，对移动智能终端生产企业、互联网信息服务提供者等相关企业在软件产品中设置恶意软件的行为予以规范。

3. 安全风险应对义务。《网络安全法》第22条第1款规定，网络产品、服务的提供者发现其网络产品、服务存在安全缺陷、漏洞等风险时，应当立即采取补救措施，按照规定及时告知用户并向有关主管部门报告。安全缺陷，是指网络产品和服务中由于设计、开发错误、配置错误、生产问题或运维缺陷引入的可能影响网络产品和服务安全的弱点。漏洞是网络产品和服务中能够被威胁利用的弱点。网络产品和服务的安全缺陷、漏洞等风险，由于技术原因等难以避免，但网络产品、服务的提供者在发现安全风险后负有及时应对的义务，应采取补救措施、及时告知用户、向有关主管部门报告。《网络安全法》第22条衔接了《消费者权益保护法》第19条“经营者发现其提供的商品或者服务存在缺陷，有危及人身、财产安全危险的，应当立即向有关行政部门报告和告知消费者，并采取停止销售、警示、召回、无害化处理、销毁、停止生产或者服务等措施”之规定。鉴于网络产品和服务的特殊性，一旦使用难以适用召回、停止生产和服

---

〔25〕 参见杨合庆主编：《中华人民共和国网络安全法解读》，中国法制出版社2017年版，第52页。

〔26〕 参见杨合庆主编：《中华人民共和国网络安全法解读》，中国法制出版社2017年版，第52－53页。

务等措施,因而需要新的风险应对措施。例如,软件产品存在风险,更多的是按照缺陷的潜在威胁及时制定响应措施,如通过相关机构之间的信息共享尽快研制补丁等。向用户告知的内容,应当包括声明某产品或服务存在安全风险、风险的性质(如缺陷、漏洞的类型)、可能造成的后果、用户应当采取的防范措施等,在采用补丁修复或者找到其他解决办法之后,也应及时向用户告知。上述所言的有关主管部门,是指网信部门、工业和信息化部门和公安部门。需要注意,在向主管部门报告安全风险时,应当报告详细信息,以便主管部门发挥监督职责,共享信息并协调各方力量尽快制定解决方案。[27]

4. 安全维护义务。可用性和持续性是网络产品和服务的应有之义。基于对用户合理信赖的保护,网络产品和服务的提供者应当为其产品、服务提供安全维护。为此,《网络安全法》第22条第2款规定,网络产品、服务的提供者应当为其产品、服务持续提供安全维护;在规定或者当事人约定的期限内,不得终止提供安全维护。该规定也是《消费者权益保护法》第23、24条规定的具体体现。依《消费者权益保护法》的规定,经营者应当保证在正常使用商品或者接受服务的情况下其提供的商品或者服务应当具有的质量、性能、用途和有效期限,经营者提供的商品或者服务不符合质量要求的,消费者可以依照国家规定、当事人约定退货,或者要求经营者履行更换、修理等义务。实践中,可综合网络产品、服务的重要程度、使用范围、终止安全服务后可能造成的后果等因素合理确定安全维护义务的期限。依《网络安全法》第60条规定,违反上述规定,有下列行为之一的,由有关主管部门责令改正,给予警告;拒不改正或者导致危害网络安全等后果的,处5万元以上50万元以下罚款,对直接负责的主管人员处1万元以上10万元以下罚款:(1)设置恶意程序的;(2)对其产品、服务存在的安全缺陷、漏洞等风险未立即采取补救措施,或者未按照规定及时告知用户并向有关主管部门报告的;(3)擅自终止为其产品、服务提供安全维护的。

(三)网络关键设备和网络安全专用产品安全认证和检测

鉴于支持网络安全运行的软硬件产品的重要性,我国对网络关键设备和网络安全专用产品的销售或者提供进行了严格控制,对网络关键设备和网络安全专用产品实行强制安全认证检测的市场准入制度。这有利于规范销售者的经营行为,从源头上保证网络关键设备和网络安全专用产品的质量,避免不适格的产品和设备进入市场,有利于规范网络关键设备和网络安全专用产品的销售市场,从制度上便利了行政机关查处违法的销售者,保证销售者在合法的范围内从事经营活动。[28]

---

〔27〕 参见马民虎主编:《网络安全法适用指南》,中国民主法制出版社2019年版,第83-85页。

〔28〕 参见谢永江、李欲晓主编:《网络安全法学》,北京邮电大学出版社2017年版,第89页。

依《标准化法》第25条规定，不符合强制性标准的产品、服务，不得生产、销售、进口或者提供。在《网络安全法》颁布之前，公安部根据《计算机信息系统安全保护条例》建立了计算机信息系统安全专用产品的销售许可证制度，并通过《计算机信息系统安全专用产品检测和销售许可证管理办法》进一步确立了安全专用产品检测制度。此外，工信部根据《电信条例》建立了电信设备入网检测制度。《网络安全法》第23条总结上述立法经验，对网络关键设备和网络安全专用产品安全认证、检测制度作了规定："网络关键设备和网络安全专用产品应当按照相关国家标准的强制性要求，由具备资格的机构安全认证合格或者安全检测符合要求后，方可销售或者提供。国家网信部门会同国务院有关部门制定、公布网络关键设备和网络安全专用产品目录，并推动安全认证和安全检测结果互认，避免重复认证、检测。"应予注意的是，这里的"提供"，既包括有偿供他人使用，也包括无偿供他人使用。[29]

就网络关键设备和网络安全专用产品的范围而言，2017年6月，国家网信办、工信部、公安部和国家认证认可监督管理委员会（以下简称国家认监委）四部门联合发布了《网络关键设备和网络安全专用产品目录（第一批）》。列入该目录的设备和产品，应当按照相关国家标准的强制性要求，由具备资格的机构安全认证合格或者安全检测符合要求后，方可销售或者提供。列入目录的网络关键设备有路由器、交换机、服务器（机架式）、可编程逻辑控制器（PLC设备）等，列入目录的网络安全专用产品有数据备份一体机、防火墙（硬件）、WEB应用防火墙（WAF）、入侵检测系统（IDS）、入侵防御系统（IPS）、安全隔离与信息交换产品（网闸）、反垃圾邮件产品、网络综合审计系统、网络脆弱性扫描产品、安全数据库系统、网站恢复产品（硬件）等。

依《网络安全法》第23条规定，网络关键设备和网络安全专用产品应当符合相关国家标准的强制性要求。该强制性要求既包括一般网络产品相关国家标准的强制性规定，也包括专门针对网络关键设备和网络安全专用产品相关国家标准的强制性规定。[30] 强制性国家标准《信息技术设备安全第1部分：通用要求》（GB 4943.1—2011）对于个人计算机、数据终端设备、路由器等设备的通用要求作出了规范，目前适用于网络安全专用产品的国家标准包括《信息安全技术数据备份与恢复产品技术要求与测试评价方法》（GB/T 29765—2021）、《信息安全技术防火墙安全技术要求和测试评价方法》（GB/T 20281—2020）、《信息安全技术 web 应用防火墙安全技术要求与测试评价方法》（GB/T 32917—2016）、《信息安全技术网络入侵检测系统技术要求和测试评价方法》（GB/T 20275—2021）、《信息安全技术网络型入侵防御产品技术要求

---

〔29〕 参见杨合庆主编：《中华人民共和国网络安全法解读》，中国法制出版社2017年版，第55页。

〔30〕 参见马民虎主编：《网络安全法适用指南》，中国民主法制出版社2019年版，第92页。

和测试评价方法》(GB/T 28451—2012)、《信息安全技术网络和终端设备隔离产品安全技术要求》(GB/T 20279—2015)、《信息安全技术—网络产品和服务安全通用要求》(GB/T 39276—2020)等。[31]

网络关键设备和网络安全专用产品由具备资格的机构安全认证合格或者安全检测符合要求后,方可销售或者提供。由于在实践中,我国有多个政府部门依据各自职责开展网络相关设备和产品的安全认证和安全检测,项目有所交叉,要求和标准也不统一,造成资源浪费,增加企业负担,因此《网络安全法》第23条要求国家网信部门会同国务院有关部门推动安全认证和安全检测结果互认,避免重复认证、检测。为落实《网络安全法》要求,2018年3月15日,国家认监委、工信部、公安部、国家网信办联合发布了《关于发布承担网络关键设备和网络安全专用产品安全认证和安全检测任务机构名录(第一批)的公告》(2018年第12号),指定中国信息安全认证中心(现已更名为"中国网络安全审查技术与认证中心")承担网络关键设备和网络安全专用产品安全认证工作。根据国家认监委和国家网信办于2018年5月30日发布的《关于网络关键设备和网络安全专用产品安全认证实施要求的公告》,安全认证相关检测工作由信息产业信息安全测评中心、国家保密科技测评中心、公安部计算机信息系统安全产品质量监督检验中心、国家密码管理局商用密码检测中心、中国信息安全测评中心信息安全实验室、北京信息安全测评中心、上海市信息安全测评认证中心、国家信息技术安全研究中心信息安全特种技术检测实验室8家实验室承担。符合《网络关键设备和网络安全专用产品目录(第一批)》及国家信息安全产品认证目录界定范围的产品,通过统一的认证平台提交认证申请,通过认证评价后,即可获得带有"网络关键设备和网络安全专用产品安全认证"及"中国国家信息安全产品认证"标识的认证证书,并施加统一的认证标志。[32]

(四)网络用户身份管理

由于网络空间的身份虚拟性,网络违法犯罪成本低而取证、查处难,对国家安全、社会稳定和人民人身财产权益产生威胁,故而有必要建立网络用户身份管理制度。目前,许多国家在立法中对网络用户身份管理制度作了规定,我国也高度重视网络用户身份管理问题。2012年全国人大常委会《关于加强网络信息保护的决定》第6条规定,网络服务提供者为用户办理网站接入服务,办理固定电话、移动电话等入网手续,或者为用户提供信息发布服务,应当在与用户签订协议或者确认提供服务时,要求用

---

〔31〕 参见刘思蓉、申永波、崔颖:《网络关键设备和网络安全专用产品安全认证简述》,载《信息技术与网络安全》2019年第3期。

〔32〕 参见刘思蓉、申永波、崔颖:《网络关键设备和网络安全专用产品安全认证简述》,载《信息技术与网络安全》2019年第3期。

户提供真实身份信息。根据上述规定,2013 年,工信部制定了《电话用户真实身份信息登记规定》,要求电信业务经营者为用户办理固定电话、移动电话(含无线上网卡)等入网手续时,如实登记用户提供的真实身份信息。2015 年,国家网信办制定了《互联网用户账号名称管理规定》,其第 5 条明确规定互联网信息服务提供者应当按照“后台实名、前台自愿”的原则,要求互联网信息服务使用者通过真实身份信息认证后注册账号。2015 年颁布的《反恐怖主义法》从反恐的角度又对网络用户身份管理作了规定,其第 21 条要求电信、互联网等业务经营者、服务提供者对客户身份进行查验,对身份不明或者拒绝身份查验的不得提供服务。[33]

《网络安全法》在上述规定的基础上,对网络用户身份管理制度作了完善,其第 24 条第 1 款规定:“网络运营者为用户办理网络接入、域名注册服务,办理固定电话、移动电话等入网手续,或者为用户提供信息发布、即时通讯等服务,在与用户签订协议或者确认提供服务时,应当要求用户提供真实身份信息。用户不提供真实身份信息的,网络运营者不得为其提供相关服务。”依照上述规定,实名制适用范围包括网络接入、域名注册、固定电话和移动电话入网等基础环节,以及提供信息发布、即时通信服务等应用环节。实际操作中多数服务提供者是通过手机号进行验证,实现用户身份实名制。提供真实身份信息是网络运营者的一项法定义务,用户不提供真实身份信息的,网络运营者不得为其提供相关服务。依《网络安全法》第 61 条规定,网络运营者未要求用户提供真实身份信息,或者对不提供真实身份信息的用户提供相关服务的,由有关主管部门责令改正;拒不改正或者情节严重的,处 5 万元以上 50 万元以下罚款,并可以由有关主管部门责令暂停相关业务、停业整顿、关闭网站、吊销相关业务许可证或者吊销营业执照,对直接负责的主管人员和其他直接责任人员处 1 万元以上 10 万元以下罚款。

《网络安全法》第 24 条第 2 款规定:“国家实施网络可信身份战略,支持研究开发安全、方便的电子身份认证技术,推动不同电子身份认证之间的互认。”这一规定将网络可信身份建设提升到战略高度,并明确支持研究开发安全、方便的电子身份认证技术,推动不同电子身份认证之间的互认,旨在推动建立网络可信身份体系,创造安全、可信的网络环境。

(五)禁止从事危害网络安全的活动

《网络安全法》第 27 条规定:“任何个人和组织不得从事非法侵入他人网络、干扰他人网络正常功能、窃取网络数据等危害网络安全的活动;不得提供专门用于从事侵入网络、干扰网络正常功能及防护措施、窃取网络数据等危害网络安全活动的程序、工

---

[33]　参见杨合庆主编:《中华人民共和国网络安全法解读》,中国法制出版社 2017 年版,第 57 - 58 页。

具;明知他人从事危害网络安全的活动的,不得为其提供技术支持、广告推广、支付结算等帮助。"这是关于禁止从事危害网络安全活动的规定。依其规定,危害网络安全活动的种类包括:

1. 非法侵入他人网络、干扰他人网络正常功能、窃取网络数据等活动。"侵入",是指未经他人授权,通过技术手段进入他人网络。"干扰他人网络正常功能",是指对网络功能进行删除、修改、增加、干扰,造成计算机信息系统不能正常运行。"窃取网络数据",是指未经他人允许,采用技术手段,获取网络中存储、传输、处理的数据的行为。[34]

2. 为他人从事危害网络安全的活动提供专门程序、工具。依最高人民法院、最高人民检察院《关于办理危害计算机信息系统安全刑事案件应用法律若干问题的解释》第 2 条规定,专门用于从事侵入网络、干扰网络正常功能及防护措施、窃取网络数据等危害网络安全活动的程序、工具,是指具有下列情形之一的程序、工具:(1)具有避开或者突破计算机信息系统安全保护措施,未经授权或者超越授权获取计算机信息系统数据的功能的;(2)具有避开或者突破计算机信息系统安全保护措施,未经授权或者超越授权对计算机信息系统实施控制的功能的;(3)其他专门设计用于侵入、非法控制计算机信息系统、非法获取计算机信息系统数据的程序、工具。

3. 为他人从事危害网络安全的活动提供帮助,包括技术支持、广告推广、支付结算等。技术支持,是指为从事危害网络安全的行为提供互联网接入、服务器托管、网络存储、通讯传输等技术方面的帮助。广告推广,是指为从事危害网络安全的行为做广告宣传或推广,帮助其扩大影响或者获得收入来源。支付结算,是指为从事危害网络安全的行为或行为人提供收款、转账、取款、付款等服务,为行为人获得资金支持提供便利。[35]

依《网络安全法》第 63 条规定,违反上述规定,从事危害网络安全的活动,或者提供专门用于从事危害网络安全活动的程序、工具,或者为他人从事危害网络安全的活动提供技术支持、广告推广、支付结算等帮助,尚不构成犯罪的,由公安机关没收违法所得,处 5 日以下拘留,可以并处 5 万元以上 50 万元以下罚款;情节较重的,处 5 日以上 15 日以下拘留,可以并处 10 万元以上 100 万元以下罚款。单位有前款行为的,由公安机关没收违法所得,处 10 万元以上 100 万元以下罚款,并对直接负责的主管人员和其他直接责任人员依照前款规定处罚。违反上述规定,受到治安管理处罚的人员,5 年内不得从事网络安全管理和网络运营关键岗位的工作;受到刑事处罚的人员,终身

---

〔34〕 参见杨合庆主编:《中华人民共和国网络安全法解读》,中国法制出版社 2017 年版,第 63 页。

〔35〕 参见杨合庆主编:《中华人民共和国网络安全法解读》,中国法制出版社 2017 年版,第 65 页。

不得从事网络安全管理和网络运营关键岗位的工作。

三、关键信息基础设施的运行安全

所谓关键信息基础设施，是指使用信息技术，支撑国计民生正常运行，遭受网络攻击后可影响国家安全的设施。[36] 在信息社会中，国民生活和社会经济活动都高度依赖网络，所以，关键信息基础设施是确保一国关键基础设施服务得以持续运转的不可或缺的要素。[37] 近年来，针对关键信息基础设施的攻击活动常有发生。例如，2015年12月，乌克兰电网受网络攻击，全国超过一半地区的近140万居民家中断电数小时；[38]2016年2月，孟加拉国中央银行在美国纽约联邦储备银行的账户遭黑客攻击，被窃8100万美元。[39] 鉴于关键信息基础设施的重要性及其面临的安全风险，许多国家通过立法对关键信息基础实施加强保护。我国《网络安全法》专设“关键信息基础设施的运行安全”一节，构建起以信息共享为基础，事前预防、事中控制、事后恢复与惩治的关键信息基础设施保护体系，具体制度包括“三同步”（同步规划、同步建设、同步使用）制度、网络安全审查制度、个人信息和重要数据境内存储和出境安全评估制度等。[40] 以下对相关问题进行分析。

（一）关键信息基础设施的界定

《网络安全法》第31条第1款规定：“国家对公共通信和信息服务、能源、交通、水利、金融、公共服务、电子政务等重要行业和领域，以及其他一旦遭到破坏、丧失功能或者数据泄露，可能严重危害国家安全、国计民生、公共利益的关键信息基础设施，在网络安全等级保护制度的基础上，实行重点保护。关键信息基础设施的具体范围和安全保护办法由国务院制定。”该规定采取非穷尽列举附带一般条款的立法技术，界定了关键信息基础设施，列举了公共通信和信息服务、能源、交通、水利、金融、公共服务、电子政务等七个领域，并附带了一般性的概况条款，即“一旦遭到破坏、丧失功能或者数据泄露，可能严重危害国家安全、国计民生、公共利益的信息设施”。至于其具体范围，则授权国务院制定具体办法予以确定。

《国家网络空间安全战略》对国家关键信息基础设施的范围作了进一步明确：“国家关键信息基础设施是指关系国家安全、国计民生，一旦数据泄露、遭到破坏或者丧失

---

〔36〕 参见唐旺等：《关键信息基础设施概念研究》，载《信息技术与标准化》2016年第4期。

〔37〕 参见谢永江、李欲晓主编：《网络安全法学》，北京邮电大学出版社2017年版，第99页。

〔38〕 参见施聪等：《网络安全大案|乌克兰大停电，恶意攻击世界震惊》，载新浪网，http://news.sina.com.cn/c/2017-09-15/doc-ifykyfwq7588000.shtml。

〔39〕 参见乔雷华：《孟加拉国央行被窃8100万美元》，载新浪网，http://news.sina.com.cn/w/zx/2016-03-13/doc-ifxqhmve9124770.shtml。

〔40〕 参见马民虎主编：《网络安全法适用指南》，中国民主法制出版社2019年版，第124-125页。

功能可能严重危害国家安全、公共利益的信息设施，包括但不限于提供公共通信、广播电视传输等服务的基础信息网络，能源、金融、交通、教育、科研、水利、工业制造、医疗卫生、社会保障、公用事业等领域和国家机关的重要信息系统，重要互联网应用系统等。"《关键信息基础设施安全保护条例》对关键信息基础设施作出了概念性界定。根据该条例第2条规定，关键信息基础设施是指公共通信和信息服务、能源、交通、水利、金融、公共服务、电子政务、国防科技工业等重要行业和领域的，以及其他一旦遭到破坏、丧失功能或者数据泄露，可能严重危害国家安全、国计民生、公共利益的重要网络设施、信息系统等。

（二）关键信息基础设施安全保护管理体制

《网络安全法》确立了关键信息基础设施安全保护的管理体制，即部门分工负责、国家网信部门统筹协调。关键信息基础设施涵盖的范围广，不同行业和领域的关键信息基础设施所面临的安全风险、监管要求、防护重点不尽相同，故应充分发挥各有关主管部门的作用。为此，《网络安全法》第32条规定："按照国务院规定的职责分工，负责关键信息基础设施安全保护工作的部门分别编制并组织实施本行业、本领域的关键信息基础设施安全规划，指导和监督关键信息基础设施运行安全保护工作。"这一规定确立了负责关键信息基础设施安全保护工作的部门的两项职责，一是编制并组织实施本行业、本领域的关键信息基础设施安全规划；二是指导和监督关键信息基础设施运行安全保护工作。

此外，在关键信息基础设施运营者和有关主管部门承担安全保护工作的基础上，有必要建立统筹协作机制，共同应对网络安全风险。统筹协作是关键信息基础设施保护制度的核心。依《网络安全法》第39条规定，国家网信部门负责关键信息基础设施安全保护的统筹协调工作，具体包括：

1. 对关键信息基础设施的安全风险进行抽查检测，提出改进措施，必要时可以委托网络安全服务机构对网络存在的安全风险进行检测评估。对安全风险进行检测评估，有助于发现关键信息基础设施存在的网络安全风险并掌握运营者履行安全保护义务的情况，在此基础上能够有针对性地提出相关改进措施，对网络运营者进行精准监督、指导。[41]

2. 定期组织关键信息基础设施的运营者进行网络安全应急演练，提高应对网络安全事件的水平和协同配合能力。国家网信部门会同有关部门组织关键信息基础设施运营者联动进行应急演练，可以检验政府部门及运营者之间应急处置指挥的有效性、信息传递的及时性、处置行动的一致性以及预案的科学性，从而提高应对网络安全事

---

〔41〕 参见杨合庆主编：《中华人民共和国网络安全法解读》，中国法制出版社2017年版，第85页。

件的水平和协同配合能力。

3. 促进有关部门、关键信息基础设施的运营者以及有关研究机构、网络安全服务机构等之间的网络安全信息共享。网络安全信息的共享,不仅有利于各部门增强对网络安全风险和威胁的感知能力,进而为网络安全形势研判、网络安全风险预警、网络安全事件应急处置以及完善相关管理制度提供依据,而且有利于各部门相互借鉴经验,进而提升自身的网络安全保护能力或研究、服务水平。[42]

4. 为网络安全事件的应急处置与网络功能的恢复等提供技术支持和协助。对于一些重大网络安全事件,关键信息基础设施运营者难以单独应对,需要国家网信部门统筹协调相关部门给予必要的支持和协助。

(三)建设关键信息基础设施的“三同步”要求

《网络安全法》第 33 条规定:“建设关键信息基础设施应当确保其具有支持业务稳定、持续运行的性能,并保证安全技术措施同步规划、同步建设、同步使用。”要求保证关键信息基础设施运行安全的技术措施,与关键信息基础设施的主体工程的同步规划、同步建设、同步使用,通常被称作“三同步”制度。一些网络安全事件之所以发生,正是因为在设计和施工阶段忽视网络安全保护要求,没有采取相应的安全技术措施或配备相应的安全设施设备。而若在项目建成后补充配置安全技术措施,往往需要付出巨大的代价,既不利于保护关键信息基础设施,也不利于节约成本。“三同步”制度可以避免安全空档期,意义重大。[43]

关键信息基础设施安全技术措施“三同步”应当达到以下要求:(1)建设项目的设计单位在编制项目设计文件时,应当按照规定编制安全技术措施的设计文件;(2)关键信息基础设施的运营者在编制建设项目投资计划时,应当将安全技术措施所需投资纳入预算;(3)关键信息基础设施的运营者应当要求施工单位严格按照安全技术措施的设计要求施工;(4)在建设项目验收时,应当对安全技术措施进行调试、检测和验收;(5)安全技术措施应当与主体工程同时投入使用。[44]

(四)关键信息基础设施运营者的安全保护义务

《网络安全法》第 34 条对关键信息基础设施的安全管理要求和技术要求作了更严格的规定。依该条规定,关键信息基础设施的运营者除了履行一般的网络运行安全保护义务,亦即《网络安全法》第 22 条规定的义务外,还应当履行下列安全保护义务:[45]

---

〔42〕 参见杨合庆主编:《中华人民共和国网络安全法解读》,中国法制出版社 2017 年版,第 86 页。

〔43〕 参见马民虎主编:《网络安全法适用指南》,中国民主法制出版社 2019 年版,第 132 页。

〔44〕 参见杨合庆主编:《中华人民共和国网络安全法解读》,中国法制出版社 2017 年版,第 77 页。

〔45〕 参见马民虎主编:《网络安全法适用指南》,中国民主法制出版社 2019 年版,第 132 – 133 页。

1. 设置专门安全管理机构和安全管理负责人,并对该负责人和关键岗位的人员进行安全背景审查。设置安全管理机构,负责组织制定本单位网络安全保护方案和管理制度,对安全管理工作进行协调、指导和监督。由于安全管理机构的负责人和关键岗位的人员能够接触到敏感信息,故须对其进行安全背景审查,确保其可靠性。

2. 定期对从业人员进行网络安全教育、技术培训和技能考核。从业人员网络安全意识是否到位和网络安全技术技能水平的高低,是关键信息基础设施安全能否安全运行的关键。定期对从业人员进行安全教育培训,可以提高其安全意识和安全技术技能。

3. 对重要系统和数据库进行容灾备份。关键信息基础设施易受攻击,或因自然灾害、软硬件故障而受影响甚至停止运行,对重要系统和数据库进行容灾备份,可以确保在发生此类意外时,备份系统能够替代主系统运行,保证数据安全,业务正常进行。

4. 制定网络安全事件应急预案,并定期进行演练。为了有效防范网络安全事件,关键信息基础设施运营者应当制定网络安全事件应急预案,并定期组织演练,对应急预案进行评估,及时调整,以增强预案的针对性和有效性,提高应急工作人员的能力。

5. 法律、行政法规规定的其他义务。

(五)网络安全审查

网络安全审查是通过对信息技术产品、服务乃至供应链进行安全审查,以保障国家网络安全。[46] 迫于网络安全的严峻态势,开展网络安全审查成为国际通行的做法。为了防止关键信息基础设施因使用的产品和服务存在缺陷或其他隐患而受到攻击、破坏,或者其存储、处理的数据资源被窃取、泄露,从而危害国家安全,《网络安全法》第35条依据世界贸易组织国家安全例外原则,[47] 对网络安全审查作了规定:"关键信息基础设施的运营者采购网络产品和服务,可能影响国家安全的,应当通过国家网信部门会同国务院有关部门组织的国家安全审查。"这也是落实《国家安全法》第59条确立的国家安全审查制度的规定。

作为《网络安全法》第35条的配套规定,2022年2月15日起实施的《网络安全审查办法》细化了网络安全审查制度的审查内容、审查机构和审查程序等。

在审查内容方面,《网络安全审查办法》第10条规定,网络安全审查重点评估采购网络产品和服务可能带来的国家安全风险,主要考虑以下因素:(1)产品和服务使用后带来的关键信息基础设施被非法控制、遭受干扰或破坏的风险;(2)产品和服务供应中断对关键信息基础设施业务连续性的危害;(3)产品和服务的安全性、开放性、

---

〔46〕 参见马宁:《国家网络安全审查制度的保障功能及其实现路径》,载《环球法律评论》2016年第5期。

〔47〕 参见杨合庆主编:《中华人民共和国网络安全法解读》,中国法制出版社2017年版,第80页。

透明性、来源的多样性，供应渠道的可靠性以及因为政治、外交、贸易等因素导致供应中断的风险；(4)产品和服务提供者遵守中国法律、行政法规、部门规章情况；(5)核心数据、重要数据或大量个人信息被窃取、泄露、毁损以及非法利用、非法出境的风险；(6)上市存在关键信息基础设施、核心数据、重要数据或者大量个人信息被外国政府影响，控制、恶意利用的风险以及网络信息安全风险；(7)其他可能危害关键信息基础设施安全、网络安全、数据安全的因素。

在审查机构方面，《网络安全审查办法》第4条规定，在中央网络安全和信息化委员会领导下，国家网信办会同国家发展和改革委员会、工信部、公安部、国家安全部、财政部、商务部、中国人民银行、国家市场监督管理总局、国家广播电视总局、国家保密局、国家密码管理局建立国家网络安全审查工作机制；网络安全审查办公室设在国家互联网信息办公室，负责制定网络安全审查相关制度规范，组织网络安全审查。

在审查程序方面，网络安全审查的程序可分为以下几个步骤：(1)运营者采购网络产品和服务的，应当预判该产品和服务投入使用后可能带来的国家安全风险，影响或者可能影响国家安全的，应当向网络安全审查办公室申报网络安全审查；(2)运营者申报网络安全审查，应当提交申报书、关于影响或可能影响国家安全的分析报告、采购文件、协议、拟签订的合同等以及网络安全审查工作需要的其他材料；(3)网络安全审查办公室应当自收到审查申报材料起10个工作日内确定是否需要审查并书面通知运营者；(4)网络安全审查办公室认为需要开展网络安全审查的，应当自向运营者发出书面通知之日起30个工作日内完成初步审查，包括形成审查结论建议和将审查结论建议发送网络安全审查工作机制成员单位、相关关键信息基础设施保护工作部门征求意见，情况复杂的，可以延长15个工作日；(5)网络安全审查工作机制成员单位和相关关键信息基础设施保护工作部门应当自收到审查结论建议之日起15个工作日内书面回复意见，网络安全审查工作机制成员单位、相关关键信息基础设施保护工作部门意见一致的，由网络安全审查办公室以书面形式将审查结论通知运营者，意见不一致的按照特别审查程序处理，并通知运营者；(6)按照特别审查程序处理的，网络安全审查办公室应当听取相关部门和单位意见，进行深入分析评估，再次形成审查结论建议，并征求网络安全审查工作机制成员单位和相关关键信息基础设施保护工作部门意见，按程序报中央网络安全和信息化委员会批准后，形成审查结论并书面通知运营者。特别审查程序一般应当在90个工作日内完成，情况复杂的可以适当延长。

此外，依《网络安全法》第65条规定，关键信息基础设施的运营者使用未经安全审查或者安全审查未通过的网络产品或者服务的，由有关主管部门责令停止使用，处采购金额1倍以上10倍以下罚款；对直接负责的主管人员和其他直接责任人员处1万元以上10万元以下罚款。

（六）安全保密协议

建设、维护关键基础设施，必然要向供应商采购相关产品和服务，故产品和服务的供应链风险是关键信息基础设施面临的主要安全风险之一。为此，《网络安全法》第36条规定："关键信息基础设施的运营者采购网络产品和服务，应当按照规定与提供者签订安全保密协议，明确安全和保密义务与责任。"

关键信息基础设施的运营者应当按照规定与网络产品和服务的供应商签订保密协议，明确供应商的安全义务、保密义务及不履行义务应承担的责任。安全义务是网络产品和服务的提供者保证其所提供的网络产品和服务符合相关标准或者关键信息基础设施运营者的安全需求，网络产品和服务的使用不会对关键信息基础设施的保密性、完整性和可用性构成减损。保密义务是网络产品和服务的提供者应当根据关键信息基础设施运营者的需求，对自身通过产品和服务提供货物的相关信息予以保密，这些信息包括国家秘密、商业秘密以及在提供产品或者服务的过程中获取的敏感个人信息。[48] 网络运营者应当监督供应商进行设备安装、测试、检测、维修、安全维护等各方面的活动，留存操作记录，保证供应商按照协议的规定履行安全和保密义务。[49]

（七）数据境内存储与出境安全评估

关键信息基础设施汇集了大量的个人信息和涉及国家安全、经济安全的重要数据。这些信息和数据如果转移至境外，关键信息基础设施的运营者对其控制力必将减弱，安全风险亦随之增加，且不利于权利人个人信息的保护，也不利于有关机关依职权查阅、调取和处置数据。为此，《网络安全法》第37条规定了"本地部署+传输评估"的基本管理模式，[50] 依其规定，关键信息基础设施的运营者在中华人民共和国境内运营中收集和产生的个人信息和重要数据应当在境内存储。因业务需要，确需向境外提供的，应当按照国家网信部门会同国务院有关部门制定的办法进行安全评估；法律、行政法规另有规定的，依照其规定。这里的"个人信息"，依《网络安全法》第76条第5项规定，是指以电子或者其他方式记录的能够单独或者与其他信息结合识别自然人个人身份的各种信息，包括但不限于自然人的姓名、出生日期、身份证件号码、个人生物识别信息、住址、电话号码等。何谓"重要数据"，《网络安全法》并未给出界定。国家网信办2022年5月发布的《数据出境安全评估办法》第19条规定，重要数据是指一旦遭到篡改、破坏、泄露或者非法获取、非法利用等，可能危害国家安全、经济运行、社会稳定、公共健康和安全等的数据。

---

〔48〕 参见马民虎主编：《网络安全法适用指南》，中国民主法制出版社2019年版，第140－141页。

〔49〕 参见杨合庆主编：《中华人民共和国网络安全法解读》，中国法制出版社2017年版，第81页。

〔50〕 参见傅鹏：《〈网络安全法〉体系下的数据跨境传输监管框架研究》，载石静霞主编：《贸大法律评论》第2卷，法律出版社2017年版。

考虑到关键信息基础设施运营者跨境业务的需要和网络服务的特点,《网络安全法》第 37 条允许因业务需要经安全评估后向境外提供数据。为落实这一规定,国家网信部门正在研究制定安全评估办法。为落实这一规定,《数据出境安全评估办法》第 19 条对安全评估原则、评估机构、评估内容、评估方式及禁止数据出境的情形等作了明确规定。依其规定,数据出境安全评估重点评估数据出境活动可能对国家安全、公共利益、个人或者组织合法权益带来的风险,主要包括以下事项:(1)数据出境的目的、范围、方式等的合法性、正当性、必要性;(2)境外接收方所在国家或者地区的数据安全保护政策法规和网络安全环境对出境数据安全的影响;境外接收方的数据保护水平是否达到中华人民共和国法律、行政法规的规定和强制性国家标准的要求;(3)出境数据的规模、范围、种类、敏感程度,出境中和出境后遭到篡改、破坏、泄露、丢失、转移或者被非法获取、非法利用等的风险;(4)数据安全和个人信息权益是否能够得到充分有效保障;(5)数据处理者与境外接收方拟订立的法律文件中是否充分约定了数据安全保护责任义务;(6)遵受中国法律、行政法规、部门规章情况;(7)国家网信部门认为需要评估的其他事项。

为落实《网络安全法》第 37 条规定,《网络安全法》第 66 条规定:“关键信息基础设施的运营者违反本法第三十七条规定,在境外存储网络数据,或者向境外提供网络数据的,由有关主管部门责令改正,给予警告,没收违法所得,处五万元以上五十万元以下罚款,并可以责令暂停相关业务、停业整顿、关闭网站、吊销相关业务许可证或者吊销营业执照;对直接负责的主管人员和其他直接责任人员处一万元以上十万元以下罚款。”

(八)安全检测评估

对关键信息基础设施开展安全检测评估,可以获取关键信息基础设施的安全风险信息,为科学制定相应的安全保护策略、配置相应的安全保护措施提供依据。为此,《网络安全法》第 38 条规定:“关键信息基础设施的运营者应当自行或者委托网络安全服务机构对其网络的安全性和可能存在的风险每年至少进行一次检测评估,并将检测评估情况和改进措施报送相关负责关键信息基础设施安全保护工作的部门。”《关键信息基础设施安全保护条例》第 17 条重申:“运营者应当自行或委托网络安全服务机构对关键信息基础设施每年至少进行一次网络安全检测和风险评估,对发现的问题及时进行整改,并按照保护工作部门要求报送情况。”

第三节 网络信息安全法律制度

随着网络信息技术的高速发展,尤其是大数据、云计算和移动互联网的广泛应用,个人信息遭遇了前所未有的安全危机。2018 年,8700 万脸书(Facebook)用户的个人信息被泄露给了提供政治咨询服务的剑桥分析公司,后者涉嫌利用这些信息影响美国大选,[51]引起世人关注。概括而言,个人信息的安全危机表现为以下四个方面:(1)随着移动互联网的普及和智能穿戴等物联网设备的应用,个人信息的收集日益密集和隐蔽;(2)对多重来源的个人信息进行比对累积,能够形成完整的用户画像和实时追踪,使人们无处遁形;(3)大数据技术能够通过特定算法从既有信息中挖掘出新结论,不仅增加敏感信息暴露的风险,还可能用于影响个人的决策;(4)在数据开发价值的驱动下,个人信息的流转、交易形成链条,数据处理主体日益多元化,传播方式复杂多样,对于个人权利行使及政府监管均构成严峻挑战。[52] 除个人信息保护外,非法有害信息治理也是网络信息安全尤其是信息内容安全的题中应有之义。当前,互联网上各种信息良莠不齐,非法有害信息的传播也给网络安全带来挑战,需要关注和解决。为此,《网络安全法》设专章规范网络信息安全,大致可分为个人信息安全与非法有害信息治理两部分内容。

一、个人信息安全

(一)个人信息界定

1. 个人信息的概念

在信息社会,人的存在不仅涉及生物体征方面的信息,如身高、性别等;也涉及人作为社会成员的基本社会文化信息,如姓名、职业、宗教信仰、消费倾向、生活习惯等。越来越多的人类活动都有信息形式的记录。个人信息保护成为法律关注的问题,始于 20 世纪 60 年代信息技术的广泛使用。至 20 世纪 90 年代末,随着互联网技术的进一步发展,快捷的信息处理与新的通信技术、多媒体技术相结合,个人信息呈现多元化的特点,越来越多的国际组织、国家与地区着眼于个人信息安全相继立法。

---

〔51〕 参见华信:《脸书深陷"数据门"扎克伯格首度回应》,载新华网,http://www.xinhuanet.com/info/2018-03/23/c_137059810.htm;王萌:《美国脸书公司用户隐私泄露人数上升至 8700 万》,载腾讯网,https://news.qq.com/a/20180405/001640.htm。

〔52〕 参见京东法律研究院:《欧盟数据宪章:〈一般数据保护条例〉GDPR 评述及实务指引》,法律出版社 2018 年版,第 3 页。

就名称而言,欧盟国家多采用“个人数据”,日本、俄罗斯、韩国采用“个人信息”,我国台湾地区则将“个人资料”与“个人数据”两个概念并用。虽然“个人信息”、“个人资料”与“个人数据”的称谓有所不同,但其实质含义基本类似,都侧重信息的“可识别性”。[53] 在概念界定方面,欧盟《通用数据保护条例》第 4 条规定,“个人数据”是指任何已识别或可识别的自然人(数据主体)相关的信息;一个可识别的自然人是一个能够被直接或间接识别的个体,特别是通过诸如姓名、身份编号、地址数据、网上标识或者自然人所特有的一项或多项的身体性、生理性、遗传性、精神性、经济性、文化性或社会性身份而被识别。日本《个人信息保护法》第 2 条规定,个人信息是指属于下列各项规定的情形之一的、有关生存着的个人的信息:(1)通过该信息中所含有的姓名、出生年月日及其他记述等(文字、图画或电磁记录中所记载或记录的或者使用声音、动作或其他方法所表示的所有事项,个人识别符号除外)能够识别特定个人(包括很容易与其他信息相对照,并能够以此来识别特定个人的信息);(2)含有个人识别符号。所谓个人识别符号,是指属于下列各项规定的情形之一的、由法令规定的文字、号码、记号及其他符号:其一,为了将特定个人身体的某一部分特征用于电子计算机而将其变换为文字、号码、记号及其他符号,并且能够识别该特定个人;其二,利用提供给个人的服务或购买出售给个人的商品时被分配或发行给个人的卡片及其他材料中所记载的或者以电磁方式记录的文字、号码、记号及其他符号,并且由于为区分不同利用者、购买者或接受发行者而进行了分配或者记载、记录,因而能够识别特定利用者、购买者或接受发行者。我国台湾地区“个人资料保护法”第 2 条规定,个人资料指自然人之姓名、出生年月日、身份证统一编号、“护照”号码、特征、指纹、婚姻、家庭、教育、职业、病历、医疗、基因、性生活、健康检查、犯罪前科、联络方式、财务情况、社会活动及其他得以直接或间接方式识别该个人之资料。

在我国,2012 年全国人大常委会《关于加强网络信息保护的决定》将个人信息概括为“能够识别公民个人身份和涉及公民个人隐私的电子信息”。2013 年,工信部制定的《电信和互联网用户个人信息保护规定》第 4 条将个人信息界定为“电信业务经营者和互联网信息服务提供者在提供服务的过程中收集的用户姓名、出生日期、身份证件号码、住址、电话号码、账号和密码等能够单独或者与其他信息结合识别用户的信息以及用户使用服务的时间、地点等信息”。《网络安全法》第 76 条采取了概括加列举的方式对“个人信息”作了较为完备的定义,依其规定,自然人的个人信息是指,以电子或者其他方式记录的能够单独或者与其他信息结合识别自然人个人身份的各种信息,包括但不限于自然人的姓名、出生日期、身份证件号码、个人生物识别信息、住

---

〔53〕 参见李适时主编:《中华人民共和国民法总则释义》,法律出版社 2017 年版,第 344－345 页。

址、电话号码等。《个人信息保护法》第 4 条规定,个人信息是以电子或者其他方式记录的与已识别或者可识别的自然人有关的各种信息,不包括匿名化处理后的信息。可见,这一规定与《网络安全法》的规定略有不同。

总体而言,可分四点阐释上述《网络安全法》关于个人信息的定义。(1)个人信息的主体是自然人,不包括法人或非法人组织。在现代社会,法人或者非法人组织公开相关信息,才符合交易安全和公众利益。[54] (2)个人信息须具备形式要素,即以一定的方式得以固定,同时以一定的方式得以查阅、检索和进行其他的处理。[55] 依《网络安全法》第 76 条第 5 项规定,个人信息以电子或者其他方式记录。此处的其他方式有文字、图表、图像等。(3)个人信息的重要特征是可识别性,即能够识别、确定特定个人身份。所谓识别,是指信息与本人存在某一客观确定的可能性,即通过这些信息能够把个人直接或间接地识别出来。[56] 识别分为直接识别和间接识别。所谓直接识别,是指能够单独识别自然人个人身份,典型的直接识别性个人信息就是个人的身份证号码;所谓间接识别,是指需要与其他信息相结合才能将信息主体特定化,如通过姓名、单位、职务或职称等组合确定某一信息主体。[57] (4)《网络安全法》第 76 条是不完全列举,在此之外属于个人信息的事项也有不少。《民法典》第 1034 条第 2 款补充列举了电子邮箱、健康信息、行踪信息三项。《个人信息保护法》第 28 条规定的敏感个人信息则包括生物识别、宗教信仰、特定身份、医疗健康、金融账户、行踪轨迹等信息,以及不满 14 周岁未成年人的个人信息。有学者建议还应当列举 IP 地址,因其可以识别用户所用于登录网络的电脑身份,进而可以识别出用户的地址与身份等信息。[58] 即使将上述诸项补充列举,亦不可能穷尽。值得指出的是,有学者将个人信息分为以下四个类别,即基于个人的出生和成长而产生并体现个人自身特征或者状况的个人生理特征信息、借以把某人从其他人中区别开来的个人标识性信息、反映个人人身或财产基本状况的个人基本信息以及反映个人登录和使用互联网产生的个人行为信息,[59] 该观点值得借鉴。不过,上述列举或分类均旨在裨益于对个人信息产生形象的认知。本质上,对个人信息外延的把握还是应当根据可识别性的特征,亦即满足形式要素的可直接或间接识别自然人个人身份的信息,均为受法律保护的个人信息。

---

〔54〕 参见陈甦主编:《民法总则评注》(下册),法律出版社 2017 年版,第 787 页。
〔55〕 参见齐爱民:《论个人信息的法律属性与构成要素》,载《情报理论与实践》2009 年第 10 期。
〔56〕 参见刘品新:《网络法学》(第 2 版),中国人民大学出版社 2015 年版,第 102 页。
〔57〕 参见马民虎主编:《网络安全法适用指南》,中国民主法制出版社 2019 年版,第 168 页。
〔58〕 参见石佳友:《人格权立法的进步与局限——评〈民法典人格权编草案(三审稿)〉》,载《清华法学》2019 年第 5 期。
〔59〕 参见马民虎主编:《网络安全法适用指南》,中国民主法制出版社 2019 年版,第 168 - 169 页。

2. 个人信息权益与隐私权

个人信息权益与隐私权的概念存在一定的重合，有学者断言信息自主已成为隐私权的主要保护范畴，[60] 而美国法正是以隐私权作为个人信息保护立法的理论基础，故有必要对个人信息权益与隐私权的关系进行辨析。

作为一个独立的法律概念，"隐私权"最早源于1890年美国学者沃伦（Warren）与布兰代斯（Brandeis）发表在《哈佛法律评论》上的文章《论隐私权》。该文关注媒体对流言蜚语越发感兴趣并在未征得人们同意的情况下揭露其私人事务的现象，指出人们的生活日渐紧张且复杂，适时地远离世事纷扰极有必要，将隐私权界定为个人生活不受打扰的权利。[61] 之后，美国各州法院产生了许多冠以隐私权但不具共同特征的判决，造成了混乱与争议。1960年，著名侵权法学者普罗瑟（Prosser）整理分析实务案例，将侵害隐私权的行为分为四类，并成为通说：一是侵入原告幽居独处之处或侵入其私人事务；二是公开披露原告令人难堪的私密事实；三是进行使原告遭受公众误解的宣传；四是为被告的利益而盗用原告的姓名或肖像。[62] 值得注意的是，美国法上隐私权原属侵权行为法的问题，但逐渐被提升到宪法基本权利的层次，并以美国《宪法》增补条文第14条规定的自由及正当法律程序为依据，用以规范堕胎、使用避孕药、管制个人生活相关数据等重大争议事项。[63]

任何概念都具有文化与制度上的相对性。美国法上隐私权的概念相对宽泛，个人信息权益已被纳入隐私权的范畴之中。我国法律规定的隐私权则相对狭窄，从上述普罗瑟教授对美国隐私权的归纳来看，第三类在我国法律中属名誉权的保护范围，第四类在我国法律中属姓名权或肖像权的保护范围，均不必由隐私权调整。我国《民法典》第1032条第2款规定，隐私是自然人的私人生活安宁和不愿为他人知晓的私密空间、私密活动、私密信息。在我国法律中，隐私权一般是指自然人享有的私生活安宁与私人信息依法受到保护，不被他人非法侵扰、知悉、搜集、利用和公开的权利。[64] 如此理解，个人信息权益不能完全被纳入隐私权的范畴。

个人信息权益与隐私权之间存在以下几个方面的区别：[65]（1）在客体范围方面，隐私权与个人信息权益有交叉但并不重合。正如学者所指出的，个人隐私与个人信息呈交叉关系，即有的个人隐私属于个人信息，而有的个人隐私则不属于个人信息；有的

---

〔60〕 参见王泽鉴：《侵权行为》（第3版），北京大学出版社2016年版，第166页。
〔61〕 参见［美］路易斯·D. 布兰代斯等：《隐私权》，宦盛奎译，北京大学出版社2014年版，第5-7页。
〔62〕 See William L. Prosser, *Privacy*, 48 California Law Review 383 (1960).
〔63〕 参见王泽鉴：《侵权行为》（第3版），北京大学出版社2016年版，第155-156页。
〔64〕 参见王利明：《人格权法研究》（第3版），中国人民大学出版社2018年版，第551页。
〔65〕 参见王利明：《论个人信息权的法律保护——以个人信息权与隐私权的界分为中心》，载《现代法学》2013年第4期。

个人信息特别是涉及个人私生活的敏感信息属于个人隐私，但也有一些个人信息因高度公开而不属于隐私。[66] 例如，私生活安宁属于隐私利益，却并不属于个人信息；姓名、电话号码、工作单位等个人信息，出于交流的需要常在一定范围内公开，难以归于隐私。(2)在权利性质方面，隐私权是一项精神性人格权，虽可被利用，但其财产价值并非十分凸显；而个人信息权益兼具人格利益与财产利益，性质上并不排斥对个人信息的商业利用。(3)在权利表现形式方面，隐私权的设计重点在于保密，所以在权利遭受侵害之前，权利人无法积极主动地行使权利，而只能在遭受侵害时请求救济；而个人信息权益既有消极权能也有积极权能，除了防御他人的侵害外，个人还可以对个人信息进行积极利用。例如，个人有权决定其个人信息能否被他人收集、处理和利用以及如何利用，有权要求信息处理者修改不正确、不完整的个人信息，有权针对商业目的的个人信息利用获取报酬等。

因此，个人信息权益不应附属于隐私权。原《民法总则》第110条宣示了包括隐私权在内的各项具体人格权，而第111条规定个人信息保护，显然是将个人信息权益与隐私权并列为两项不同的权益。《民法典》人格权编下专设"隐私权和个人信息保护"一章，亦是将隐私权和个人信息权益并列。不过，个人信息中的私密信息属于私生活秘密的范畴，也同时受到隐私权的保护。《民法典》第1034条第3款规定："个人信息中的私密信息，适用有关隐私权的规定；没有规定的，适用有关个人信息保护的规定。"据此，非法收集、处理私密信息的行为也构成侵害隐私权的行为。

3. 个人信息的法律属性

个人信息受法律保护，这一点立法已经明确。不过，《网络安全法》《民法典》均未明确提出"个人信息权"，上文一直称"个人信息权益"，正是基于这样的背景。

在《民法典》出台之前，由于原《民法总则》第111条未明确提出"个人信息权"，对个人信息的法律属性，解释上存在争议。有学者认为，原《民法总则》虽然没有直接规定"个人信息权"，但对自然人而言，本条既是其享有民事权利的宣示性规定，也是确权性规定。[67] 也有学者认为，原《民法总则》以行为规制的方式，即通过他人特定行为的控制来维护利益享有者的利益的方式，为个人信息提供一定程度的保护，相比设定具体权利类型以涵盖相应利益、将相应利益划归权利人享有并赋予权利人一般性的排他可能性的权利化模式，行为规制方式的保护力度相对较弱。[68] 还有学者认为，对原《民法总则》第111条进行文义分析以及对该条文在整个原《民法总则》和《民法典》分

---

〔66〕 参见张新宝：《从隐私到个人信息：利益再衡量的理论与制度安排》，载《中国法学》2015年第3期。

〔67〕 参见陈甦主编：《民法总则评注》(下册)，法律出版社2017年版，第785页。

〔68〕 参见叶金强：《〈民法总则〉"民事权利章"的得与失》，载《中外法学》2017年第3期。

则中进行体系内的解释,得不出唯一解释。[69] 站在解释论的立场,本书倾向于赞同第二种观点,即原《民法总则》将个人信息作为一项受法律保护的利益而加以规定。原《民法总则》第 111 条规定:“自然人的个人信息受法律保护。任何组织和个人需要获取他人个人信息的,应当依法取得并确保信息安全,不得非法收集、使用、加工、传输他人个人信息,不得非法买卖、提供或者公开他人个人信息。”不难看出,对个人信息的保护是通过规制他人行为的方式来完成的。在此,立法者并没有明确地赋权,也未使用“个人信息权”的表述,这显然并非疏漏可以解释。原《民法总则》第 111 条位于“民事权利”章之下,尚不能得出该章规定均为民事权利的结论,因为同属该章的第 126 条明确地规定民事主体享有法律规定的其他民事权利和利益。可见,受法律保护的利益规定于该章亦不违反体系和该章原本的规范目的。

值得注意的是,《民法典》人格权编下专设“隐私权和个人信息保护”一章,仍未明确提出“个人信息权”。有学者认为,在对个人信息的法律属性尚未有统一认识时,审慎处理更为稳妥。[70] 有学者认为,为了有效地避免对信息自由、言论自由和其他自由的不合理限制,协调个人信息权益保护、信息自由以及公共利益的关系,对于自然人对个人信息的利益应当采取最低程度的保护,将其仅作为一种民事利益给予保护。[71] 有学者则建议明确规定个人信息权,这样有利于进一步明确个人信息权的各项具体权能,进而不仅宣示了个人所享有的个人信息权,而且也可以为权利人具体行使和维护提供明确的指引。[72] 有学者指出,《民法典》现有条文规定了信息收集与处理的原则,以及信息主体获取、更正、删除其个人信息等权利;从权利内容来看,这已与一项完整的民事权利无多大差别,且“保护”的措辞具有局限性,因为“保护”更侧重争议发生后的司法保护与侵权后的法律救济,而对于争议发生前的积极利用和积极防御功能,则显然难以覆盖。[73] 有学者认为,信息主体对其个人信息享有的究竟系一种利益还是一项权利,取决于此种利益的重要性与成熟度。此种利益同时具备归属效能、排除效能和社会典型公开性的,为一种侵权法上的权利,反之则只能归于一种利益。根据这一理论,个人信息的利益内容清晰确定,如知情、迁移、删除、许可他人使用等,并可归属于特定主体,且排除他人非法干涉,同时还能通过法律创设出可识别的法律地位,三项标准均已满足,应认可为一种具体人格权,如此也符合比较法的发展趋势。[74] 在立

---

〔69〕 参见张新宝:《〈民法总则〉个人信息保护条文研究》,载《中外法学》2019 年第 1 期。
〔70〕 参见温世扬:《民法典人格权编草案评议》,载《政治与法律》2019 年第 3 期。
〔71〕 参见程啸:《民法典编纂视野下的个人信息保护》,载《中国法学》2019 年第 4 期。
〔72〕 参见王利明:《民法典人格权编草案的亮点及完善》,载《中国法律评论》2019 年第 1 期。
〔73〕 参见石佳友:《人格权立法的进步与局限——评〈民法典人格权编草案(三审稿)〉》,载《清华法学》2019 年第 5 期。
〔74〕 参见叶名怡:《论个人信息权的基本范畴》,载《清华法学》2018 年第 5 期。

法论的立场，本书倾向于认可个人信息权为一项具体人格权，其本质为信息自主权，即保障权利人决定是否公开，于何时、在何种范围内、以何种方式及向何人公开其个人信息的决定权，[75]具有宪法上基本权利和私法上民事权利的双重属性，它保护的是个人自己决定人格的发展和自我表现，以其自身可控制的自我表达方式或者通过与社会中他人进行交流的形式传达出去。[76]

(二)个人信息的处理

本书使用“个人信息处理”，系依据《个人信息保护法》第4条的表述，其包括个人信息的收集、存储、使用、加工、传输、提供、公开、删除等。相比《民法典》第1035条第2款的表述，《个人信息保护法》的规定增加了“删除”的情形；相比《网络安全法》第41条所规范的“使用”行为，《个人信息保护法》的“个人信息处理”规定更为宽泛，也可涵盖《网络安全法》第42条所规范的“向他人提供”行为。依据全国信息安全标准化技术委员会2020年3月发布的推荐性国家标准《信息安全技术—个人信息安全规范》(GB/T 35273—2020)的定义，个人信息收集是指获得对个人信息的控制权的行为，包括由个人信息主体主动提供、通过与个人信息主体交互或记录个人信息主体行为等自动采集行为，以及通过共享、转让、搜集公开信息等间接获取个人信息等行为。规范个人信息的处理，是保护个人信息的题中应有之义。基于信息自主权，对个人信息的处理应取得权利人同意，并由法律设置保护性的限制，以期在信息自主与信息合理使用之间取得平衡。

依全国人大常委会《关于加强网络信息保护的决定》第2条规定，网络服务提供者和其他企业事业单位在业务活动中收集、使用公民个人电子信息，应当遵循合法、正当、必要的原则，明示收集、使用信息的目的、方式和范围，并经被收集者同意，不得违反法律、法规的规定和双方的约定收集、使用信息。网络服务提供者和其他企业事业单位收集、使用公民个人电子信息，应当公开其收集、使用规则。《网络安全法》承袭之，于第41条规定：“网络运营者收集、使用个人信息，应当遵循合法、正当、必要的原则，公开收集、使用规则，明示收集、使用信息的目的、方式和范围，并经被收集者同意。网络运营者不得收集与其提供的服务无关的个人信息，不得违反法律、行政法规的规定和双方的约定收集、使用个人信息，并应当依照法律、行政法规的规定和与用户的约定，处理其保存的个人信息。”可见，该条规定了个人信息处理的原则、条件。

1. 个人信息收集、使用的原则

依《网络安全法》第41条规定，个人信息的收集和使用，应当遵循合法、正当、必

[75] 参见王泽鉴：《人格权法：法释义学、比较法、案例研究》，北京大学出版社2013年版，第213页。
[76] 参见贺栩栩：《比较法上的个人信息数据自决权》，载《比较法研究》2013年第2期。

要的原则。《个人信息保护法》第 5 条则增设了“诚信原则”。所谓合法原则,是指网络运营者收集、使用个人信息必须有合法依据,且收集、使用的方式应当合法。合法的依据包括《网络安全法》以及其他法律法规,也包括网络运营者与用户签订的协议。当然,该协议不得违反法律、行政法规的强制性规定。合法原则要求网络运营者不得违反法律、行政法规的规定和双方的约定收集、使用个人信息,并应当依照法律、行政法规的规定和与用户的约定,处理其保存的个人信息。所谓正当原则,是指个人信息的收集、使用应当依据特定、明确的目的进行。对公共部门而言,收集、使用个人信息通常只能出于履行其职责之特定目的;对非公共部门而言,收集、使用个人信息必须与其提供的服务相关。除了目的正当外,方式正当亦是正当原则的题中应有之义,且收集、使用个人信息的方式应当公开、透明。所谓必要原则,是指收集、使用个人信息应当限定在必要的限度内,不得过度。这就要求网络运营者在设计业务需求以及管理制度时,应当将信息的收集、使用限制在履行特定目的所必需的最低限度内,不得收集与其提供的服务无关的个人信息。国家网信办秘书局、工信部办公厅、公安部办公厅、国家市场监督管理总局办公厅于 2019 年 11 月联合制定了《App 违法违规收集使用个人信息行为认定方法》。根据该办法第 4 条规定,以下行为可被认定为“违反必要原则,收集与其提供的服务无关的个人信息”:(1)收集的个人信息类型或打开的可收集个人信息权限与现有业务功能无关;(2)因用户不同意收集非必要个人信息或打开非必要权限,拒绝提供业务功能;(3)App 新增业务功能申请收集的个人信息超出用户原有同意范围,若用户不同意,则拒绝提供原有业务功能,但新增业务功能取代原有业务功能的除外;(4)收集个人信息的频度等超出业务功能实际需要;(5)仅以改善服务质量、提升用户体验、定向推送信息、研发新产品等为由,强制要求用户同意收集个人信息;(6)要求用户一次性同意打开多个可收集个人信息的权限,用户不同意则无法使用。所谓诚信原则,是指收集、使用、保护个人信息时应诚实守信,不得有误导、欺诈、胁迫等行为。

2. 个人信息收集、使用的条件

个人信息的收集和使用,应当满足以下条件:

(1)公开收集、使用信息的规则

公开的目的旨在告知个人信息权利人,确保个人信息权利人的知情权。2019 年 5 月,国家网信办公布了《数据安全管理办法(征求意见稿)》,其中对个人信息的收集、使用规则有较为详细的规定。依其规定,网络运营者通过网站、应用程序等产品收集使用个人信息,应当分别制定并公开收集使用规则。收集使用规则可以包含在网站、应用程序等产品的隐私政策中,也可以其他形式提供给用户。收集使用规则应当明确具体、简单通俗、易于访问,突出以下内容:其一,网络运营者基本信息;其二,网络运营者主要负责人、数据安全责任人的姓名及联系方式；其三，收集使用个人信息的目的、种类、数量、频度、方式、范围等；其四，个人信息保存地点、期限及到期后的处理方式；其五，向他人提供个人信息的规则（若向他人提供的）；其六，个人信息安全保护策略等相关信息；其七，个人信息主体撤销同意，以及查询、更正、删除个人信息的途径和方法；其八，投诉、举报渠道和方法等；其九，法律、行政法规规定的其他内容。

另外，根据《App 违法违规收集使用个人信息行为认定方法》第 1 条规定，以下行为可被认定为"未公开收集使用规则"：其一，在 App 中没有隐私政策，或者隐私政策中没有收集使用个人信息规则；其二，在 App 首次运行时未通过弹窗等明显方式提示用户阅读隐私政策等收集使用规则；其三，隐私政策等收集使用规则难以访问，如进入 App 主界面后，需多于 4 次点击等操作才能访问到；其四，隐私政策等收集使用规则难以阅读，如文字过小过密、颜色过淡、模糊不清，或未提供简体中文版等。

（2）明示收集、使用信息的目的、方式和范围

以明示的方式告知，合理有效地使当事人了解其个人信息将会被如何收集和使用，旨在实现信息业者收集和使用个人信息过程的透明化，以有利于当事人同意权之行使。〔77〕根据《App 违法违规收集使用个人信息行为认定方法》第二部分规定，以下行为可被认定为"未明示收集使用个人信息的目的、方式和范围"：其一，未逐一列出 App（包括委托的第三方或嵌入的第三方代码、插件）收集使用个人信息的目的、方式、范围等；其二，收集使用个人信息的目的、方式、范围发生变化时，未以适当方式通知用户，适当方式包括更新隐私政策等收集使用规则并提醒用户阅读等；其三，在申请打开可收集个人信息的权限，或申请收集用户身份证号、银行账号、行踪轨迹等个人敏感信息时，未同步告知用户其目的，或者目的不明确、难以理解；其四，有关收集使用规则的内容晦涩难懂、冗长烦琐，用户难以理解，如使用大量专业术语等。

（3）征得个人信息权利人或其监护人同意

同意是信息主体允许其个人信息被收集、使用的表示，乃信息自主权的体现。关于同意的法律性质，有学者认为，同意系意思表示，且须结合具体语境判断其性质：在排除他人使用、公开个人信息的不法性层面，权利人同意无须具备行为能力；而在积极授权他人商业利用个人信息时，同意可能成为相关合同给付内容的一部分，因此当事人须具备相应的行为能力。〔78〕但本书认为，告知同意规则中所要求的同意，解决的是收集、处理个人信息行为违法性阻却的问题，若当事人之间希望就个人信息的开发利

〔77〕参见张新宝：《个人信息收集：告知同意原则适用的限制》，载《比较法研究》2019 年第 6 期。

〔78〕参见陆青：《个人信息保护中"同意"规则的规范构造》，载《武汉大学学报（哲学社会科学版）》2019 年第 5 期。

用达成协议,则信息权利人须另行作出意思表示。同意只是信息权利人允许他人收集、处理其个人信息从而侵害这些法益的表示,与授权他人利用其个人信息并据此建立相应内容合同关系的意思表示不同。作为违法性的阻却事由,同意尽管必须依靠当事人意愿的表达,但其产生阻却他人行为违法性的效果是基于法律的直接规定,所以同意并非意思表示,而是准法律行为。[79] 确切地说,同意是准法律行为中的意思通知,即行为人将含有特定目的之意思向相对人表达。[80] 这也就解释了为何信息主体表达同意时无须具备完全行为能力。例如,欧盟《通用数据保护条例》第 8 条规定,经 16 周岁以上的儿童同意后,对儿童个人数据的处理是合法的;当儿童不满 16 周岁时,则应当征得具有父母监护责任的主体同意或授权。我国《网络安全法》第 41 条只是规定"经被收集者同意",被收集者欠缺同意能力时由谁来作出同意表示的规定尚付阙如。我国《民法典》第 1035 条增加了监护人作为同意主体,但未明确由监护人作出同意表示的条件。《个人信息保护法》第 31 条规定,个人信息处理者处理不满 14 周岁未成年人个人信息的,应当取得未成年人的父母或者其他监护人的同意。个人信息处理者处理不满 14 周岁未成年人个人信息的,应当制定专门的个人信息处理规则。

关于同意的形式要件,《网络安全法》第 41 条并未规定。《个人信息保护法》第 29 条规定,处理敏感个人信息应当取得个人的单独同意;法律、行政法规规定处理敏感个人信息应当取得书面同意的,从其规定。推荐性国家标准《信息安全技术—个人信息安全规范》(GB/T 35273—2020)提出,同意可分为明示同意与授权同意。明示同意,是指个人信息主体通过书面、口头等方式主动作出纸质或电子形式的声明,或者自主作出肯定性动作,包括个人信息主体主动勾选、主动点击"同意"、"注册"、"发送"、"拨打"、主动填写或提供等,对其个人信息进行特定处理作出明确授权的行为。授权同意指的是个人信息主体对其个人信息进行特定处理作出明确授权的行为,通过积极的行为作出授权(明示同意),或者通过消极的不作为而作出授权(如信息采集区域内的个人信息主体在被告知信息收集行为后没有离开该区域)。明示同意对同意的形式要求较高。收集个人敏感信息,即一旦泄露、非法提供或滥用可能危害人身和财产安全,极易导致个人名誉、身心健康受到损害或歧视性待遇等的个人信息,应取得个人信息主体的明示同意。区分个人一般信息和敏感信息,并对收集敏感信息时的同意采取更高程度的形式要求的做法值得关注。根据《App 违法违规收集使用个人信息行为认定方法》第 3 条规定,以下行为可被认定为"未经用户同意收集使用个人信息":其一,征得用户同意前就开始收集个人信息或打开可收集个人信息的权限;其二,用户

---

[79] 参见黄芬:《侵权责任法中受害人同意的法律性质探究》,载《求索》2011 年第 6 期。

[80] 参见朱庆育:《民法总论》(第 2 版),北京大学出版社 2016 年版,第 84 - 87 页。

明确表示不同意后，仍收集个人信息或打开可收集个人信息的权限，或频繁征求用户同意、干扰用户正常使用；其三，实际收集的个人信息或打开的可收集个人信息权限超出用户授权范围；其四，以默认选择同意隐私政策等非明示方式征求用户同意；其五，未经用户同意更改其设置的可收集个人信息权限状态，如 App 更新时自动将用户设置的权限恢复到默认状态；其六，利用用户个人信息和算法定向推送信息，未提供非定向推送信息的选项；其七，以欺诈、诱骗等不正当方式误导用户同意收集个人信息或打开可收集个人信息的权限，如故意欺瞒、掩饰收集使用个人信息的真实目的；其八，未向用户提供撤回同意收集个人信息的途径、方式；其九，违反其所声明的收集使用规则，收集使用个人信息。

关于同意的例外规则，全国人大常委会《关于加强网络信息保护的决定》与《网络安全法》均未予以规定。推荐性国家标准《信息安全技术—个人信息安全规范》（GB/T 35273—2020）提出，在以下情形中，个人信息控制者收集、使用个人信息不必征得个人信息主体的授权同意：其一，与个人信息控制者履行法律法规规定的义务相关的；其二，与国家安全、国防安全直接相关的；其三，与公共安全、公共卫生、重大公共利益直接相关的；其四，与刑事侦查、起诉、审判和判决执行等直接相关的；其五，出于维护个人信息主体或其他个人的生命、财产等重大合法权益但又很难得到本人授权同意的；其六，所涉及的个人信息是个人信息主体自行向社会公众公开的；其七，根据个人信息主体要求签订和履行合同所必需的；其八，从合法公开披露的信息中收集个人信息的，如合法的新闻报道、政府信息公开等渠道；其九，维护所提供产品或服务的安全稳定运行所必需的，如发现、处置产品或服务的故障；其十，个人信息控制者为新闻单位，且其开展合法的新闻报道所必需的；其十一，个人信息控制者为学术研究机构，出于公共利益开展统计或学术研究所必要，且其对外提供学术研究或描述的结果时，对结果中所包含的个人信息进行去标识化处理的。同意的例外规则涉及基于国家利益、社会公共利益对个人信息自决的必要限制，应由立法进行规定。

目前，越来越多的网络产品、服务具有收集用户信息的功能，同时存在信息收集功能被滥用的情形。由于《网络安全法》第 41 条针对的是网络运营者，亦即网络的所有者、管理者和网络服务提供者，并不能涵盖网络产品、服务的提供者。为此，《网络安全法》第 22 条第 3 款特别作了衔接性规定："网络产品、服务具有收集用户信息功能的，其提供者应当向用户明示并取得同意；涉及用户个人信息的，还应当遵守本法和有关法律、行政法规关于个人信息保护的规定。"

3. 向他人提供个人信息

个人信息的处理，还包括向他人提供的行为。向他人提供信息本质上仍是一种个人信息收集、使用行为,故仍应适用个人信息收集、使用的知情同意规则。[81] 为此,《网络安全法》第42条第1款规定,未经被收集者同意,不得向他人提供个人信息,但是,经过处理无法识别特定个人且不能复原的除外。根据《App违法违规收集使用个人信息行为认定方法》第5条规定,以下行为可被认定为"未经同意向他人提供个人信息":(1)既未经用户同意,也未做匿名化处理,App客户端直接向第三方提供个人信息,包括通过客户端嵌入的第三方代码、插件等方式向第三方提供个人信息;(2)既未经用户同意,也未做匿名化处理,数据传输至App后台服务器后,向第三方提供其收集的个人信息;(3)App接入第三方应用,未经用户同意,向第三方应用提供个人信息。

不过,随着互联网的发展,巨量的个人信息数据日渐成为具有重大价值的资产,通过匿名化方法消除个人信息的用户身份特征后加以利用,成为个人信息数据利用的一种重要方式。[82] 大数据可以通过分析技术使数字信息成为知识,支持智能决策,产生新价值。在大数据时代,数据对于信息控制者而言,就是生产要素和行动指引。同时,大数据也给消费者(包括信息主体)带来免费使用、高品质服务、快速迭代创新等各种便利。因此,有必要在个人信息保护与大数据发展之间实现平衡。[83] 为此,《网络安全法》第42条第1款对个人信息匿名化处理作了规定,作为向他人提供个人信息需经本人同意的例外。依其规定,该例外的要件有三:其一,前提是个人信息必须经过处理,亦即个人数据经过匿名化技术处理。其二,处理后的数据应该无法识别特定个人。这是个人信息匿名化处理的最终法律效果,也是制定个人信息匿名化法律标准应实现的目标。如何判定"无法识别特定个人"这一标准?至少应当满足两个条件:匿名数据无法单独识别特定个人和匿名数据与其他信息结合也无法识别特定个人。其三,该数据不能复原,指采用匿名技术后的数据不存在复原的可能性。[84] 由于个人信息的重要特征是可识别性,而个人信息经匿名化处理后失去可识别性,故匿名化处理所得的信息不属于个人信息,自然不再适用个人信息保护的告知同意规则。应予注意,按照推荐性国家标准《信息安全技术—个人信息安全规范》(GB/T 35273—2020),应当区别匿名化与去标识化。匿名化,是指通过对个人信息的技术处理,使得个人信息主体无法被识别或者关联,且处理后的信息不能被复原的过程;去标识化,是指通过对个

〔81〕 参见王利明:《数据共享与个人信息保护》,载《现代法学》2019年第1期。

〔82〕 参见杨合庆主编:《中华人民共和国网络安全法解读》,中国法制出版社2017年版,第94页。

〔83〕 参见周汉华:《探索激励相容的个人数据治理之道——中国个人信息保护法的立法方向》,载《法学研究》2018年第2期。

〔84〕 参见金耀:《个人数据匿名化法律标准明晰——以〈网络安全法〉第24条为中心》,载张平主编:《网络法律评论》第20卷,北京大学出版社2018年版。

人信息的技术处理，使其在不借助额外信息的情况下，无法识别或者关联个人信息主体的过程。去标识化建立在个体基础之上，保留了个体颗粒度，采用假名、加密、哈希函数等技术手段替代对个人信息的标识。《信息安全技术—个人信息安全规范》(GB/T 35273—2020)要求收集个人信息后，个人信息控制者宜立即进行去标识化处理，并采取技术和管理方面的措施，将可用于恢复识别个人的信息与去标识化后的信息分开存储并加强访问和使用的权限管理。因此，去标识化并非匿名化，不适用《网络安全法》第42条第1款的但书规则。

(三)网络运营者的个人信息安全保护义务

对网络运营者课以必要的个人信息安全保护义务，对于个人信息保护至关重要。为此，《网络安全法》第42条规定："网络运营者不得泄露、篡改、毁损其收集的个人信息；未经被收集者同意，不得向他人提供个人信息。但是，经过处理无法识别特定个人且不能复原的除外。网络运营者应当采取技术措施和其他必要措施，确保其收集的个人信息安全，防止信息泄露、毁损、丢失。在发生或者可能发生个人信息泄露、毁损、丢失的情况时，应当立即采取补救措施，按照规定及时告知用户并向有关主管部门报告。"《个人信息保护法》第51－59条则详细规定了相关主体的义务。依上述规定，网络运营者的个人信息安全保护义务包括：

1. 确保个人信息处于安全保护之中。(1)要求网络运营者自身不得泄露、篡改、毁损其收集的个人信息；(2)要求网络运营者采取必要措施，包括物理的、技术的以及管理的措施，确保个人信息安全，防止其收集的个人信息泄露、毁损、丢失。按照工信部《电信和互联网用户个人信息保护规定》第13条的要求，电信业务经营者、互联网信息服务提供者应当采取以下措施防止用户个人信息泄露、毁损、篡改或丢失：确定各部门、岗位和分支机构对用户个人信息安全的管理责任；建立用户个人信息收集、使用及其相关活动的工作流程和安全管理制度；对工作人员及代理人实行权限管理，对批量导出、复制、销毁信息实行审查，并采取防泄密措施；妥善保管记录用户个人信息的纸介质、光介质、电磁介质等载体，并采取相应的安全储存措施；对储存用户个人信息的信息系统实行接入审查，并采取防入侵、防病毒等措施；记录对用户个人信息进行操作的人员、时间、地点、事项等信息；按照电信管理机构的规定开展通信网络安全防护工作；电信管理机构规定的其他必要措施。

2. 安全风险的补救和通知、报告义务。在发生或者可能发生个人信息泄露、毁损、丢失的情况时，网络运营者应当立即采取补救措施，按照规定及时告知用户并向有关主管部门报告。推荐性国家标准《信息安全技术—个人信息安全规范》(GB/T 35273—2020)中提出，发生个人信息安全事件后，个人信息控制者应根据应急响应预案进行以下处置：(1)记录事件内容，包括但不限于：发现事件的人员、时间、地点，涉及的个人信息及人数,发生事件的系统名称,对其他互联系统的影响,是否已联系执法机关或有关部门;(2)评估事件可能造成的影响,并采取必要措施控制事态,消除隐患;(3)按《国家网络安全事件应急预案》的有关规定及时上报,报告内容包括但不限于:涉及个人信息主体的类型、数量、内容、性质等总体情况,事件可能造成的影响,已采取或将要采取的处置措施,事件处置相关人员的联系方式;(4)个人信息泄露事件可能会给个人信息主体的合法权益造成严重危害的,如个人敏感信息的泄露,按照相关要求实施安全事件的告知。此外,个人信息控制者应按照下述要求实施安全事件的告知:(1)应及时将事件相关情况以邮件、信函、电话、推送通知等方式告知受影响的个人信息主体。难以逐一告知个人信息主体时,应采取合理、有效的方式发布与公众有关的警示信息。(2)告知内容应包括但不限于:安全事件的内容和影响;已采取或将要采取的处置措施;个人信息主体自主防范和降低风险的建议;针对个人信息主体提供的补救措施;个人信息保护负责人和个人信息保护工作机构的联系方式。

3. 事前个人信息保护影响评估义务。《个人信息保护法》第 55 条规定有下列情形之一的,个人信息处理者应当事前进行个人信息保护影响评估,并对处理情况进行记录:(1)处理敏感个人信息;(2)利用个人信息进行自动化决策;(3)委托处理个人信息、向其他个人信息处理者提供个人信息、公开个人信息;(4)向境外提供个人信息;(5)其他对个人权益有重大影响的个人信息处理活动。

4. 合规审计义务。《个人信息保护法》第 54 条规定,个人信息处理者应当定期对其处理个人信息遵守法律、行政法规的情况进行合规审计。

5. 特殊主体的其他义务。(1)指定个人信息保护负责人义务。《个人信息保护法》第 52 条规定,处理个人信息达到国家网信部门规定数量的个人信息处理者应当指定个人信息保护负责人,负责对个人信息处理活动以及采取的保护措施等进行监督。个人信息处理者应当公开个人信息保护负责人的联系方式,并将个人信息保护负责人的姓名、联系方式等报送履行个人信息保护职责的部门。(2)设立专门机构或者指定代表义务。《个人信息保护法》第 53 条规定:"本法第三条第二款规定的中华人民共和国境外的个人信息处理者,应当在中华人民共和国境内设立专门机构或者指定代表,负责处理个人信息保护相关事务,并将有关机构的名称或者代表的姓名、联系方式等报送履行个人信息保护职责的部门。"(3)大型互联网平台的特殊义务。《个人信息保护法》第 58 条规定,提供重要互联网平台服务、用户数量巨大、业务类型复杂的个人信息处理者,应当履行下列义务:其一,按照国家规定建立健全个人信息保护合规制度体系,成立主要由外部成员组成的独立机构对个人信息保护情况进行监督;其二,遵循公开、公平、公正的原则,制定平台规则,明确平台内产品或者服务提供者处理个人信息的规范和保护个人信息的义务;其三,对严重违反法律、行政法规处理个人信息的平台内的产品或者服务提供者，停止提供服务；其四，定期发布个人信息保护社会责任报告，接受社会监督。(4)受托人的特殊义务。《个人信息保护法》第59条规定，接受委托处理个人信息的受托人，应当依照本法和有关法律、行政法规的规定，采取必要措施保障所处理的个人信息的安全，并协助个人信息处理者履行本法规定的义务。

(四)个人在个人信息处理活动中的权利

《网络安全法》第43条规定："个人发现网络运营者违反法律、行政法规的规定或者双方的约定收集、使用其个人信息的，有权要求网络运营者删除其个人信息；发现网络运营者收集、存储的其个人信息有错误的，有权要求网络运营者予以更正。网络运营者应当采取措施予以删除或者更正。"该条规定了个人信息删除权和更正权。《个人信息保护法》第四章则专章规定了个人在个人信息处理活动中的权利。综合而言，个人在个人信息处理活动中的权利主要有以下方面：

1. 知情权。根据《个人信息保护法》第44条、第45条第1款、第48条的规定，个人对其个人信息的处理享有知情权，法律、行政法规另有规定的除外；"个人有权向个人信息处理者查阅、复制其个人信息，有本法第十八条第一款、第三十五条规定情形的除外"；个人有权要求个人信息处理者对其个人信息处理规则进行解释说明。

2. 决定权。根据《个人信息保护法》第44条的规定，个人对其个人信息的处理享有决定权，有权限制或者拒绝他人对其个人信息进行处理；法律、行政法规另有规定的除外。

3. 更正权。个人信息更正权，是指在个人信息在收集、存储、使用过程中，个人信息不完整或不准确时，个人有权要求及时改正、补充的权利。只有确保个人信息的准确性、完整性和及时更新，依法收集个人信息的行政机关才能依据正确完整的信息作出正确决定，服务提供者才能确保提供服务的质量，并有效维护该个人的合法权益。[85] 因此，《网络安全法》第43条赋予了个人对其个人信息的更正权，有权要求网络运营者更正其个人信息的错误和遗漏；对更正个人信息的要求，网络运营者应当及时受理并采取措施予以更正。《个人信息保护法》第46条规定，个人发现其个人信息不准确或者不完整的，有权请求个人信息处理者更正、补充。个人请求更正、补充其个人信息的，个人信息处理者应当对其个人信息予以核实，并及时更正、补充。

4. 删除权。个人信息删除权，是指信息主体在具备法定理由的情形下，请求删除其个人信息的权利。删除权保护的是自然人个人的人格，其功能是防止个人信息被无休止地利用，是保障权利人自由控制个人信息的有效手段。与物权人可以通过物理措施控制权利客体不同，个人信息被他人收集和利用后，权利人无法通过物理手段控制

---

〔85〕 参见杨合庆主编：《中华人民共和国网络安全法解读》，中国法制出版社2017年版，第97－98页。

自己的个人信息，只能通过法定或约定的义务约束收集人。显而易见，义务手段远不如物理措施有效。为恢复权利人对个人信息的控制，降低个人信息被滥用的风险，信息控制权应进行扩张，使权利人可以选择“遗忘”网上行为数据，即删除权。[86]

依《网络安全法》第43条规定，个人信息删除权行使的条件是网络运营者违反法律、行政法规的规定或者双方的约定收集、使用个人信息。《个人信息保护法》第47条规定：“有下列情形之一的，个人信息处理者应当主动删除个人信息；个人信息处理者未删除的，个人有权请求删除：（一）处理目的已实现、无法实现或者为实现处理目的不再必要；（二）个人信息处理者停止提供产品或者服务，或者保存期限已届满；（三）个人撤回同意；（四）个人信息处理者违反法律、行政法规或者违反约定处理个人信息；（五）法律、行政法规规定的其他情形。法律、行政法规规定的保存期限未届满，或者删除个人信息从技术上难以实现的，个人信息处理者应当停止除存储和采取必要的安全保护措施之外的处理。”因此，个人信息删除权行使通常包括以下情形：（1）收集、使用行为不具备合法性。例如，收集、使用开始时就未得到被收集者的同意且无法律依据；被收集者的同意无效或已被撤销；对收集、使用信息超出法定或约定的范围。（2）收集、使用个人信息的目的消失，使对个人信息的保存及处理、利用失去了必要性、正当性。（3）约定的收集、使用、保存个人信息的期限届满。对删除个人信息的要求，网络运营者应当及时受理及采取措施予以删除。[87] 此外，推荐性国家标准《信息安全技术—个人信息安全规范》（GB/T 35273—2020）提出，个人信息控制者违反法律法规规定或违反与个人信息主体的约定向第三方共享、转让个人信息，且个人信息主体要求删除的，个人信息控制者应立即停止共享、转让的行为，并通知第三方及时删除；个人信息控制者违反法律法规规定或与个人信息主体的约定，公开披露个人信息，且个人信息主体要求删除的，个人信息控制者应立即停止公开披露的行为，并发布通知要求相关接收方删除相应的信息。

值得注意的是，根据《App违法违规收集使用个人信息行为认定方法》第6条规定，以下行为可被认定为“未按法律规定提供删除或更正个人信息功能”：（1）未提供有效的更正、删除个人信息及注销用户账号功能；（2）为更正、删除个人信息或注销用户账号设置不必要或不合理条件；（3）虽提供了更正、删除个人信息及注销用户账号功能，但未及时响应用户相应操作，需人工处理的，未在承诺时限内（承诺时限不得超过15个工作日，无承诺时限的，以15个工作日为限）完成核查和处理；（4）更正、删除个人信息或注销用户账号等用户操作已执行完毕，但App后台并未完成的；（5）未建

---

〔86〕 参见谢永江、李欲晓主编：《网络安全法学》，北京邮电大学出版社2017年版，第148页。
〔87〕 参见杨合庆主编：《中华人民共和国网络安全法解读》，中国法制出版社2017年版，第97页。

立并公布个人信息安全投诉、举报渠道，或未在承诺时限内(承诺时限不得超过15个工作日，无承诺时限的，以15个工作日为限)受理并处理的。

(五)法律责任

自然人的个人信息受法律保护，侵害个人信息的，行为人应当依法承担法律责任，包括行政责任、刑事责任和民事责任。

1. 行政责任

《网络安全法》第41－43条规定了个人信息收集处理规则、网络运营者对个人信息的安全保护义务、个人信息删除权和更正权。网络运营者违反上述规定，侵害个人信息依法得到保护的权利的，依《网络安全法》第64条第1款规定，由有关主管部门责令改正，可以根据情节单处或者并处警告、没收违法所得、处违法所得1倍以上10倍以下罚款，没有违法所得的，处100万元以下罚款，对直接负责的主管人员和其他直接责任人员处1万元以上10万元以下罚款；情节严重的，并可以责令暂停相关业务、停业整顿、关闭网站、吊销相关业务许可证或者吊销营业执照。同时，《网络安全法》第22条第3款对网络产品、服务提供者的个人信息保护义务作了规定，网络产品、服务提供者违反该规定，侵害个人信息依法得到保护的权利的，亦同样适用《网络安全法》第64条第1款规定。此外，《网络安全法》第44条规定，任何个人和组织不得窃取或者以其他非法方式获取个人信息，不得非法出售或者非法向他人提供个人信息。违反该规定，窃取或者以其他非法方式获取、非法出售或者非法向他人提供个人信息，尚不构成犯罪的，依《网络安全法》第64条第2款规定，由公安机关没收违法所得，并处违法所得1倍以上10倍以下罚款，没有违法所得的，处100万元以下罚款。

而《个人信息保护法》第66条规定，违反本法规定处理个人信息，或者处理个人信息未履行本法规定的个人信息保护义务的，由履行个人信息保护职责的部门责令改正，给予警告，没收违法所得，对违法处理个人信息的应用程序，责令暂停或者终止提供服务；拒不改正的，并处100万元以下罚款；对直接负责的主管人员和其他直接责任人员处1万元以上10万元以下罚款。有前款规定的违法行为，情节严重的，由省级以上履行个人信息保护职责的部门责令改正，没收违法所得，并处5000万元以下或者上一年度营业额5%以下罚款，并可以责令暂停相关业务或者停业整顿、通报有关主管部门吊销相关业务许可或者吊销营业执照；对直接负责的主管人员和其他直接责任人员处10万元以上100万元以下罚款，并可以决定禁止其在一定期限内担任相关企业的董事、监事、高级管理人员和个人信息保护负责人。《个人信息保护法》第67条规定，有本法规定的违法行为的，依照有关法律、行政法规的规定记入信用档案，并予以公示。根据《个人信息保护法》第68条规定，国家机关不履行本法规定的个人信息保护义务的，由其上级机关或者履行个人信息保护职责的部门责令改正；对直接负责的主管人员和其他直接责任人员依法给予处分。履行个人信息保护职责的部门的工作人员玩忽职守、滥用职权、徇私舞弊，尚不构成犯罪的，依法给予处分。

可见，《个人信息保护法》的上述部分规定与《网络安全法》的规定不同。按照新法优于旧法的原则，出现法条竞合情形时，应适用《个人信息保护法》的规定处理。

2. 刑事责任

《网络安全法》第 64 条第 2 款与侵犯公民个人信息罪衔接，尚不构成犯罪的适用前者，构成犯罪的则适用《刑法》第 253 条之一："违反国家有关规定，向他人出售或者提供公民个人信息，情节严重的，处三年以下有期徒刑或者拘役，并处或者单处罚金；情节特别严重的，处三年以上七年以下有期徒刑，并处罚金。违反国家有关规定，将在履行职责或者提供服务过程中获得的公民个人信息，出售或者提供给他人的，依照前款的规定从重处罚。窃取或者以其他方法非法获取公民个人信息的，依照第一款的规定处罚。单位犯前三款罪的，对单位判处罚金，并对其直接负责的主管人员和其他直接责任人员，依照各该款的规定处罚。"

3. 民事责任

在个人信息遭受侵害时，相关主体应承担民事责任。《个人信息保护法》第 69 条规定，处理个人信息侵害个人信息权益造成损害，个人信息处理者不能证明自己没有过错的，应当承担损害赔偿等侵权责任。前款规定的损害赔偿责任按照个人因此受到的损失或者个人信息处理者因此获得的利益确定；个人因此受到的损失和个人信息处理者因此获得的利益难以确定的，根据实际情况确定赔偿数额。我国《民法典》第 1194 条规定："网络用户、网络服务提供者利用网络侵害他人民事权益的，应当承担侵权责任。法律另有规定的，依照其规定。"第 1195 条第 1 – 3 款规定："网络用户利用网络服务实施侵权行为的，权利人有权通知网络服务提供者采取删除、屏蔽、断开链接等必要措施。通知应当包括构成侵权的初步证据及权利人的真实身份信息。网络服务提供者接到通知后，应当及时将该通知转送相关网络用户，并根据构成侵权的初步证据和服务类型采取必要措施；未及时采取必要措施的，对损害的扩大部分与该网络用户承担连带责任。"第 1197 条规定："网络服务提供者知道或者应当知道网络用户利用其网络服务侵害他人民事权益，未采取必要措施的，与该网络用户承担连带责任。"第 1194 条是对于网络用户、网络服务提供者单独侵权责任的宣示性规定，第 1195 条和第 1197 条规范的是网络用户利用网络实施侵权行为时，网络技术服务提供者在何种情况下需要与网络用户承担连带责任。如果权利人能够举证证明网络服务提供者对侵权行为"知道"，可以不发出侵权通知，直接要求网络服务提供者承担《民法典》第 1197 条规定的侵权责任；如果权利人认为其无法举证证明网络服务提供者具有过错,可以根据《民法典》第1195条发出通知。[88]

此外,最高人民法院《关于审理利用信息网络侵害人身权益民事纠纷案件适用法律若干问题的规定》(法释〔2014〕11号)第12条第1款和第2款规定:"网络用户或者网络服务提供者利用网络公开自然人基因信息、病历资料、健康检查资料、犯罪记录、家庭住址、私人活动等个人隐私和其他个人信息,造成他人损害,被侵权人请求其承担侵权责任的,人民法院应予支持。但下列情形除外:(一)经自然人书面同意且在约定范围内公开;(二)为促进社会公共利益且在必要范围内;(三)学校、科研机构等基于公共利益为学术研究或者统计的目的,经自然人书面同意,且公开的方式不足以识别特定自然人;(四)自然人自行在网络上公开的信息或者其他已合法公开的个人信息;(五)以合法渠道获取的个人信息;(六)法律或者行政法规另有规定。网络用户或者网络服务提供者以违反社会公共利益、社会公德的方式公开前款第四项、第五项规定的个人信息,或者公开该信息侵害权利人值得保护的重大利益,权利人请求网络用户或者网络服务提供者承担侵权责任的,人民法院应予支持。"除了上述特别规定,《民法典》第111、1034条确立了个人信息受法律保护,结合《民法典》第1165条关于一般侵权行为构成要件的规定,上述规定可作为个人信息侵权的一般规定,适用于侵害个人信息的一切案件类型。[89]

二、非法有害信息治理

维护网络信息安全,也包括维护网络信息内容安全,避免非法有害信息在网络上传播,侵害国家利益、社会公共利益和个人利益。维护网络信息内容安全,有利于保障国家安全,有利于净化网络空间,促进网络文化的健康发展,维护社会文化安全,也有利于提高网站和网络用户的使用效率。[90] 2000年9月,国务院制定了《互联网信息服务管理办法》,其第15条规定,互联网信息服务提供者不得制作、复制、发布、传播含有下列内容的信息:(1)反对宪法所确定的基本原则的;(2)危害国家安全,泄露国家秘密,颠覆国家政权,破坏国家统一的;(3)损害国家荣誉和利益的;(4)煽动民族仇恨、民族歧视,破坏民族团结的;(5)破坏国家宗教政策,宣扬邪教和封建迷信的;(6)散布谣言,扰乱社会秩序,破坏社会稳定的;(7)散布淫秽、色情、赌博、暴力、凶杀、恐怖或者教唆犯罪的;(8)侮辱或者诽谤他人,侵害他人合法权益的;(9)含有法律、行政法规禁止的其他内容的。上述规定俗称"九不准",系我国非法有害信息判定的主

---

〔88〕 参见程啸:《侵权责任法》(第2版),法律出版社2015年版,第443－455页。
〔89〕 参见叶名恰:《个人信息的侵权法保护》,载《法学研究》2018年第4期。
〔90〕 参见谢永江、李欲晓主编:《网络安全法学》,北京邮电大学出版社2017年版,第120－121页。

要依据。不仅如此,《网络安全法》第 12 条第 2 款规定,任何个人和组织使用网络应当遵守宪法法律,遵守公共秩序,尊重社会公德,不得危害网络安全,不得利用网络从事危害国家安全、荣誉和利益,煽动颠覆国家政权、推翻社会主义制度,煽动分裂国家、破坏国家统一,宣扬恐怖主义、极端主义,宣扬民族仇恨、民族歧视,传播暴力、淫秽色情信息,编造、传播虚假信息扰乱经济秩序和社会秩序,以及侵害他人名誉、隐私、知识产权和其他合法权益等活动。该规定基本延续了"九不准"的内容。此外,国家网信办于 2019 年 12 月发布《网络信息内容生态治理规定》,该规定以网络信息内容为主要治理对象。以下对非法有害信息治理问题进行具体分析。

(一)网络运营者的信息安全管理义务

我国《网络安全法》第 47 条规定了网络运营者对用户发布信息的安全管理义务。网络运营者作为用户发布信息的平台,应当履行法律规定的义务,建立用户发布信息管理制度,加强对其用户发布的公开信息的管理,对法律、行政法规禁止发布或者传输的信息,应当依法采取必要的处置措施。[91] 对于网络运营者的这项义务,全国人大常委会《关于维护互联网安全的决定》第 7 条规定,从事互联网业务的单位要依法开展活动,发现互联网上出现违法犯罪行为和有害信息时,要采取措施,停止传输有害信息,并及时向有关机关报告。全国人大常委会《关于加强网络信息保护的决定》第 5 条规定,网络服务提供者应当加强对其用户发布的信息的管理,发现法律、法规禁止发布或者传输的信息的,应当立即停止传输该信息,采取消除等处置措施,保存有关记录,并向有关主管部门报告。《网络安全法》延续了上述规定,其第 47 条规定:"网络运营者应当加强对其用户发布的信息的管理,发现法律、行政法规禁止发布或者传输的信息的,应当立即停止传输该信息,采取消除等处置措施,防止信息扩散,保存有关记录,并向有关主管部门报告。"根据该条规定,网络运营者对用户发布信息的管理义务包括及时发现、及时采取处置措施和报告义务。

1. 及时发现

《网络安全法》要求网络运营者应当加强对其用户发布的信息的管理,通过对用户发布信息的监测、过滤、关键词识别等技术手段,对用户发布的信息附加合理的注意义务,防止非法有害信息的扩散。[92] 2017 年 8 月国家网信办公布的《互联网跟帖评论服务管理规定》第 5 条第 5 项规定,跟帖评论服务提供者应当严格落实主体责任,建立健全跟帖评论审核管理、实时巡查、应急处置等信息安全管理制度,及时发现和处置违法信息,并向有关主管部门报告。2022 年 6 月国家网信办发布的《互联网用户公众

---

〔91〕 参见杨合庆主编:《中华人民共和国网络安全法解读》,中国法制出版社 2017 年版,第 102 页。
〔92〕 参见马民虎主编:《网络安全法适用指南》,中国民主法制出版社 2019 年版,第 188 页。

账号信息管理规定》第15条规定："互联网信息提供者应当建立账号信息动态核验制度，适时核验存量账号信息，发现不符合本规定要求的，应当暂停提供服务并通知用户限期改正；拒不改正的，应当终止提供服务。"对网上公共信息进行巡查是一项有效的信息管理手段，但应当注意的是，公共信息巡查义务是基于网络平台的开放性和公共性，所需要巡视的信息限于公共信息，对于个人通信信息和具有私密性的小范围群聊信息，网络运营者无权巡视。[93]

2. 及时采取处置措施

网络运营者发现法律、行政法规禁止发布或者传输的信息的，应当立即停止传输该信息，采取消除等处置措施，防止信息扩散，保存有关记录。采取措施防止信息扩散，以求减少非法有害信息的影响和危害；保存有关记录，为依法追究信息发布者的责任提供依据。[94] 对此，2022年6月国家网信办发布的《互联网用户公众账号信息管理规定》针对互联网用户公众账号出现非法有害信息时的处置措施作出细化规定，其中有以下内容：该规定第17条规定，互联网信息服务提供者发现互联网用户注册、使用账号信息违反法律、行政法规和本规定的，应当依法依约采取警示提醒、限期改正、限制账号功能、暂停使用、关闭账号、禁止重新注册等处置措施，保存有关记录，并及时向网信等有关主管部门报告。该规定第18条规定，互联网信息服务提供者应当建立健全互联网用户账号信用管理体系，将账号信息相关信用评价作为账号信用管理的重要参考指标，并据以提供相应服务。该规定第19条规定，互联网信息服务提供者应当在显著位置设置便捷的投诉举报入口，公布投诉举报方式，健全受理、甄别、处置、反馈等机制，明确处理流程和反馈时限，及时处理用户和公众投诉举报。此外，2017年9月国家网信办发布的《互联网群组信息服务管理规定》第11条针对互联网群组出现非法有害信息时的处置措施作了细化规定："互联网群组信息服务提供者应当对违反法律法规和国家有关规定的互联网群组，依法依约采取警示整改、暂停发布、关闭群组等处置措施，保存有关记录，并向有关主管部门报告。互联网群组信息服务提供者应当对违反法律法规和国家有关规定的群组建立者、管理者等使用者，依法依约采取降低信用等级、暂停管理权限、取消建群资格等管理措施，保存有关记录，并向有关主管部门报告。互联网群组信息服务提供者应当建立黑名单管理制度，对违法违约情节严重的群组及建立者、管理者和成员纳入黑名单，限制群组服务功能，保存有关记录，并向有关主管部门报告。"

此外，《网络安全法》第68条第1款对网络运营者违反上述信息安全管理义务的

---

[93] 参见谢永江、李欲晓主编：《网络安全法学》，北京邮电大学出版社2017年版，第128页。

[94] 参见杨合庆主编：《中华人民共和国网络安全法解读》，中国法制出版社2017年版，第104页。

法律责任作了规定。依其规定,网络运营者对法律、行政法规禁止发布或者传输的信息未停止传输、采取消除等处置措施、保存有关记录的,由有关主管部门责令改正,给予警告,没收违法所得;拒不改正或者情节严重的,处10万元以上50万元以下罚款,并可以责令暂停相关业务、停业整顿、关闭网站、吊销相关业务许可证或者吊销营业执照,对直接负责的主管人员和其他直接责任人员处1万元以上10万元以下罚款。

3. 报告义务

除及时采取处置措施以外,网络运营者发现法律、行政法规禁止发布或者传输的信息的,应当向有关主管部门报告。《网络安全法》第8条规定了网络安全管理体制:"国家网信部门负责统筹协调网络安全工作和相关监督管理工作。国务院电信主管部门、公安部门和其他有关机关依照本法和有关法律、行政法规的规定,在各自职责范围内负责网络安全保护和监督管理工作。县级以上地方人民政府有关部门的网络安全保护和监督管理职责,按照国家有关规定确定。"此外,《互联网信息服务管理办法》第18条规定:"国务院信息产业主管部门和省、自治区、直辖市电信管理机构,依法对互联网信息服务实施监督管理。新闻、出版、教育、卫生、药品监督管理、工商行政管理和公安、国家安全等有关主管部门,在各自职责范围内依法对互联网信息内容实施监督管理。"按照上述规定,网络运营者在发现非法有害信息后,应当根据非法有害信息的内容和性质,向主管部门报告,主管部门不明确的,可以向网信部门、工业和信息化部门及公安部门报告,接到举报的部门发现不属于自己管辖的,应及时移送至有管辖权的部门。[95]

(二)电子信息发送服务提供者和应用软件下载服务者的信息安全义务

《网络安全法》第48条规定:"任何个人和组织发送的电子信息、提供的应用软件,不得设置恶意程序,不得含有法律、行政法规禁止发布或者传输的信息。电子信息发送服务提供者和应用软件下载服务提供者,应当履行安全管理义务,知道其用户有前款规定行为的,应当停止提供服务,采取消除等处置措施,保存有关记录,并向有关主管部门报告。"该条规定了电子信息发送服务提供者和应用软件下载服务者的信息安全管理义务。电子信息发送服务提供者和应用软件下载服务提供者,知道其用户发送的信息、提供的应用软件含有违法信息的,应当对其停止提供服务,采取消除等处置措施以防止违法信息扩散,保存有关记录,并向有关主管部门报告。

《网络安全法》第68条第2款对电子信息发送服务提供者和应用软件下载服务者违反上述信息安全管理义务的法律责任作了规定。依该规定,电子信息发送服务提供者和应用软件下载服务者对法律、行政法规禁止发布或者传输的信息未停止传输、

---

〔95〕 参见马民虎主编:《网络安全法适用指南》,中国民主法制出版社2019年版,第189页。

采取消除等处置措施、保存有关记录的，由有关主管部门责令改正，给予警告，没收违法所得；拒不改正或者情节严重的，处10万元以上50万元以下罚款，并可以责令暂停相关业务、停业整顿、关闭网站、吊销相关业务许可证或者吊销营业执照，对直接负责的主管人员和其他直接责任人员处1万元以上10万元以下罚款。

（三）网络信息安全的投诉、举报

《网络安全法》第49条第1款规定："网络运营者应当建立网络信息安全投诉、举报制度，公布投诉、举报方式等信息，及时受理并处理有关网络信息安全的投诉和举报。"维护网络信息安全需要全社会的共同努力，对危害网络信息安全的行为，公民有监督的权利，网络运营者有接受监督的义务。根据上述规定，首先，网络运营者应当建立网络信息安全投诉、举报制度，明确受理、处理投诉、举报的机构、人员及其职责、范围及方式、程序及操作规程等事项；其次，网络运营者应当以合理方式公布投诉、举报方式等信息，方便投诉举报人；再次，网络运营者应当及时受理投诉、举报，无正当理由不得拒绝；最后，网络运营者应当按照内部操作规程及时处理投诉和举报，并告知投诉举报人处理结果。[96]

（四）网络信息安全监督管理

《网络安全法》第50条规定："国家网信部门和有关部门依法履行网络信息安全监督管理职责，发现法律、行政法规禁止发布或者传输的信息的，应当要求网络运营者停止传输，采取消除等处置措施，保存有关记录；对来源于中华人民共和国境外的上述信息，应当通知有关机构采取技术措施和其他必要措施阻断传播。"根据该条规定，国家网信部门和有关部门应当按照职责分工，加强网络信息安全管理，在履行职责过程中，如果发现非法有害信息，有权采取下列措施：（1）要求网络运营者停止传输，防止该非法有害信息通过网络运营者的网络再次传播；（2）要求网络运营者删除该非法有害信息，减轻其影响和危害；（3）要求网络运营者保存有关记录，为调查处理违法犯罪行为提供依据；（4）对源于境外的非法有害信息，应当通知有关机构采取技术措施和其他必要措施阻断传播。[97]

依《网络安全法》第49条第2款规定，网络运营者对网信部门和有关部门依法实施的监督检查，应当予以配合。网络运营者违反配合、协助监督执法义务的，应当按照《网络安全法》第69条规定承担责任："网络运营者违反本法规定，有下列行为之一的，由有关主管部门责令改正；拒不改正或者情节严重的，处五万元以上五十万元以下罚款，对直接负责的主管人员和其他直接责任人员，处一万元以上十万元以下罚款：

---

〔96〕 参见杨合庆主编：《中华人民共和国网络安全法解读》，中国法制出版社2017年版，第106页。

〔97〕 参见杨合庆主编：《中华人民共和国网络安全法解读》，中国法制出版社2017年版，第108页。

（一）不按照有关部门的要求对法律、行政法规禁止发布或者传输的信息，采取停止传输、消除等处置措施的；（二）拒绝、阻碍有关部门依法实施的监督检查的；（三）拒不向公安机关、国家安全机关提供技术支持和协助的。”

第四节　监测预警与应急处置法律制度

面对网络安全风险的动态性和不确定性，按照“早发现、早报告、早处置”的原则，对网络安全风险进行持续性监控，是预防网络安全事件发生及减小网络安全事故危害的一条有效途径。网络安全相关部门和网络运营平台都应加强网络安全监测预警和应急处置能力，制定好网络安全应急预案，及时、持续、全面地监测网络安全潜在风险。在网络安全事故发生时，应立即启动应急预案，做好突发事件的应对工作。当网络运营平台存有懈怠时，有关部门应及时做好约谈工作。《国家网络空间安全战略》明确要求完善网络安全监测预警和网络安全重大事件应急处置机制。《网络安全法》第五章对网络安全监测预警和信息通报的组织机构及其工作机制、网络安全应急工作机制及应急预案的制定、预警信息的发布及网络安全事件应急处置措施、网络安全事件引发的突发事件以及临时网络管制等作了具体规定。

一、网络安全监测预警和信息通报制度

为有效应对网络安全危险，《网络安全法》确立了网络安全监测预警和信息通报制度。《网络安全法》第 51 条规定：“国家建立网络安全监测预警和信息通报制度。国家网信部门应当统筹协调有关部门加强网络安全信息收集、分析和通报工作，按照规定统一发布网络安全监测预警信息。”

网络安全监测，是指采取技术手段对网络系统进行实时监控从而掌握网络的全面运行情况，发现网络安全风险的活动。[98] 网络安全监测涉及网络物理设备的运行状况，网络软件、程序的运行状况，网络数据、个人信息的安全状况以及网络舆情等。[99] 根据《网络安全法》第 51 条的规定，应由国家网信部门统筹协调有关部门开展网络安全监测工作。我国目前主要由国家计算机网络应急技术处理协调中心（以下简称国家互联网应急中心，CNCERT）管理全国的网络安全监测预警工作。由于网络安全信息来源分散、数据量大，只有相关部门加强沟通协作，才能更有效地防范网络安全风

〔98〕 参见杨合庆主编：《中华人民共和国网络安全法解读》，中国法制出版社 2017 年版，第 110 页。

〔99〕 参见谢永江、李欲晓主编：《网络安全法学》，北京邮电大学出版社 2017 年版，第 133 – 134 页。

险。为此,《网络安全法》第 21 条第 3 项要求网络运营者采取监测、记录网络运行状态、网络安全事件的技术措施,并按照规定留存相关的网络日志不少于 6 个月。同时,《国家网络安全事件应急预案》明确要求,各单位按照“谁主管谁负责、谁运行谁负责”的要求,组织对本单位建设运行的网络和信息系统开展网络安全监测工作;重点行业主管或监管部门组织指导做好本行业网络安全监测工作;各省(区、市)网信部门结合本地区实际,统筹组织开展对本地区网络和信息系统的安全监测工作;各省(区、市)、各部门将重要监测信息报应急办,应急办组织开展跨省(区、市)、跨部门的网络安全信息共享。

网络安全预警,是指在网络安全风险发生蔓延并造成实际危害之前,通过对网络安全监测所获取的信息进行分析和风险评估,并向有关部门和社会发出警示。[100] 网络安全监测和预警是相辅相成的。监测是预警的前提和基础,通过监测研判的结果为预警提供科学的依据;预警是监控的目的和结果,只有通过有效的预警才能把研判的结果传输给有关方面。[101] 对网络安全风险进行预警,便于有关方面及时采取应对措施,防范网络安全风险。根据《网络安全法》第 51 条的规定,国家网信部门应当按照规定统一发布网络安全监测预警信息。目前,国家互联网应急中心在其网站设有“威胁预警”专栏,用于发布网络安全预警信息。

在监测到网络安全风险并进行预警后,还应当及时通报相关风险预警信息,以便开展后续工作,网络安全信息通报正是连接网络安全监测预警和应急处置措施的关键环节。因此,《网络安全法》规定国家应当建立与法律安全监测预警制度相对应的信息通报制度,并明确规定了网络安全信息通报的工作机制。具体而言,国家网信部门统筹协调有关部门加强网络安全信息收集、分析和通报工作(《网络安全法》第 51 条);负责关键信息基础设施安全保护工作的部门,应当建立健全本行业、本领域的网络安全监测预警和信息通报制度,并按照规定报送网络安全监测预警信息(《网络安全法》第 52 条);网络安全事件发生的风险增大时,省级以上人民政府有关部门应当按照规定的权限和程序,并根据网络安全风险的特点和可能造成的危害,要求有关部门、机构和人员及时收集、报告有关信息,加强对网络安全风险的监测(《网络安全法》第 54 条第 1 项);在发生危害网络安全的事件时,网络运营者应当立即启动应急预案,采取相应的补救措施,并按照规定向有关主管部门报告(《网络安全法》第 25 条)。由此,形成涵盖国家网信部门、负责关键信息基础设施安全保护的工作部门、省级以上人民政府有关部门、网络运营者的全国性、立体的网络安全信息通报机制。

---

〔100〕 参见杨合庆主编:《中华人民共和国网络安全法解读》,中国法制出版社 2017 年版,第 110 页。

〔101〕 参见马民虎主编:《网络安全法适用指南》,中国民主法制出版社 2019 年版,第 199 页。

二、网络安全事件应急处置制度

根据《国家网络安全事件应急预案》的规定，网络安全事件是指由于人为原因、软硬件缺陷或故障、自然灾害等，对网络和信息系统或者其中的数据造成危害，对社会造成负面影响的事件，可分为有害程序事件、网络攻击事件、信息破坏事件、信息内容安全事件、设备设施故障、灾害性事件和其他事件。网络安全事件应急处置制度，是指针对突发的网络安全事件，在短时间内迅速启动与之相应等级的应急预案，排除和补救所造成损失的制度。[102] 网络安全事件应急处置制度作为网络安全事件发生后采取的首要措施，对减轻网络安全事件引发的损失具有重要意义。

(一)网络安全事件应急预案

网络安全事件应急预案是规定网络安全事件应对的基本原则、组织体系、运行机制以及处置等的工作方案。[103] 作为一种事前预防措施，网络安全事件应急预案可以有效地预防网络安全事件的发生并减少其造成的损失。为此，《网络安全法》第 53 条第 1 款规定："国家网信部门协调有关部门建立健全网络安全风险评估和应急工作机制，制定网络安全事件应急预案，并定期组织演练。"按照上述要求，2017 年 1 月，中央网信办印发了《国家网络安全事件应急预案》。这是国家层面针对网络安全事件的综合应急预案，其分为总则、组织机构与职责、监测与预警、应急处置、调查与评估、预防工作、保障措施、附则八个部分，全面系统地规定了网络安全事件应急处置的组织机构及其职责、网络安全事件分级、应急响应程序、处置措施等，为各部门实际操作提供了具体依据。

除了国家层面的综合应急预案外，按照《网络安全法》第 53 条第 2 款的要求，负责关键信息基础设施安全保护工作的部门也应当根据本行业、本领域网络安全工作的要求，制定本行业、本领域的网络安全事件应急预案，作出有针对性的安排。例如，2017 年 5 月，工信部印发《工业控制系统信息安全事件应急管理工作指南》，适用于工业和信息化主管部门、工业企业开展工业控制系统安全应急管理工作。

应急预案是对可能发生的网络安全事件的预测和应对。为了提升应急预案的科学性和针对性，应急预案编制单位应当定期组织应急演练，对演练效果进行评估。通过演练，可以检验网络安全措施是否到位、网络安全事件应急预案是否可行，提升相关部门、单位之间以及单位内部各部门之间的协调配合能力，也有利于及时发现问题，尽早改进和完善相关制度与措施，增强网络安全预测、防御等能力，有效降低网络安全事

---

[102] 参见谢永江、李欲晓主编：《网络安全法学》，北京邮电大学出版社 2017 年版，第 137 页。

[103] 参见杨合庆主编：《中华人民共和国网络安全法解读》，中国法制出版社 2017 年版，第 115 页。

件造成的损失和危害。[104] 为此,《网络安全法》第53条第1款要求国家网信部门协调有关部门定期组织应急演练,第53条第2款则要求负责关键信息基础设施安全保护工作的部门定期组织应急演练。按照规定,演练应当定期进行,目的是加强演练的常态化、机制化。《国家网络安全事件应急预案》要求,中央网信办协调有关部门定期组织演练,检验和完善预案,提高实战能力,各省(区、市)、各部门每年至少组织一次预案演练,并将演练情况报中央网信办。

由于网络安全事件有着不同的影响范围和危害程度,针对不同的网络安全事件应当采取的应急措施也不相同。为了保证网络安全事件应急预案和处置措施有的放矢,并防止应急处置超过必要的限度,造成不必要的损失,《网络安全法》第53条第3款规定:"网络安全事件应急预案应当按照事件发生后的危害程度、影响范围等因素对网络安全事件进行分级,并规定相应的应急处置措施。"《国家网络安全事件应急预案》将网络安全事件分为四级:特别重大网络安全事件、重大网络安全事件、较大网络安全事件、一般网络安全事件。具体如下:(1)符合下列情形之一的,为特别重大网络安全事件:一是重要网络和信息系统遭受特别严重的系统损失,造成系统大面积瘫痪,丧失业务处理能力;二是国家秘密信息、重要敏感信息和关键数据丢失或被窃取、篡改、假冒,对国家安全和社会稳定构成特别严重威胁;三是其他对国家安全、社会秩序、经济建设和公众利益构成特别严重威胁、造成特别严重影响的网络安全事件。(2)符合下列情形之一且未达到特别重大网络安全事件的,为重大网络安全事件:一是重要网络和信息系统遭受严重的系统损失,造成系统长时间中断或局部瘫痪,业务处理能力受到极大影响;二是国家秘密信息、重要敏感信息和关键数据丢失或被窃取、篡改、假冒,对国家安全和社会稳定构成严重威胁;三是其他对国家安全、社会秩序、经济建设和公众利益构成严重威胁、造成严重影响的网络安全事件。(3)符合下列情形之一且未达到重大网络安全事件的,为较大网络安全事件:一是重要网络和信息系统遭受较大的系统损失,造成系统中断,明显影响系统效率,业务处理能力受到影响;二是国家秘密信息、重要敏感信息和关键数据丢失或被窃取、篡改、假冒,对国家安全和社会稳定构成较严重威胁;三是其他对国家安全、社会秩序、经济建设和公众利益构成较严重威胁、造成较严重影响的网络安全事件。(4)除上述情形外,对国家安全、社会秩序、经济建设和公众利益构成一定威胁、造成一定影响的网络安全事件,为一般网络安全事件。

(二)应急工作机制

网络安全事件发生后,及时启动应急预案是确保损失最小化的重要举措,而协调

---

[104] 参见马民虎主编:《网络安全法适用指南》,中国民主法制出版社2019年版,第225页。

有力的应急组织机构则是开展应急处置工作的有效制度保障。网络安全事件应急处置工作一般涉及众多的部门,较为复杂,各部门之间的高效有序配合是保证网络安全监测预警机制有序效运转的基础。要建立起“反应灵敏、协调有序、运转高效”的应急机制,必须加强统筹协调,既要明确统筹协调机构的职责,也要明确其他参与部门的配合机制。为此,《网络安全法》第 53 条第 1 款规定:“国家网信部门协调有关部门建立健全网络安全风险评估和应急工作机制,制定网络安全事件应急预案,并定期组织演练。”该条要求国家网信部门协调有关部门建立健全网络安全风险评估和应急工作机制,明确工作责任、工作程序,保证能够获得网络安全风险准确信息,全面掌握网络安全风险情况,提高网络安全事件应急处置的协同性和有效性。[105]

按照《国家网络安全事件应急预案》的规定,我国网络安全事件应急工作组织机构及职责如下:在中央网络安全和信息化领导小组的领导下,中央网络安全和信息化领导小组办公室统筹协调组织国家网络安全事件应对工作,建立健全跨部门联动处置机制,工信部、公安部、国家保密局等相关部门按照职责分工负责相关网络安全事件应对工作,必要时成立国家网络安全事件应急指挥部,负责特别重大网络安全事件处置的组织指挥和协调;国家网络安全应急办公室(以下简称应急办)设在中央网信办,具体工作由中央网信办网络安全协调局承担,应急办负责网络安全应急跨部门、跨地区协调工作和指挥部的事务性工作,组织指导国家网络安全应急技术支撑队伍做好应急处置的技术支撑工作;中央和国家机关各部门按照职责和权限,负责本部门、本行业网络和信息系统网络安全事件的预防、监测、报告和应急处置工作;各省(区、市)网信部门在本地区党委网络安全和信息化领导小组统一领导下,统筹协调组织本地区网络和信息系统网络安全事件的预防、监测、报告和应急处置工作。

(三)应急处置措施

1. 事前处置措施

依《网络安全法》第 54 条的规定,网络安全事件发生的风险增大时,省级以上人民政府有关部门应当按照规定的权限和程序,并根据网络安全风险的特点和可能造成的危害,采取下列措施:(1)要求有关部门、机构和人员及时收集、报告与所发生的网络风险相关的信息,加强对网络安全风险的监测;(2)组织有关部门、机构、专业人员对网络安全风险信息进行分析评估,预测网络安全事件发生的可能性,并对网络安全事件一旦发生可能影响的人群、地域、持续时间以及可能造成的危害程度大小等进行预测;(3)根据风险评估结果,按网络安全事件应急预案的要求,向社会发布风险警示的级别,发布避免、减轻危害的措施,让社会公众及时知悉网络安全风险,掌握必要的

[105] 参见杨合庆主编:《中华人民共和国网络安全法解读》,中国法制出版社 2017 年版,第 113 页。

应对措施。[106]

2. 事中处置措施

《网络安全法》第55条规定："发生网络安全事件，应当立即启动网络安全事件应急预案，对网络安全事件进行调查和评估，要求网络运营者采取技术措施和其他必要措施，消除安全隐患，防止危害扩大，并及时向社会发布与公众有关的警示信息。"

网络安全事件应急预案是应对网络安全事件的主要依据和行动规范。发生网络安全事件后，负责网络安全事件应急处置工作的有关部门应当立即启动网络安全事件应急预案，按照应急预案的要求采取相应的应对措施。在启动应急预案的同时，负责应急处置的有关部门应当组织调查和评估网络安全事件的产生原因、结果和影响范围等，对事件的危害级别及其造成的社会影响、经济损失等进行评估。经调查评估，应急处置有关部门认为该事件对社会公众有较大影响的，应当及时、准确、客观地向社会发布与公众有关的警示信息，以使社会公众了解事件动态，并可以及时采取措施消除安全隐患、避免损害扩大、维护自身利益。

按照《国家网络安全事件应急预案》的要求，对于初判为特别重大、重大网络安全事件的，立即报告应急办。网络安全事件应急响应分为四级，分别对应特别重大、重大、较大和一般网络安全事件。

属特别重大网络安全事件的，及时启动Ⅰ级响应，成立指挥部，履行应急处置工作的统一领导、指挥、协调职责。应急办24小时值班。有关省（区、市）、部门应急指挥机构进入应急状态，在指挥部的统一领导、指挥、协调下，负责本省（区、市）、本部门应急处置工作或支援保障工作，24小时值班，并派员参加应急办工作。有关省（区、市）、部门跟踪事态发展，检查影响范围，及时将事态发展变化情况、处置进展情况报应急办。指挥部对应对工作进行决策部署，有关省（区、市）和部门负责组织实施。

网络安全事件的Ⅱ级响应，由有关省（区、市）和部门根据事件的性质和情况确定：（1）事件发生省（区、市）或部门的应急指挥机构进入应急状态，按照相关应急预案做好应急处置工作。（2）事件发生省（区、市）或部门及时将事态发展变化情况报应急办。应急办将有关重大事项及时通报相关地区和部门。（3）处置中需要其他有关省（区、市）、部门和国家网络安全应急技术支撑队伍配合和支持的，商应急办予以协调。相关省（区、市）、部门和国家网络安全应急技术支撑队伍应根据各自职责，积极配合、提供支持。（4）有关省（区、市）和部门根据应急办的通报，结合各自实际有针对性地加强防范，防止造成更大范围影响和损失。

Ⅲ级、Ⅳ级响应，由事件发生地区和部门按相关预案进行应急响应。

---

[106]　参见杨合庆主编：《中华人民共和国网络安全法解读》，中国法制出版社2017年版，第114-115页。

对网络安全事件进行应急处置不仅是政府部门的责任，遵循“谁运营，谁负责”的理念，网络安全和数据保护的责任主体还是网络运营者，政府部门更多的是协调、监督、管理。[107] 网络运营者是保障网络安全的第一责任人，处于第一线，掌握第一手情况，一旦发生网络安全事件，网络运营者的反应速度、所采取的应对措施是否得当，将直接影响到网络安全事件的波及范围和危害程度。[108] 《网络安全法》第 25 条规定：“网络运营者应当制定网络安全事件应急预案，及时处置系统漏洞、计算机病毒、网络攻击、网络侵入等安全风险；在发生危害网络安全的事件时，立即启动应急预案，采取相应的补救措施，并按照规定向有关主管部门报告。”同时，根据《网络安全法》第 55 条规定，有关部门在处置网络安全事件时，也有权要求网络运营者采取技术措施和其他必要措施，消除安全隐患，防止危害扩大。

（四）网络安全监督管理约谈制度

《网络安全法》第 56 条规定：“省级以上人民政府有关部门在履行网络安全监督管理职责中，发现网络存在较大安全风险或者发生安全事件的，可以按照规定的权限和程序对该网络的运营者的法定代表人或者主要负责人进行约谈。网络运营者应当按照要求采取措施，进行整改，消除隐患。”这是关于网络安全监督管理约谈制度的规定。

行政约谈有广义和狭义之分：广义的行政约谈包括内部行政约谈与外部行政约谈，是具有一定行政管理职权的行政机关针对其下级行政机关或行政相对人，采取谈话、听取意见、普法教育、提供信息、违法预警等方式，对其组织管理或社会治理所涉事项中的问题予以规范纠正或加以预防的行为；狭义的行政约谈专指行政外部约谈，约谈发起人是行政主体，被约谈者是行政相对人。行政约谈是一项具有独立价值的非强制性的行政行为，它不以直接发生法律效果为目的，具有行政指导性质，享有广阔的生存空间。[109]

网络安全监管约谈是网络安全行政管理主体对行政管理相对人进行的约谈，属于狭义的行政约谈，性质上是一种行政指导行为，具有如下功能：（1）能够对被约谈对象起到良好的警示告诫作用；（2）有助于督促网络运营者及时履行网络安全责任；（3）有助于落实网络安全风险监测预警与应急处置的相关制度；（4）使网络运营者能够准确理解问题和重点，采取更有针对性、符合监管要求的措施。[110]

---

〔107〕 参见洪延青：《“以管理为基础的规制”——对网络运营者安全保护义务的重构》，载《环球法律评论》2016 年第 4 期。

〔108〕 参见杨合庆主编：《中华人民共和国网络安全法解读》，中国法制出版社 2017 年版，第 116 页。

〔109〕 参见孟强龙：《行政约谈法治化研究》，载《行政法学研究》2015 年第 6 期。

〔110〕 参见杨合庆主编：《中华人民共和国网络安全法解读》，中国法制出版社 2017 年版，第 117－118 页。

根据《网络安全法》第 56 条的规定，有权进行网络安全监管约谈的主体限于“省级以上人民政府有关部门”，被约谈对象是“网络运营者的法定代表人或者主要负责人”，约谈要在“发现网络存在较大安全风险或者发生安全事件”的法定条件下，“按照规定的权限和程序”进行。2015 年 4 月，国家网信办发布《互联网新闻信息服务单位约谈工作规定》，对约谈工作的程序作了规范。例如，应当提前告知约谈事由，并约定时间、地点和参加人员等，实施约谈时应当由两名以上执法人员参加，主动出示证件，并记录约谈情况。这些规定可资参照。《网络安全法》第 56 条还规定，网络运营者被约谈后，“应当按照要求采取措施，进行整改，消除隐患”，无正当理由不接受约谈、不接受整改意见或者不落实整改承诺的，约谈部门应当采取进一步的监管和追责措施。

（五）突发事件和生产安全事故应对

某些网络安全事件可能引发突发事件或者生产安全事故，超出了单纯的网络安全事件的范围，此时就要适用有关突发事件或者生产安全事故的法律法规进行处理。为此，《网络安全法》第 57 条规定：“因网络安全事件，发生突发事件或者生产安全事故的，应当依照《中华人民共和国突发事件应对法》、《中华人民共和国安全生产法》等有关法律、行政法规的规定处置。”

根据《突发事件应对法》第 3 条规定，突发事件是指突然发生，造成或者可能造成严重社会危害，需要采取应急处置措施予以应对的自然灾害、事故灾难、公共卫生事件和社会安全事件。按照社会危害程度、影响范围等因素，自然灾害、事故灾难、公共卫生事件分为特别重大、重大、较大和一般四级。法律、行政法规或者国务院另有规定的，从其规定。突发事件的分级标准由国务院或者国务院确定的部门制定。

根据《突发事件应对法》第 48 条规定，突发事件发生后，履行统一领导职责或者组织处置突发事件的人民政府应当针对其性质、特点和危害程度，立即组织有关部门，调动应急救援队伍和社会力量，依照《突发事件应对法》第四章的规定和有关法律、法规、规章的规定采取应急处置措施。据此，因网络安全事件发生突发事件后，根据上述规定处理。《突发事件应对法》第 49、50 条分别针对自然灾害、事故灾难、公共卫生事件和社会安全事件规定了相应的应急处置措施。此外，根据《突发事件应对法》第 51 条规定，发生突发事件，严重影响国民经济正常运行时，国务院或者国务院授权的有关主管部门可以采取保障、控制等必要的应急措施，保障人民群众的基本生活需要，最大限度地减轻突发事件的影响。

生产安全事故，是指生产经营活动中发生的造成人身伤亡或财产损失的事故。国务院 2007 年颁布的《生产安全事故报告和调查处理条例》第 3 条第 1 款将生产安全事故分为四个等级：特别重大事故，是指造成 30 人以上死亡，或者 100 人以上重伤（包括急性工业中毒，下同），或者 1 亿元以上直接经济损失的事故；重大事故，是指造成 10

人以上30 人以下死亡,或者 50 人以上 100 人以下重伤,或者 5000 万元以上 1 亿元以下直接经济损失的事故;较大事故,是指造成 3 人以上 10 人以下死亡,或者 10 人以上 50 人以下重伤,或者 1000 万元以上 5000 万元以下直接经济损失的事故;一般事故,是指造成 3 人以下死亡,或者 10 人以下重伤,或者 1000 万元以下直接经济损失的事故。

根据《安全生产法》第 83 条、第 84 条、第 85 条第 1 款和第 2 款的规定,生产经营单位发生生产安全事故后,事故现场有关人员应当立即报告本单位负责人。单位负责人接到事故报告后,应当迅速采取有效措施,组织抢救,防止事故扩大,减少人员伤亡和财产损失,并按照国家有关规定立即如实报告当地负有安全生产监督管理职责的部门,不得隐瞒不报、谎报或者迟报,不得故意破坏事故现场、毁灭有关证据。负有安全生产监督管理职责的部门接到事故报告后,应当立即按照国家有关规定上报事故情况。负有安全生产监督管理职责的部门和有关地方人民政府对事故情况不得隐瞒不报、谎报或者迟报。有关地方人民政府和负有安全生产监督管理职责的部门的负责人接到生产安全事故报告后,应当按照生产安全事故应急救援预案的要求立即赶到事故现场,组织事故抢救。参与事故抢救的部门和单位应当服从统一指挥,加强协同联动,采取有效的应急救援措施,并根据事故救援的需要采取警戒、疏散等措施,防止事故扩大和次生灾害的发生,减少人员伤亡和财产损失。据此,因网络安全事件发生生产安全事故后,根据上述规定处理。

(六)网络通信临时限制措施

《网络安全法》第 58 条规定:"因维护国家安全和社会公共秩序,处置重大突发社会安全事件的需要,经国务院决定或者批准,可以在特定区域对网络通信采取限制等临时措施。"这是关于网络通信临时限制措施的规定。

网络通信临时限制是根据《国家安全法》和《突发事件应对法》的相关规定作出的。《国家安全法》第 63 条规定:"发生危及国家安全的重大事件,中央有关部门和有关地方根据中央国家安全领导机构的统一部署,依法启动应急预案,采取管控处置措施。"根据《突发事件应对法》第 50 条第 1 款第 2 项和第 5 项规定,社会安全事件发生后,组织处置工作的人民政府应当立即组织有关部门并由公安机关针对事件的性质和特点,依照有关法律、行政法规和国家其他有关规定,采取相应的应急处置措施,包括对特定区域内的建筑物、交通工具、设备、设施以及燃料、燃气、电力、水的供应进行控制,以及法律、行政法规和国务院规定的其他必要措施。根据上述规定,为了维护国家安全和社会公共秩序,处置重大突发社会安全事件,及时有效控制、减轻和消除事件引起的严重社会危害,《网络安全法》作出了可以在特定区域内对网络通信采取限制等临时措施的规定。[111]

由于网络通信临时限制将对社会生产生活产生较大影响,因此要十分慎重地采取临时限制措施。根据《网络安全法》第 58 条规定,网络通信临时限制措施,必须是出于“维护国家安全和社会公共秩序,处置重大突发社会安全事件的需要”,只能由国务院决定或者地方政府、相关部门等向国务院提出申请,经国务院审批后实施,且只能在特定区域临时实施,具体的区域范围、时限由国务院在作出临时限制措施的决定或者批准时确定。网络通信限制措施的强度应当与国家安全危机或者重大突发社会安全事件可能造成的危害的性质、严重程度和影响范围相适应。在事件的威胁和危害得到控制或者消除后,应当停止执行依法采取的限制措施,恢复正常网络通信,尽可能降低对正常生活的影响。

---

〔111〕　参见杨合庆主编:《中华人民共和国网络安全法解读》,中国法制出版社 2017 年版,第 122 页。

第三章　电子政务法

第一节　电子政务法概述

一、电子政务法的概念

在全球信息化的时代，网络正日益改变人们的生活。政府作为人类社会治理体系基本组成部分的公共组织，既是社会信息资源的最大生产者和拥有者，也是社会信息产品的领先使用者和主要传播者，其活动在面临现代通信技术革命严峻挑战的同时，也迎来了一个全新的发展时期——电子政务时代。电子政务在改进和优化政府组织、提高政府效率与服务能力等方面具有重大作用。[1]

所谓"电子政务"，是指借助电子信息技术而进行的政务活动。由于电子政务是电子信息技术和政务活动的交集，所以它的内涵和外延很大程度上取决于我们对电子技术和政府活动所下的定义。电子政务是近年来伴随着互联网、电子商务等新生事物出现的新概念，国际上有诸多定义。而在我国，比较主流的认识是，电子政务可分为狭义电子政务和广义电子政务。前者指"政府在其管理和服务职能中运用现代信息和通信技术，实现政府组织结构和工作流程的重组优化，超越时间、空间和部门分割的制约，全方位地向社会提供优质、规范、透明的服务，是政府管理手段的变革"。后者指"运用信息技术和通信技术实现中国共产党的组织、国家权力机关、国家行政机关、国家立法、司法机关以及其他一切公共管理机构的管理活动和事务处理。也可将这些内容更具体地称为电子党务、电子人大、电子政协、电子政府、电子司法等。另外，对于军队和学校等部门相关内容的建设，可称其为电子军务和电子校务"[2]。一般而言，电子政务包括三个组成部分：(1)政府部门内部办公职能的电子化和网络化；(2)政府职能部门之间通过计算机网络实现有权限的实时互通和信息共享；(3)政府部门通过网络与公众和企业开展双向的信息交流与决策。[3]

---

〔1〕 参见杨兴凯编著：《电子政务》(第4版)，东北财经大学出版社2018年版，第3页。
〔2〕 杨兴凯编著：《电子政务》(第4版)，东北财经大学出版社2018年版，第5-6页。
〔3〕 参见杨兴凯编著：《电子政务》(第4版)，东北财经大学出版社2018年版，第6页。

电子政务与传统政务有着本质上的差异。电子政务的实施主体是国家机关,它涵盖了所有行使公权力的机构和部门,包括党委在内的人大机关、行政机关、政协机关、司法机关等,其实施对象是包括公民、法人及其他社会组织在内的群体,在这一点上电子政务与传统政务并无明显区别。然而,电子政务的实质是政府管理方式的变革,其内涵不是传统政务和电子技术的简单叠加,而是借助电子信息技术对传统政务进行一场深刻的革命,促进服务型政府的实现。首先,传统政务的处理方式是以政府机构和职能为中心,企业、社会组织和公众通过政府部门办理相关事务。其中,业务流程复杂,审批环节众多,议事程序漫长,效率低下,严重影响政府形象,也为腐败行为留下了空间。而电子政务的处理方式则是以公众为中心,政府以"向社会提供高效、优质的政府管理与服务"作为出发点,帮助企业、社会组织和公众办理各种经济与社会事务。其次,传统政务主要采用粗放型的管理模式,遵循边际成本递增的规律,即管理的社会化任务越重,管理的服务范围越大,相应的单位管理成本就越高。而实施了电子政务的政府则遵循了边际成本递减规律,即随着政务服务量的增加,投入的信息化建设成本可以在更广的用户范围内加以均摊,因此单位管理成本下降。[4]

"电子政务"与"电子政府"两个概念虽仅有一字之差,但很多学者据此加以区分。关于电子政务与电子政府的关系,学界大体存在三种观点,即"同一说"、"包容说"和"主客体说"。同一说认为,电子政务和电子政府是同一个问题的两种说法,二者内涵同构;[5]包容说认为,电子政务处理的是与政权有关的公开事务,除了包括政府机关的行政事务外,还包括立法、司法部门以及其他一些公共组织的管理事务;[6]主客体说认为,电子政府针对的是公共部门信息化的主体范围,而电子政务则是公共部门信息化的客体范围。[7] 但更多时候,学者使用这两个概念并不加以区别。例如,美国2002年通过的《电子政府法》,有的国内学者翻译成"电子政务法"[8],有的国内学者翻译成"电子政府法"[9];再如,国内有学者将日本有关电子政务的著作翻译成"电子政府"[10]。实际上,这两个概念并没有什么明显的区别。国际社会大多使用"电子政府"这一说法,而我国官方文件多用"电子政务",如2002年8月5日颁布的《国家信息化领导小组关于我国电子政务建设指导意见》、2002年11月《全面建设小康社会,开创中国特色社会主义事业新局面》(以下简称"党的十六大报告")以及2006年5月

〔4〕 参见杨兴凯编著:《电子政务》(第4版),东北财经大学出版社2018年版,第6-9页。
〔5〕 参见张成福:《电子化政府:发展及其前景》,载《中国人民大学学报》2000年第3期。
〔6〕 参见张广钦、张勇:《政府重塑:电子政务的灵魂》,载《电子政务》2005年Z2期。
〔7〕 参见颜海、左正洪:《政府上网、电子政府及电子政务辨析》,载《行政论坛》2002年第4期。
〔8〕 曹慧敏、翁国民:《中美电子政务及其相关法律规定的比较》,载《行政与法》2006年第2期。
〔9〕 李正华:《国外电子政务的立法及其启示》,载《信息网络安全》2006年第7期。
〔10〕 参见白井均:《电子政府》,陈云、蒋昌建译,上海人民出版社2004年版。

颁布的《2006－2020年国家信息化发展战略》都是使用“电子政务”这个概念。因此，国内已经逐渐习惯使用“电子政务”的提法。所以在我国，“电子政务”和“电子政府”基本上是可以互换的同一概念，二者没有本质上的差异。[11]

综上推论之，电子政务法就是调整现代信息技术在公共行政中应用的范围、条件、方式、地位和效力等事项的法律规范的总称。

二、电子政务法的体系和基本原则

（一）电子政务法的体系

电子政务法是行政法的一个分支部门，在性质上属于特别行政法的范畴。按照学界公认的一般行政法与部门行政法分类方法，电子政务法也可以分为一般电子政务法和部门电子政务法两个层面。

一般电子政务法由下列部分组成：（1）电子政府法。这是电子政务的组织法，主要调整两个事项：一是电子政府的主管部门及其职权职责；二是电子政府的设置及其法律地位。在我国，国家信息化领导小组及其下设的分管办公室以及地方各级人民政府设立的信息化办公室负责电子政务的规划和标准制定、政务信息收集和整理、各行政部门的信息资源共享协调、信息工程软件采购审批以及实施评估等事项。有的研究认为，我国应在各级人民政府及其工作部门设置首席信息官，将各级人民政府信息办改为首席信息官委员会，以确保电子政务建设的专业化和电子政务法实施的统一化。[12] 电子政府是与有形政府并行的一种特殊行政组织形式，两者之间的关系需要由法律作出明确规定。（2）电子政务技术法。电子政务技术法主要规范现代信息技术在公共行政中应用产生的技术性法律问题，可以分为电子政务数据法、电子政务标准法、电子政务安全法和电子政务签章法等。（3）电子政务资金法。电子政务资金法调整电子政务财政资金的预算、取得、使用及其监督等行为。我国在这方面的现行法主要是有关政府信息化软件采购的行政规章，今后还有很大的立法空间。（4）电子行政行为法。电子行政行为法主要调整电子行政行为的适用范围、种类、形式、送达、法律效力等。其中，行政决定、行政合同、行政指导等行政行为均可采用电子形式，但应有适用范围限制。（5）电子政务监督法。电子政务监督法主要调整有权主体监督电子政务的事项，如对电子政务过程和电子政务实施效果的调查和评价。此外，电子政府复议、电子政务诉讼也属于电子政务监督法的范畴。

部门电子政务法是有关行政行业部门电子政务实践的法律规范，目前初见端倪的

---

〔11〕 参见金承东：《论电子政务法——内涵、边界及其部门属性》，载《电子政务》2009年第7期。

〔12〕 参见高家伟：《论电子政务法》，载《中国法学》2003年第4期。

是电子税务法、电子警察法、电子海关法,其他行业的电子政务法还在酝酿之中。[13]

(二)电子政务法的基本原则

作为行政法的一个特殊领域,电子政务法显然需要遵循行政法的一般原则。主要有:(1)依法行政原则。该原则是法治国家、法治政府的基本要求。法治(rule of law)要求政府在法律范围内活动,依法办事;政府和政府工作人员如果违反法律,超越法律活动,即要承担法律责任。法治不同于"用法来治"(rule by law),后者只是把法单纯作为工具和手段来治理国家、统治老百姓的思维模式。法治正确的"打开方式"应该是"rule of law",其实质是人民高于政府,政府服从人民,因为法治的"法"反映和体现的是人民的意志和利益。(2)诚信原则。该原则主要包括诚实守信和信赖保护两个方面。[14] (3)比例原则。该原则又称"禁止过度原则"或者"最小损害原则",是指行政机关在采取行政行为时,应当全面权衡有关的公共利益和个人权益,采取对公民权益造成限制或者损害最小的行政行为,并且使行政行为造成的损害与所追求的行政目的相适应。比例原则一般包括适当性、必要性、比例性(或均衡性)三项内容。[15] (4)公民基本权利保护原则。该原则又称"尊重和保障人权原则"。它既是宪法的基本原则(我国《宪法》第33条),也是行政法的基本原则。作为一个法治政府,其自然应该尊重和保障人权,切实维护行政相对人的合法权益,使之不受侵犯,而不能以自己的行为侵犯公民的人权,损害行政相对人的合法权益。[16] (5)平等原则。该原则也称"平等对待原则"。它是人类生活中相互交往的基本原则,也是行政主体在履行职责、行使裁量权时必须遵循的原则。平等对待的基本含义是,非有正当理由不得区别对待,即不得歧视。在行政法领域,平等对待主要包括:其一,行政主体应平等对待行政相对人;其二,国家应平等对待行政主体与行政相对人。[17] 当然,针对"同等情况同等对待,不同等情况不同等对待"这一基本要求,如何认定"同等情况"以及如何"同等对待",是一个复杂的问题。美国行政法学采取的做法是对不同的情况进行分类,分类的标准是职业、性别、年龄、财产、住址、国家、身份、能力、资格、宗教信仰、政治隶属、时间、地点以及其他情况。而这些情况正是适用比例原则时应当考虑的因素,比例原则的内容也是这些情况的提炼和总结。比例原则要求所采取的措施必须与所追求的目

---

〔13〕 参见高家伟:《论电子政务法》,载《中国法学》2003年第4期。

〔14〕 有关该原则的详细内容,参见《行政法与行政诉讼法学》编写组编:《行政法与行政诉讼法学》(第2版),高等教育出版社2018年版,第36-39页。

〔15〕 有关该原则的详细内容,参见马怀德主编:《行政法与行政诉讼法》(第5版),中国法制出版社2015年版,第47-57页。

〔16〕 有关该原则的详细内容,参见姜明安主编:《行政法与行政诉讼法》(第6版),北京大学出版社、高等教育出版社2015年版,第69-70页。

〔17〕 参见《行政法与行政诉讼法学》编写组编:《行政法与行政诉讼法学》(第2版),高等教育出版社2018年版,第32-33页。

的之间存在相称关系，而这种相称性或者比例性，表现为同等情况同等对待、不同情况不同等对待。对相同情况的人采取不同的限制或者侵害措施，既违反平等原则，也违反比例原则。总之，平等原则要求行政活动符合比例原则，而比例原则使平等原则的要求具体化为可供操作的评价标准。[18]

此外，电子政务法中还有以下特殊原则：(1)政府中立原则。该原则要求国家在电子政务立法、执法和司法中保持中立地位，避免管制过度，防止规制不足，以使现代信息技术在公共行政中发挥积极作用，避免不利损害。因此，这要求政府保障技术的中立性和文化的中立性。前者要求国家对电子政务信息技术保持包容性态度，除非出现有损人类基本价值原则的情况，一般不予以限制；后者要求国家不得因现代信息技术的普适性而忽视民族文化的多样性。(2)透明度原则。该原则要求电子政务行为因现代信息技术的应用而越来越公开透明。为此，一方面要进行目的控制，应确立效率、民主、公正等法治目标的支配地位，而电子政务只是实现这些目标的手段，应为法治目标服务；另一方面要进行过程控制，促进政府公开，保障公民信息权，使得政府应用现代信息技术进行管理的过程受到监督。(3)弹性化原则。这是指电子政务应当具有灵活性、适应性和回应性，有效满足个性化需求，实现无缝隙的公共服务。[19]

三、电子行政行为的特征与内涵

(一)电子行政行为的概念

"行政行为"一词最早出现于法国行政法学，但作为一个精密、特定的理论概念，却是由德国行政法学鼻祖奥托·迈耶(Otto Mayer)运用概念法学的方法而提炼、概括出来的。此后，它跨越了国界和法系，并经过许多法学家的不断锤炼而成为各国行政法学的一个核心范畴和概念性工具。当然，对什么是行政行为，在理论上目前仍然有着不同的学说。[20] 例如，行为主体说认为，行政行为是指行政机关的一切行为。也就是说，凡是行政机关的行为，包括行政机关运用行政权所作的事实行为和没有运用行政权所作的私法行为，都属于行政行为。又如，行政权说认为，只有机关、组织行使行政权的行为，即运用行政权所作的行为才是行政行为。再如，公法行为说认为，行政行为是具有行政法(公法)意义或效果的行为。该说认为应将私法行为和事实行为排除在行政行为范围之外，但在外延上却存在不同观点。其中，全部公法行为说认为，行政行为包括全部有公法意义的行为，既包括抽象行政行为，也包括具体行政行为。立法

---

[18] 参见马怀德主编：《行政法与行政诉讼法》(第5版)，中国法制出版社2015年版，第53页。

[19] 参见高家伟：《论电子政务法》，载《中国法学》2003年第4期。

[20] 参见马怀德主编：《行政法与行政诉讼法》(第5版)，中国法制出版社2015年版，第120页。

行为除外说认为，行政行为包括除行政立法行为以外的全部有行政法意义的行为，即抽象行政行为中的行政立法不属于行政行为，但制定规范性文件的行为属于行政行为，即行政行为包括制定规范性文件的行为和具体行政行为。具体行为说认为，行政行为是行政主体就具体事件所作的公法行为，行政主体对不特定人或事所作的抽象行为不属于行政行为，行政主体对内部行政相对人所作的内部行为及行政契约亦不属于行政行为。合法行为说认为，行政行为应当是行政主体所作的一种合法行为，只有合法的行为才能发生预期的行政法效果，违法行为即使发生了相应的法律后果也不能得到法律的保护，并不是行政主体所期望的行政法效果。在这些学说中，德国和日本采具体行为说为通说，而法国和我国的通说则是全部公法行为说。〔21〕

在发展初期，电子行政行为是指行政决定的内容通过行政机关以传统的方式作出，然后通过电子邮件等电子递送方式递送给接受者的行为。这种行政行为与自动化行政行为在实践中彼此转化，后者也可能以电子形式递送。事实上，只有行政行为的成立和生效都是以电子方式实现的才能称为严格意义上的电子行政行为，满足此项要求的，目前在我国只有交通信号灯等少数几类行为。但是，电子行政行为的概念理应从宽界定，具体应指行政行为主体通过计算机网络等电子信息化技术和设备，行使行政职权、履行行政职能，依法作出的对公民、法人和其他组织合法权益产生直接或间接法律影响的法律行为。〔22〕

（二）电子行政行为的特征

电子行政行为具有以下典型特征：

1. 虚拟性。电子政务的"最大特色就在于虚拟性"。电子行政行为的虚拟性源于其所依赖的电子信息和数字网络技术的虚拟化。传统行政法律关系当事人是面对面地交流和抗辩，无论是通过当场提出申请还是邮寄送达，各方都能清楚地感受到对方的实际存在以及所接受信息的真实性。但电子行政行为与此不同，行政法律关系双方当事人更多的是在网络虚拟空间内发生各种法律行为，互联网、电子邮件、数码通信等技术也促使传统的有形政府逐渐形成一个广泛联结的"虚拟政府"（virtual government），使得行政主体与行政相对人之间形成的行政法律关系呈现出虚拟化的趋势。

2. 无纸化。在电子行政的发展中减少纸面公文，实现无纸化办公，这是电子行政行为最明显的特点之一。于是，行政机关通过计算机网络技术办公，实现公文制作及交换、数据传输的网络化、电子化，以电子文件、电子邮件、电子签名等无纸化为中心的电子行政行为，逐渐取代以书面文件为中心的传统行政行为模式。

---

〔21〕 参见姜明安主编：《行政法与行政诉讼法》（第6版），北京大学出版社2015年版，第148－150页。

〔22〕 参见于志强主编：《中国网络法律规则的完善思路·行政法卷》，中国法制出版社2016年版，第4页。

3. 技术性。电子行政行为是用高科技、信息化、技术化支撑的现代行政方式,行政行为作出的准确性、安全性、即时性以及电子数据库保密性等都需要现代信息技术措施的保障。

4. 跨区域性。计算机网络与通信平台的互通性与覆盖性,极大拓展了人类交往和活动的空间,将世界各地囊括在网络的"地球村"里。电子行政行为的行政相对人,从千里之外的地方提出行政申请,行政机关在千里之外作出许可或处罚决定已不是难事。但是,电子行政行为仍然是行政行为的一种,如电子行政行为作出的主体仍然是行政机关、电子行政行为的过程是依照法律法规之规定行使公权力、对相对人权利义务产生法律后果等。不过与传统行政行为相比,电子行政行为也有些新的特点。例如,适用范围的有限性,即并非所有的行政行为均可以通过电子方式作出,这涉及法律保留和技术保留的问题;又如,由于电子行政行为具有虚拟性、技术性和即时性等特征,也会影响到电子证据规则的适用以及送达时点的认定,即电子行政证据的采集、举证、质证认证以及证明力等均需适用较为特殊的规则。[23]

(三)电子行政行为的具体表现形式

目前,电子行政行为的具体表现形式(载体)主要有:

1. 电子文件。对于"电子文件"的概念定义,可参考《珠海市档案条例》的规定:"在数字设备及环境中生成,以数码形式存储于磁带、磁盘或者光盘等载体,依赖计算机等数字设备阅读、处理,并可在通信网络上传送的文件。"此外,现行《行政许可法》相关条文也对电子文件提出行政许可申请的方式作出了相应规定。例如,该法第 29 条第 3 款规定:"行政许可申请可以通过信函、电报、电传、传真、电子数据交换和电子邮件等方式提出。"该法第 33 条规定:"行政机关应当建立和完善有关制度,推行电子政务,在行政机关的网站上公布行政许可事项,方便申请人采取数据电文等方式提出行政许可申请;应当与其他行政机关共享有关行政许可信息,提高办事效率。"

2. 电子记录。该方式的电子行政行为依赖于一个与行政相对人个人信息连接的系统。根据外部执法中获得的某些数据内容,在与行政相对人权利有关的个人系统中生成一个记录,该记录对相对人产生一定的法律效力。典型的是驾驶员违章扣分、罚款和滞纳金记录的生成,其不具有可选择性,是在一定系统设置下因满足系统设定的条件自动生成的。行政相对人对其个人记录的生成处于被动地位,但可以对其记录的生成提出质疑或要求给予说明。

3. 电子信号。这种方式的电子行政行为以电子信号作为行政执法的方式。在行政执法中,电子设备发出的电子信号具有执行力,行政相对人应当依照电子信号的指

---

〔23〕 参见于志强主编:《中国网络法律规则的完善思路·行政法卷》,中国法制出版社 2016 年版,第 4-5 页。

示从事相关行为,因为此类电子信号代表的是行政机关。因电子信号的指示错误而给行政相对人的人身和财产造成损害的,行政机关应当承担相应的法律责任。在这方面最典型的便是交通信号指示灯,其是对道路路口通行指示的设备,车辆、行人应当依据交通信号灯的指示通行。例如,《道路交通安全法》第38条规定:“车辆、行人应当按照交通信号通行;遇有交通警察现场指挥时,应当按照交通警察的指挥通行;在没有交通信号的道路上,应当在确保安全、畅通的原则下通行。”

(四)电子行政行为的种类

有关电子行政行为的种类,有的学者认为可分为以下六类:“(1)行政许可,如行政相对人通过网络申请驾驶执照、工商企业营业执照、出国护照等,行政机关予以审批和颁发;(2)行政征收,如一些税务部门开展的网上报税、发票核查等电子税务;(3)行政确认,如网上防伪打假,对公民身份、婚姻、学历状况等提供的网上认证或公证服务等;(4)行政给付,如社会福利的电子支付等;(5)行政合同,如政府签订的电子采购合同等;(6)自动执法,如交通警察开展的道路交通违章监测仪执法等。”[24]也有的学者认为:“从行政管理的领域来分,具体行政行为的类型可分为刚性的行政处罚、行政强制、行政征收等,以及柔性的行政指导、行政合同、行政奖励等两大类型。由于电子行政方式具有无纸化、信息传送网络化等特征,相应地也会导致行政法律关系的虚拟化、柔性化,因此电子行政行为首先应适用于柔性化色彩同样浓厚的行政指导、行政合同、行政奖励等领域,在本质上电子行政只是行政机关运用电子化的方式为社会提供公共服务的手段,与行政处罚、行政强制、行政征收等刚性管理方式在服务目的上并无实质区别,因此电子行政也适用行政许可、交通处罚等领域的部分规定。”[25]

第二节 电子政务立法

一、外国电子政务立法

(一)美国

美国的电子政务立法是以《电子政府法》为中心构成的法律体系。其中,2002年制定的《电子政府法》规定了美国电子政府的管理体制、联邦政府推进电子政府的责任、联邦信息安全管理法律规范等,涉及联邦各机构的职责、年度独立评估制度、联邦

〔24〕 刘品新:《网络法学》(第2版),中国人民银行出版社2009年版,第84页。
〔25〕 于志强:《中国网络法律规则的完善思路·行政法卷》,中国法制出版社2016年版,第7页。

信息安全事件中心、信息技术管理、标准体系管理等内容。[26] 此外，美国还有以下相关法律：一是推进行政机关信息化的法律，如1995年《公文削减法》、1998年《政府公文削减法》、《信息技术管理改革法》、《行政绩效评估法》等；二是推进行政透明度的法律，如1966年《信息自由法》、1996年《电子信息自由法》等；三是在建设电子政府中保护个人权利的法律，如《隐私权法》及《儿童在线隐私保护法》等；四是确保信息安全的法律，如2002年《联邦信息安全管理法》、《计算机安全法》、《计算机安全增强法》、2002年《网络安全强化法》、《爱国者法》、《国土安全保障法》、《网络安全研究开发法》、《网络及信息技术研究推进法》等。[27]

（二）欧盟

欧盟在电子政务方面制定了诸多政策，其中比较重要的有《电子欧洲——一个面向全体欧洲人的信息社会》和欧盟于2004年4月21日制定的"Decision 2004/387/EC"（也称《全欧洲区域内向公共部门、商业机构和公民提供能够共同使用的电子政府计划》或《IDABC计划》）等。其中，后者是欧洲电子政府建设的纲领性文件，指引着整个欧洲的电子政府发展，各成员国进而纷纷制定符合国情的电子政府法或者修改现有的法律法规，以适应欧盟的要求。[28]

（三）日本

2000年12月，日本制定了《高度信息通信网络社会形成基本法》（《IT基本法》），其第20条规定，"在制定关于形成高度信息通信网络社会的实施措施时，在进一步提高国民生活便捷性的同时，为了有益于提高行政事务运营的简约化、效率化和透明度，在与国家以及地方政府机构相关的事务方面，应当采取必要的措施，积极推进包括广泛利用因特网及其他高度信息通信网络等在内的行政信息化"。这为日本建立电子政府法律体系奠定了基础。日本电子政府的相关法律很多，大致可分为六类：基本法，行政程序的电子化、在线化，认证等制度整备，网络或技术基础建设，公共采购、投标的电子化、电子商务，电子政府的安全确保。[29] 日本电子政务法规政策通过立法引导并加强政府信息化建设，重视政府服务和流程创新的相关法规政策建设，具有鲜明的东

---

〔26〕参见中国社会科学院法学研究所电子政务法研究课题组：《国外电子政府立法总结与分析报告——"电子政务法研究"课题专题报告之一》，载《电子政务》2009年第7期。

〔27〕参见陈德权等：《电子政务法规政策建设：国外启示与中国状况》，载《电子政务》2011年第5期；中国社会科学院法学研究所电子政务法研究课题组：《国外电子政府立法总结与分析报告——"电子政务法研究"课题专题报告之一》，载《电子政务》2009年第7期。

〔28〕参见中国社会科学院法学研究所电子政务法研究课题组：《国外电子政府立法总结与分析报告——"电子政务法研究"课题专题报告之一》，载《电子政务》2009年第7期。

〔29〕参见中国社会科学院法学研究所电子政务法研究课题组：《国外电子政府立法总结与分析报告——"电子政务法研究"课题专题报告之一》，载《电子政务》2009年第7期。

方特色。[30]

二、我国的电子政务立法

从电子政务兴起到1999年,我国的电子政务处于探索阶段,电子政务的立法主要关注的是计算机网络本身,偏重解决因互联网产生的技术层面的问题,立法阶位较低。当时发布的有《计算机软件保护条例》(2013年修订)、《计算机信息系统安全保护条例》和《电信条例》(2016年修订)等一系列法规,初步建立了电信行业管理法律体系、互联网网络管理法律体系、信息产业促进政策体系以及网络知识产权保护法律体系。近年来,我国在电子政务立法方面开始出现发展趋势,立法朝着高阶位开展,如《电子签名法》规范了电子签名行为,确立电子签名的法律效力,为网络行政行为的可行性奠定了基础。我国相关部门和地方政府的电子政务立法活动也随之活跃起来,出现了很多地方性的电子政务相关政策法规,如《深圳市政府信息网上公开办法》、《天津市电子政务管理办法》等。[31]

总体而言,我国目前的电子政务立法模式属于分散立法模式,有关法律规范分散在不同法律法规中:(1)计算机相关法,如《计算机信息系统保密管理暂行规定》《计算机信息系统安全保护条例》《计算机软件保护条例》。(2)互联网相关法,如《关于维护互联网安全的规定》《互联网信息服务管理办法》《中国互联网络域名注册暂行管理办法》等。(3)信息相关法,如《北京市政务与公共服务信息化工程建设管理办法》。(4)政务公开相关法,如《政府采购信息公告管理办法》《政府信息公开条例》等。这种分散立法模式的缺陷主要是没有统一的原则和标准,各自为政和规范冲突现象严重,电子政务的特性不能突出,实施效果差,作为相对独立行政法律部门的电子政务法完整的体系不可能形成。[32]

根据学界的分析,我国的电子政务立法存在如下特征及问题:(1)立法散乱,无法形成体系。我国并未制定电子政务发展战略、发展规划方面的立法,相关地方立法之间存在冲突,电子政务法律体系难以形成。[33] (2)法律规范层级不高。我国没有一部法律或者行政法规专门规定电子政务,明确提到“电子政务”概念的法律文件只有1部,即《行政许可法》(第33条),国务院也只在8个行政法规类文件中提到过“电子政

[30] 参见陈德权等:《电子政务法规政策建设:国外启示与中国状况》,载《电子政务》2011年第5期。
[31] 参见杨兴凯编著:《电子政务》(第4版),东北财经大学出版社2018年版,第271页。
[32] 参见高家伟:《论电子政务法》,载《中国法学》2003年第4期。当然,对于电子政务而言最重要的法规范莫过于国务院于2007年通过、2008年起施行的《政府信息公开条例》了,它昭示着“以公开为原则,不公开为例外”的基本法治精神。
[33] 参见吴凡:《我国电子政务法律体系研究》,载《信息技术与信息化》2016年第8期。

务”概念，现行电子政务的规定大多属于部委规章或者地方立法，效力层级比较低，不利于树立电子政务的法律权威。[34] (3)地方电子政务立法活动比中央立法更活跃。我国地方立法不但数量多，涉及不同层级，涉及的领域既包括电子政务管理的一般规定，也包括信息安全、绩效考核、标准化体系等具体规定。[35] (4)电子政务立法工作并不平衡。有研究指出，我国电子政务的法律框架应由信息通信技术产业、行政管理与服务、政府信息资源管理、电子签名、信息网络安全五个方面的立法构成。[36] 近年来，在政府信息公开、信息化、计算机、互联网管理、保密制度与信息安全等领域，我国立法已经取得不小的进步。但是，在信息共享、电子签名、个人信息保护等方面，虽然各方面都很强调，甚至制定了法律，但在部委规章或者地方性法规层面上并没有得到充分体现，实践仍需完善。另外，地方电子政务立法主要集中在电子政务建设方面，具有“重电子建设、轻政务应用”的特征。[37]

过去，我国的电子政务立法着重点落在推进行政机关信息化的法律领域，有将电子政务法限缩的倾向。这显然也不符合党和国家正在大力提倡的“建设服务型法治政府”的政策导向。就目前的立法现状而言，虽然“确保信息安全的法律”和“保护个人权利的法律”(个人信息保护及网络隐私权)正在逐步完善，但在“推进行政透明度的法律”(政府信息公开)方面还存在不足。另外，不能把电子政务法治体系的构筑的全部希望寄托在立法论(成文法的制定)[38]上，而更应该注重法的解释与符合法治根本原理与精神的运用。从这个意义上说，我国的电子政务法治建设任重道远。

第三节　政府信息公开与个人信息保护

一、公法理论上的依据

我国于2016年制定的《网络安全法》(2016年11月7日发布，2017年6月1日施行)，虽然在很大程度上推动了上述“确保信息安全的法律”这一领域的立法建设，但该法也只是通过加强政府对网络运营者的规范与监督，以期达到构建一个公正合理的网络平台私法秩序之目的。该法虽然属于行政法的特别法，也涉及个人信息保护的相

[34] 参见周汉华：《电子政务法研究》，载《法学研究》2007年第3期。

[35] 参见周汉华：《电子政务法研究》，载《法学研究》2007年第3期。

[36] 参见李广乾：《论电子政务的法治职能——中国电子政务法律框架的逻辑结构与构建》，载《电子政务》2012年第5期。

[37] 参见周汉华：《电子政务法研究》，载《法学研究》2007年第3期。

[38] 这种过度依赖“立法论”的现象，也是由中国迈向真正意义上的“法治国家”的历史发展坐标与当下法学研究的水平所共同决定的，即目前基本上尚处在“朴素的成文法实证主义阶段”。

关内容,[39]但却并未从根本上解决网络使用者(传统公法意义上最广泛的基本权利享有主体之"个人")的基本权利(针对国家的防御权属性)保障问题。本节就从"政府信息公开"和"个人信息保护"这两个维度概观我国相关领域的现状和问题分别阐述。在此之前,我们有必要了解一下二者的理论依据,即在公法上为何要坚持政府信息公开并保障个人信息的权利。

(一)政府信息公开

追本溯源,该命题可以归结到作为宪法核心权利之一的言论自由。言论自由又称"表达自由"。从这个意义上说,表达自由是一项尤为重要的权利。表达自由是一种发表并传播思想或信息的自由,在信息化高度发展的现代社会,需要在此概念中糅合进"知情权"的视角加以重新构建。在19世纪的市民社会,受众(接收方)的自由没能成为问题的焦点。然而,到了20世纪,具有巨大影响力的大众传媒开始成熟,从大众传媒一侧单方向地输出大量信息导致信息"传送方"之大众传媒与信息"接收方"之普通公民的显著分离。而且,信息在社会生活中所具有的意义产生飞跃性增长。于是,就有必要站在普通公民的角度去重新构建表达自由,为了保障表达的"接收方"的自由(听的自由、读的自由、看的自由),应该将表达自由理解成"知情权"。更进一步说,知情权也是一种可以积极地要求政府公开信息的权利。从这个意义上说,知情权也同时具备了寻求国家政策的国务请求权乃至社会权,但如果想让它成为一项具体可操作的请求权,则必须制定政府信息公开法。

(二)个人信息保护

该命题本质上与隐私权关系甚密。该权利最初是一种侵权责任法上的权利,由判例法确立,其内容囊括了各种各样相当广泛的利益。后来,它的具体内涵被总结为以下四点:(1)防止私人的秘密空间被偷窥及窃听等行为侵入的权利;(2)防止不想为人所知的秘密被曝光及公开的权利;(3)防止散播刻画与自己实际形象相违背的错误印象的权利;(4)防止姓名和肖像被擅自用于广告等的权利。

与隐私权密切相关的,便是近年来其重要性越发凸显的个人信息保护的问题。随着科学技术的发展(窃听器、监视摄像头、电脑等),当今社会环境下个人的信息逐渐被收集、保管和存储起来。国家权力在积极的国家理念影响之下,越来越多地被要求介入社会生活中,为此便开始大量收集、存储所需要的个人信息。而民营企业为了实现营业的效率最大化,也开始收集有关客户的各种数据信息。这样,个人信息可能被他人进行技术整合后而利用,也可能被他人错误传播。鉴于此,学者便开始主张保障

[39]　《网络安全法》第四章"网络信息安全"第40-42条就规定了网络运营者合理运用和保护个人信息的法律责任。有关该法的整体介绍和分析,可参见本书第二章。

关于自身的信息要由自己去控制的权利,并将其称为“个人信息控制权”。该权利具体包含以下内容:(1)禁止在本人不知情的情况下搜集利用其个人信息(搜集限制);(2)搜集个人信息必须要基于明确的目的,且为了实现该目的,只能在必要的范围内进行,而不允许出现目的之外的利用(目的外利用的禁止);(3)为了确保个人信息的准确性,承认本人可以请求阅览、订正以及停止使用其个人信息。这便是从个人信息控制的角度去重新诠释传统的隐私权的一种尝试。它比单纯的隐私权涵盖的内容更为宽泛,特别是其中的阅览请求以及订正请求,还要求对方采取积极作为的行为。虽然如此,但现阶段个人信息控制权涵盖的所有领域还没有得到承认。由此不难发现,为了适应各种科技手段日新月异的现代社会环境,作为“隐私权 2.0”的“个人信息控制权”克服了消极的被动防御型特征,而被赋予了积极地、主观能动地控制自身信息的新含义。显然,该权利不仅是针对私人的,也是针对公权力的,比如登载在政府或者其他“单位”的信息,当事人认为有误的有权主张删除或更改。

如上所述,在公法理论中,以上两个命题是互相联动的。一方面,表达自由(言论自由)在客观上要求保障个人对国家的知情权,这就决定了政府信息公开的必要性与合理性。另一方面,国家权力除了垄断政府信息占有权之外,随着社会与新技术的发展还大量掌握着公民的个人信息。但是,如果人不能控制和支配自己的隐私及个人信息,那么他的人格也就无法独立,人格尊严的保障乃至于人格的自由发展和完善便更加无从谈起。因此,“政府信息公开—个人信息保护”可谓是一种权利保障的“双保险”,二者具有共同的根本目的——人的自由、全面发展。

二、我国的政府信息公开

目前,国务院制定的行政法规《政府信息公开条例》(2007 年发布,2008 年实施,2019 年修订)是我国政府信息公开领域最高级别的法规。该法规的立法目的是,“保障公民、法人和其他组织依法获取政府信息,提高政府工作的透明度,建设法治政府,充分发挥政府信息对人民群众生产、生活和经济社会活动的服务作用”(第 1 条)。而该法规中所称“政府信息”,指的是“行政机关在履行行政管理职能过程中制作或者获取的,以一定形式记录、保存的信息”(第 2 条)。该法规于第 9 条规定了信息公开的范围,即行政机关对符合下列基本要求之一的政府信息应当主动公开:(1)涉及公民、法人或者其他组织切身利益的;(2)需要社会公众广泛知晓或者参与的;(3)反映本行政机关机构设置、职能、办事程序等情况的;(4)其他依照法律、法规和国家有关规定应当主动公开的。有关行政机关需要“被动”公开的事项(依申请公开事项),2007 年《政府信息公开条例》第 13 条作出如下规定:“除本条例第九条、第十条、第十一条、第十二条规定的行政机关主动公开的政府信息外,公民、法人或者其他组织还可以根据自身生产、生活、科研等特殊需要,向国务院部门、地方各级人民政府及县级以上地方人民政府部门申请获取相关政府信息。”而对于行政机关不予公开的政府信息,2007年《政府信息公开条例》也作出了相应的规定,即其第14条第4款规定:“行政机关不得公开涉及国家秘密、商业秘密、个人隐私的政府信息。但是,经权利人同意公开或者行政机关认为不公开可能对公共利益造成重大影响的涉及商业秘密、个人隐私的政府信息,可以予以公开。”

相比较于2007年的条例,2019年《政府信息公开条例》修改的主要内容体现在如下方面:(1)扩大主动公开的范围和深度。主要内容有:各级人民政府应当积极推进政府信息公开工作,逐步增加政府信息公开的内容,明确各级行政机关应当主动公开机关职能、机构设置、行政处罚等行为的依据条件程序、公务员招考等十五类信息;建立健全政府信息管理动态调整机制,要求行政机关对不予公开的政府信息进行定期评估审查,对因情势变化可以公开的政府信息应当公开;建立依申请公开向主动公开的转化机制,行政机关可以将多个申请人申请公开的政府信息纳入主动公开的范围,申请人也可以建议行政机关将依申请公开的政府信息纳入主动公开的范围,以此推动公开工作深入开展。(2)明确“以公开为常态、不公开为例外”的原则。除该条例规定不予公开的政府信息外,政府信息应当公开。不予公开的政府信息包括:依法确定为国家秘密的政府信息,法律、行政法规禁止公开的政府信息,公开后可能危及国家安全、公共安全、经济安全、社会稳定的政府信息,公开会对第三方合法权益造成损害的政府信息。《政府信息公开条例》同时规定,行政机关内部事务信息、过程性信息、行政执法案卷信息可以不予公开。该条例明确了政府信息公开与否的界限,推动政府信息依法公开。(3)提升政府信息公开的在线服务水平。该条例要求各级人民政府加强政府信息资源的规范化、标准化、信息化管理,加强互联网政府信息公开平台建设,推进政府信息公开平台与政务服务平台融合,提高政府信息公开在线办理水平;加强依托政府门户网站公开政府信息的工作,利用具备信息检索、查阅、下载等功能的统一政府信息公开平台集中发布主动公开的政府信息。(4)取消依申请公开的“三需要”限制门槛,同时对不当行使申请权的行为予以规范。删除2007年《政府信息公开条例》第13条关于公民、法人或者其他组织申请获取相关政府信息须“根据自身生产、生活、科研等特殊需要”的限制条件,保障公民、法人或者其他组织依法获取政府信息的权利。同时,对于少数申请人反复、大量提出政府信息公开申请的问题,规定了不予重复处理、要求说明理由、延迟答复并收取信息处理费等措施;对于申请人以政府信息公开申请的形式进行信访、投诉、举报等活动的,行政机关应当告知申请人通过相应渠道解决。(5)完善了依申请公开的程序规定。明确了公开申请提出、补正申请内容、答复形式规范、征求意见程序、提交时间起算等内容,并要求行政机关建立健全政府信息公开申请登记、审核、办理、答复、归档的工作制度，加强工作规范。(6)强化便民服务举措。要求行政机关在政务服务场所设置政府信息查阅设施，建立完善政府信息公开申请渠道，为公民、法人和其他组织获取政府信息提供便利；政府信息申请内容不明确的，行政机关应当给予指导和释明。(7)进一步加大《政府信息公开条例》规定落实的监督保障力度。政府信息公开工作主管部门应当加强对政府信息公开工作的日常指导和监督检查，对行政机关未按照要求开展政府信息公开工作的予以督促整改或者通报批评。政府信息公开工作主管部门应当向社会公布本级政府上一年度政府信息公开工作年度报告，报告内容应包括工作考核、社会评议和责任追究结果情况。公民、法人或者其他组织认为行政机关在政府信息公开工作中侵犯其合法权益的，可以向上一级行政机关或者政府信息公开工作主管部门投诉、举报，也可以依法申请行政复议或者提起行政诉讼。[40]

三、我国的个人信息保护

我国现阶段对于个人信息的立法保护大体可分为两类，即直接立法保护和间接立法保护。

(一)直接立法保护

直接立法保护主要有：(1)全国人大常委会于 2021 年 8 月 20 日表决通过并于 2021 年 11 月 1 日开始实施的《个人信息保护法》；(2)全国人大常委会于 2021 年 6 月 10 日通过并于 2021 年 9 月 1 日起实施的《数据安全法》中有关个人信息保护的条款；(3)全国人大常委会于 2012 年 12 月 28 日通过并实施的《全国人民代表大会常务委员会关于加强网络信息保护的决定》。该决定的目的是“保护网络信息安全，保障公民、法人和其他组织的合法权益，维护国家安全和社会公共利益”；第 1 条明确了保障范围，即“国家保护能够识别公民个人身份和涉及公民个人隐私的电子信息”；第 2 条规定网络服务提供者以及其他企事业单位收集并使用公民个人信息时应当遵守“合法、正当、必要”的原则；第 3 – 7 条规定了网络服务提供者等在收集使用个人信息时需要遵守的各项基本义务；第 8 – 9 条规定了个人和组织在面对个人信息受到非法侵害的情况发生时所享有的基本权利；第 10 条提到有关部门查处侵害个人信息违法犯罪行为的职责(第 1 款)，并且明确规定了公权力保护公民个人信息的义务，即“国家机关及其工作人员对在履行职责中知悉的公民个人电子信息应当予以保密，不得泄露、篡改、毁损，不得出售或者非法向他人提供”。(同条第 2 款)；第 11 条规定了针对

---

〔40〕 参见《李克强签署国务院令公布修订后的〈中华人民共和国政府信息公开条例〉》，载《电子政务》2019 年第 5 期。

网络服务提供者的相关罚则。(4)工信部于2013年6月28日制定并通过、同年9月1日起施行的部委规章《电信和互联网用户个人信息保护规定》(工信部令第24号)。该规章第1条说明了"保护电信和互联网用户的合法权益,维护网络信息安全"的制定目的;第2条规定了"在中华人民共和国境内提供电信服务和互联网信息服务过程中收集、使用用户个人信息的活动"的适用范围;第4条明确了"个人信息"的概念,即"电信业务经营者和互联网信息服务提供者在提供服务的过程中收集的用户姓名、出生日期、身份证件号码、住址、电话号码、账号和密码等能够单独或者与其他信息结合识别用户的信息以及用户使用服务的时间、地点等信息";第5条规定电信业务经营者以及互联网信息服务提供者在收集个人信息时应当遵守"合法、正当、必要"的原则;该规章第二章(第8－12条)对电信业务经营者以及互联网信息服务提供者收集和使用个人信息时需要遵守的基本规范作出了具体规定;第三章(第13－16条)规定了电信业务经营者、互联网信息提供者为防止用户个人信息泄露、毁损、篡改或者丢失等情况发生以及上述情况一旦发生,其所需承担的责任与义务;第四章规定了电信管理机构对于电信业务经营者以及互联网信息服务提供者使用用户个人信息的情况进行包括行政处罚在内的监督检查的实施形态。

(二)间接立法保护

间接立法保护主要有:(1)国务院的行政法规《政府信息公开条例》(2007年发布,2008年实施,2019年修订)。2019年修订后的条例对个人信息保护间接作出了相应规定,即"涉及商业秘密、个人隐私等公开会对第三方合法权益造成损害的政府信息,行政机关不得公开。但是,第三方同意公开或者行政机关认为不公开会对公共利益造成重大影响的,予以公开"(第15条)。(2)《消费者权益保护法》(1993年制定、2013年第二次修正)对消费者个人信息保护作了专门规定,即"消费者在购买、使用商品和接受服务时,享有人格尊严、民族风俗习惯得到尊重的权利,享有个人信息依法得到保护的权利"(第14条)。(3)《刑法》的两个修正案也针对公民个人信息犯罪增设了相应罚则,即"在《刑法》第二百五十三条后增加一条,作为第二百五十三条之一:'国家机关或者金融、电信、交通、教育、医疗等单位的工作人员,违反国家规定,将本单位在履行职责或者提供服务过程中获得的公民个人信息,出售或者非法提供给他人,情节严重的,处三年以下有期徒刑或者拘役,并处或者单处罚金……'"(2009年《刑法修正案(七)》第7条)以及"将《刑法》第二百五十三条之一修改为:'违反国家有关规定,向他人出售或者提供公民个人信息,情节严重的,处三年以下有期徒刑或者拘役,并处或者单处罚金;情节特别严重的,处三年以上七年以下有期徒刑,并处罚金……'"(2015年《刑法修正案(九)》第17条)。(4)原《侵权责任法》(2009年公布,2010年实施)则通过规定网络服务提供者应承担的网络侵权连带责任来保障被侵权人的合法权益(第 36 条),该条文对应 2021 年《民法典》第 1194 – 1197 条。(5)原《民法总则》(2017 年通过并实施)在第五章“民事权利”部分规定了自然人的个人信息受保护原则,即“自然人的个人信息受法律保护。任何组织和个人需要获取他人个人信息的,应当依法取得并确保信息安全,不得非法收集、使用、加工、传输他人个人信息,不得非法买卖、提供或者公开他人个人信息”(第 111 条),该条文对应 2021 年《民法典》第 111 条。(6)本节开头提到的《网络安全法》(2016 年发布,2017 年实施)在其第四章“网络信息安全”中通过第 40 – 42 条规定了网络运营者合理运用和保护个人信息的法律责任。

第四章　电子商务法

第一节　电子商务法概述

一、电子商务

世界贸易组织(WTO)总理事会于1998年9月25日通过了一个关于电子商务的工作方案,对“电子商务”进行了定义:“仅出于工作计划的目的,在不影响计划产出的情况下,‘电子商务’一词应理解为是指通过电子手段(electronic means)生产,分发,营销,销售或交付货物和服务。”[1]可见,WTO对电子商务的定义比较宽泛,只要是以电子手段进行的销售商品、提供服务以及传递行为,都可以被纳入WTO委员会的审查范围。因此,WTO对电子商务的定义具有现实意义,WTO服务贸易理事会根据《服务贸易总协定》(GATS)法律框架审查并报告电子商务行为,货物贸易理事会审查和报告与1994年《关税与贸易总协定》(General Agreement on Tariffs and Trade, GATT)、《WTO协定》附件1A所涵盖的多边贸易协定、已获批准的工作方案确定的条款有关的电子商务行为,与贸易有关的知识产权理事会审查和报告与电子商务有关的知识产权问题,联合国贸易与发展委员会根据发展中国家的经济、金融和发展需求评估电子商务对发展的影响,都采用上述定义中的电子商务范围。除此之外,WTO对“电子商务”的定义还有助于组织审议与电子商务基础设施发展有关的事项。

电子商务与电子业务(E－business)的概念容易混淆。后者的内涵更广,它不仅指商品、服务的买卖,而且还包括客户服务,与商业伙伴的协调、合作,利用网络开展学习活动,以及组织内部的电子信息交换。[2] 因此,从两者的定义来看,电子商务属于电子业务的范畴,电子业务是对电子商务概念的补充。

《电子商务法》对电子商务的概念作了界定,依据该法第2条的规定,电子商务是

---

〔1〕 WTO General Council, *Work Programme on Electronic Commerce*, World Trade Organization(Jun. 12,2021), https://www. wto. org/english/tratop_e/ecom_e/wkprog_e. htm.

〔2〕 参见[美]埃弗雷姆·特班等:《电子商务——管理与社交网络视角》(第8版),占丽等译,中国人民大学出版社2018年版,第6页。

指通过互联网等信息网络销售商品或者提供服务的经营活动。电子商务概念的界定决定了《电子商务法》规制的行为范围和调整的社会关系，对《电子商务法》的适用具有重要意义。

二、电子商务法

电子商务发展迅速，2019 年我国电子商务交易额达到 34.81 万亿元，较 2018 年增长6.7%，其中商品、服务类电商交易额 33.76 万亿元，增长 6.6%；合约类电商交易额 1.05 万亿元，增长 10.1%。[3] 就电商交易额来看，我国已经成为全球最大的电子商务市场。电子商务的普及带来了新的法律问题，产生了新型法律关系，法律必须予以应对。电子商务基于电子手段的交易方式具有特殊性，其有别于传统销售商品或者提供服务的经营活动，以规制传统销售商品和提供服务行为为核心的现行法无法完全规制电子商务这种特殊的商行为。因此，有必要通过专门的立法调整电子商务所形成的法律关系，规范电子商务活动，促进电子商务的良性发展。我国《电子商务法》正是在这样的背景下出台的。依据《电子商务法》第 2 条规定，该法调整的是通过互联网等信息网络销售商品或者提供服务所形成的社会关系。

第二节　电子商务经营者

一、电子商务经营者的概念

在我国，经营者是一个法定概念。我国原《侵权责任法》、《反不正当竞争法》、《反垄断法》、《消费者权益保护法》、《食品安全法》、《价格法》、《产品质量法》等法律已采用了"经营者"的概念，其中部分法律对"经营者"概念作了界定。例如，《反不正当竞争法》第 2 条第 3 款将经营者界定为"从事商品生产、经营或者提供服务的自然人、法人和非法人组织"。《反垄断法》第 12 条第 1 款对经营者概念作了相同的界定。又如，《价格法》第 3 条第 3 款规定："本法所称经营者是指从事生产、经营商品或者提供有偿服务的法人、其他组织和个人。"从上述法律规定来看，经营者的概念比较清晰，其已成为一种立法资源。经营者内涵可以从商法的角度进行界定。经营者强调的是其所从事经营行为的营利性，至于其本身是否存在以营利为目的、是否持续地从事经营行为、是否办理工商登记等理论界在界定商主体或经营者概念时普遍强调的因素，

---

〔3〕 参见商务部电子商务和信息化司：《中国电子商务报告 2019》，载中华人民共和国商务部电子商务和信息化司 2020 年 7 月 2 日，http://dzsws.mofcom.gov.cn/article/ztxx/ndbg/202007/20200702979478.shtml。

均在所不问。[4] 我国《电子商务法》立法主要目标之一是调整行为人通过电子方式从事商品生产、经营或者提供服务所形成的社会关系,因此,其从已有的立法资源中选择使用"电子商务经营者"的概念顺理成章。

《德国民法典》第 14 条规定:"称企业经营者(Unternehmer),谓自然人、法人或具有权利能力之人合团体,其订立之法律行为系与营业或独立之执行业务活动有关者。称具有权利能力之人合团体者,谓有能力取得权利并承担义务之人合团体。"[5]《德国民法典》的这一规定不仅适用于所有民事法,而且适用于商事法。值得注意的是,《德国民法典》中的企业经营者除了包括商人,还包括律师、医生、从事经营业务的手工业者和务农的人。正因如此,有学者认为,考虑到德国法中 Unternehmer 与 Verbraucher 之间具有对应关系,而我国一直将"经营者"作为"消费者"的对称概念,且在汉语中"企业主"有特定含义,明显不同于"经营者",因此将 Unternehmer 译为"经营者"更加合适。[6]

日本国会于 2000 年通过并于 2001 年 4 月 1 日起施行的《消费者合同法》第 2 条第 2 款也对"经营者"作了界定:"本法所称经营者,谓法人、其他团体及作为经营或为经营而处于充任合同当事人情形下的个人。"[7]

从上述国内外规定来看,"经营者"概念已经成为我国现行法以及比较法上成熟的立法资源。因此,《电子商务法》也采用了"经营者"概念。

二、电子商务经营者的划分

(一)电子商务平台经营者

依据《电子商务法》第 9 条第 2 款规定,电子商务平台经营者,是指在电子商务中为交易双方或者多方提供网络经营场所、交易撮合、信息发布等服务,供交易双方或者多方独立开展交易活动的法人或者非法人组织。

电子商务平台经营者旨在促成电子商务交易的完成,为电子商务具体交易人提供平台服务,其具有中立的性质。电子商务平台经营者提供的是有偿服务,且该服务具有持续性特点,因此,电子商务平台经营者属于商主体,其主要行为属于商法上的营利行为即商行为。作为商主体,电子商务平台经营者在性质上属于私法主体,但基于其在电子商务中的重要地位及在交易中发挥的重要作用,电子商务法有对其强化法律规制的必要。我国《电子商务法》规制电子商务平台经营者的路径,是对其施加有别于

---

[4] 参见王建文:《我国商法引入经营者概念的理论构造》,载《法学家》2014 年第 3 期。

[5] 台湾大学法律学院、台大法学基金会编译:《德国民法典》,北京大学出版社 2017 年版。

[6] 王建文:《我国商法引入经营者概念的理论构造》,载《法学家》2014 年第 3 期。

[7] 韩世远:《医疗服务合同的不完全履行及其救济》,载《法学研究》2005 年第 6 期。

一般私法主体承担的义务。从这个意义而言,《电子商务法》具有一定的公法性质。

(二)平台内经营者

依据《电子商务法》第9条第3款规定,平台内经营者,是指通过电子商务平台销售商品或者提供服务的电子商务经营者。电子商务平台内经营者是直接销售商品的卖方或者提供服务的主体,即通常所说的"商家",其与电子商务平台经营者签订协议从而享有在电商平台销售商品和提供服务的权利,其与平台之间是合同关系。平台内经营者的权利义务主要依其从事的法律行为确定。然而,我们也要看到,近年来随着电子商务的发展,电子商务的市场规模、电子商务平台经营者的数量逐渐扩大,入驻电子商务平台的经营者越来越多,电子商务纠纷的数量也随之暴增。与平台内经营者有关的纠纷可以分为两类,一类是平台内经营者与平台经营者发生的纠纷,另一类是平台内经营者与交易相对方如消费者之间发生的纠纷。

在前一类纠纷中,相较于平台经营者而言,平台内经营者处于弱势地位,其权益可能会被平台经营者侵犯,因此《电子商务法》应对平台内经营者施加保护,明确其享有的权利。例如,电子商务平台经营者可能通过格式合同、格式条款的方式对平台内经营者在销售或服务的对象、地区、价格等方面作出不合理的限制,平台经营者利用谈判优势地位和技术优势地位设置不合理限制,实则侵犯了平台内经营者的经营自由权,后者可以维护自己的权益。我国《电子商务法》第35条规定:"电子商务平台经营者不得利用服务协议、交易规则以及技术等手段,对平台内经营者在平台内的交易、交易价格以及与其他经营者的交易等进行不合理限制或者附加不合理条件,或者向平台内经营者收取不合理费用。"

在后一类纠纷中,平台内经营者与交易相对方形成的法律关系中的核心权利义务虽由双方协商确定,但基于电子商务交易模式的特殊性,电子商务合同不完备性的特点会被放大,《电子商务法》有介入并设计规则以填补合同漏洞的必要,电子商务平台经营者也可以通过制定平台规则以约束平台内经营者,以此维护电子商务的健康经营秩序。例如,区别于线下商品交易,线上交易模式使买方无法就商品的外观、质量、功能等属性有更直观的认识,买方与卖方可能形成重大误解,此时商品的售后问题可能引起纠纷。这时,"七天无理由退货"规则可以很好地化解矛盾。又如,实践中平台内经营者在销售商品或者提供服务时会存在通过"默认勾选"的设置进行搭售的行为,以此引起的纠纷屡见不鲜。为规制这种行为,《电子商务法》第19条和第77条对平台内经营者施加了义务并明确了法律责任。

(三)其他经营者

依据《电子商务法》的规定,其他经营者指的是通过自建网站、其他网络销售商品或者提供服务的电子商务经营者。基于网络技术的发展,电商经营模式是多元的且处于发展之中,因此《电子商务法》需要具有前瞻性,以概括式规定将未来可能采取不同形式的电子商务经营者涵盖进来。

三、电子商务经营者的登记

(一)电子商务经营者登记的概念

电子商务经营者的登记,是指电子商务经营者应当依法办理市场主体登记。电子商务经营者登记制度属于商事登记的组成部分。商事登记,是指商主体或商主体的筹办人,为了设立、变更或终止其主体资格,依照商事登记法规定的内容和程序,向登记机关提出申请,经登记机关审查核准,并将登记事项记载于登记簿的法律行为。[8]

(二)电子商务经营者登记的意义

依法办理电子商务经营者登记可以确认电子商务经营者获得主体资格,进而对其权益进行保障。《电子商务法》出台之前,新型电子商务经营者,如微商的主体地位和合法性一直存在争议。这不仅阻碍了电子商务的发展,如生产商不愿将其产品交由新型电子商务经营者销售,而且由于后者的主体资格不明确,当网络服务提供者非法采取禁言、禁售、删除信息的行为时,新型电子商务经营者无法通过主张其享有合法经营权而获得救济。因此,电子商务经营者登记制度通过赋予经营者主体资格,保护经营者的权益。

依法办理电子商务经营者登记可以使经营者"显名",且公示的信息在一定程度上可以削减交易双方的信息不对称。电子商务经营者若无须通过登记获得主体资格,则身份信息及信用信息的缺失会导致交易相对方信任缺乏,不利于开展交易。除此之外,网络交易相对于传统线下交易而言更难追踪定位,若无信息登记,电子商务经营者可能会采取机会主义行为,如销售劣质的商品,消费者的利益将得不到有效保护。电子商务经营者登记制度,不仅可以使参与线上交易的消费者知悉交易相对方的信息,在信息获取和判断的基础上作出决定,促进公平交易,还可以在电子商务经营者从事违法行为之后迅速获取经营者信息,降低维权的难度和成本。

依法办理电子商务经营者登记,有利于维护健康的电子商务秩序。原则上,只要是不享有登记豁免的电子商务经营主体,都应当履行登记的义务。无论未来网络技术如何发展、电子商务模式如何变化,新型的电子商务经营者都应进行主体登记,纳入《电子商务法》的规制范围。电子商务经营者从事的业务若需要获得特别许可,则应向行政机关申请许可。《电子商务法》第 12 条规定:"电子商务经营者从事经营活动,依法需要取得相关行政许可的,应当依法取得行政许可。"另外,电子商务经营者登记

---

〔8〕 参见范健主编:《商法》(第 4 版),高等教育出版社 2011 年版,第 65 页。

制度也有利于规范税收管理。

（三）电子商务经营者登记的豁免

电子商务经营者登记豁免，是指《电子商务法》免除了特定主体的经营者主体登记的义务。电子商务经营者登记的豁免是登记制度的例外，原因在于这些特定的主体从事的交易规模不大，对电子商务的经营秩序影响有限，基于扶贫及灵活就业的政策，可以豁免特定主体的登记义务。依据我国《电子商务法》第 10 条的规定，有三类主体享有经营者登记豁免权利。这三类主体分别是销售自产农副产品、家庭手工业产品的个人，利用自己的技能从事依法无须取得许可的便民劳务活动和零星小额交易活动的个人，以及依照法律、行政法规不需要进行登记的主体。

第三节　电子商务经营者的一般义务

一、消费者人身、财产安全保障义务和环境保护义务

线上交易与传统的线下面对面交易不同，消费者在虚拟的网络空间中无法对电子商务经营者销售的商品和提供的服务有一个直观的认识和亲身的感受，只能凭借经营者提供的信息作出是否购买商品和服务的判断。在实践中，不少经营者会利用交易双方信息的不对称，销售不符合质量标准的商品、不符合卫生标准的食品和提供劣质服务，侵犯消费者的人身利益和财产利益。网络空间不是“不法之地”，电子商务经营者开展经营活动，应遵循自愿平等和公平的原则，保护消费者人身安全和财产安全，承担相关义务。

《电子商务法》高度重视环境保护，要求电子商务经营者销售商品或者提供服务时不能破坏环境。若销售的商品或者提供的服务不能满足环境保护的要求，违反环境法规，则电子商务经营者应当承担相应的责任。我国《民法典》在侵权责任编设立了环境污染和生态破坏责任专章，其第 1234 条规定：“违反国家规定造成生态环境损害，生态环境能够修复的，国家规定的机关或者法律规定的组织有权请求侵权人在合理期限内承担修复责任。侵权人在期限内未修复的，国家规定的机关或者法律规定的组织可以自行或者委托他人进行修复，所需费用由侵权人负担。”依据此规定，除了损害赔偿责任外，《民法典》确定了环境破坏者的修复责任。环境修复责任本质上属于恢复原状，主要指“生态环境的恢复”。

二、信息披露义务

(一)营业执照等信息的公示义务

依据《公司登记管理条例》《企业法人登记管理条例施行细则》《个体工商户登记管理办法》《农民专业合作社登记管理条例》《外国企业常驻代表机构登记管理条例》等相关法规规定,线下经营者具有公示营业执照的义务。据此,线下经营者应"亮照经营"。电子商务经营者虽然是线上经营,但基于"线上线下相一致"的原则以及技术上的可行性,电子商务经营者不能豁免公示营业执照等信息的义务。

除了营业执照的信息,电子商务经营者应当在其网络首页显著位置公示与其经营业务有关的行政许可信息。即便电子商务经营者属于《电子商务法》规定的不需要办理市场主体登记的主体,其也应当公示说明信息,如利用自己的技能从事依法无须取得许可的便民劳务活动和零星小额交易活动的个人应当在首页声明其无须办理主体登记。

如果公示的信息有所变更,电子商务经营者还应承担公示信息的更新义务,确保公示信息与实际情况相符。如果电子商务经营者决定终止经营,依据《电子商务法》的规定,应当提前30日在首页显著位置公示该信息。《电子商务法》之所以要求经营者提前30日以醒目的方式公示终止经营的信息,是因为经营者在经营过程中与注册用户形成了法律关系,而这些法律关系的处理以及债权债务的清理需要一定的时间。另外,经营者提前30日公示终止经营的信息可以使潜在交易者望而止步,停止与经营者的交易。

施加电子商务经营者营业执照等信息公示义务是有必要的。一方面,与线下面对面交易更容易获取交易对方信息的方式不同,线上交易更容易形成信息不对称,电子商务经营者营业执照等信息的公示可以使消费者迅速了解交易相对方的基本信息。这不仅可以增加消费者的信息,促成线上交易,也能在纠纷发生时方便消费者维权。另一方面,电子经营者将营业执照、与经营业务有关的行政许可信息公示,能提高监管者的监管效率,节省监管资源。然而,值得注意的是,电子商务经营者经营网页的首页空间有限,相较于其他页面而言其对经营者更加重要。因此,经营者可能不愿将应当公示的信息全部公示于主页,以节省主页空间。此时,应允许经营者设置公示链接的方式替代直接公示。若通过点击链接,可以进入信息的公示页面且能够获得营业执照、与经营有关的行政许可等完整的信息,则应当认定经营者履行了公示义务。

(二)商品、服务信息的披露义务

在线下交易中,消费者可以通过向经营者咨询、与经营者沟通、与实物接触、阅读说明书、实地体验和感受等方式,了解经营者销售的商品和提供的服务的信息。与线下交易不同,线上交易发生在网络空间,消费者获取商品和服务的信息的途径受到限制。由于消费者处于信息方面的劣势地位,其权益可能会被经营者侵犯。基于此,国外法和国内法都有使经营者负担对其销售的商品和提供的服务披露信息的义务的规定,以保护消费者的知情权和选择权。例如,《欧盟消费者权益保护指令》(2011/83/EU)规定经营者若与消费者签订了远程合同,则经营者应向消费者披露商品或服务的基本信息、商品或服务价格的计算方式(含税与非含税)、售后政策等信息。我国《消费者权益保护法》也有类似规定,该法第28条规定:“采用网络、电视、电话、邮购等方式提供商品或者服务的经营者,以及提供证券、保险、银行等金融服务的经营者,应当向消费者提供经营地址、联系方式、商品或者服务的数量和质量、价款或者费用、履行期限和方式、安全注意事项和风险警示、售后服务、民事责任等信息。”

我国《电子商务法》第17条对电子商务经营者履行商品、服务信息披露义务的标准作了规定,确立了信息披露“全面、真实、准确、及时”的标准。信息披露全面标准,是指电子商务经营者信息披露不能存在遗漏与商品、服务有关的基本信息、重要信息的情况,披露的信息应能反映商品或服务的基本特征。信息披露的真实标准,是指电子商务经营者披露的信息不能存在虚假陈述的情况。实践中,电子商务经营者“刷单”和“刷好评”的现象层出不穷。经营者通过“刷单”和“刷好评”的行为获得更靠前的电子商务平台排名,再利用平台排名给消费者带来的信任度销售商品和提供服务。“刷单”“刷好评”等行为扰乱了正常的电子商务秩序,属于信息披露不真实的行为,应当禁止。基于此,我国《电子商务法》第17条第2句明确规定:“电子商务经营者不得以虚构交易、编造用户评价等方式进行虚假或者引人误解的商业宣传,欺骗、误导消费者。”信息披露的准确标准,是指电子商务经营者披露信息时不仅表达的内容要准确,不能夸大其词,而且表达的用语应该准确,不能使用容易引人误解的词语或者语句。信息披露的及时标准,是指电子商务经营者应在销售商品、提供服务前完成商品与服务信息的披露。

(三)电子商务数据信息提供义务

广义上的电子商务数据,是指基于电子商务产生的一切数据。狭义上的电子商务数据,是指从事电子商务行为主体的数据和基于电子商务交易产生的数据。电子商务主体包括平台经营者、平台内经营者以及依据《电子商务法》的规定不需要办理主体登记的经营者。电子商务交易产生的数据包括支付记录、交易相对方的数据及其个人信息、交易价格、交易的商品或提供的服务的信息、交易的时间等。电子商务数据的提供义务,是指依照法律、行政法规的规定,行政主管机关有权要求电子商务经营者提供电子商务数据信息。

相较于线下交易中的违法行为,电子商务领域的违法行为更具有隐蔽性。行政机关监管电子商务行为必须借助数据信息，其对经营者的处罚也必须以电子商务数据信息为依据。行政机关在电子商务数据获取基础上进行监管，能够提高监管效率，不仅能够实现事后规制的“以事实为准绳”，也能通过异常数据的监控事先防止违法犯罪的发生。然而，行政机关在电子商务领域的执法可能会遇到阻力，电子商务经营者可能以行政机关要求提供之信息涉及经营者的商业秘密、侵犯消费者的隐私权和个人信息权、技术上无法提供为由拒绝提供。因此，有必要在《电子商务法》中明确经营者电子商务数据信息提供义务，使经营者配合主管部门的监管和执法行为，实现电子商务的健康发展。

值得注意的是，当经营者应有关主管部门的要求提供了电子商务数据信息之后，有关主管部门的身份除了是监管者还是信息收集人。此时，有关主管部门应以信息收集人的身份履行数据信息安全保障义务。《电子商务法》第 25 条规定：“有关主管部门依照法律、行政法规的规定要求电子商务经营者提供有关电子商务数据信息的，电子商务经营者应当提供。有关主管部门应当采取必要措施保护电子商务经营者提供的数据信息的安全，并对其中的个人信息、隐私和商业秘密严格保密，不得泄露、出售或者非法向他人提供。”

三、禁止侵犯消费者的知情权与选择权

（一）电子商务消费者的知情权和选择权

电子商务消费者的知情权，是指电子商务消费者对经营者销售的商品或者提供的服务知悉信息的权利。一方面，电子商务消费者享有《消费者权益保护法》等法律赋予一般消费者的知情权。例如，《消费者权益保护法》第 8 条规定：“消费者享有知悉其购买、使用的商品或者接受的服务的真实情况的权利。消费者有权根据商品或者服务的不同情况，要求经营者提供商品的价格、产地、生产者、用途、性能、规格、等级、主要成分、生产日期、有效期限、检验合格证明、使用方法说明书、售后服务，或者服务的内容、规格、费用等有关情况。”另一方面，基于线上交易容易加重信息不对称的特点，电子商务消费者的知情权应该予以特别的照顾。例如，电子商务消费者应有权知悉其购买的商品能否享有“七天无理由退货”的售后服务、运费承担与运费保险规则等。

电子商务消费者的选择权，是指电子商务消费者在是否达成购买商品和服务的交易、购买哪种商品和接受哪种服务、与哪一销售商品和提供服务的电子商务经营者缔结交易等方面享有自主选择的权利。一方面，电子商务消费者享有《消费者权益保护法》等法律赋予一般消费者的选择权。例如，《消费者权益保护法》第 9 条规定：“消费者享有自主选择商品或者服务的权利。消费者有权自主选择提供商品或者服务的经营者，自主选择商品品种或者服务方式，自主决定购买或者不购买任何一种商品、接受

或者不接受任何一项服务。消费者在自主选择商品或者服务时,有权进行比较、鉴别和挑选。”另一方面,由于电子商务发生在网络空间,电子商务经营者可能利用网络信息技术隐蔽地侵害电子商务消费者的知情权。因此,《电子商务法》应基于电子商务的特点赋予消费者具体的选择权。在电子商务活动中,消费者的自主选择权至少包括以下几方面:(1)有权自主选择交易的电子商务平台;(2)有权自主选择交易的平台内经营者;(3)有权对商品和服务进行比较、鉴别和挑选;(4)有权自主选择商品品种或者服务方式;(5)有权自主决定是否购买商品或者接受服务;(6)有权拒绝搭售的商品或者服务;(7)有权拒绝技术手段或者其他方式的干扰或限制。[9]

(二)禁止通过搜索结果和定向广告的方式侵犯消费者权益

大数据时代,数据的财产属性开始彰显,数据信息逐渐成为一种重要的经济资源。电子商务经营者利用网络信息技术搜集能够反映消费者消费习惯、兴趣爱好、消费方式等信息,在信息分析的基础上向电子商务消费者推送具有个性化的搜索结果和定向广告,从而促成交易。电子商务经营者利用技术推送信息有利有弊:好处是,在信息爆炸的时代,消费者在海量的信息中无法筛选出最符合其需求的商品或者服务时,电子商务者利用技术向消费者推送最具有相关性的信息,可以节省消费者的信息刷选时间和交易成本,提升用户消费体验。当然,交易的促成也是电子商务经营者所追求的。弊端是,电子商务经营者对“营利”的追求可能使所谓的“定制化”服务和“精准推送”并不是为了给消费者提供更优的消费环境,而是为了平台经营者或者平台内经营者的利益。例如,电子商务平台经营者向平台内经营者提供竞价排名服务的,后者可以通过支付对价使其销售的商品或提供的服务出现在搜索结果中的醒目位置,而这些信息并不一定与消费者的需求一致。电子商务经营者为了自身利益过度利用信息搜集技术向消费者推送信息,无论是在搜索结果中展示信息还是投放定向广告,都可能会侵犯电子商务消费者的知情权和选择权,甚至是隐私权。立法者在制定《电子商务法》时,虽不能完全禁止电子商务经营者根据消费者的特征向消费者推送具有相关性的信息,但也应注重对消费者权益的保护。《电子商务法》第 18 条体现了平衡的立法技术,该条规定:“电子商务经营者根据消费者的兴趣爱好、消费习惯等特征向其提供商品或者服务的搜索结果的,应当同时向该消费者提供不针对其个人特征的选项,尊重和平等保护消费者合法权益。电子商务经营者向消费者发送广告的,应当遵守《中华人民共和国广告法》的有关规定。”依据《广告法》的规定,以电子信息形式发送广告的,发送者应明示真实身份等信息,以此保障接受者的知情权;发送者应当提供拒绝继续接受广告的选择,以此保障接受者的选择权。若是以弹出等形式发布的广告,应在

〔9〕 参见电子商务法起草组编著:《中华人民共和国电子商务法条文释义》,法律出版社 2018 年版,第 71 页。

显著位置标明关闭的标志，不得影响用户使用网络。

在北京百度网讯科技公司与朱某隐私权纠纷案中，北京百度网讯科技公司（以下简称百度网讯公司）利用cookie技术搜集了原告（用户）在"百度搜索引擎"输入的关键词信息，之后百度联盟网站向原告推送了与关键词相关的定向广告，原告认为百度网讯公司cookie技术的使用侵犯了其隐私权，遂诉至法院。江苏省南京市鼓楼区人民法院一审判决认定被告侵犯了原告的隐私权，被告不服，提起上诉。二审法院江苏省南京市中级人民法院认为，百度网讯公司利用网络技术通过百度联盟合作网站提供个性化推荐服务，检索数据库以及大数据算法均在计算机系统内部操作，并未直接将百度网讯公司因提供搜索引擎服务而产生的海量数据库和cookie信息向第三方或公众展示，没有任何的公开行为，因此百度网讯公司利用网络技术提供个性化推荐服务并不必然导致侵权。另外，百度网讯公司在《使用百度前必读》中已经明确告知网络用户可以使用包括禁用cookie、清除cookie或者提供禁用按钮等方式阻止个性化推荐内容的展现，尊重了网络用户的选择权，因此，被告利用网络技术提供个性化推荐服务没有侵犯原告的知情权与选择权。[10] 在这一案件中，江苏省南京中级人民法院不认定被告构成侵权的一个重要原因就在于，被告向原告提供了阻止个性化推荐的选择。

（三）搭售商品或者服务的禁止

电子商务经营者在经营过程中可能将消费者计划购买的商品或者服务与其相关的产品组合在一起进行销售。组合销售是经营者常用的营销策略，如果经营者以显著的方式提醒了消费者，则这种策略应该允许。组合销售若是通过隐蔽的方式进行且没有获得消费者的同意，或者采用了默认勾选同意选项的方式进行，则这种行为构成搭售，侵犯了消费者的知情权和选择权，属于《电子商务法》明确禁止的行为。

四、个人信息保护义务

（一）个人信息及个人信息保护理念

个人信息是指可识别特定自然人的信息。可识别性是个人信息的主要特征，美国《消费者隐私权利法案》、欧盟《数据保护通用条例》对此予以确认。我国《民法典》也确认了个人信息"可识别性"的特点，其第1034条第2款规定："个人信息是以电子或者其他方式记录的能够单独或者与其他信息结合识别特定自然人的各种信息，包括自然人的姓名、出生日期、身份证件号码、生物识别信息、住址、电话号码、电子邮箱、健康信息、行踪信息等。"

---

〔10〕 参见南京市中级人民法院民事判决书，（2014）宁民终字第5028号。

随着网络技术与大数据技术的发展与升级，个人信息保护的理念发生了变化。以“知情同意”为核心的传统个人信息保护模式无法切实实质保护公平隐私，也不利于数据价值的开发，因此，个人信息保护的理念开始转向“合理利用”。[11] 依据我国《民法典》规定，为了公共利益个人信息可被合理地运用。

（二）用户查询、更正、删除信息的权利

电子商务经营者应当保障用户查询信息的权利。与线下交易不同，线上交易产生的消费者数据会被储存下来，而消费者对这些数据中包含的个人信息是如何被收集、处理和利用的情况可能不知情。用户知悉哪些个人信息被收集、个人信息如何被利用是其保护个人信息权的前提条件，因此，《电子商务法》赋予了消费者或者用户查询信息的权利。当消费者或者用户向信息收集者请求查询信息时，后者应及时告知个人信息收集、处理和利用的情况。信息收集者若有正当理由延后告知时间，则应当告知查询者正当理由。

电子商务经营者应当保障用户更正信息的权利，除非经营者有正当理由拒绝更正。这些理由包括更正信息可能危害社会公众利益或者公共秩序、更正信息有碍公共部门执法、原始信息已经丢失更正信息没有依据、请求更正的信息不是事实信息而是价值判断信息等。

电子商务经营者应当保障用户删除信息的权利。网络技术的运用可以使个人信息长时间被储存、处理和利用，而用户基于各种原因存在删除这些信息的需求，需要被网络“遗忘”，即便这些信息是用户之前授权给经营者使用的。个人数据保护是在宪法层面对个人基本权利的保护，其保护人的尊严所派生出的个人自治等方面的利益。[12] 个人信息权属于私权，权利人删除其个人信息是“信息个人自治”的题中应有之义。另外，主流观点认为，个人信息权属于一般人格权，出于对人格利益的保护，法律应保障主体对个人信息删除的权利。在实践中，“用户数量”“流量”等数据对于经营者而言是具有经济价值的资源。因此，出于利益的考虑，经营者存在不允许用户注销账户或者设置烦琐的注销程序的行为。这种行为属于典型的侵犯用户删除信息权利的行为，电子商务经营者违反《电子商务法》的规定应承担相应的责任。

---

〔11〕 参见范为：《大数据时代个人信息保护的路径重构》，载《环球法律评论》2016 年第 5 期。

〔12〕 参见高圣平：《论个人信息保护的目的——以个人信息保护法益区分为核心》，载《法商研究》2019 年第 1 期。

第四节 电子商务平台经营者

一、电子商务平台经营者的信息收集管理义务

(一)电子商务平台经营者的信息收集管理义务的目的

施加给电子商务平台经营者对平台内经营者和进入平台从事电子商务行为的非经营用户信息的收集义务,有利于营造良好的电子商务秩序和保护消费者的权益。原因如下:(1)电子商务平台经营者的信息收集义务可以将私法主体纳入监督主体的范围。电子商务平台的发展客观上使经营的成本降低了,因此,电子商务经营者数量呈现增长趋势。越来越多的平台内经营者和利用平台销售商品或者提供服务的非经营用户使得相关主管部门监管的难度和成本上升,甚至客观上无法对所有经营者进行全面监管。基于此,赋予具有技术优势的电子商务平台经营者一定的监管权力成为一种现实的选择。平台经营者承担收集平台内经营者和非经营用户的信息职责,成为私主体性质的第一线监管者,而相关主管部门依据法律、行政法规的规定,可要求平台经营者向其披露相关信息,实现监管的有的放矢,这不仅提高了监管的效率,也降低了监管成本。《电子商务法》第28条体现了公法主体与私法主体相互配合的精神,该条第1款规定:"电子商务平台经营者应当按照规定向市场监督管理部门报送平台内经营者的身份信息,提示未办理市场主体登记的经营者依法办理登记,并配合市场监督管理部门,针对电子商务的特点,为应当办理市场主体登记的经营者办理登记提供便利。"(2)电子商务平台经营者的信息收集义务有利于保障消费者的知情权,在促进交易的同时,也能降低维权成本。一方面,线上交易容易在经营者与消费者之间产生信息不对称,消费者可以通过向平台经营者咨询的方式填补其在信息方面的弱势,在信息对等的情况下交易更容易发生。另一方面,当经营者侵犯了消费者的权益时,电子商务平台向消费者提供经营者的具体信息可以帮助消费者快速定位违法者,从而提高维权效率。(3)电子商务平台经营者的信息收集义务有利于平台经营者的自治。平台经营者为了塑造良好的平台内经营秩序会制定平台规则,以约束所有平台内经营者和利用平台的非经营用户。平台规则本质上属于合同条款,经营者认可了平台规则等同于认可了合同条款,自然就应受到平台规则的约束。收集的信息不仅有利于平台制定符合平台可持续发展的规则,而且有利于平台规则发挥最大功效。

(二)电子商务平台经营者的信息收集管理义务的内容

依据《电子商务法》第27条的规定,电子商务平台经营者收集的信息包括平台内

经营者的身份、地址、联系方式、行政许可等真实信息。如果相关的市场主体已经进行了市场主体登记，那么相应的信息应该包括营业执照中包含的企业名称、经营范围、注册地址、企业法人代表的身份信息、联系方式等；如果相关的主体是自然人主体，那么主要是提供身份证载明的相关信息以及手机号码等联系方式。[13]

《电子商务法》除了对平台经营者收集信息的内容作了规定外，还对平台经营者收集信息、管理信息的方法和标准作了规定。依据该法第 27 条第 1 款的规定，平台经营者应对其收集的信息进行实质审查，核验信息的真实性；在信息管理方面，平台经营者对信息进行登记并建立档案；除此之外，平台经营者应对信息进行定期核验，若信息失去真实性，如平台内经营者的行政许可已过期等，则平台经营者应督促具体经营者提供新的信息并对之前的信息进行更新。

《电子商务法》将纳税信息的报送作为平台经营者信息收集管理义务的内容。依据《电子商务法》第 28 条第 2 款的规定，平台经营者应当依照法律、行政法规的规定将平台内经营者的身份信息和与纳税有关的信息报送给税务部门，并提示无须办理市场主体登记的经营者办理税务登记。

电子商务经营者应当承担商品和服务信息、交易信息的记录与保存义务。平台内经营者发布的商品和服务信息可以视为合同要约的内容，交易信息对应着法律行为的发生与履行，因此，商品、服务、交易信息记录着法律行为从缔结到终止的全过程，在无纸化交易中这些信息十分重要。一旦经营者与消费者产生纠纷，这些信息可以作为证据使用。《电子商务法》对商品和服务、交易信息记录和保存的标准作了规定，即应达到完整性、保密性、可用性的要求。信息完整性，是指记录和保存的信息应该是全面的，不仅应包括商品和服务的发布信息，还应包括交易全过程中产生的信息；信息的保密性，是指平台经营者应该保障信息的安全，应通过技术手段防止第三方非法获取信息；信息的可用性，是指平台经营者记录和保存的信息应具有可读性和理解的可能性。此外，《电子商务法》第 31 条对商品和服务、交易信息的保存时间作了规定，即不少于三年，从交易完成之日起计算。《电子商务法》规定的保存时间与诉讼时效相一致，为权益受到侵犯的消费者维权提供了便利。

（三）电子商务平台经营者违反信息收集管理义务的责任

电子商务平台违反信息收集管理义务应承担法律责任，虽然《电子商务法》没有规定，但《消费者权益保护法》可以成为确定责任的法律依据。《消费者权益保护法》第 44 条第 1 款规定："消费者通过网络交易平台购买商品或者接受服务，其合法权益受到损害的，可以向销售者或者服务者要求赔偿。网络交易平台提供者不能提供销售

〔13〕 参见电子商务法起草组编著：《中华人民共和国电子商务法条文释义》，法律出版社 2018 年版，第 97 页。

者或者服务者的真实名称、地址和有效联系方式的,消费者也可以向网络交易平台提供者要求赔偿;网络交易平台提供者作出更有利于消费者的承诺的,应当履行承诺。网络交易平台提供者赔偿后,有权向销售者或者服务者追偿。”实践中,消费者权益受到损害后可能将具体加害人与平台经营者作为共同被告诉至法院,平台经营者若履行了义务,特别是经营者信息的收集、管理、披露义务,则其可以免责。

二、平台经营者的服务协议与交易规则

(一)服务协议与交易规则的制定

在电子商务领域,数量庞大的经营者在电子商务平台销售商品和提供服务,使得平台经营者不再是单纯的私法主体,其肩负着在平台内塑造良好的电子商务秩序的任务。健康的电子商务环境的营造离不开规则体系的设计,而服务协议与交易规则正是规则体系的重要组成部分。平台经营者制定的服务协议和交易规则本质上属于合同和合同中的格式条款,经营者若同意合同内容,自然就应受到合同的约束。平台经营者制定的服务协议即服务合同,是平台经营者向经营者提供技术服务,而后者向前者支付对价的合同。平台经营者制定的交易规则主要是指经营者应当遵守的合同订立、支付方式、物流运输等方面的规则。

由于电子商务平台处于电子商务的中心,而电子商务行为影响又很广泛,所以平台经营者制定的服务协议与交易规则区别于一般意义上的合同,其具有公共产品的特点。这也就意味着,服务协议与交易规则具有一定的“公法”属性,其自治性也减弱。具体表现为:(1)平台经营者制定的服务协议与交易规则多属于格式化条款,因此,法律应注重保护合同相对方的利益。电子商务平台的经营者众多,平台经营者不可能与每一个经营者就合同的细节进行磋商,格式化条款的运用无疑是最具有效率的安排。但是,平台经营者在技术及谈判上具有优势地位,其可能通过格式条款侵犯经营者的利益。例如,平台经营者可能制定没收押金等规则阻碍经营者退出平台。因此,平台经营者制定规则应遵循“三公”原则,即公开、公平、公正原则。《电子商务法》第35条规定:“电子商务平台经营者不得利用服务协议、交易规则以及技术等手段,对平台内经营者在平台内的交易、交易价格以及与其他经营者的交易等进行不合理限制或者附加不合理条件,或者向平台内经营者收取不合理费用。”(2)平台经营者虽本质上是私法主体,但其被《电子商务法》赋予了一定的监管权力。监管权力的行使体现在服务协议与交易规则的制定中,如《电子商务法》第32条规定服务协议与交易规则应“明确进入和退出平台、商品和服务质量保障、消费者权益保护、个人信息保护等方面的权利和义务”。(3)依据合同自由原则,经营者与消费者签订的合同内容应是自由的,双方可以就合同订立的方式、价款支付的方式、争议解决的途径等内容进行协商。然而,

不同于线下交易,线上交易中消费者由于信息不对称,其权利容易受到侵犯,故合同内容有被干预的必要。此时,平台经营者扮演起法律家父的角色,通过交易规则的制定干预经营者与消费者之间的合同,降低此类合同的自治性。

(二)服务协议与交易规则的公示

《电子商务法》不仅对服务协议与交易规则的内容进行了规定,而且要求内容必须公示。《电子商务法》第 33 条确定了平台经营者的服务协议和交易规则的公示规则。电子商务平台经营者应当在其网页首页显著位置持续公示该信息或者信息的链接标识,从而保障经营者和消费者对服务协议和交易规则内容的知悉。依据合同原理,若格式条款的制定者没有以显著的方式引起合同相对方的注意,则格式条款无效。因此,平台经营者制定的服务协议与交易规则的公示是合同原理在电子商务中的运用。

在实践中,服务协议与交易规则内容繁多,经营者很有可能在没有全面阅读的情况下即签订合同。基于此,平台经营者应就对经营者利益可能构成重大影响的合同条款以显著的方式提醒经营者注意。例如,重要条款应加黑加粗,提醒方式应采用主动勾选同意的模式。

(三)服务协议与交易规则的修改

平台经营者制定的服务协议与交易规则具有公共产品的属性,因此,协议与规则的修改权不是平台经营者单方面享有的。服务协议与交易规则在修改时,应当为利益相关方提供表达意见的途径,且修改的内容应提前进行公示。经营者若不接受修改的规则,平台经营者应当保障经营者退出平台的权利。

三、平台经营者的信息披露义务

(一)处置信息公示义务

经营者若违反法律、行政法规,依据服务协议或者交易规则的规定,其可能会被平台经营者追究责任,被平台经营者采取终止服务等措施。若平台经营者对经营者采取的措施达到了一定的严重程度,则该措施应及时公示。经营者被采取措施的信息公示,一方面可以震慑潜在的违法经营者;另一方面可以提醒消费者注意,使消费者根据公示的信息合理地判断交易的风险。《电子商务法》第 36 条规定:“电子商务平台经营者因具有依据平台服务协议和交易规则对平台内经营者违反法律、法规的行为实施警示、暂停或者终止服务等措施的,应当及时公示。”

(二)自营业务的区分标记义务

电子商务平台是服务协议与交易规则的制定者,其与经营者之间是合同关系。但是,平台经营者有可能开展自营业务,此时,其将与消费者形成合同关系。平台经营者因具有不同的法律身份而享有不同的权利和承担不同的义务，因此其应当对自营业务做区分标记。《电子商务法》第 37 条规定："电子商务平台经营者在其平台上开展自营业务的，应当以显著方式区分标记自营业务和平台内经营者开展的业务，不得误导消费者。电子商务平台经营者对其标记为自营的业务依法承担商品销售者或者服务提供者的民事责任。"

（三）竞价排名业务的广告标示义务

电子商务平台经营者作为商主体，营利是其本质追求，而向经营者提供竞价排名业务是其获得收入的主要方式。然而，竞价排名本质上属于互联网广告的投放，过度使用或者不合理使用都可能侵犯消费者的权益，影响电子商务的正常秩序。因此，《电子商务法》有必要对竞价排名的业务进行规制。（1）平台经营者对通过竞价排名展示的商品或服务应以显著的方式标明"广告"。以显著的方式标明"广告"可以使消费者知悉搜索结果中商品或者服务展示的原因，从而避免基于商品或者服务的排名而陷入错误的认识。（2）平台经营者向消费者显示搜索结果的方式不能唯一，消费者有权在提供的几种显示方式中选择最能满足其需求的一种。搜索结果展示方式背后蕴含的是排名算法，依据《电子商务法》第 40 条规定，平台经营者至少应运用价格算法、销量算法、信用算法三种算法提供三种搜索结果以供消费者选择。当然，平台经营者可以在这三种算法外另外设计排序算法，这属于自治事项。（3）平台经营者应当对竞价排名的商品或者服务承担一定的审查义务。虽然互联网广告具有自动投放的特点，平台经营者无须以广告发布人的标准履行审核义务，但也应承担基本的审查义务。《电子商务法》第 38 条第 2 款规定："对关系消费者生命健康的商品或者服务，电子商务平台经营者对平台内经营者的资质资格未尽到审核义务，或者对消费者未尽到安全保障义务，造成消费者损害的，依法承担相应的责任。"

（四）信用评价规则的公示义务

消费者对平台内销售的产品和提供的服务进行评价，可以在很大程度上消除消费者与经营者之间的信息不对称，同时也能督促经营者诚信经营。平台经营者应该公示信用评价规则，引导消费者理性评价，促成良好的电子商务环境，如果并非恶意评价，平台经营者不得删除消费者的评价信息。由于评价信息关乎经营者的信誉及商品或服务的竞争力，当出现恶意评价时，平台经营者应当提供投诉途径，维护经营者利益。

第五节　电子商务合同

电子商务活动主要通过电子商务合同实现交易目的。电子商务合同关涉电子商务活动中各交易主体为各方设定的权利、义务与责任,是保障电子商务活动秩序良好、发展健康的重要基石。

一、电子商务合同的概念

计算机和网络发展给商业带来了巨大变化,电子合同就是一种以计算机技术为基础产生的新型合同形式。在信息网络上销售商品或者提供服务的经营活动中形成的电子合同是电子商务合同。尽管电子商务合同已在实践中得到广泛使用,但国内外立法都没有在法律条文中对电子商务合同的定义加以明确。

(一)域外法的相关规定

在电子商务合同这一概念被明确提出以前,国内法与域外法都将重心放在对电子合同的概念解释上。

联合国国际贸易法委员会在《电子商务示范法》(1996年)第2条(a)项中提出了数据电文的概念并对其作出定义。该条款规定,“数据电文”系指经由电子手段、光学手段或类似手段生成、储存或传递的信息。这些手段包括但不限于电子数据交换(Electronic data interchange,EDI)、电子邮件、电报、电传或传真。

更进一步地,美国统一州法委员会(The National Conference of Commissioners on Uniform State Laws,NCCUSL)在1999年《统一电子交易法》(Uniform Electronic Transactions Act,UETA)第2条规定,协议指事实上的当事人以语言明示的交易或根据适用于特定交易的法律从特定场所或赋予合意效力的规则、规定和程序所推定的交易。合同,是指当事人根据本法案和其他适用法订立的协议所产生的全部法律义务。电子方式,是指采用电学、数字、磁、无线、光学、电磁或相关手段的技术。这一条款并未明确提出“电子商务合同”这一概念,但分别对合同与电子形式两个要素加以界定,为理解电子合同的内涵提供了框架。

此后,随着电子合同在国际商务活动中重要性的不断提高,由18个国家签署的《联合国国际合同使用电子通信公约》于2013年生效。该公约第4条(c)项沿用了联合国国际贸易法委员会对于数据电文的定义,并在第8条第1款中明确承认了电子数据形式的合同效力,规定对于一项合同,不得仅以其为电子通信形式为由而否定其效力或可执行性。该公约还在第9条第2款中规定,凡法律要求一项通信或一项合同应当采用书面形式的,或规定了不采用书面形式的后果的,如果一项电子通信所含信息可以调取以备日后查用,即满足了该项要求。该条款将电子合同确定为书面形式的合同。

(二)国内法的相关规定

我国1999年颁布的原《合同法》和2020年颁布的《民法典》,从法律地位、效力上认可了以数据电文为载体的电子合同。根据《民法典》第469条第1款和第3款的规定,合同形式分为口头形式和书面形式两种。其中,以电子数据交换、电子邮件等方式能够有形地表现所载内容,并可以随时调取查用的数据电文,视为书面形式。此前,2005年开始实施的《电子签名法》第4条也明确,能够有形地表现所载内容,并可以随时调取查用的数据电文,视为符合法律、法规要求的书面形式。可见,合同的"数据电文形式"被视为合同的书面形式在我国有坚实的法律基础。

2019年正式实施的《电子商务法》设专章对电子商务合同的订立与履行作出规定,但仍未直接明确电子商务合同的定义。根据该法第47条之规定,电子商务合同的各方当事人在订立和履行合同过程中,应当遵守《电子商务法》、原《民法总则》、原《合同法》、《电子签名法》等法律的规定。《民法典》正式实施以后,当事人应严格遵守该法律的相关规定。

(三)电子商务合同的定义

电子合同是民事主体之间以数据电文为形式载体,通过电子、光学或其他类似手段缔结以设立、变更、终止民事法律关系的协议。电子商务合同是在电子商务活动中订立或履行的电子合同,是狭义的电子合同。

值得一提的是,《电子商务法》第51条第2款规定了合同标的采用在线传输方式交付的情形。该条款说明即便合同并非以数据电文的形式订立,只要其交付合同标的或支付价款的方式是电子形式,则该合同也属于电子商务合同的范畴。换言之,电子商务合同包括以电子形式履行的合同,而无论其是否以书面合同形式订立。

因而,结合域外法和国内法的相关法律条文,可以在学理上得出结论:电子商务合同是在商品网络销售或服务提供等经营活动过程中订立的,以数据电文为形式载体,通过电子、光学或其他类似手段缔结或履行的设立、变更、终止民事法律关系的协议。

二、电子商务合同的特征

电子商务合同是与互联网科技发展相伴相生的合同形态。究其本质,电子商务合同仍是民事主体之间设立、变更、终止民事法律关系的协议。但是,电子商务合同的订立依赖于互联网络与数字技术。这使其与传统合同之间呈现诸多差异,尤其是在合同形式、合同内容以及合同主体等方面体现出新的特征:

1. 合同形式电子化。电子商务合同的订立需要以计算机与互联网为媒介。具体而言,当事人在合同订立过程中的意思表示都以数据电文的形式生成、传达,合同的全部文本内容都以数据电文的形式被固定和存储。作为合同电子化的进一步体现,电子商务合同不以纸张作为文本的记录凭证,呈现区别于传统合同书面形式的无纸化形态。电子化的合同以数字化形态固定在磁性介质中,快速传输的特质使得各当事人查询有关内容更为便捷,交易效率得以提高。但是,数据的可复制性使得合同原件和复制件的区分难度变大,数据易于篡改的特性更为保证合同安全带来了挑战。

2. 合同主体虚拟化。电子商务合同订立的整个过程都因其数字化的特性而依赖于网络。无论是自然人、法人或非法人组织,电子商务合同的当事人都呈现虚拟化形态。主体的虚拟化允许交易各方脱离时间、空间的桎梏,提高了合同订立的效率,实现了更高经济效益。但是,主体虚拟化意味着合同各方当事人不再限于以面对面的方式进行交易。这在影响合同的生效、成立条件的同时,提高了评估合同各方当事人信用等级的成本。

3. 合同内容(技术)标准化。电子商务合同以计算机技术和互联网为依托。因此,合同的整个订立过程需要由相关技术标准加以规范。数据电文的传输、存储以及当事人的信息识别等技术规范下的合同标准化,有利于减少合同形式电子化和主体虚拟化带来的风险。以电子签名为例。根据《电子签名法》第 2 条第 1 款之规定,电子签名是指数据电文中以电子形式所含、所附用于识别签名人身份并表明签名人认可其中内容的数据。在通过电子商务平台交易的过程中,消费者通常不以签字、盖章的形式作出承诺的意思表示,而只需要在网页上点击确认以表示同意。消费者先以已经注册的身份登录网站,使其身份处于可被识别的状态。其后,消费者点击确认的选项表示认可合同内容。这种决定合同是否生效成立的方式,符合《电子签名法》关于电子签名的定义。其中,在合同主体身份的电子认证、电子签名的可靠性认证以及电子签名的保存标准等具体方面,都需要制定详尽的技术标准以维护有关各方的合法权益。

三、电子商务合同的成立

根据《民法典》第 471 条规定,要约、承诺是当事人订立合同所采取的主要方式。电子商务合同亦不例外,其订立的两个主要阶段分别是电子商务要约和电子商务承诺。

(一)电子商务要约

1. 电子商务要约的一般要件

电子商务要约,是指在电子商务活动当中,一方当事人以缔结合同为目的通过数据电文形式向他人作出的意思表示。电子商务要约作为要约的特别形式,其成立与生效首先应当满足一般要约的相应要件。

要约的成立至少包括两个方面:(1)要约内容具体确定。(2)要约必须具有订立合同的目的,且表明要约人在经受要约人承诺后受此意思表示的拘束。

要约的生效条件因意思表示作出方式的不同而有所不同:(1)以对话方式作出的意思表示在相对人知道其内容时生效。(2)以非对话方式作出的意思表示,到达相对人时生效。采用数据电文形式作出意思表示的电子商务要约,则以数据电文进入特定系统时生效;未指定特定系统的,在相对人知道或者应知其进入系统时生效。

2. 电子商务要约的撤回与撤销

要约的撤回,指要约人作出特定意思表示使已发出、未生效的要约不发生法律效力的行为。要约的撤销,指要约人在要约生效后、受要约人作出承诺前要求撤销原要约的意思表示。

理论上,电子商务合同是合同的一种具体形式,电子商务要约的撤回和撤销也同样作为要约人的权利而存在。但是,电子商务要约的撤回与撤销在实践中很难实现。其中,要约撤回的难度更甚于撤销。电子商务要约的撤回与撤销如此困难,主要是因为我国要约的生效采用到达主义,要约撤回的意思表示必须先于要约到达受要约人。网络数据的传输具有瞬时性,数据电文等电子信息在系统间的传输速度极快,要约意思表示的作出与到达几乎同时发生。因而,要约撤回的通知几乎无法在要约生效前到达受要约人,要约人对要约意思表示的撤回权实际上不能行使。相比之下,由于要约到达受要约人以后,受要约人可能并不立即对要约人作出承诺,撤销的通知有可能在期限内到达受要约人处。

3. 特殊的电子商务要约:商品服务信息

电子商务要约的特殊性主要体现在广告等商品或服务信息上。根据《民法典》第473条的规定,拍卖公告、招标公告、招股说明书、债券募集办法、基金招募说明书、商业广告和宣传、寄送的价目表等为要约邀请。一般而言,广告是一种单向的信息发布,其发布的对象是不特定公众,通常被视为要约邀请。因为要约邀请是希望他人向自己发出要约的表示,广告发布者不受其约束。在网络上,仅能被网站访问者浏览的公开广告就是要约邀请。

但在实践中,许多投放在网络上的广告不仅能够传达商品或服务相关信息,还能借由自动信息系统生成可问询、可议价的订单,用户可以直接与之谈判并提交订单,为其支付一定价款。例如,经营者在网页上将商品以图片形式进行展示。消费者先进入经营者的店铺页面浏览商品,之后将相中的商品加入购物车,完成选购以后再最终提交订单并在结账页面付款。这样的购物体验与在线下进入超市选购商品没有任何区别。

对于此类商品或服务信息是否能作为要约成立的问题,《电子商务法》第49条第1款规定,除非另有约定,电子商务经营者发布的商品或者服务信息符合要约条件的,用户选择该商品或者服务并提交订单成功,合同成立。该条款并未直接肯定电子商务经营者发布广告均属于要约。在用户能够通过所发布信息选择商品或服务,并直接通过信息系统提交订单的情形下,结合《民法典》第473条第2款的规定,商业广告和宣传的内容符合要约条件的,构成要约。基于信赖利益保护的考量,我们应当认为此类商品或服务信息属于要约。

(二)电子商务承诺

电子商务承诺是在电子商务活动中,受要约人通过数据电文形式向要约人作出同意要约内容的意思表示。电子商务承诺的生效应当满足一般承诺的要件。

承诺的生效至少包括四个要件:(1)由受要约人作出的同意要约的意思表示;(2)向要约人作出的意思表示;(3)在要约确定的期限内到达要约人;(4)要约的内容相一致。

在电子商务合同的订立过程中,当经营者等主体通过互联网发布的信息满足要约成立与生效的构成要件时,受要约人进入电子商务平台并获取相关商品或服务的内容以后,通常以提交订单的方式作出承诺。由于网络数据传输的高效性,订单一经发出即为承诺的作出,电子商务合同双方当事人之间的法律关系即成立。

四、电子商务合同的效力

(一)电子商务合同当事人的行为能力

1. 非完全民事行为能力人

自然人能够独立缔结有效合同的前提在于其具备相应的民事行为能力。我国《民法典》在第一章中以年龄、智力和精神健康状况作为判断当事人行为能力的标准,将未成年人或缺乏事理辨识能力的自然人视为限制民事行为能力人或无民事行为能力人。依据《民法典》第144条和第145条第1款之规定,无民事行为能力人实施的民事法律行为无效。限制民事行为能力人实施的纯获利益的或与其行为能力相适应的民事法律行为有效,实施其他民事法律行为应当由其法定代理人代理或者经其法定代理人同意、追认。

在传统交易过程中,合同当事人可以通过相互查验身份证件或经营证照,甚至通过体貌外形、谈吐等因素,判断对方的民事行为能力。但是,如何在电子商务远程交易中判断对方当事人的缔约能力是一个难题。实践中,电子商务合同的各方当事人在交易过程中只能依赖对方提供的有限信息,模糊判断对方的缔约能力。因而,未成年人或精神病患者在网络上使用电子支付购买大额商品或高价值服务的情形常有发生。

为了防止限制民事行为能力人或无民事行为能力人的监护人逃避监护责任,避免合同的相对人暴露在合同有效性不能受到正当维护的交易风险之下,电子商务远程交易中的当事人一般被推定为具有完全民事行为能力。根据《电子商务法》第48条第2款的规定,除有相反证据足以推翻的之外,在电子商务中推定当事人具有相应的民事行为能力。该条款对维护电子商务交易秩序起着重要作用。

不过,目前电子身份识别、大数据分析等技术手段发展迅速,实名制等交易主体身份管理制度日渐完善。例如,在经常发生未成年人以电子支付手段大额消费的网游领域,严格的账号实名注册制度已开始实施。未来,人脸识别等生物特征识别技术也可能被运用到身份信息验证中。电子商务经营者等合同当事人获得对方身份信息的难度逐步降低,验证对方当事人行为能力的准确度与及时性都将得到大幅提高。当电子商务平台经营者等合同当事人推断出或有能力推断出交易对方为限制民事行为能力人或无民事行为能力人时,没有足够缔约能力的行为人之法定代理人便有权依据《电子商务法》第 48 条第 2 款,推翻该条款第 1 款对民事行为能力的推定,依法行使其拒绝追认的权利。

2. 电子代理人

电子代理人是能够按照既定程序指令、算法、运行参数与条件运行,而无须人为干预的自动化计算机信息系统。电子代理人与传统民法意义上的代理人相区别,是一种电子商务主体为订立和履行合同进行信息交流而使用的技术工具。这一概念最早由美国《统一计算机信息交易法》(Uniform Computer Information Transactions Act, UCITA)提出。该法案第 102 条对电子代理人的定义是:不需要个人加以干预就能独立地用来启动某个行为,对电子记录或者履行作出回应的计算机程序、电子手段或其他自动化手段。我国《电子商务法》第 48 条第 1 款规定,电子商务当事人使用自动信息系统订立或者履行合同的行为对使用该系统的当事人具有法律效力。该条款所称"自动信息系统"就是电子代理人的主要形式。

电子代理人或自动信息系统在电子商务合同订立与履行中的广泛应用,是电子商务合同的一大特征。用于网络售票和在线充值等交易中自动审核协议、形成订单、履行合同的交易系统,就是最典型的实例。此外,以区块链技术为基础的"智能合约"也是一种分布式自动信息系统。

电子代理人的核心特征在于自动性。通常情况下,合同一方当事人为对方提供自动信息系统后,另一方当事人即可通过输入信息、点击按钮等方式与系统交互,并完成合同的订立或履行。在特殊情况下,合同各方当事人均可通过系统自动交换数据电文订立或履行合同。

电子代理人仅仅按照计算机使用者预设的程序执行指令,是对人的意思表示的自动传达,并不具有独立的法律人格。虽然使用自动信息系统的当事人并不一定参与到每笔具体的交易中,但由于交易相关的所有条件完全由其本人设置,自动信息系统也并非能以自身意志行事的人工智能系统,电子代理人做交易的过程实质上就是对当事人意志的完全表达。因此,《电子商务法》第 48 条以专门条款对电子代理人(自动信息系统)的行为效力作出规定,认定在电子商务交易过程中,一方当事人使用自动信息系统订立或履行合同的行为,对使用该系统的对方当事人具有法律效力。该条款的重要意义在于,明确了不得仅仅因数据电文的交互系统具有自动性而否定合同的效力或可执行性,使用自动信息系统订立、履行合同的当事人也不能以此为由拒绝承担相应的法律后果。

(二)电子格式条款的效力

在实践中,为了提高交易效率、降低交易成本,一方合同当事人常将详细的合同条件以其制定的格式条款体现出来,以达到高效、重复使用的目的。电子商务合同也不例外。尤其是在电子商务平台交易中,电子商务经营者通常会先行在合同当中拟定格式条款。通常,消费者只能概括地对包含这类标准化条款的合同之全部条款表示同意或拒绝接受。若不接受合同中的某一格式条款,则意味着拒绝订立合同并结束交易。

1. 格式条款的法律规则

我国《民法典》第 497 条以及《消费者权益保护法》第 26 条等法律规定了格式条款无效的法律制度。提供格式条款一方不合理地免除或者减轻其责任、加重对方责任、限制对方主要权利的条款,以及排除对方主要权利的条款,都是无效的格式条款。格式条款的无效规则有力地保障了消费者等相对弱势一方的合法权益。电子商务合同中的格式条款,在经营者等当事人减轻自身责任、排除对方主要权利时同样无效。同时,基于合同拘束力的一般原则,当存在免除或者减轻其责任等与对方有重大利害关系的条款时,提供格式条款的一方具有提示或者说明义务。若当事人在订立合同的过程中没有了解格式条款内容的机会,则影响合同效力。

因此,经营者一方应当通过合理的方式向对方当事人公开格式条款,使作为格式条款使用者的对方拥有确认该格式条款内容的机会。具体而言,可要求格式合同使用者公开格式条款,允许对方当事人无须作出特别行为即可发现格式条款,为对方了解和确认条款内容创造便利条件。

2. 电子商务合同中的格式条款

电子商务合同中的格式条款带来的特殊问题在于,如何保证消费者实质上拥有了解、确认格式条款内容的机会。电子商务平台通常会以各种形式在网页上提示电子商务合同中的交易相对人阅读了解一系列平台规则,这类平台规则通常包括诸多交易条件。如果用户在同意平台规则的基础上发出要约或作出承诺,平台规则就能作为平台经营者与消费者之间合同内容的一部分,并对各方产生拘束力。但是,电子商务合同中的必要条款通过计算机等设备传达。相比于直接通过面对面形式交换合同文件的方式,由于无法在订立合同之际对合同条件进行口头提示乃至说明,消费者准确认识合同条件等判断是否订立合同所必要的信息会受到制约。

(1)电子商务平台对格式条款的公开

为了确保平台用户对格式条款施以足够的注意,电子商务平台规则必须在平台用户点击确认发出要约或作出承诺前,在网页上显眼处明确提示已完成条款的公开,征得平台用户对平台交易规则的同意。根据《电子商务法》第 50 条第 1 款规定,电子商务经营者应当清晰、全面、明确地告知用户订立合同的步骤、注意事项、下载方法等事项,并保证用户能够便利、完整地阅览和下载。除该条款明确提出的事项以外,与订立合同相关的信息还可能包括对计算机系统性能的要求等注意事项。实践中,平台经营者的平台规则提示方法大致包括两种。

方法一,平台网站在消费者提交订单前弹出明确载有平台规则的页面窗口,明确提示格式条款的内容。这种提示方式能够使平台规则以易于发现的方式呈现,满足格式条款的公开要件。值得注意的是,由于手机、电脑等设备的界面在显示上存在局限性,用户为看到页面未显示完全的部分需要上下左右滚动浏览页面内容。平台经营者可能会在若不滚动窗口就无法发现的位置展示重要的合同条款,利用消费者对需要滚动页面才能显示的内容之忽视而提出不当格式条款。这种方法虽然仍满足在交易前提示条款的程序设定,但在实质上不能达到明确公开公示的效果,应当对其予以注意和区分。

方法二,在用户易于发现的位置提示包含平台规则的链接。这种提示方式只要链接位置显眼、字体大小和颜色足够明显、点击后能够使人充分了解规则内容,就能够满足格式条款的公开要件。若平台经营者放置的规则链接不够明显,则不能认为平台规则被明确提示,用户即便在平台上进行交易,所订立电子合同的效力也可能因相关格式条款未充分公开而受到否定性影响。实践中,规则链接不明显的常见情形包括:使用字体过小,使用字体颜色过浅,以及不将网页拖拽至底部则用户无法发现链接等。若平台经营者为用户浏览平台规则设置障碍,则不能认为平台规则被合理提示。规则链接应当经过一次点击即可被阅览。若平台要求用户不断点击新链接才能完整了解规则内容,则不能认为隐藏在多个链接之下的条款被合理提示。

(2)消费者对格式条款的确认

电子商务平台经营者以适当方式公开格式条款,是为了保证消费者知悉合同的具体内容。为了确认对方当事人同意接受公开的平台规则,平台经营者还必须要求用户明确表达确认平台规则的意思,并通过技术手段对其意思表示加以固定。通常,平台经营者要求用户在浏览平台规则后点击"同意"按钮,以正式进入交易的下一步骤。

(三)电子商务合同中的意思表示瑕疵

我国《民法典》在第一编第六章第三节中以当事人的主观状态为根据,对意思表示瑕疵作出了比较完善的规定,重大误解、欺诈、胁迫以及虚假意思表示均因当事人的意思表示存在瑕疵，可能导致合同效力受到消极影响。

除以上所述情形外，在电子商务交易中存在一类特殊的意思表示瑕疵，即电子错误。电子错误通常是合同当事人意思表示的错误，亦即效果意思与外部意思表示不相一致。在电子商务合同的订立过程中有两种常见的电子错误。

1. 自动信息系统的运行错误

此类电子错误一般基于数据传输网络上的错误而发生。即便各方当事人均在系统中以正确的方式输入了数据，传达至对方当事人的意思表示也是扭曲的。由于这类电子错误常令合同各方当事人均不能取得期望的效果，通常不会导致合同效力上的纠纷。

2. 用户指令的输入错误

此类电子错误比较常见，且因其对各方当事人造成的后果不具有同一性，导致形成一方当事人意料之外的合同，对合同效力产生影响的意思表示瑕疵。例如，当事人可能在购买商品时因误触键盘按键而输错商品型号、数量，或在网页上误击确认订单的按钮。当事人也可能因不确定承诺的意思表示是否完成而重复点击按钮，导致重复订立了多份合同。这些情形相比于非电子形式合同中的笔误等错误而言更易发生。美国在《统一计算机信息交易法》第 214 条(a)款中规定，电子错误就是指商家没有提供检测并纠正或避免错误的合理方法，致使消费者在使用信息处理系统时产生的电子讯息错误。该条款将电子错误与用户指令的输入错误画上等号，也体现出这类电子错误的常见。

由于订立电子商务合同所用的自动信息系统程序由经营者选择、设计，消费者不能主动选择订立合同所需的操作步骤。部分经营者甚至利用平台用户操作设备的惯性，在用户每进入下一个无关紧要的步骤前，均设置需要点击“确定”的按钮，并在多个步骤以后穿插含有付费服务的合同文本。用户出于惯性可能不假思索地点击“确定”，但完全没有进行交易的效果意思。由于合同电子化下的信息传输效率极高，这种错误的意思表示可在极短的时间内送达相对方，导致订立合同双方意思表示不真实。因而，在自动信息系统中预设纠错程序是必要的，电子商务经营者应当是预设纠错程序的义务人。

错误指令的更正与《民法典》第 141 条所述之意思表示的撤回有相似的效果，其区别仅仅在于，电子商务用户撤回意思表示的通知无法在意思表示到达相对人以前或同时到达相对人。据此，《电子商务法》第 50 条第 2 款规定，电子商务经营者应当保证用户在提交订单前可以更正输入错误。该条款要求电子商务经营者承担公平设置纠错程序的义务，以保障用户在提交订单前有机会更正指令输入的错误。

五、电子商务合同的履行

电子商务合同的履行,是指合同义务人按电子商务合同的约定履行义务。合同的履行是实现债权的必经过程,通常导致债权债务关系消灭,因而又称“债的清偿”。《民法典》第 509 条第 1 款规定,当事人应当按照约定全面履行自己的义务。

电子商务合同的履行方式包括线上履行和线下履行。合同履行方式通常由合同各方当事人依商品或服务的性质约定。通常,电子信息产品交付、在线服务和价款支付采用线上履行的方式,经由物流配送的实物交付和线下服务等采用线下履行的方式。

在电子商务合同的履行中,合同标的的交付是最为关键的部分。电子商务合同标的的交付的主要形式包括电子支付、采用快递物流方式交付和采用在线传输方式交付。

(一)电子商务合同中的电子支付

电子支付,是指交易的当事人通过网络以电子形式进行的货币或资金流转。以电子支付作为支付价款的方式能够提高交易效率,同时也带来许多交易安全上的风险。《电子商务法》基于对电子支付风险的考量,通过对电子支付服务者苛以一定义务保障电子支付的安全。由于电子商务交易中的支付通常经由第三方平台完成,法律规定中所称“电子支付服务者”多为第三方平台。第三方平台或以支付通道的形式提供银行支付结算的代理服务,或以平台账户的形式直接参与到价款收支的过程当中。

根据《电子商务法》第 53 条第 2 款、第 3 款规定,电子支付服务提供者为电子商务提供电子支付服务时主要履行三项义务。

1. 告知用户电子支付服务的功能、使用方法、注意事项、相关风险和收费标准等事项,不得附加不合理的交易条件。该条款通过设置电子支付服务提供者的告知义务,以达到保障履行支付义务一方的知情权和公平交易权。

2. 确保电子支付指令的完整性、一致性、可跟踪稽核和不可篡改。该条款主要要求第三方电子支付平台上的支付指令能够准确、完全地表达合同当事人的意志,令支付价款一方在支付时对合同主要内容保持清晰认知,避免错误支付。同时,要求电子支付平台防止交易数据在传送处理、存储使用和修改过程中被恶意篡改。

3. 向用户免费提供对账服务以及最近三年的交易记录。该条款意在保障合同当事人支付价款后主张权利之时的取证权利能够行使。

(二)电子商务合同中的标的交付时间

电子商务合同标的交付时间决定了合同义务的履行。我国《民法典》第 512 条和《电子商务法》第 51 条均依交付标的的不同方式以认定交付时间。

根据相应条款的规定，交付时间的认定标准首先体现了对契约自由的尊重。不论电子商务合同的标的为何类型，只要合同当事人对交付时间另行约定，合同的履行均从其约定。

除另有约定外，采用快递物流方式交付标的、采用在线传输方式交付标的以及以提供服务为标的这三种情形，对交付时间的认定各有其标准。根据《电子商务法》第51条的规定，合同标的为交付商品并采用快递物流方式交付的，收货人签收时间为交付时间。合同标的为提供服务的，生成的电子凭证或者实物凭证中载明的时间为交付时间；前述凭证没有载明时间或者载明时间与实际提供服务时间不一致的，实际提供服务的时间为交付时间。合同标的为采用在线传输方式交付的，合同标的进入对方当事人指定的特定系统并且能够检索识别的时间为交付时间。其中，采用快递物流方式和在线传输方式的标的交付时间存在较大解释空间，需要结合对这两种交付方式的理解加以明确。

1. 使用快递物流方式的标的交付

快递物流作为电子商务实物交易的主渠道，在电子商务合同的履行中扮演着重要角色。《电子商务法》就快递物流服务的多个方面作出了规定。其中，直接影响合同标的交付的是交付时间的确定规则。由于快递物流方式交付的标的物通常具有在途毁损、灭失的风险，商品交付时间决定了其所有权的转移时间和风险的转移时间，明确交付时间与合同各方当事人的利益息息相关。

根据《电子商务法》第51条第1款的规定，合同标的为交付商品并采用快递物流方式交付商品的，收货人签收时间为交付时间。在签收时间的确定上，由于《电子商务法》第52条第2款规定，快递物流服务提供者在交付商品时应提示收货人当面查验，一般认为签收时间是指收货人在查验快递后的签收。

值得注意的是，《民法典》第512条第1款对“货物签收时间为交付时间”的规定与《民法典》第607条“货交第一承运人时为交付时间”的规定可能产生冲突。目前，广泛使用的电子商务平台在销售商品以外，通常有配套的物流系统和物流使用规则。消费者在电子商务平台上进行交易时，对物流方式的选择受到限制。因此，将以快递物流方式交付的商品之交付时间规定为签收时间，通常更符合电子商务的交易习惯。在消费者自行选择物流方式的例外情形中，物流选择的限制便不复存在，此时交易各方当事人对风险的承担与一般货物买卖的风险承担不存在差异。正如《电子商务法》第20条规定，电子商务经营者应当承担商品运输中的风险和责任。但是，消费者另行选择快递物流服务提供者的除外。

2. 采用在线传输方式的标的交付

在线传输的交付方式在电子商务交易中的应用十分广泛。除数据、虚拟财产等传统的数字产品以外,在区块链和智能合约等技术的不断发展下,商品和服务均能够以电子权利凭证、密钥等形式通过在线传输的方式交付。由于网络数据传输效率极高,采用在线传输的方式不易发生标的在交付途中毁损、灭失等风险。此类合同标的的交付时间之判断是影响电子商务合同当事人权利、义务的重要方面。

根据《电子商务法》第 51 条第 2 款规定,合同标的为采用在线传输方式交付的,合同标的进入对方当事人指定的特定系统并且能够检索识别的时间为交付时间。该条款没有考虑未指定特定系统的情形,应当结合其他法律规范加以理解。

(1)存在指定的特定系统

《电子商务法》所称合同标的"进入对方当事人指定的特定系统"的时间,与《民法典》第 137 条和《电子签名法》第 11 条所规定的数据电文接收、到达与生效的时间相同。虽然二者在表达上有所区别,但《电子商务法》所指"采用在线传输方式交付的合同标的"与《民法典》《电子签名法》所指"数据电文"在性质上相似,并有相互包含的关系,它们都以数据为载体进行在线传输。同时,以上所述的条款中均包含对数据进入特定收信人的指定信息系统之要求。但是,上述各条款在表述上存在区别。

《电子商务法》增加了对方当事人"能够检索识别"的要求。这一要求借鉴了《联合国国际合同使用电子通信公约》第 10 条第 2 款的规定,主要意图在于更加形象地阐释"进入信息系统"这一动作,降低在实践中判断交付时间的难度。按照该公约规定,电子通信的收到时间是其能够由收件人在该收件人指定的电子地址检索的时间。电子通信在收件人的另一电子地址的收到时间是其能够由该收件人在该地址检索并且该收件人了解到该电子通信已发送到该地址的时间。当电子通信抵达收件人的电子地址时,即应推定收件人能够检索该电子通信。

结合对该公约的理解可见,"进入信息系统的时间"一般就是指该信息系统可对数据加以处理的时间。通常,一旦以数据形式传输的合同标的进入特定信息系统,就能够被收件人的信息系统所检索识别,"进入指定的特定系统"和"能被检索识别"之间并不存在本质区别。此时,收件人是否已经实际检索、处理经传输而来的合同标的,与合同标的是否交付无关。这与传统的邮递形式相类似,邮件一旦投入收信邮箱就被认为已经送达,而不论收信人是否打开邮箱或信封。但是,在电子商务合同标的以在线传输方式交付的过程中,还存在两种特殊情况,可能导致合同标的已经进入指定信息系统却无法被检索识别。其一,收件人所指定系统可能被防火墙等安全技术措施保护,从而致使合同标的进入指定信息系统后无法被检索。在此情形下,由于风险由收件人自己造成且不能为发件人所预知,不可以此为理由将交付时间推后,其造成的不利后果应由收件人本人承担。其二,由于编码、加密以及乱码等原因,导致收件人的信息系统无法访问合同标的,或导致系统成功访问合同标的后却无法被收件人检索或识别。在此情形下,应当区分合同标的不可访问或不可检索是否能够归责于发件人。若不可归责,则仍应推定合同标的的交付已经完成,但是发件人应当向收件人提供必要协助,以使收件人得以检索与识别所交付的标的。若检索识别合同标的的障碍因发件人系统感染病毒、误设标的格式等原因而产生,则应由发件人承担相应不利后果。

(2)不存在指定的特定系统

《电子商务法》未对不存在指定系统的交付时间作出明确规定,进一步探究《民法典》与《电子签名法》的相关规则,可以发现二者在此项上的规定存在明显不同。前者以相对人知道或者应当知道该数据电文进入其系统的时间为准,将行为人作出意思表示的时间作为判断依据;后者以数据电文进入收件人任何系统的首次时间为准,将数据电文在客观上的系统接收时间作为判断依据。因此,以在线传输方式交付标的时,应当结合电子商务合同的特殊性加以甄别。

就交付的行为性质而言,它类似于数据电文的传输而不同于作出某种意思表示。但从电子商务交易实践来看,合同当事人通常拥有多个信息系统用于接收电子数据形式的合同标的。作为用户,合同当事人在电子商务平台注册时往往需要同时提交电子邮件地址、某一社交工具的账号和手机号码等信息,电子商务经营者能够轻易掌握其两个以上的信息系统。若视标的进入收件人任何系统的首次时间为交付时间,经营者就可能会利用这一规则,将不符合合同约定标准的电子数据产品传输至用户预料之外的系统中,这不利于维护电子商务交易安全。因此,在合同当事人没有指定特定系统时,应当适用《民法典》第 137 条之规定,即仅当收件人知道或者应知合同标的进入其某个系统之时,才能认为标的的交付已经完成。

第五章　网络金融法

第一节　网络金融法概述

一、网络金融法的概念

网络金融法是调整网络金融关系的法律规范的总称。这一界定有三层含义:一是网络金融法由一系列网络金融法律规范组成;二是网络金融法的调整对象是网络金融关系;三是网络金融法调整网络金融关系后形成了一个有机法律整体。

值得指出的是,网络金融法的相关术语还有互联网金融法、在线金融法、线上金融法、虚拟金融法、"互联网+"金融法、智能金融法、科技金融法等。总体而言,网络金融法与互联网金融法、在线金融法、线上金融法、虚拟金融法的内涵和外延差异不大,但与"互联网+"金融法、智能金融法、科技金融法的概念存在较大区别。"互联网+"金融法的概念主要在于表达工业互联网时代的网络金融法,智能金融法的概念主要在于表达网络金融法中的人工智能要素,科技金融法的概念主要在于表达金融法内嵌现代科技后的内在规定性。

本书认为,"互联网+"技术、人工智能技术尚在发展阶段,使用具有广泛意义的网络金融法的概念更具有包容性。故,本书仍采网络金融法的概念。

二、网络金融法的调整对象

网络金融法的调整对象是网络金融关系。网络金融关系是人们通过互联网开展金融活动而形成的社会关系。对于网络金融关系,应从三个方面进行理解:

首先,网络金融关系是网络化金融关系的体现。随着互联网的普及应用,金融关系几乎都在网络化,而纯粹的非网络金融关系,如现金交易、以货易货的金融关系越来越少。因此,网络金融关系几乎可以波及、替代、交织于一切传统金融关系。从这一角度看,网络金融关系可以分为网络银行关系、网络证券关系、网络保险关系、网络信托关系等。

其次,网络金融关系具有虚拟性。当前,一些金融关系完全虚拟化,无须人与人在物理空间接触即可形成,而一些网络金融关系与传统金融关系相互嵌套。即线下金融交易与线上金融交易交织进行,或线下金融交易附属于线上金融交易,或线上金融交易附属于线下金融交易。从这一角度看,有时需将线下金融交易与线上金融交易看作一个整体才能全面反映某个金融交易的全貌,线下支付只是补足网络交易的余额的情形就是如此。这样,网络金融关系就出现了复杂情形。

最后,网络金融关系本质上属于金融关系。金融关系的中心是资金流通或融通,核心是资金转移。当然,随着时代发展,资金转移越来越不需要现金流转,而更多体现于金融账户之间的数据转移。尽管如此,这种资产转移仍以人们的劳动收入或资本收入等收入为基础。从这一角度看,即使未来时代现实货币无须存在,电子货币也是稀缺物。而传统上现实货币积淀的货币价值则使得电子货币仍可作为一般等价物,并支撑人们之间的交易往来。

三、网络金融立法

网络金融立法可从静态和动态两个角度理解。这里仅阐述静态的网络金融立法,即适用于网络金融关系的法律法规。一般而言,网络金融立法包括两类:一是统一适用于网络金融关系和传统金融关系的立法;二是仅适用于网络金融关系的立法。就一般立法而言,我国现行《中国人民银行法》《银行业监督管理法》《商业银行法》《证券法》《保险法》《信托法》《反洗钱法》《慈善法》等基本法律都适用于网络金融领域。此外,国务院、中国人民银行、中国银行保险监督管理委员会(以下简称银保监会)、中国证券业监督管理委员会(以下简称证监会)、国家网信办等制定发布的统一适用的金融行政法规和部门规章等也适用于网络金融领域。

就专门立法而言,《网络安全法》《电子商务法》《电子签名法》等基本法律中的一些规范也适用于网络金融领域。另外,中国人民银行发布的《银行卡业务管理办法》《银行卡收单业务管理办法》《银行卡清算机构管理办法》《电子商业汇票业务管理办法》《非银行支付机构网络支付业务管理办法》《条码支付业务规范(试行)》《互联网金融从业机构反洗钱和反恐怖融资管理办法(试行)》等,原中国银行业监督管理委员会等发布的《网络借贷信息中介机构业务活动管理暂行办法》等,证监会等发布的《证券期货业网络时钟授时规范》等,原中国保险监督管理委员会发布的《互联网保险业务监管暂行办法》等,国家网信办发布的《互联网用户账号名称管理规定》,原国家工商行政管理总局发布的《网络交易管理办法》等,国务院新闻办公室等发布的《外国机构在中国境内提供金融信息服务管理规定》等都涉及网络金融关系的特殊调整。

四、网络金融法的体系

网络金融法是由多个部分组成的法律规范的总和，因此其可以构成一个独立的体系，即网络金融法的体系。当然，网络金融法的体系应更多从部门法或子部门法的角度理解。理由是，这样可以较为清晰地解释网络金融法的内容。按照不同标准，可以对网络金融法的体系进行不同的划分：

1. 从金融领域看，网络金融法可以分为网络银行法、网络证券法、网络保险法、网络信托法等。网络银行法，也称网上银行法，主要调整网络存款、贷款和其他网络银行业务引起的社会关系；网络证券法主要调整证券网上发行、交易、交割等引起的社会关系；网络保险法主要调整网络投保和网络保险赔付等引起的社会关系；网络信托法主要调整通过网络开展信托业务引起的社会关系。值得指出的是，由于证券投资基金业具有证券业和信托业的二重性，故通过网络开展证券投资基金业务引起的社会关系的法律调整既属于网络证券法，也属于网络信托法。当然，金融业务是开放的体系，现代社会中存在诸多金融衍生品，因此网络金融法的体系也包括非传统金融业务相关的其他法律调整内容。故此，随着网络科学技术的发展，网络金融业务也不断创新，将引起网络金融关系的变革，网络金融法也不得不因应调整。这样，网络金融法的体系也在不断变化，进而影响网络金融法体系的分类，甚至可能出现新的划分方法，可以从新的角度解释网络金融法。

2. 从法律关系及其运动看，网络金融法可以分为网络金融主体法、网络金融客体法、网络金融行为法、网络金融法律后果法。网络金融主体法主要涉及网络金融主体的资格取得、权利(力)、义务、责任等。由于网络金融风险高于传统金融风险，对网络金融主体资格的取得应有诸多限制性规定，对因违反义务而承担的法律责任也应规定得较为严格。网络金融客体法主要涉及网络交易的标的，主要是货币工具。随着虚拟交易的发展，网络平台账户中的记账数额也具有一定的金融关系客体的特点，因此网络金融客体法也需要对此进行调整。网络金融行为法主要涉及通过网络开展金融行为的具体规则，涉及主体行为的法律效力问题。网络金融法律后果法主要涉及违反网络金融法的法律责任，包括民事责任、行政责任和刑事责任等。另外，在少数情况下，网络金融法律后果法中也存在激励性法律后果。

3. 从互联网技术的发展阶段看，网络金融法可以分为传统网络金融法、“互联网 +”金融法、智能金融法。互联网不断迭代发展，网络金融也不断更新变化，网络金融法也需适时更新。与传统网络金融法比较而言，“互联网 +”金融法、智能金融法调整的业务范围有所拓展，其核心是金融机器人引起的社会关系需要有新的网络金融法律规范调整。

4.从市场与规制的角度看,网络金融法可以分为网络金融业务法、网络金融监管法和网络金融调控法。网络金融业务法主要涉及调整网络交易主体之间的社会关系,包括网络金融机构、商户、消费者、第三方网络平台等主体之间的社会关系。网络金融监管法主要调整网络金融监管主体与网络金融监管受体之间的社会关系。网络金融调控法主要调整网络金融调控机关与网络金融调控受体之间的社会关系。通常而言,网络金融调控是金融调控的一部分,因此一般性的金融调控行为也对网络金融关系产生约束力。在特殊情形下,也存在专门针对网络金融总量进行调控的行为,进而引起特殊的网络金融调控法律关系。

5.从是否具有跨国性而言,网络金融法可分为国内网络金融法、国际网络金融法。在民族国家仍然是人类社会的典型现象时,国内法与国际法的分野仍是重要的问题。因此,不同国家的网络金融法存在着差异。这种差异源于不同国家的经济、文化、地理、历史、宗教等方面存在诸多不同因素。当然,随着经济全球化和金融全球化的深入发展,国家间金融法的差异逐渐缩小。但是,当主权国家仍普遍存在时,国内金融法仍是一种普遍法律现象。不过,由于网络具有虚拟性特征,网络金融关系很容易“跨国”,加之国家等主体之间的金融关系需要国际金融法调整,因此国际网络金融法也是十分重要的范畴。

值得指出的是,网络金融法的体系不同于网络金融法规体系、网络金融法实施体系、网络金融法教材体系等。网络金融法规体系,是指网络金融法律法规汇编后而形成的体系,其既可以按照法规规范的层级进行汇编,也可以按所调整的领域进行汇编。当然,若将网络金融法律法规进行严谨的体系化,则需要进行编纂,其中可能涉及法律的修改。网络金融法实施体系是网络金融法实施主体实施网络金融法的体系,具体包括网络金融行政执法体系、网络金融司法体系和网络金融法私人实施体系等。网络金融法教材体系是为了教学需要而采取的网络金融法体系。一般而言,网络金融法教材有总论和分论之分,总论根据需要安排可详可略,分论的编写则可按不同逻辑进行。此处不再赘言。

五、网络金融法律关系

网络金融法律关系是网络金融关系主体因法律调整而形成的法律关系。网络金融法律关系包括三个要素:网络金融法律关系主体、网络金融法律关系客体和网络金融法律关系内容。以下分述之。

(一)网络金融法律关系主体

网络金融法律关系主体是参加网络金融法律关系而享有权利(力)、承担义务的人,包括法人、其他组织和自然人等。网络金融法律关系主体主要有网络金融消费者、网络金融商户、网络金融平台、网络商业银行、网络证券公司、网络保险公司、网络信托公司、网络金融监管部门、网络金融司法机关等。在网络金融法律关系中，消费者是网络金融法律主体中数量最多的一类主体，也是网络金融法倾斜保护的主体。这是因为，作为消费者的自然人无论是在网络金融知识能力方面还是在网络法律知识能力方面都处于弱势，需特别保护。网络金融商户，是指网络金融机构客户中的商业客户，也就是从事商品生产经营的法人、其他组织和个人。网络金融商户既是网络金融机构的客户，又是与网络金融消费者进行经济交往的人，因此其承载的网络金融关系具有复杂性。网络金融平台，是指为网络金融业务提供第三方服务的平台经营者，其可能提供信息中介业务，也可能提供其他金融服务，其与消费者、网络金融商户、传统金融机构都可能形成社会关系。从本质上说，一些网络金融平台提供的服务有时也有传统金融服务的特点，此种情形下将其归入传统网络金融机构也有一定的合理性。

商业银行、证券公司、保险公司、信托公司等传统金融机构开展网络金融服务的，往往需要符合一定条件，既要达到开展网络金融服务的一般技术性条件，也要达到开展网络金融服务的安全性条件等。因此，传统金融机构申请开展网络金融服务，需要具有一定的资质。

网络金融监管部门和网络金融司法机关都是为保障网络金融业健康稳健运营提供公共服务的主体。在我国，网络金融监管部门主要有中国人民银行、银保监会、证监会、国家网信办、工信部，有时也包括市场监管机关等。当然，地方政府设置的金融监管部门有时也参与网络金融监管。网络金融监管部门监管网络金融业务可能由其多个内设机构履行职责，也可能是其专门性内设机构履行职责。网络金融司法机关是解决网络金融纠纷的第三方处理机关，其中法院处于核心地位。随着时代发展，专门为解决网络纠纷而成立的司法机关，如互联网法院不断成立，进而为互联网金融纠纷提供了专门化的解决渠道。

（二）网络金融法律关系客体

网络金融法律关系客体是网络金融权利（力）、义务指向的对象。一般而言，货币是网络金融法律关系的客体。当然，汇票、本票、支票等其他货币工具也可能与网络金融法律关系产生一定的联系。值得注意的是，实践中的网络支付平台的记账单位也具有准网络金融法律关系客体的属性。对此问题，我们不能简单处理，需要将这种记账单位纳入网络金融法律关系中进行分析。此外，由比特币所引起的虚拟货币问题也是人类需要处理好的问题之一。一般而言，货币形式的总体发展趋势是“脱实向虚”。[1]故此，数字化货币或电子货币或虚拟货币的发行也逐渐成为理论议题甚至将成为现

---

〔1〕 赵磊：《论比特币的法律属性——从 HashFast 管理人诉 Marc Lowe 案谈起》，载《法学》2018 年第 4 期。

实。不过，在获得法律的认可之前，虚拟货币不具有合法性。

（三）网络金融法律关系内容

网络金融法律关系内容是网络金融权利（力）和网络金融义务的合称。网络金融权利（力）是网络金融法律关系主体享有的权利或权力。一般而言，网络金融消费者、网络金融商户、网络金融平台、网络商业银行、网络证券公司、网络保险公司、网络信托公司等所享有的自己可以为或不为的资格或要求其他主体须从事一定行为或不作为的资格[2]为网络金融权利，网络金融监管主体和网络金融司法机关所享有的自己可以为或不为的资格或要求其他主体须从事一定行为或不作为的资格为网络金融权力。行使网络金融权利受到阻碍或损害时，权利主体不可进行强力救济，只能借助公权力机关为之；网络金融权力受到阻碍或相关主体不履行行政处罚或司法判决处断的义务时，则可以复加行政处罚乃至刑事处罚处理之。从这一角度看，网络金融权利和网络金融权力的差异之一在于保障机制不同。正是存在上述差异，网络金融权利常常被归入私权，网络金融权力被归入公权力。网络金融义务是网络金融法律关系主体必须为或不为的一种必要性。值得注意的是，对于网络金融监管机关和网络金融司法机关而言，其依法行使权力的过程也是履行义务的过程，即其权利义务存在同一性。此外，一方网络金融法律关系主体享有权利（力）时，另一方或多方网络金融法律关系主体则承担一定的义务，这就是权义的相对性。

六、网络金融法律责任

网络金融法律责任，是指网络金融关系主体因违反网络金融法律法规而承担的否定性法律后果。[3] 按照法律责任的一般分类，网络金融法律责任可分为网络金融民事责任、网络金融行政责任和网络金融刑事责任等。

网络金融民事责任包括缔约过失责任、违约责任、侵权责任等多种不同性质的责任类型。网络金融民事责任的具体责任形式不仅包括停止侵害、排除妨碍、消除危险、返还财产、恢复原状、继续履行、赔偿损失、支付违约金、消除影响、恢复名誉、赔礼道歉等传统形式，也包括删除有关网络链接等新型形式。

网络金融行政责任则包括监管谈话、出具警示函、通报批评、责令停止违法行为、警告、罚款、违法事宜记入诚信档案、责令停业整顿、吊销经营许可证、取缔、纪律处分、行政处分、取消一定期限直至终身的任职资格等。值得注意的是，对于从事金融业务

---

〔2〕 从理论上看，权利或权力可以理解为一种自由、资格、能力、可能性等。

〔3〕 现代法律理论不仅关注否定性法律后果，也关注激励性法律后果，如法律规定中的奖励就是如此。总体而言，大多数人的行为都具有肯定性法律后果，但并不需要施以激励。

的单位而言，对其经营网络金融业务的资格施加限制或褫夺也是可能的。

网络金融刑事责任是网络金融关系主体因构成犯罪应承担的刑事法律后果。一般而言，涉及网络金融领域的罪名有非法吸收公众存款罪，擅自发行股票、公司、企业债券罪，挪用资金罪，侵占罪，洗钱罪，诈骗类犯罪（集资诈骗罪、贷款诈骗罪、票据诈骗罪、金融凭证诈骗罪、信用卡诈骗罪、信用证诈骗罪等）和贿赂类犯罪等。

值得指出的是，网络金融法的基础理论还涉及其他问题，如网络金融法的产生、发展和未来，网络金融法与经济、社会、文化、宗教、政治的关系等，在此不再展开阐述。

第二节　网络借贷法

一、网络借贷法概述

（一）网络借贷的界定

广义的网络借贷，是指借款人和贷款人通过互联网开展借贷的活动。故，广义的网络借贷包括商业银行等传统存贷机构及其以外的主体作为贷款人开展的网络借贷活动。狭义的网络借贷仅指网络民间借贷，即出借人（自然人、法人及其他组织）和借款人（自然人、法人及其他组织）之间通过互联网平台进行的借贷。本书所阐述的为广义的网络借贷。

（二）网络借贷法律关系主体

在网络借贷活动中，主要涉及以下主体：商业银行、网络借贷平台、企业、自然人等。显然，借款人主要为企业或自然人，出借人（贷款人）可以是商业银行、企业、自然人。网络借贷平台，在我国主要指网络借贷信息中介机构，即依法设立，专门从事网络借贷信息中介业务活动的金融信息中介公司。该类机构以互联网为主要渠道，为借款人与出借人之间的借贷提供信息搜集、信息公布、资信评估、信息交互、借贷撮合等服务。该类机构不得提供增信服务，不得直接或间接归集资金，不承担借贷违约风险。此外，在网络借贷活动中，企业、自然人也可能是担保人，为他人的借贷活动提供保证、抵押、质押等担保。

（三）网络借贷法律关系的类型

在网络借贷活动中，主要有以下类型的法律关系：（1）债权债务关系。这是指借款人与贷款人之间的法律关系，其中借款人是债务人，贷款人是债权人。（2）居间关系。这是指网络借贷平台与借贷当事人之间的法律关系，其中网络借贷平台的角色是撮合网络借贷关系的形成。网络借贷平台的主要活动就是发布借款人的借款需求信息、贷款人的资金供给信息，并撮合借贷关系的达成。但是，网络借贷平台不得提供增信业务。(3)担保关系。这主要是指第三方主体与借贷双方之间形成的关系。需要指出的是，借款人可以以自己的财产为网络借贷作抵押、质押。

(四)网络借贷法律责任

在网络借贷中，存在三类法律责任：

1. 民事责任。网络借贷民事责任有借款人偿还本金和利息的责任，担保人对借款人还款应承担的担保民事责任，贷款人未按期提供贷款的民事责任、未依约超额扣划还款资金的民事责任，借贷行为无效引起的民事责任问题等。在网络金融快速发展的时代，网络借贷非常便捷，但也经常发生借款人未及时还款问题，因此相关民事责任问题十分突出。

2. 行政责任。这主要是指网络借贷相关主体违反《中国人民银行法》《商业银行法》等贷款法律法规所承担的行政责任，包括监管机构可能作出监管谈话、出具警示函、通报批评、责令停止违法行为、警告、罚款、将违法违规和不履行公开承诺等情况记入诚信档案并公布、责令停业整顿、吊销其经营许可证、责令给予纪律处分、给予行政处分、取消一定期限直至终身的任职资格等处罚。

3. 刑事责任。这是指网络借贷主体违反借贷相关的禁止性规定应承担的刑事责任，相关罪名主要有贷款诈骗罪，高利转贷罪，违法发放贷款罪，公司、企业人员受贿罪，受贿罪等。

二、商业银行网络借贷法律规制

(一)商业银行的资格、权利、义务、业务限制

1. 商业银行的资格

一般而言，贷款人只能是经批准的金融机构。根据我国《商业银行法》规定，商业银行开展网络借贷应获得金融许可，否则不得开展该业务。

2. 商业银行的权利

商业银行在网络借贷业务中主要有以下权利：(1)要求提供资料权，即有权要求借款人提供符合法律规定的信息材料。(2)自主贷款权，即独立决定是否给予借款人贷款及其额度的权利，该权利不受其他主体的非法干涉。(3)偿付本息请求权，即请求借款人偿还本金及利息的权利。(4)依约扣划权，即有权根据约定于约定时间扣划借款人还款账户资金的权利。(5)违约救济权，即有权根据法律规定追索债权的相关权利。从广义看，商业银行行使撤销权、代位权和提起司法救济的权利都可归入此类权利。

3. 商业银行的义务

商业银行在网络借贷中主要有以下义务:(1)公开义务,即要按照规定公开商业银行的主体资格信息以及网络借贷合同格式条款信息,并进行重大利害关系条款提醒等。(2)严格审查义务,即应根据法律规定严格审查借款人的资信材料。(3)答复义务,即应按规定及时答复借款人有关贷款审批等方面的咨询。(4)依约发放贷款的义务,即应按照约定的时间和方式发放贷款。(5)保密义务,即应按照规定对借款人的个人信息进行保密,不得违法向他人提供。

4. 商业银行的业务限制

根据我国《商业银行法》等规定,商业银行须遵守诸多业务限制,如不得向不具有资格的借款人发放贷款,不得向关系人发放信用贷款,向关系人发放担保贷款的条件不得优于其他借款人同类贷款的条件等。

(二)借款人的资格、权利、义务、限制

1. 借款人的资格

一般而言,借款人要有权利能力和行为能力,还要有偿还借款的能力。因此,审查借款人的资信是商业银行贷款业务中的重要事项。借款人不具有偿还能力的情形,往往带来借贷合同效力问题。当然,偿还能力的认定是判断借款人未来是否有偿还债务的可能性,而有无财产担保并不影响该判断。

2. 借款人的权利

通常而言,借款人在网络借贷活动中有以下权利:(1)自主选择贷款权,即借款人有权选择贷款银行等相关权利。(2)依约提取贷款权,即借款人有权按照约定提取贷款人提供的贷款资金的权利,与其对应的是商业银行按照约定提供贷款的义务。(3)使用贷款权,即借款人有按照法律规定依约定的用途使用贷款的权利。(4)拒绝不当条件权,即借款人有拒绝贷款银行提出的不符合法律规定的不合理交易条件的权利。此外,借款人还有依约转让权等权利。

3. 借款人的义务

借款人在网络借贷活动中主要有以下义务:(1)如实提供资料义务,即借款人应按照法律规定如实向商业银行提供基本资料和资信资料。(2)依约使用贷款义务,即借款人应按照约定使用贷款,不得违法违约用于不当目的。(3)危害通知义务,即借款人应将损害或可能损害贷款银行债权的事项通知贷款银行。(4)接受监督义务,即借款人应接受商业银行依法享有的对贷款使用事宜的监督。(5)清偿本息义务,即借款人应按照约定偿还本金和利息。

4. 对借款人的限制

根据我国有关法律规定,借款人不得套取贷款用于借贷牟取非法收入,不得采取欺诈手段骗取贷款,不得将所借款项用于开展法律法规禁止的业务。

三、网络借贷信息平台借贷法律规制

(一)网络借贷信息平台的资格、地位、业务限制和义务

1. 网络借贷信息平台的资格

根据我国有关规章规定,拟开展网络借贷信息中介服务的网络借贷信息中介机构及其分支机构,应当在领取营业执照后10个工作日内携带有关材料向工商登记注册地地方金融监管部门备案登记。地方金融监管部门负责为网络借贷信息中介机构办理备案登记。地方金融监管部门应当在网络借贷信息中介机构提交的备案登记材料齐备时予以受理,并在各省(区、市)规定的时限内完成备案登记手续。备案登记不构成对网络借贷信息中介机构经营能力、合规程度、资信状况的认可和评价。网络借贷信息中介机构完成地方金融监管部门备案登记后,应当按照通信主管部门的相关规定申请相应的电信业务经营许可;未按规定申请电信业务经营许可的,不得开展网络借贷信息中介业务。

网络借贷信息中介机构备案登记事项发生变更的,应当在5个工作日内向工商登记注册地地方金融监管部门报告并进行备案信息变更。

经备案的网络借贷信息中介机构拟终止网络借贷信息中介服务的,应当在终止业务前提前至少10个工作日,书面告知工商登记注册地地方金融监管部门,并办理备案注销。经备案登记的网络借贷信息中介机构依法解散或者依法宣告破产的,除依法进行清算外,由工商登记注册地地方金融监管部门注销其备案。

2. 网络借贷信息平台的法律地位

网络借贷信息平台的法律地位可能包括三种情形:(1)借贷信息服务提供者。这是指网络借贷信息平台仅仅是借贷信息交流平台,平台经营者不参与任何实质性网络借贷关系。(2)资信评估者。这是指网络借贷信息平台为借贷当事人提供信用评估服务。(3)居间人。这是指网络借贷信息平台主要承担网络借贷关系形成的撮合者角色,并有权依法收取佣金。

3. 网络借贷信息平台的业务限制

根据我国有关规定,网络借贷信息中介机构不得从事或者接受委托从事下列活动:(1)为自身或变相为自身融资;(2)直接或间接接受、归集出借人的资金;(3)直接或变相向出借人提供担保或者承诺保本保息;(4)自行或委托、授权第三方在互联网、固定电话、移动电话等电子渠道以外的物理场所进行宣传或推介融资项目;(5)发放贷款,但法律法规另有规定的除外;(6)将融资项目的期限进行拆分;(7)自行发售理财等金融产品募集资金,代销银行理财、券商资管、基金、保险或信托产品等金融产品;

(8)开展类资产证券化业务或实现以打包资产、证券化资产、信托资产、基金份额等形式的债权转让行为;(9)除法律法规和网络借贷有关监管规定允许外,与其他机构投资、代理销售、经纪等业务进行任何形式的混合、捆绑、代理;(10)虚构、夸大融资项目的真实性、收益前景,隐瞒融资项目的瑕疵及风险,以歧义性语言或其他欺骗性手段等进行虚假片面宣传或促销等,捏造、散布虚假信息或不完整信息损害他人商业信誉,误导出借人或借款人;(11)向借款用途为投资股票、场外配资、期货合约、结构化产品及其他衍生品等高风险的融资提供信息中介服务;(12)从事股权众筹等业务;(13)法律法规、网络借贷有关监管规定禁止的其他活动。值得注意的是,实践中诸多平台均"承诺保本保息",明显违反上述规定。[4] 有研究提出,我国应以功能主义与类型化为导向开放网络金融平台的中介类、增信类、借贷及衍生类业务,构建一体化的网络借贷平台监管规则。[5] 不过,这需要建立在规范的保障机制基础上。

4. 网络借贷信息平台的义务

根据我国有关规定,网络借贷信息中介机构应当履行下列义务:(1)依据法律法规及合同约定为出借人与借款人提供直接借贷信息的采集整理、甄别筛选、网上发布,以及资信评估、借贷撮合、融资咨询、在线争议解决等相关服务;(2)对出借人与借款人的资格条件、信息的真实性、融资项目的真实性和合法性进行必要审核;(3)采取措施防范欺诈行为,发现欺诈行为或其他损害出借人利益的情形,及时公告并终止相关网络借贷活动;(4)持续开展网络借贷知识普及和风险教育活动,加强信息披露工作,引导出借人以小额分散的方式参与网络借贷,确保出借人充分知悉借贷风险;(5)按照法律法规和网络借贷有关监管规定要求报送相关信息,其中网络借贷有关债权债务信息要及时向有关数据统计部门报送并登记;(6)妥善保管出借人与借款人的资料和交易信息,不得删除、篡改,不得非法买卖、泄露出借人与借款人的基本信息和交易信息;(7)依法履行客户身份识别、可疑交易报告、客户身份资料和交易记录保存等反洗钱和反恐怖融资义务;(8)配合相关部门做好防范查处金融违法犯罪相关工作;(9)按照相关要求做好互联网信息内容管理、网络与信息安全相关工作;(10)国务院银行业监督管理机构、工商登记注册地省级人民政府规定的其他义务。

(二)参与网络借贷信息平台借贷的借款人的注册、义务和限制

根据规定,参与网络借贷的借款人应当为网络借贷信息中介机构核实的实名注册用户。

---

〔4〕 参见潘静:《从政府中心规制到社会共治:互联网金融治理的新视野》,载《法律科学(西北政法大学学报)》2018 年第 1 期。

〔5〕 参见冯辉:《网络借贷平台法律监管研究》,载《中国法学》2017 年第 6 期。

借款人应当履行下列义务:(1)提供真实、准确、完整的用户信息及融资信息;(2)提供在所有网络借贷信息中介机构的未偿还借款信息;(3)保证融资项目真实、合法,并按照约定用途使用借贷资金,不得用于出借等其他目的;(4)按照约定向出借人如实报告影响或可能影响出借人权益的重大信息;(5)确保自身具有与借款金额相匹配的还款能力并按照合同约定还款;(6)借贷合同及有关协议约定的其他义务。

借款人不得从事下列行为:(1)通过故意变换身份、虚构融资项目、夸大融资项目收益前景等形式的欺诈借款;(2)同时通过多个网络借贷信息中介机构,或者通过变换项目名称、对项目内容进行非实质性变更等方式,就同一融资项目进行重复融资;(3)在网络借贷信息中介机构以外的公开场所发布同一融资项目的信息;(4)已发现网络借贷信息中介机构提供的服务中含有法规禁止的内容,仍进行交易;(5)法律法规和网络借贷有关监管规定禁止从事的其他活动。

(三)参与网络借贷信息平台借贷的出借人的注册和义务

参与网络借贷的出借人应当为网络借贷信息中介机构核实的实名注册用户。参与网络借贷的出借人,应当具备投资风险意识、风险识别能力,拥有非保本类金融产品投资的经历并熟悉互联网。

参与网络借贷的出借人应当履行下列义务:(1)向网络借贷信息中介机构提供真实、准确、完整的身份等信息;(2)出借资金为来源合法的自有资金;(3)了解融资项目信贷风险,确认具有相应的风险认知和承受能力;(4)自行承担借贷产生的本息损失;(5)借贷合同及有关协议约定的其他义务。

(四)网络借贷信息平台借贷的具体业务规则

1. 借贷金额规则

网络借贷信息平台借贷金额应当以小额为主。网络借贷信息中介机构应当根据本机构风险管理能力,控制同一借款人在同一网络借贷信息中介机构平台及不同网络借贷信息中介机构平台的借款余额上限,防范信贷集中风险。同一自然人在同一网络借贷信息中介机构平台的借款余额上限不超过人民币20万元,同一法人或其他组织在同一网络借贷信息中介机构平台的借款余额上限不超过人民币100万元,同一自然人在不同网络借贷信息中介机构平台借款总余额不超过人民币100万元,同一法人或其他组织在不同网络借贷信息中介机构平台借款总余额不超过人民币500万元。

2. 信息管理规则

网络借贷信息中介机构应当向出借人以醒目方式提示网络借贷风险和禁止性行为,并经出借人确认。借款人应当配合网络借贷信息中介机构及出借人对融资项目有关信息进行调查核实,保证提供的信息真实、准确、完整。网络借贷信息中介机构应当对出借人的年龄、财务状况、投资经验、风险偏好、风险承受能力等进行尽职评估,不得向未进行风险评估的出借人提供交易服务。网络借贷信息中介机构应当根据风险评估结果对出借人实行分级管理,设置可动态调整的出借限额和出借标的限制。未经出借人授权,网络借贷信息中介机构不得以任何形式代出借人行使决策。

网络借贷信息中介机构应当加强出借人与借款人信息管理,确保出借人与借款人信息采集、处理及使用的合法性和安全性。网络借贷信息中介机构及其资金存管机构、其他各类外包服务机构等应当为业务开展过程中收集的出借人与借款人信息保密,未经出借人与借款人同意,不得将出借人与借款人提供的信息用于所提供服务之外的目的。在中国境内收集的出借人与借款人信息的储存、处理和分析应当在中国境内进行。除法律法规另有规定外,网络借贷信息中介机构不得向境外提供境内出借人和借款人信息。

网络借贷信息中介机构应当在其官方网站上向出借人充分披露借款人基本信息、融资项目基本信息、风险评估及可能产生的风险结果、已撮合未到期融资项目资金运用情况等有关信息。披露内容应符合法律法规关于国家秘密、商业秘密、个人隐私的有关规定。

网络借贷信息中介机构应当及时在官方网站显著位置披露本机构所撮合借贷项目等经营管理信息。网络借贷信息中介机构应当在官方网站上建立业务活动经营管理信息披露专栏,定期以公告形式向公众披露年度报告、法律法规、网络借贷有关监管规定。

3. 资金存管规则

网络借贷信息中介机构应当实行自身资金与出借人和借款人资金的隔离管理,并选择符合条件的银行业金融机构作为出借人与借款人的资金存管机构。借款人、出借人、网络借贷信息中介机构、资金存管机构、担保人等应当签订资金存管协议,明确各自权利义务和违约责任。资金存管机构对出借人与借款人开立和使用资金账户进行管理和监督,并根据合同约定,对出借人与借款人的资金进行存管、划付、核算和监督。资金存管机构承担实名开户和履行合同约定及借贷交易指令表面一致性的形式审核责任,但不承担融资项目及借贷交易信息真实性的实质审核责任。资金存管机构应当按照网络借贷有关监管规定报送数据信息并依法接受相关监督管理。网络借贷信息中介机构清算时,出借人与借款人的资金分别属于出借人与借款人,不属于网络借贷信息中介机构的财产,不列入清算财产。

4. 第三方监督规则

网络借贷信息中介机构应当聘请会计师事务所定期对本机构出借人与借款人资金存管、信息披露情况、信息科技基础设施安全、经营合规性等重点环节实施审计,并且应当聘请有资质的信息安全测评认证机构定期对信息安全实施测评认证,向出借人与借款人等披露审计和测评认证结果。网络借贷信息中介机构应当引入律师事务所、信息系统安全评价等第三方机构，对网络信息中介机构合规和信息系统稳健情况进行评估。网络借贷信息中介机构应当将定期信息披露公告文稿和相关备查文件报送工商登记注册地地方金融监管部门，并置备于机构住所供社会公众查阅。此外，网络借贷信息中介机构应当聘请会计师事务所进行年度审计，并在上一会计年度结束之日起4个月内向工商登记注册地地方金融监管部门报送年度审计报告。

5. 纠纷解决途径

出借人与网络借贷信息中介机构之间、出借人与借款人之间、借款人与网络借贷信息中介机构之间的纠纷，可以通过以下途径解决：(1)自行和解；(2)请求行业自律组织调解；(3)向仲裁部门申请仲裁；(4)向人民法院提起诉讼。

(五)网络借贷信息平台借贷法律责任

若网络借贷信息平台的借贷行为违法，则存在民事责任的承担问题。出借人(非存贷机构)与借款人的借贷一般属于民间借贷。出借人(非存贷机构)与借款人的借贷包括一人与一人之间的借贷，也包括一人与多人之间的借贷。若是后者，就存在借贷合同基本条款的统一性问题。在一人与多人开展网络借贷时，就存在复杂的民事救济问题。这时，共同诉讼规则和代表人诉讼规则可能适用。这样，涉众网络借贷信息平台借贷的民事救济问题就具有复杂性。在具体纠纷解决中，相关法律适用需要综合平衡相关主体的权利义务。

此外，网络借贷信息平台借贷违法还带来行政责任和刑事责任问题。网络借贷信息中介机构违反法律法规和网络借贷有关监管规定，有关法律法规有处罚规定的，依照其规定给予处罚；有关法律法规未作处罚规定的，工商登记注册地地方金融监管部门可以采取监管谈话、出具警示函、责令改正、通报批评、将其违法违规和不履行公开承诺等情况记入诚信档案并公布等监管措施，以及给予警告、人民币3万元以下罚款和依法可以采取的其他处罚措施；构成犯罪的，依法追究刑事责任。网络借贷信息中介机构违反法律规定从事非法集资活动或欺诈的，按照相关法律法规和工作机制处理；构成犯罪的，依法追究刑事责任。网络借贷信息中介机构的出借人及借款人违反法律法规和网络借贷有关监管规定，依照有关规定给予处罚；构成犯罪的，依法追究刑事责任。

第三节　网络支付法

网络支付是指通过网络进行的支付。广义的网络支付与电子支付的外延相同，包括网上支付、电话支付、移动支付、销售点终端交易、自动柜员机交易和其他电子支付。狭义的网络支付则主要指网络银行支付、第三方平台支付和条码支付等。这主要是基于网络支付所涉及的因素而进行的分类。

一、网络银行支付法律规制

网络银行支付是通过网络银行实现的支付方式。在网络银行支付中，互联网和银行账户之间的资金转移是核心要素。网络银行支付可以通过登录个人网络银行处理，也可以通过设立与银行卡对应的虚拟账户方式处理，还可以通过信用卡信息认证方式处理。从严格意义上说，第三方平台支付和条码支付有时也涉及银行支付，故也属于广义的网络银行支付。后两个问题待后特别阐述。对于网络银行支付，有以下方面需要阐明：

1. 付款人与收款人之间存在买卖合同关系或其他合同关系。在网络银行支付中，付款人与收款人之间常见的基础关系是买卖关系。当然，因为其他合同也可能导致支付关系，具体如赠予合同、借款合同、租赁合同、融资租赁合同、承揽合同、建设工程合同、运输合同、技术合同、保管合同、仓储合同、委托合同、行纪合同、居间合同、无名合同和供用电、水、气、热力合同等。值得指出的是，在生活中，有时付款人可能是基于基础交易付款义务方的委托进行付款的，收款人也可能是根据基础交易关系收款方的委托而收款的。

2. 付款人与网络银行之间存在存款或贷款关系以及委托支付关系。一般而言，付款人与网络银行之间的法律关系可以分为三类：(1)存款类法律关系。这类关系的本质是债权债务关系。在这种情况下，付款人已有商业银行借记卡账户，付款人付款后其存款减少也即债权减少，网络银行的债务也相应减少。(2)贷款类法律关系。这类关系的本质也是债权债务关系。付款人持有商业银行贷记卡账户，付款人付款后其贷款增加即债务增加，网络银行的债权也相应增加。(3)委托支付关系。在网络银行支付中，存在网络银行受托为付款人付款的关系和为收款人收款的关系。这种关系本质上主要是委托支付关系。

3. 网络银行支付中的差错处理与赔偿。根据有关规定，网络银行支付中的差错处理与赔偿问题应遵守以下规定：(1)因银行自身系统、内部控制制度或为其提供服务的第三方服务机构的原因，造成网络支付指令无法按约定时间传递、传递不完整或被篡改，并造成客户损失的，银行应按约定予以赔偿。因第三方服务机构的原因造成客户损失的，银行应予赔偿，银行赔偿后再根据与第三方服务机构的协议进行追偿。(2)接收行由于自身系统或内部控制制度等原因对网络支付指令未执行、未适当执行或迟延执行致使客户款项未准确入账的，应及时纠正。因不可抗力造成网络支付指令未执行、未适当执行、延迟执行的,银行应当采取积极措施防止损失扩大。(3)客户发现自身未按规定操作,或由于自身其他原因造成网络支付指令未执行、未适当执行、延迟执行的,应在协议约定的时间内,按照约定程序和方式通知银行。银行应积极调查并告知客户调查结果。银行发现因客户原因造成网络支付指令未执行、未适当执行、延迟执行的,应主动通知客户改正或配合客户采取补救措施。

二、第三方平台支付法律规制

(一)第三方平台支付的概念

第三方平台支付,是指收款人或付款人通过计算机、移动终端等电子设备,依托公共网络信息系统远程发起支付指令,且付款人电子设备不与收款人特定专属设备交互,由支付机构为收付款人提供货币资金转移服务的活动。第三方平台支付主要服务于电子商务发展和为社会提供小额、快捷、便民小微支付服务,基于客户的银行账户或者有关规定为客户开立支付账户提供网络支付服务。所谓支付账户,是指获得互联网支付业务许可的支付机构,根据客户的真实意愿为其开立的,用于记录预付交易资金余额、客户凭此发起支付指令、反映交易明细信息的电子簿记。

(二)客户管理规则

根据我国有关规定,支付机构应当遵循“了解你的客户”原则,建立健全客户身份识别机制。支付机构为客户开立支付账户的,应当对客户实行实名制管理,登记并采取有效措施验证客户身份基本信息,按规定核对有效身份证件并留存有效身份证件复印件或者影印件,建立客户唯一识别编码,并在与客户业务关系存续期间采取持续的身份识别措施,确保有效核实客户身份及其真实意愿,不得开立匿名、假名支付账户。

支付机构应当与客户签订服务协议,约定双方责任、权利和义务,至少明确业务规则(包括但不限于业务功能和流程、身份识别和交易验证方式、资金结算方式等),收费项目和标准,查询、差错争议及投诉等服务流程和规则,业务风险和非法活动防范及处置措施,客户损失责任划分和赔付规则等内容。支付机构为客户开立支付账户的,还应在服务协议中以显著方式告知客户,并采取有效方式确认客户充分知晓并清晰理解下列内容:“支付账户所记录的资金余额不同于客户本人的银行存款,不受《存款保险条例》保护,其实质为客户委托支付机构保管的、所有权归属于客户的预付价值。该预付价值对应的货币资金虽然属于客户,但不以客户本人名义存放在银行,而是以支付机构名义存放在银行,并且由支付机构向银行发起资金调拨指令。”支付机构应当确保协议内容清晰、易懂,并以显著方式提示客户注意与其有重大利害关系的事项。

获得互联网支付业务许可的支付机构,经客户主动申请,可为其开立支付账户;仅获得移动电话支付、固定电话支付、数字电视支付业务许可的支付机构,不得为客户开立支付账户。支付机构不得为金融机构,以及从事信贷、融资、理财、担保、信托、货币兑换等金融业务的其他机构开立支付账户。

(三)交易限额规则

支付机构应根据交易验证方式的安全级别,按照下列要求对个人客户使用支付账户余额付款的交易进行限额管理:(1)支付机构采用包括数字证书或电子签名在内的两类(含)以上有效要素进行验证的交易,单日累计限额由支付机构与客户通过协议自主约定;(2)支付机构采用不包括数字证书、电子签名在内的两类(含)以上有效要素进行验证的交易,单个客户所有支付账户单日累计金额应不超过5000元(不包括支付账户向客户本人同名银行账户转账);(3)支付机构采用不足两类有效要素进行验证的交易,单个客户所有支付账户单日累计金额应不超过1000元(不包括支付账户向客户本人同名银行账户转账),且支付机构应当承诺无条件全额承担此类交易的风险损失赔付责任。

(四)业务管理规则

支付机构向客户开户银行发送支付指令,扣划客户银行账户资金的,支付机构和银行应当执行下列要求:(1)支付机构应当事先或在首笔交易时自主识别客户身份并分别取得客户和银行的协议授权,同意其向客户的银行账户发起支付指令扣划资金;(2)银行应当事先或在首笔交易时自主识别客户身份并与客户直接签订授权协议,明确约定扣款适用范围和交易验证方式,设立与客户风险承受能力相匹配的单笔和单日累计交易限额,承诺无条件全额承担此类交易的风险损失先行赔付责任;(3)除单笔金额不超过200元的小额支付业务,以及公共事业缴费、税费缴纳、信用卡还款等收款人固定并且定期发生的支付业务等规定的情形以外,支付机构不得代替银行进行交易验证。

支付机构应根据客户身份对同一客户在本机构开立的所有支付账户进行关联管理,并按照下列要求对个人支付账户进行分类管理:(1)对于以非面对面方式通过至少一个合法安全的外部渠道进行身份基本信息验证,且为首次在本机构开立支付账户的个人客户,支付机构可以为其开立Ⅰ类支付账户,账户余额仅可用于消费和转账,余额付款交易自账户开立起累计不超过1000元(包括支付账户向客户本人同名银行账户转账);(2)对于支付机构自主或委托合作机构以面对面方式核实身份的个人客户,或以非面对面方式通过至少三个合法安全的外部渠道进行身份基本信息多重交叉验证的个人客户,支付机构可以为其开立Ⅱ类支付账户,账户余额仅可用于消费和转账,其所有支付账户的余额付款交易年累计不超过10万元(不包括支付账户向客户本人同名银行账户转账);(3)对于支付机构自主或委托合作机构以面对面方式核实身份的个人客户,或以非面对面方式通过至少五个合法安全的外部渠道进行身份基本信息多重交叉验证的个人客户,支付机构可以为其开立Ⅲ类支付账户,账户余额可以用于消费、转账以及购买投资理财等金融类产品,其所有支付账户的余额付款交易年累计不超过20万元(不包括支付账户向客户本人同名银行账户转账)。客户身份基本信息外部验证渠道包括但不限于政府部门数据库、商业银行信息系统、商业化数据库等。

支付机构办理银行账户与支付账户之间转账业务的,相关银行账户与支付账户应属于同一客户。支付机构应按照与客户的约定及时办理支付账户向客户本人银行账户转账业务,不得对Ⅱ类、Ⅲ类支付账户向客户本人银行账户转账设置限额。支付机构为客户办理本机构发行的预付卡向支付账户转账的,应当按照《支付机构预付卡业务管理办法》相关规定对预付卡转账至支付账户的余额单独管理,仅限其用于消费,不得通过转账、购买投资理财等金融类产品等形式进行套现或者变相套现。

支付机构应当确保交易信息的真实性、完整性、可追溯性以及在支付全流程中的一致性,不得篡改或者隐匿交易信息。交易信息包括但不限于下列内容:(1)交易渠道、交易终端或接口类型、交易类型、交易金额、交易时间,以及直接向客户提供商品或者服务的特约商户名称、编码和按照国家与金融行业标准设置的商户类别码;(2)收付款客户名称,收付款支付账户账号或者银行账户的开户银行名称及账号;(3)付款客户的身份验证和交易授权信息;(4)有效追溯交易的标识;(5)单位客户单笔超过5万元的转账业务的付款用途和事由。因交易取消(撤销)、退货、交易不成功或者投资理财等金融类产品赎回等原因需划回资金的,相应款项应当划回原扣款账户。

(五)相关法律责任

支付机构应当建立健全风险准备金制度和交易赔付制度,并对不能有效证明因客户原因导致的资金损失及时先行全额赔付,保障客户合法权益。

支付机构应当采取有效措施,确保客户在执行支付指令前可对收付款客户名称和账号、交易金额等交易信息进行确认,并在支付指令完成后及时将结果通知客户。因交易超时、无响应或者系统故障导致支付指令无法正常处理的,支付机构应当及时提示客户;因客户原因造成支付指令未执行、未适当执行、延迟执行的,支付机构应当主动通知客户更改或者协助客户采取补救措施。

支付机构应当通过协议约定禁止特约商户存储客户银行卡的磁道信息或芯片信息、验证码、有效期、密码等敏感信息,并采取定期检查、技术监测等必要监督措施。特约商户违反协议约定存储上述敏感信息的,支付机构应当立即暂停或者终止为其提供网络支付服务,采取有效措施删除敏感信息、防止信息泄露,并依法承担因相关信息泄露造成的损失和责任。

支付机构网络支付业务相关系统设施和技术,应当持续符合国家、金融行业标准和相关信息安全管理要求。如未符合相关标准和要求,或者尚未形成国家、金融行业标准,支付机构应当无条件全额承担客户直接风险损失的先行赔付责任。

三、条码支付法律规制

(一)条码支付的概念

条码支付,也称扫码支付,是指银行业金融机构(以下简称银行)、非银行支付机构(以下简称支付机构)应用条码技术,实现收、付款人之间货币资金转移的业务活动。条码支付业务包括扫码付款和扫码收款。扫码付款,是指付款人通过移动终端识读收款人展示的条码完成支付的行为。扫码收款,是指收款人通过识读付款人移动终端展示的条码完成支付的行为。但是,支付机构不得基于条码技术,从事或变相从事证券、保险、信贷、融资、理财、担保、信托、货币兑换、现金存取等业务。

(二)条码的生成和受理

银行、支付机构开展条码支付业务,应将客户用于生成条码的银行账户或支付账户、身份证件号码、手机号码进行关联管理。银行、支付机构开展条码支付业务,可以组合选用下列三种要素,对客户条码支付交易进行验证:(1)仅客户本人知悉的要素,如静态密码等。(2)仅客户本人持有并特有的,不可复制或者不可重复利用的要素,如经过安全认证的数字证书、电子签名,以及通过安全渠道生成和传输的一次性密码等。采用数字证书、电子签名作为验证要素的,数字证书及生成电子签名的过程应符合相关规定,应确保数字证书的唯一性、完整性及交易的不可抵赖性。采用一次性密码作为验证要素的,应当切实防范一次性密码获取端与支付指令发起端为相同物理设备而带来的风险,并将一次性密码有效期严格限制在最短的必要时间内。(3)客户本人生物特征要素,如指纹等。银行、支付机构应当确保采用的要素相互独立,部分要素的损坏或者泄露不应导致其他要素损坏或者泄露。采用客户本人生物特征作为验证要素的,应当符合国家、金融行业标准和相关信息安全管理要求,防止被非法存储、复制或重放。银行、支付机构提供收款扫码服务的,应使用动态条码,通过设置条码有效期、使用次数等方式,防止条码被重复使用导致重复扣款,确保条码真实有效。采取自定义符号、图形、图像等作为信息载体传递交易信息用于支付服务的,参照有关规定进行管理。

(三)交易限额规则

银行、支付机构应根据《条码支付安全技术规范(试行)》(银办发〔2017〕242号)关于风险防范能力的分级规定,对个人客户的条码支付业务进行限额管理:(1)风险防范能力达到A级,即采用包括数字证书或电子签名在内的两类(含)以上有效要素对交易进行验证的,可与客户通过协议自主约定单日累计限额;(2)风险防范能力达到B级,即采用不包括数字证书、电子签名在内的两类(含)以上有效要素对交易进行验证的，同一客户单个银行账户或所有支付账户单日累计交易金额应不超过5000元；(3)风险防范能力达到C级，即采用不足两类要素对交易进行验证的，同一客户单个银行账户或所有支付账户单日累计交易金额应不超过1000元；(4)风险防范能力达到D级，即使用静态条码的，同一客户单个银行账户或所有支付账户单日累计交易金额应不超过500元。以同一个身份证件在同一家收单机构办理的全部小微商户基于信用卡的条码支付收款金额日累计不超过1000元、月累计不超过1万元。银行、支付机构应当结合小微商户风险等级动态调整交易卡种、交易限额、结算周期等，强化对小微商户的交易监测。

(四)交易过程规则

银行、支付机构应指定专人操作与维护条码生成相关系统。条码信息仅限包含当次支付相关信息，不应包含任何与客户及其账户相关的支付敏感信息。支付敏感信息，是指一旦遭到泄露或修改，会对标识的信息主体的信息安全和资金安全造成危害的信息，包括但不限于支付密码、银行卡密码、验证码、卡片有效期、生物特征以及未获客户授权的金融信息。

特约商户展示的条码，仅限包含与当次支付有关的特约商户、商品(服务)或商品(服务)订单等信息。移动终端展示的条码，不得包含未经加密处理的客户本人账户信息。

银行、支付机构应确保条码支付交易经客户确认或授权后发起，支付指令应真实、完整、有效。移动终端完成条码扫描后，应正确、完整显示扫码内容，供客户确认。特约商户受理终端完成条码扫描后，应仅显示扫码结果并提示下一步操作，不得显示付款人的支付敏感信息。

银行、支付机构应根据条码支付的真实场景，按规定正确选用交易类型，准确标识交易信息并完整发送，确保交易信息的完整性、真实性和可追溯性。交易信息至少应包括：直接提供商品或服务的特约商户名称、类别和代码，受理终端(网络支付接口)类型和代码，交易时间和地点(网络特约商户的网络地址)，交易金额，交易类型和渠道，交易发起方式等。网络特约商户的交易信息还应当包括订单号和网络交易平台名称。银行、支付机构应在支付交易报文中通过特定域标识该交易为条码支付交易，以供报文接收方正确识别并进行授权处理。

支付交易完成后，特约商户受理终端和移动终端应显示支付结果；支付失败的，特约商户受理终端和移动终端还应显示失败原因。

(五)条码支付法律责任

条码支付可能产生复杂的民事责任承担问题，包括因木马植入、恶意网址诱导、二维码“偷梁换柱”、信息劫持等产生的问题,[6]具体为超过授权支付引起的法律问题,二维码被盗、骗取付款码、软件被植入木马引起的法律问题,商家收款二维码被换引起的法律问题等。其中,民事责任的分配一般按过错责任原则处理,而商家收款二维码被换等情形中可能还存在违法犯罪问题。

第四节 ATM 交易法

一、ATM 的法律地位

在传统的商业银行业务中,无论是存款、贷款还是转账业务,都是由商业银行工作人员直接办理的,相关文书中一般都有商业银行的公章和其工作人员的签章。在自动柜员机(Automatic Teller Machine,ATM)交易中,持卡人并不与商业银行工作人员直接发生交往,而是与 ATM 进行交易。持卡人根据设定的 ATM 程序进行输入或点击相关按键,即可完成银行业务。一般地,除非 ATM 出现故障,否则合法持卡人与 ATM 的交易行为是无瑕疵的民事行为。因此,ATM 尽管是一套商业银行的机器人程序指令系统,但其行为具有法律效力。于此,如果将 ATM 视为具有意思表示能力的人,则可将 ATM 理解为商业银行的代理人;如果将 ATM 视为无意思表示能力的工具,则 ATM 仅仅是商业银行这一拟制人(法人或其分支机构)的交易工具。对此,就存在 ATM 是电子代理人[7]、电子营业员还是机器的争论。[8] 本书认为,从有限代理人的角度理解 ATM 的法律地位似乎更有利于网络时代的法律关系解释和法律调整。

二、ATM 交易规则

(一)银行卡申销户规则

个人申领银行卡(储值卡除外),应当向发卡银行提供公安部门规定的本人有效身份证件,经发卡银行审查合格后,为其开立记名账户;凡在中国境内金融机构开立基本存款账户的单位,应当凭中国人民银行核发的开户许可证申领单位卡。个人人民币卡账户的资金以其持有的现金存入或以其工资性款项、属于个人的合法的劳务报酬、投资回报等收入转账存入。个人外币卡账户的资金以其个人持有的外币现钞存入或

---

[6] 参见黎四奇:《二维码扫码支付法律问题解构》,载《中国法学》2018 年第 3 期。

[7] 参见黄立、何田田:《比较法视野中的 ATM——以许霆案为研究线索》,载《法学杂志》2008 年第 3 期。

[8] 参见刘明祥:《再论用信用卡在 ATM 机上恶意取款的行为性质——与张明楷教授商榷》,载《清华法学》2009 年第 1 期;张明楷:《非法使用信用卡在 ATM 机取款的行为构成盗窃罪——再与刘明祥教授商榷》,载《清华法学》2009 年第 1 期。

从其外汇账户(含外钞账户)转账存入。该账户的转账及存款均按国家外汇管理局《个人外汇管理办法》办理。个人外币卡在境内提取外币现钞时应按照我国个人外汇管理制度办理。银行卡及其账户只限经发卡银行批准的持卡人本人使用,不得出租和转借。

单位人民币卡账户的资金一律从其基本存款账户转账存入。单位外币卡账户的资金应从其单位的外汇账户转账存入,不得在境内存取外币现钞,其外汇账户应符合下列条件:按照中国人民银行境内外汇账户管理的有关规定开立;其外汇账户收支范围内具有相应的支付内容。单位人民币卡可办理商品交易和劳务供应款项的结算,但不得透支;超过中国人民银行规定起点的,应当经中国人民银行当地分行办理转汇。

持卡人在还清全部交易款项、透支本息和有关费用后,可申请办理销户。销户时,单位人民币卡账户的资金应当转入其基本存款账户,单位外币卡账户的资金应当转回相应的外汇账户,不得提取现金。

(二)计息规则

发卡银行对准贷记卡及借记卡(不含储值卡)账户内的存款,按照中国人民银行规定的同期同档次存款利率及计息办法计付利息。发卡银行对贷记卡账户的存款、储值卡(含 IC 卡的电子钱包)内的币值不计付利息。

贷记卡持卡人非现金交易享受如下优惠待遇:(1)免息还款期待遇。银行记账日至发卡银行规定的到期还款日之间为免息还款期。免息还款期最长为 60 日。持卡人在到期还款日前偿还所使用全部银行款项即可享受免息还款期待遇,无须支付非现金交易的利息。(2)最低还款额待遇。持卡人在到期还款日前偿还所使用全部银行款项有困难的,可按照发卡银行规定的最低还款额还款。贷记卡的首月最低还款额不得低于其当月透支余额的 10%。贷记卡持卡人选择最低还款额方式或超过发卡银行批准的信用额度用卡时,不再享受免息还款期待遇,应当支付未偿还部分自银行记账日起按规定利率计算的透支利息。贷记卡持卡人支取现金、准贷记卡透支,不享受免息还款期和最低还款额待遇,应当支付现金交易额或透支额自银行记账日起按规定利率计算的透支利息。

发卡银行对贷记卡持卡人未偿还最低还款额和超信用额度用卡的行为,应当分别按最低还款额未还部分、超过信用额度部分的 5% 收取滞纳金和超限费。贷记卡透支按月计收复利,准贷记卡透支按月计收单利,透支利率为日利率 0.05%,并根据中国人民银行的此项利率调整而调整。

(三)交易限额规则

发卡银行应当遵守下列信用卡业务风险控制指标:(1)同一持卡人单笔透支发生额个人卡不得超过 2 万元(含等值外币)、单位卡不得超过 5 万元(含等值外币)。(2)同一账户月透支余额个人卡不得超过5万元(含等值外币),单位卡不得超过发卡银行对该单位综合授信额度的3%。无综合授信额度可参照的单位,其月透支余额不得超过10万元(含等值外币)。(3)外币卡的透支额度不得超过持卡人保证金(含储蓄存单质押金额)的80%。

个人持境内银行卡在境外提取现金,本人名下银行卡(含附属卡)合计每个自然年度不得超过等值10万元人民币。超过年度额度的,本年及次年将被暂停持境内银行卡在境外提取现金。个人持境内银行卡在境外提取现金,外币卡由每卡每日不得超过等值1000美元调整为等值1万元人民币,由发卡金融机构在自身业务系统内实现;人民币卡管理维持每卡每日不得超过等值1万元人民币,由境内人民币卡清算组织统一在自身业务系统实现。

发卡银行对贷记卡的取现应当每笔授权,每卡每日累计取现不得超过交易上限。发卡银行应当对持卡人在ATM取款设定交易上限。储值卡的面值或卡内币值不得超过中国人民银行规定的上限。

三、ATM交易当事人的权利义务

(一)持卡人的权利义务

持卡人的权利主要有:(1)对发卡银行承诺服务的享有权。持卡人享有发卡银行对其银行卡所承诺的各项服务的权利。(2)监督投诉权。持卡人有权监督银行服务质量并对不符合服务质量的情形进行投诉。(3)知情权。申请人、持卡人有权知悉其选用的银行卡的功能、使用方法、收费项目、收费标准、适用利率及有关的计算公式。持卡人有权索取信用卡领用合约,并应妥善保管。(4)对账权。持卡人有权在规定时间内向发卡银行索取对账单,并有权要求对不符账务内容进行查询或改正。(5)风险免除权。借记卡的挂失手续办妥后,持卡人不再承担相应卡账户资金变动的责任,司法机关、仲裁机关另有判决、裁决的除外。

持卡人的义务主要有:(1)真实资料提供义务。申请人应当向发卡银行提供真实的申请资料。此外,申请人还应按照发卡银行规定向其提供符合条件的担保。(2)遵守合约义务。持卡人应当遵守发卡银行的章程及领用合约的有关条款。(3)重要信息变更及时通知义务。持卡人或保证人通讯地址、职业等发生变化,应当及时书面通知发卡银行。(4)还款义务。持卡人不得以和商户发生纠纷为由拒绝支付所欠银行款项。

(二)发卡银行的权利和义务

发卡银行的权利主要有:(1)资信审查决定权。发卡银行有权审查申请人的资信状况、索取申请人的个人资料,并有权决定是否向申请人发卡及确定信用卡持卡人的透支额度。(2)追偿权。发卡银行对持卡人的透支款项有追偿权。对持卡人不在规定期限内归还透支款项的,发卡银行有权申请法律保护并依法追究持卡人或有关当事人的法律责任。(3)依法取消权。发卡银行对不遵守其章程规定的持卡人,有权取消其持卡人资格,并可授权有关单位收回其银行卡。(4)(特殊银行卡)拒绝挂失权。发卡银行对储值卡和 IC 卡内的电子钱包可不予挂失。

发卡银行的义务:(1)资料提供义务。发卡银行应当向银行卡申请人提供有关银行卡的使用说明资料,包括章程、使用说明及收费标准。现有持卡人亦可索取上述资料。(2)重要信息告知义务。发卡银行应当在有关卡的章程或使用说明中向持卡人说明密码的重要性及丢失的责任。(3)答复义务。发卡银行应当设立针对银行卡服务的公平、有效的投诉制度,并公开投诉程序和投诉电话。发卡银行对持卡人关于账务情况的查询和改正要求应当在 30 日内给予答复。(4)对账义务。发卡银行应当向持卡人提供对账服务。按月向持卡人提供账户结单,在下列情况下发卡银行可不向持卡人提供账户结单:已向持卡人提供存折或其他交易记录;自上一份月结单后,没有进行任何交易,账户没有任何未偿还余额;已与持卡人另行商定。发卡银行向持卡人提供的银行卡对账单应当列出以下内容:交易金额、账户余额(贷记卡还应列出到期还款日、最低还款额、可用信用额度);交易金额记入有关账户或自有关账户扣除的日期;交易日期与类别;交易记录号码;作为支付对象的商户名称或代号(异地交易除外);查询或报告不符账务的地址或电话号码。(5)挂失义务。发卡银行应当向持卡人提供银行卡挂失服务,应当设立 24 小时挂失服务电话,提供电话和书面两种挂失方式,书面挂失为正式挂失方式,并在章程或有关协议中明确发卡银行与持卡人之间的挂失责任。(6)保密义务。发卡银行对持卡人的资信资料负有保密的责任。

四、ATM 交易法律责任

(一)民事责任

在 ATM 交易中,涉及多种情形的民事责任问题,主要包括:(1)由于持卡人自己原因引起的损失,由持卡人自己承担。例如,持卡人输错收款人账号引起的损失就不能要求商业银行承担责任。(2)ATM 故障引起交易错误造成持卡人不当得利的,持卡人应当退还资金;ATM 故障引起交易错误造成持卡人账户记账数额不当减少的,持卡人有权要求商业银行予以纠正;持卡人利用 ATM 故障故意多支取现金的,则需承担赔偿责任。(3)由于第三人违法犯罪原因造成持卡人账户记账数额变动的,一般由商业银行承担相关损失,持卡人有权要求商业银行纠正其银行卡记账数额。若第三人违法犯罪导致持卡人资金损失且是由于持卡人泄露个人信息造成的,则持卡人需承担部分民事责任。

（二）行政责任

商业银行有下列情形之一者，中国人民银行应当责令改正，有违法所得的，处以违法所得1倍以上3倍以下的罚款，但最高不超过30000元；没有违法所得的，按有关法律、规章处以罚款；情节严重的，应当追究直接负责的主管人员和有关直接责任人员的行政责任，情节严重的追究有关领导人的责任：（1）擅自发行银行卡或在申请开办银行卡业务过程中弄虚作假的；（2）违反规定的计息和收费标准的；（3）违反银行卡账户及交易管理规定的。发卡银行未遵守规定的风险管理措施和控制指标的，中国人民银行应当责令改正，并给予通报批评。

持卡人出租或转借其信用卡及其账户的，发卡银行应当责令其改正，并对其处以1000元人民币以内的罚款（由发卡银行在申请表、领用合约等契约性文件中事先约定）。持卡人将单位的现金存入单位卡账户或将单位的款项存入个人卡账户的，中国人民银行应责令改正，并对单位卡所属单位及个人卡持卡人处以1000元人民币以内的罚款。

非金融机构、金融机构的代表机构经营银行卡业务的，由中国人民银行依法予以取缔。

（三）刑事责任

1. 信用卡诈骗罪。根据《刑法》第196条规定，有下列情形之一，进行信用卡诈骗活动，数额较大的，处5年以下有期徒刑或者拘役，并处2万元以上20万元以下罚金；数额巨大或者有其他严重情节的，处5年以上10年以下有期徒刑，并处5万元以上50万元以下罚金；数额特别巨大或者有其他特别严重情节的，处10年以上有期徒刑或者无期徒刑，并处5万元以上50万元以下罚金或者没收财产：（1）使用伪造的信用卡，或者使用以虚假的身份证明骗领的信用卡的。此处的使用包括购买、取现、支付等情形。（2）使用作废的信用卡的。作废的信用卡包括过期的信用卡、中途停用并交给银行的信用卡、已挂失的信用卡。（3）冒用他人信用卡的。冒用包括拾得后使用和骗用等情形。（4）恶意透支的。恶意透支，是指持卡人以非法占有为目的，超过规定限额或者规定期限透支，并且经发卡银行催收（收到发卡银行催收通知之日起3个月）后仍不归还的行为。

2. 盗窃罪。盗窃信用卡并使用的，依照盗窃罪定罪处罚。值得指出的是，信用卡诈骗和盗窃信用卡并使用犯罪情形中的信用卡包括借记卡和贷记卡。也就是说，此时的信用卡属于广义的概念。

第五节　网络证券法

一、证券网上发行法律规制

随着互联网的普遍应用，证券发行无须在柜台进行，投资人也无须在柜台购买证券。证券网上发行可节约多方的交易成本。我国证券市场发展起步于20世纪90年代，那时互联网已走向商用，因此我国证券发行也开始采取网上发行方式。

(一)证券网上发行原则

证券发行需遵守公平、公开、公正原则，证券网上发行也需如此。对此，有关部门出台了相关规定以保证证券网上发行遵守上述原则。其中包括，使用多个相同证券账户持有人姓名(名称)、相同有效身份证明文件号码的证券账户申购同一只新股，申购无效。对每一只新股发行，参与网下发行报价的配售对象再参与网上新股申购，其申购无效。不仅如此，证券交易所有权禁止此类配售对象开立的证券账户申购新股，并提请有权部门对相关机构作出处罚。

(二)证券网上发行方式

证券网上发行方式包括竞价发行、定价发行和定价市值配售等。在竞价发行中，证券承销商通过竞价确定发行价格，证券投资者通过竞价购买证券，即价格优先和相同价格时间优先，且应遵守一次申购规则。通常，每一申购单位为1000股，申购数量不少于1000股，超过1000股的必须是1000股的整数倍，但最高不得超过当次社会公众股上网发行总量的1/1000，且不得超过9999.9万股。当某申报买入价位以上的累计有效申购量达到申报卖出数量时，此价位即为发行价。当该申报价位的买入申报不能全部满足时，按时间优先原则成交。累计有效申报数量未达到新股实际发行数量时，则所有有效申报均按发行底价成交，剩余部分按承销协议处理。在定价发行中，证券承销商按固定价格发行证券，证券投资者认购成功采取抽签等偶然方式。当有效申购总量大于该次股票发行量时，由证券交易所主机自动按一定股份数量股确定一个申报号，连序排号，然后通过摇号抽签。在定价市值配售中，将发行证券的一定比例向投资者证券市值配售。

二、证券网上交易法律规制

(一)交易程序

此处的证券网上交易是指证券二级市场业务，是证券持有人向其他主体转让证券的活动。一般而言,证券交易分委托、交易、清算交割等程序。当然,这些程序现在都是通过网络完成的。因此,网上证券交易的突出特点是电子化和网络化,但其也面临网络攻击、数据安全、网络欺诈、通信质量等交易风险,[9]如因时间误差引发的证券交易失败问题。[10]

(二)持续信息公开

在证券市场中,信息是市场价值的原动力。因此,上市公司须根据规定持续公布以下文件:(1)募集文件(招股说明书、公司债券募集办法);(2)财务会计报告;(3)上市报告;(4)年度报告;(5)中期报告;(6)临时报告;(7)其他信息。我国《证券法》第80条规定,发生可能对上市公司、股票在国务院批准的其他全国性证券交易场所交易的公司的股票交易价格产生较大影响的重大事件,投资者尚未得知时,公司应当立即将有关该重大事件的情况向国务院证券监督管理机构和证券交易场所报送临时报告,并予公告,说明事件的起因、目前的状态和可能产生的法律后果。前述所称重大事件包括:(1)公司的经营方针和经营范围的重大变化;(2)公司的重大投资行为,公司在一年内购买、出售重大资产超过公司资产总额30%,或者公司营业用主要资产的抵押、质押、出售或者报废一次超过该资产的30%;(3)公司订立重要合同、提供重大担保或者从事关联交易,可能对公司的资产、负债、权益和经营成果产生重要影响;(4)公司发生重大债务和未能清偿到期重大债务的违约情况;(5)公司发生重大亏损或者重大损失;(6)公司生产经营的外部条件发生的重大变化;(7)公司的董事、1/3以上监事或者经理发生变动,董事长或者经理无法履行职责;(8)持有公司5%以上股份的股东或者实际控制人持有股份或者控制公司的情况发生较大变化,公司的实际控制人及其控制的其他企业从事与公司相同或者相似业务的情况发生较大变化;(9)公司分配股利、增资的计划,公司股权结构的重要变化,公司减资、合并、分立、解散及申请破产的决定,或者依法进入破产程序、被责令关闭;(10)涉及公司的重大诉讼、仲裁,股东大会、董事会决议被依法撤销或者宣告无效;(11)公司涉嫌犯罪被依法立案调查,公司的控股股东、实际控制人、董事、监事、高级管理人员涉嫌犯罪被依法采取强制措施;(12)国务院证券监督管理机构规定的其他事项。公司的控股股东或者实际控制人对重大事件的发生、进展产生较大影响的,应当及时将其知悉的有关情况书面告知公司,并配合公司履行信息披露义务。

---

〔9〕 参见徐亮:《网上证券交易:挑战、法律困境及出路》,载《法学论坛》2005年第2期。

〔10〕 参见徐聪、郭溧鸣:《因时间误差引发的证券交易失败民事责任之探析》,载《政治与法律》2010年第10期。

（三）证券交易的禁止行为

1. 虚假陈述

证券市场中的虚假陈述包括虚假记载、误导性陈述、重大遗漏和不正当披露等情形。在虚假陈述的民事责任方面，发行人、上市公司公告的招股说明书、公司债券募集办法、财务会计报告、上市报告文件、年度报告、中期报告、临时报告以及其他信息披露资料，有虚假记载、误导性陈述或者重大遗漏，致使投资者在证券交易中遭受损失的，发行人、上市公司应当承担赔偿责任。发行人、上市公司的董事、监事、高级管理人员和其他直接责任人员以及保荐人、承销的证券公司，应当与发行人、上市公司承担连带赔偿责任，但是能够证明自己没有过错的除外。发行人、上市公司的控股股东、实际控制人有过错的，应当与发行人、上市公司承担连带赔偿责任。

在虚假陈述的行政责任方面，主要有以下形式：(1)发行人承担的责任：责令停止发行、责令改正、退还所募资金和加算银行同期存款利息、警告、罚款。(2)证券公司等机构承担的责任：责令改正、取消从业资格、罚款、行政处分。(3)中介机构承担的责任：没收违法所得、罚款，并由有关主管部门责令该机构停业、吊销资格证书。

在虚假陈述的刑事责任方面，主要有以下相关罪名：(1)欺诈发行股票、债券罪；(2)违规披露、不披露重要信息罪；(3)编造并传播证券、期货交易虚假信息罪；(4)诱骗投资者买卖证券、期货合约罪；(5)提供虚假证明文件罪和出具证明文件重大失实罪等。

2. 内幕交易

证券市场中的内幕交易，是指证券交易内幕信息的知情人和非法获取内幕信息的人利用内幕信息从事证券交易的活动。其中，内幕信息，是指证券交易活动中，涉及公司的经营、财务或者对该公司证券的市场价格有重大影响的尚未公开的信息。证券交易内幕信息的知情人包括：(1)发行人的董事、监事、高级管理人员；(2)持有公司5%以上股份的股东及其董事、监事、高级管理人员，公司的实际控制人及其董事、监事、高级管理人员；(3)发行人控股的公司及其董事、监事、高级管理人员；(4)由于所任公司职务可以获取公司有关内幕信息的人员；(5)证券监督管理机构工作人员以及由于法定职责对证券的发行、交易进行管理的其他人员；(6)保荐人、承销的证券公司、证券交易所、证券登记结算机构、证券服务机构的有关人员；(7)国务院证券监督管理机构规定的其他人。证券交易内幕信息的知情人和非法获取内幕信息的人，在内幕信息公开前，不得买卖该公司的证券，或者泄露该信息，或者建议他人买卖该证券。在法律责任方面，内幕交易行为给投资者造成损失的，行为人应当依法承担赔偿责任。此外，证券监管部门有权责令相关主体依法处理非法获得的证券、没收违法所得、罚款；情节严重的，构成内幕交易、泄露内幕信息罪。

3. 操纵证券市场

操纵证券市场,是指以不正当手段影响证券交易价格和交易量的行为。我国《证券法》禁止任何人以下列手段操纵证券市场:(1)单独或者通过合谋,集中资金优势、持股优势或者利用信息优势联合或者连续买卖,操纵证券交易价格或者证券交易量;(2)与他人串通,以事先约定的时间、价格和方式相互进行证券交易,影响证券交易价格或者证券交易量;(3)在自己实际控制的账户之间进行证券交易,影响证券交易价格或者证券交易量;(4)以其他手段操纵证券市场。在法律责任方面,操纵证券市场行为给投资者造成损失的,行为人应当依法承担赔偿责任;证券监管部门有权没收违法所得、罚款等;情节严重的,构成操纵证券、期货市场罪。

4. 欺诈客户

欺诈客户,是指证券公司损害客户利益的欺诈行为。我国《证券法》规定,禁止证券公司及其从业人员从事下列损害客户利益的欺诈行为:(1)违背客户的委托为其买卖证券;(2)不在规定时间内向客户提供交易的书面确认文件;(3)挪用客户所委托买卖的证券或者客户账户上的资金;(4)未经客户的委托,擅自为客户买卖证券,或者假借客户的名义买卖证券;(5)为牟取佣金收入,诱使客户进行不必要的证券买卖;(6)利用传播媒介或者通过其他方式提供、传播虚假或者误导投资者的信息;(7)其他违背客户真实意思表示,损害客户利益的行为。在法律责任方面,欺诈客户给客户造成损失的,行为人应当依法承担赔偿责任。此外,证券监管部门有权采取警告、没收非法所得、罚款、限制或停止经营资格、从事业务许可等措施。

三、证券持有人网上投票参与公司治理法律规制

1. 证券持有人网上投票参与公司治理法律规制主要涉及股东网上投票参与公司治理法律问题等。在传统社会中,股东大会采取在固定地点集中召开的方式。在现代社会中,由于股东人数众多,股东大会可采取网上投票的方式。这种方式可以克服小股东的"理性冷漠"给公司治理带来的难题,[11] 鼓励和引导网络环境下的股东积极主义行为和投资者革命。[12] 在本质上,股东网上投票是股东行使股权的行为。这种权利的实质是股东享有的投资收益权派生出的参与公司治理权。不过,有的研究认为,股东大会网络通信表决制度设计的目标、适用范围、操作程序及信息披露均有其特殊性,应限制控股股东通过网络通信方式行使表决权。[13]

---

〔11〕 参见黄韬:《股东网络投票:制度安排与现实效果》,载《清华法学》2008 年第 6 期。

〔12〕 参见冯果、李安安:《投资者革命、股东积极主义与公司法的结构性变革》,载《法律科学》2012 年第 2 期。

〔13〕 参见叶林、刘辅华:《构建上市公司股东大会网络通讯表决制度的法律思考》,载《当代法学》2005 年第 5 期。

2. 在网上投票相关程序中，应按照《公司法》《证券法》预先通知。股东大会的关键程序之一是按照规定的时间和方式提前通知。就通知时间而言，通常要提前一段时间通知。在募集设立公司情形中，发起人应当在创立大会召开 15 日前将会议日期通知各认股人或者予以公告。在其他情形中，召开股东大会会议，应当将会议召开的时间、地点和审议的事项于会议召开 20 日前通知各股东；临时股东大会应当于会议召开 15 日前通知各股东；发行无记名股票的，应当于会议召开 30 日前公告会议召开的时间、地点和审议事项。当然，随着现代社会的发展，采取一次通知的方式有时难以有效保护股东的权利。所以，增加通知的次数对股东更有利。就通知方式而言，网上通知和公告是主要方式。当然，是否需要通过电话等个别通知补救股东未知悉问题则是一个棘手问题，因为很难了解到哪些主体尚未知悉。若采取要求股东提交获知电子回执的方式，则可以解决这一难题。不过，个别通知补救程序是否必要仍是值得反思的问题。

3. 禁止操纵股东网上投票及篡改投票结果。股东网上投票攸关公司治理或权益分配，因此任何人都不得采取违法手段影响网上投票结果，也不得篡改投票结果。否则，不仅要采取补救措施，而且还要追究有关行为人的法律责任。

四、证券众筹法律规制

1. 股权众筹是证券众筹的形式之一。证券包括股票、债券、基金券等多种形式，证券众筹因此可分为股权众筹、债权众筹等多种形式。股权众筹是借助互联网吸引资金实现企业创意的行为，债权众筹是一种撮合借贷双方达成债权债务合同的线上服务。[14] 我们知道，在传统社会中，设立公司和借贷款是熟人社会的事宜。这样，公司治理和债权债务处理就相对简单，也可避免相关纠纷。可随着互联网经济发展，小股东分散化成为一种趋势，因此股权众筹具有可行性；而在债权债务关系中，若有可信任的信息，债权人之间是否熟悉也不再是十分必要的事宜。这样，债权众筹也具有可行性。

2. 目前我国法律禁止股权众筹。我国《证券法》第 9 条规定，公开发行证券，必须符合法律、行政法规规定的条件，并依法报经国务院证券监督管理机构或者国务院授权的部门注册。未经依法注册，任何单位和个人不得公开发行证券。证券发行注册制的具体范围、实施步骤，由国务院规定。有下列情形之一的，为公开发行：(1)向不特定对象发行证券；(2)向特定对象发行证券累计超过 200 人，但依法实施员工持股计划的员工人数不计算在内；(3)法律、行政法规规定的其他发行行为。非公开发行证

〔14〕 参见杨东：《互联网金融风险规制路径》，载《中国法学》2015 年第 3 期。

券,不得采用广告、公开劝诱和变相公开方式。可见,股权众筹不符合我国当前的法律规定。这样,现行私募融资发行规则中的公开宣传禁令成为制约私募股权众筹的最主要制度瓶颈。[15]

3. 行业呼吁放开股权众筹,同时加强监管。总体而言,世界上不同国家对于股权众筹的态度可分为三类:第一种是禁止股权众筹;第二种是虽允许股权众筹但设置高进入壁垒;第三种是任何投资者皆能介入股权众筹,但对股权众筹中的发行人、中介机构和投资者实行严格的监管,以保护投资者利益。[16] 就我国而言,鉴于互联网经济的发展,人们期待通过引入股权众筹促进金融市场发展。例如,中国证券业协会于2016年就起草了《私募股权众筹融资管理办法(试行)(征求意见稿)》。该文件中的私募股权众筹的条件有:融资者应当为中小微企业或其发起人;融资者不得公开或采用变相公开方式发行证券;不得向不特定对象发行证券;融资者或融资者发起设立的融资企业的股东人数累计不得超过200人;个人投资者的金融资产不低于300万元人民币或最近三年个人年均收入不低于50万元人民币等。尽管如此,立法机关尚未通过相关立法。本书认为,任何一种金融创新都需要做好投资者利益保护。在此基础上构建的法律制度就可较好地解决网络金融的创新问题。

第六节 网络捐赠法

一、网络捐赠法概述

网络捐赠关系是捐赠人通过互联网捐赠引起的社会关系,其本质是赠与关系。因此,网络捐赠关系具有以下特点:(1)无偿性,即捐赠人无须报偿、受赠人无须支付对价;(2)单方义务性,即一般只有捐赠人有义务;(3)实践性,一般以捐赠标的的交付为生效原则,但公益捐赠除外。

网络捐赠可分为网络私益捐赠和网络公益捐赠。(1)网络私益捐赠,是指直接用于私益的网络捐赠,主要基于亲情、爱情、友情、关爱而发生。(2)网络公益捐赠,是指自然人、法人或者其他组织通过网络自愿无偿向依法成立的公益性社会团体和公益性非营利的事业单位捐赠财产,用于公益事业的捐赠。其中,公益事业包括:一是救助灾害、救济贫困、扶助残疾人等困难的社会群体和个人的活动;二是教育、科学、文化、卫

〔15〕 参见刘明:《论私募股权众筹中公开宣传规则的调整路径——兼评〈私募股权众筹融资管理办法(试行)〉》,载《法学家》2015年第5期。

〔16〕 参见樊云慧:《股权众筹平台监管的国际比较》,载《法学》2015年第4期。

生、体育事业；三是环境保护、社会公共设施建设；四是促进社会发展和进步的其他社会公共和福利事业。在此需要指出的是，赠与人在赠与财产的权利转移之前可以撤销赠与，但具有救灾、扶贫等社会公益、道德义务性质的赠与合同或者经过公证的赠与合同不可撤销。

网络捐赠主要通过银行、网络捐赠平台和其他平台进行。因此，即使是通过网络进行私益捐赠，网络捐赠实质上也具有“间接”捐赠的特点。而传统的私益捐赠大多为直接捐赠，捐赠人直接将财物交给受赠人。这样，网络捐赠就具有了特殊性。

网络捐赠主要涉及赠与关系、信托关系等，受到《民法典》、《公益事业捐赠法》、《慈善法》和民政部《救灾捐赠管理办法》等调整。其中，《民法典》中的赠与合同部分主要调整私益捐赠关系，《慈善法》《公益事业捐赠法》主要调整公益捐赠关系。

二、网络红包法律规制

近年来，微信红包、百度红包等网络红包业务发展迅速。从本质上说，网络红包涉及赠与关系，其中发红包者为赠与人，收红包者为受赠人。对于网络红包，应从合法与违法的角度进行区分。

1. 合法网络红包。实践中，网络红包有一对一的网络红包，也包括一对多的网络红包。在性质上，两类发红包行为都属于赠与行为。合法网络红包存在受领、待受领和不受领等情形。鉴于此，网络红包带来红包未受领期间的资金归属法律问题。对此，理论上存在不同认识。但无论如何，未受领红包利益不归属于第三方平台。

2. 违法网络红包。实践中，网络红包可能被用于违法犯罪活动，[17] 如贿赂、诈骗、非法集资、洗钱等。这些违法犯罪行为企图利用红包的“合法”外衣隐瞒违法犯罪目的，应受到法律制裁。不仅如此，一些主体设计自动抢红包程序，也带来一些违法问题。此外，实践中还存在一些主体通过网络红包的方式支付合同交易中的小额款项，或全部款项或部分款项。对此，该方式主要涉及是否符合法律的强制性规定和是否影响国家税收问题。如果红包支付违反法律的强制性规定，则该行为不符合法律规定；如果红包支付使得纳税人应纳税额减少，则该行为也需法律进行调整。

三、网络公益众筹法律规制

网络公益众筹，是指通过互联网方式募集捐赠资金的行为。例如，通过腾讯公益、轻松筹、水滴筹等平台进行众筹的行为就属于网络公益众筹的范围。值得指出的是，

---

〔17〕 参见赵飒：《拆拆电子红包的涉罪问题》，载《人民法院报》2015 年 3 月 4 日，第 6 版；叶竹盛：《微信红包背后的法治元素》，载《法制日报》2016 年 2 月 22 日，第 7 版。

这里所言公益并不仅限于受益人为不特定对象所及的公益，也包括为特定对象通过众筹解决其资金困难问题所及的情形。在公益众筹法律关系中，主要涉及网络众筹平台、捐赠人、受益人和互联网服务提供者等。

（一）网络众筹平台的资格和义务

所谓慈善组织，是指依法成立、符合法律规定，以面向社会开展慈善活动为宗旨的非营利性组织。慈善组织可以采取基金会、社会团体、社会服务机构等组织形式。慈善组织应当符合下列条件：以开展慈善活动为宗旨；不以营利为目的；有自己的名称和住所；有组织章程；有必要的财产；有符合条件的组织机构和负责人；法律、行政法规规定的其他条件。根据《慈善法》第 10 条、第 23 条第 3 款规定，设立慈善组织需获民政部门批准，慈善组织通过互联网开展公开募捐的，应当在国务院民政部门统一或者指定的慈善信息平台发布募捐信息，并可以同时在其网站发布募捐信息。《慈善法》第 22 条规定，慈善组织开展公开募捐，应当取得公开募捐资格。依法登记满二年的慈善组织，可以向其登记的民政部门申请公开募捐资格。法律、行政法规规定自登记之日起可以公开募捐的基金会和社会团体，由民政部门直接发给公开募捐资格证书。可见，我国对慈善组织的资格取得采取了直接登记制，门槛较低，是我国《慈善法》的创新。[18] 据此，网络众筹平台理应登记以取得资格，开展慈善活动则需要依规发布募捐信息。不仅如此，公益众筹的规范进行需要网络平台合规运行，因此需要对其加强监管，应规定其资料审核义务。不具有公开募捐资格的组织或者个人基于慈善目的，可以与具有公开募捐资格的慈善组织合作，由该慈善组织开展公开募捐并管理募得款物。

（二）捐赠人的权利和义务

捐赠人有权查询、复制其捐赠财产管理使用的有关资料，慈善组织应当及时主动向捐赠人反馈有关情况。捐赠人应当按照捐赠协议履行捐赠义务。捐赠人通过互联网公开承诺捐赠而逾期未交付捐赠财产的，慈善组织或者其他接受捐赠的人可以要求交付；捐赠人拒不交付的，慈善组织和其他接受捐赠的人可以依法向人民法院申请支付令或者提起诉讼。但是，捐赠人公开承诺捐赠或者签订书面捐赠协议后经济状况显著恶化，严重影响其生产经营或者家庭生活的，经向公开承诺捐赠地或者书面捐赠协议签订地的民政部门报告并向社会公开说明情况后，可以不再履行捐赠义务。

（三）受赠人的资格和义务

受赠人的资格涉及其经济困境是否真实。实践中曾出现“撞死人赔不起”而进行众筹的行为，后来该行为被叫停。这表明，公益众筹应有边界。这个边界就是受赠人

---

〔18〕 参见王涛：《〈慈善法〉的立法理念、制度创新和完善路径》，载《法学论坛》2018 年第 1 期。

受赠不能因其违法犯罪或其他不正当原因而起。实践中也出现了多起有房有车而通过公益众筹看病的案例。可见,对受益人是否需要进行限制值得思考。从我国《慈善法》对慈善活动的界定看,扶贫、济困、扶老、救孤、恤病、助残、优抚等都在慈善范围中。而问题的核心在于接受捐赠者是否符合“困”的要求。本书认为,即使在受益人自身经济条件尚可的情况下,若发生疾病、伤残等重大变故使其处于困境中,接受捐赠也符合规定。当然,若某主体即使发生重大变故而经济上也无实际困难,则不符合接受捐赠的标准。在义务方面,受益人应当珍惜慈善资助,按照协议使用慈善财产。受益人未按照协议使用慈善财产或者有其他严重违反协议情形的,慈善组织有权要求其改正;受益人拒不改正的,慈善组织有权解除协议并要求受益人返还财产。

(四)其他服务主体的义务

在网络公益众筹中,还可能涉及网络服务提供者、电信运营商等主体。这些主体应当对利用其平台开展公开募捐的慈善组织的登记证书、公开募捐资格证书进行验证。此外,在网络公益众筹活动中,还存在一些自然人或其他组织担任众筹“发起人”的角色。对此,也应明确这些主体的法律地位及义务,以促进网络公益众筹规范运行。

(五)网络公益众筹法律责任

在慈善服务过程中,因慈善组织或者志愿者过错造成受益人、第三人损害的,慈善组织依法承担赔偿责任;若损害是由志愿者故意或者重大过失造成的,则慈善组织可以向其追偿。网络服务提供者、电信运营商未履行规定的验证义务的,由其主管部门予以警告,责令限期改正;逾期不改正的,予以通报批评。此外,受赠人若存在骗捐问题,则存在资金返还和其他法律责任的承担问题。

第六章　网络知识产权法

第一节　网络知识产权法概述

一、网络与知识产权法

（一）网络与知识产权的概念

1. 网络

网络，又称计算机网络、信息网络，是一组连接在一起的相互之间可进行通信的计算机。这些计算机可以用电话线、同轴电缆、卫星链路以及其他通信技术连接起来。这也就是我们俗称的“三网融合”。

知识产权法语境下的“网络”也就是上述“融合”性网络。2012 年最高人民法院《关于审理侵害信息网络传播权民事纠纷案件适用法律若干问题的规定》（2020 年修正）第 2 条规定：“本规定所称信息网络，包括以计算机、电视机、固定电话机、移动电话机等电子设备为终端的计算机互联网、广播电视网、固定通信网、移动通信网等信息网络，以及向公众开放的局域网络。”

2. 知识产权

《民法典》第 123 条第 2 款规定，知识产权是权利人依法就下列客体享有的专有的权利：（1）作品；（2）发明、实用新型、外观设计；（3）商标；（4）地理标志；（5）商业秘密；（6）集成电路布图设计；（7）植物新品种；（8）法律规定的其他客体。

（二）网络对知识产权法的影响

1. 网络对知识产权基本性质的影响

（1）网络增强了知识产权客体的无形性。知识产权的本质特征是其客体的无形性，也就是受权利保护的知识产品并没有任何物质实体，其取得、使用和处分与有形财产都存在很大区别。首先，知识产品无法进行有形的占有。由于知识产品不具有任何物质形态，不占据任何物理空间，所以无法进行具体而实在的管领和控制，而必须有法定或公认的确认权利归属的方法。其次，知识产品的使用不会产生有形的损耗。知识产品可以分散附着于多份物质载体而供不同的人使用，物质载体的损耗对知识产品本身的质量丝毫没有影响，这就决定了许可使用方式在知识产权行使中的重要地位。最后，知识产品无法进行事实处分，其法律处分也无法以有形交付的方式完成。知识产品不具有物质形态，所以其不会因人为消灭而"烟消云散"或者因物理消亡而"寿终正寝"，其只会随着法定保护期限的届满而成为社会的公共财富。而无法以有形交付方式完成法律处分则可能导致无权处分的风险增加。[1]

网络空间的虚拟性特征进一步增强了知识产品的无形性，形成了一种叠加效应。如果说在传统环境下，权利人对其知识产品的初始传播还能够通过有形载体的形式、数量等进行一定程度的控制，那么在网络环境下，由于表现、承载和传播知识产品的数字格式、电子数据、信息模块也是无形的，所以这种控制几近于无。

（2）网络削弱了知识产权本体的专有性。知识产权的专有性，是指权利人对其创造的知识产品享有法定的专属性权利，任何人未经其同意或许可不得使用该知识产品。而网络的基本精神和伦理却是自由、开放、平等和共享。从某种意义上讲，网络反对和排斥一切中心化、强制性控制信息流动的行为，无论这种控制是以公权力还是以私权的名义。在这种背景下，网络对知识产权的专有性形成了两种形式的削弱。一种是权利人主动进行的削弱，即部分权利人群体主动放弃知识产权的专有性，以免费、开放、共用许可的方式允许他人对其知识产品进行修改、完善、演绎和再传播，如 copy left 和 creative commons 等。另一种是权利人被动接受的削弱，即当权利人利用网络技术和工具进行沟通和交流时，就默认了对某些知识产权权能的开放许可。例如，社交网络都具有信息转发和评论功能，这种评论和转发不能视为对知识产权的侵害。

（3）网络冲击了知识产权保护的地域性。知识产权的地域性主要是强调知识产权的法律效力和保护限于一国境内。这是因为虽然在经济全球化和国际投资贸易不断发展的背景下，世界上大多数国家通过缔结国际公约的方式形成了若干知识产权保护的统一最低标准，但是各国的经济、科技、文化和社会发展水平及状况都存在很大差异，知识产权的具体保护仍然应当由一国国内的立法、执法和司法来决定。网络的无国界性对知识产权保护地域性造成的冲击显而易见，跨国的知识产权纠纷首先带来管辖权的难题，另外还有应当适用哪一国法律作为准据法的争议。

2. 网络对知识产权法制度和实践的影响

（1）网络对知识产权客体创造的影响

网络技术向人们提供了发现、组织和利用信息的新方式，创造内容的新方式，自我表达和与人交流的新方式。这是一片真正自由、开放、民主、平等的场域，每个人都可以参与其中，几乎没有什么门槛。网络使创新突破了身份、资历、机构、场域、资源获

---

〔1〕 参见吴汉东主编：《知识产权法》（第5版），法律出版社2014年版，第12页。

取、话语体系、传播渠道等传统媒介环境下各种有形或无形的束缚,真正实现了草根化和平民化。网络文学、网络音乐、网络视频和网络应用程序等的兴起无不证明了这一点。从这个意义上讲,网络有利于促进公众的知识产权意识觉醒,提高文化创新的整体水平。

网络对创新的另一种重要影响是为交互式、参与式创新提供了便利。在传统媒介环境下,创新是一种单向的过程,创造者与使用者的角色是固定的,后者只能在前者的成果完成后被动地加以接受。网络则使得持续创新的动态过程可以对外开放,创造者可以根据用户的意见随时进行调整,甚至直接让用户参与到创新活动中。这也就给知识产权的归属判断带来了一定的困难。

(2)网络对知识产权应用形式的影响

网络通过信息的集聚、共享、传播、裂变和加工等带来了生产要素的重组,打破了很多传统行业之间的界限,造就了欣欣向荣的新经济生态圈。网络对知识产权应用形式的影响主要有:第一,传统的优质资源被深度挖掘、重新包装,以数字化的形式通过网络再次呈现在公众面前。反过来,网络平台上的数字资源也被传统知识产业所利用,创造出新价值。第二,泛娱乐、大 IP(Intellectual Property,超级知识产权产品)的概念兴起,网络文学、音乐、影视、动漫、游戏、综艺等产业之间彼此连接、相互交融,形成了环环相扣、绵延不绝的知识产权产业链。第三,在网络文化产业中,内容、技术和品牌往往得到了更好的整合,版权、专利、商标以及其他知识产权都共同为某种网络产品、服务或者商业模式保驾护航,而不是各自为战,打造出了企业的核心竞争力。

(3)网络对知识产权保护方式的影响

网络的开放性、交互性、共享性、融合性等特征在给知识产品创造、传播和应用带来极大便利的同时,也加剧了知识产权受侵害的风险。所幸的是,网络自身为这种风险的预防和控制提供了一定的工具、方法和机制。在网络空间里,我们可以见到各种保护知识产权的硬件、软件和系统等技术措施,它们就像现实世界中的围墙和大门,是一种正当的自我防卫手段,因而也得到了法律的承认和保护。那些将技巧与智慧用于破坏、规避他人技术措施的行为,被视为侵权行为。

(4)网络对知识产权侵权主体的影响

网络对经济社会的影响离不开网络技术的持续开发者和服务提供者。网络技术的不断更新迭代催生了多种类型的网络服务商,包括网络基础设备制造商、网络接入服务商、网络内容提供商、网络存储空间服务商、网络搜索服务商、网络信息软件服务商、移动服务提供商、电子商务平台提供商等。网络服务商提供互联网基础设施、网络连接和与之相关的服务,是现代信息权力结构技术螺旋的核心部分。网络服务商在利益实现上需要网络用户的支持,与对手处于竞争状态,同时会抑制网络用户的共享需求，并寻找最大的利润空间。[2] 在追逐利润的过程中，网络服务商经常有可能直接实施或者帮助他人实施知识产权侵权行为，从而成为新的侵权主体类型。

（5）网络对知识产权限制制度的影响

尽管知识产权是一种专有权利，但其应受到一定的限制，因为现代社会的任何创新都是在继受人类既有文明成果的基础上完成的，其所获得的保护不应当妨碍和阻止社会公众的文化学习和后续创新。网络空间则是人们学习、交流、沟通和创新的最广阔舞台。在知识产权权利限制问题上，一方面要防止网络成为知识产权不受保护的法外之地，挫伤创新者的积极性，使可供学习的有价值信息越来越少；另一方面要防止网络因知识产权的过度保护而成为一个个封闭的信息孤岛，使这种连通一切的革命性技术失去其伟大意义和发展动力。

（三）网络知识产权法的体系

网络知识产权法主要由两大部分组成，一部分是传统知识产权法在网络空间的体现，另一部分则是网络领域的特有知识产权制度，因此其制度框架也基本可以沿用传统知识产权法而划分为网络版权法、网络专利法、网络商标法和网络不正当竞争的法律规制。网络版权法主要涉及网络版权的内容、网络版权的技术保护和管理、网络版权侵权的认定、网络版权的限制和例外等制度。网络专利法主要涉及网络商业方法的可专利性，侵犯网络商业方法专利权的法律规制。网络商标法主要涉及域名与商标权的冲突、链接和搜索引擎等网络服务中的商标侵权等内容。网络不正当竞争的法律规制则可以分为传统不正当竞争行为的网络延伸以及网络环境下特有的不正当竞争行为两大部分。

二、网络知识产权立法

由于网络是一个自由表达思想、发表言论、交流观点、传播信息并以此为基础进行经济活动和社会交往的平台，因此，迄今为止，国际和国内的网络知识产权专门立法也较为集中地体现在以表达为客体的版权法律制度上。

（一）国际和域外代表性立法

1. 国际立法

在国际法层面，网络知识产权的代表性立法是《世界知识产权组织版权条约》（World Intellectual Property Organization Copyright Treaty，WCT）和《世界知识产权组织表演和录音制品条约》（WIPO Performances and Phonograms Treaty，WPPT）。它们也被合称为世界知识产权组织的“互联网条约”。

---

〔2〕 参见梅术文：《网络知识产权法：制度体系与原理规范》，知识产权出版社 2016 年版，第 26 页。

从20世纪80年代起，美国、欧盟、日本等国家和地区就开始讨论、研究互联网对知识产权制度的冲击，准备修改国际立法尤其是版权相关立法，以迎接数字技术、计算机技术、光纤通信技术等新技术的挑战。世界知识产权组织自1992年起组织政府专家会议对修订保护著作权的《保护文学和艺术作品伯尔尼公约》（以下简称《伯尔尼公约》）和保护邻接权的《保护表演者、音像制品制作者和广播组织罗马公约》（以下简称《罗马公约》）的问题进行讨论，于1996年12月在日内瓦召开了关于若干版权与邻接权问题的外交会议，制定了适应互联网技术的上述两部条约。

WCT和WPPT除了强调《伯尔尼公约》《罗马公约》所规定的版权权利在网络环境下不受减损外，还就计算机程序，数据库的版权保护，复制权、发行权和出租权在网络环境下的特殊性，新设"向公众传播权"，以及保护管理作品的技术措施、权利管理信息等作了专门规定。

2. 域外代表性立法

（1）1998年美国《数字千年版权法案》（Digital Millennium Copyright Act，DMCA）

1992年，参议员、前任美国副总统阿尔·戈尔提出美国信息高速公路法案。1993年9月，美国政府宣布实施一项新的高科技计划——"国家信息基础设施"（National Information Infrastructure，NII），旨在兴建以互联网为基础的"信息高速公路"。1995年9月，美国政府发表《知识产权与国家信息基础设施：知识产权工作组的报告》，从法律、技术及教育等方向着手就数字时代对现行知识产权法律制度造成的冲击进行探讨，并提出修改版权法的建议。

为将WCT和WPPT所规定的内容纳入美国国内立法，1998年10月28日，《数字千年版权法案》经国会两院通过后，由时任总统克林顿签署，正式生效。相较于WCT和WPPT，该法案专门建构了与网络服务提供者相关的版权侵权责任豁免的"避风港"规则（safe harbor），对后来其他国家包括我国的网络版权立法都产生了深远的影响。

（2）2001年欧盟《信息社会版权指令》（Directive on the Harmonization of Certain Aspects of Copyright and Related Rights in the Information Society，CDIS）

1997年，为实施WCT和WPPT，当时的欧共体委员会向欧共体议会和理事会提出了《关于协调信息社会中版权和相关权的若干方面的建议》，即"信息社会版权指令草案"，其中的"信息社会"在欧盟语境下就是指网络社会。经欧盟议会仔细审议和多次修改，2001年5月21日，欧盟《信息社会版权指令》的最终文本形成，于2001年6月22日公报发布，并要求成员国必须在2002年12月22日前在国内法中贯彻实施。

CDIS主要围绕网络环境下作品的复制权、发行权、向公众传播权和向公众提供权及这些权利的例外，以及与权利保护有关的技术措施、权利管理信息进行了主要的制度建构。

(3)2019 年欧盟《数字化单一市场版权指令》(Directive on Copyright in the Digital Single Market,COD)

2016 年,为适应数字技术和网络发展对版权制度带来的诸多新挑战,欧盟委员会发布了欧盟《数字化单一市场版权指令》草案。该草案于 2019 年 3 月 26 日由欧洲议会投票通过。

COD 主要进行了三方面的版权制度改革:(1)增加规定适用于数字和跨境条件下的版权限制及例外。(2)改善版权许可实践以保证网络用户对数字内容更广泛地接触。(3)促进版权市场功能的良好发挥,尤其是加强对新闻作品数字使用的保护以及对在线服务中使用版权内容的保护。

(二)国内立法

有关网络知识产权的国内立法主要有:

1. 2000 年制定、2006 年修订后重新公布的最高人民法院《关于审理涉及计算机网络著作权纠纷案件适用法律若干问题的解释》以有限的 8 个条文规定了管辖问题、数字化作品受法律保护问题、共同侵权问题、技术措施和权利管理信息问题、诉前保全问题、恶意警告的法律责任问题,在我国早期互联网发展中对著作权司法保护发挥了重要作用。

2. 2001 年制定、2020 年修正的最高人民法院《关于审理涉及计算机网络域名民事纠纷案件适用法律若干问题的解释》对于涉及计算机网络域名注册、使用等行为的民事纠纷,尤其是与商标权冲突所引起民事纠纷的法律适用,进行了系统规定。

3. 2001 年《著作权法》(已被修改)第 10 条第 1 款第 12 项首次规定了“信息网络传播权”。

4. 2002 年制定、2020 年修正的最高人民法院《关于审理商标民事纠纷案件适用法律若干问题的解释》第 1 条第 3 项规定:“将与他人注册商标相同或者相近似的文字注册为域名,并且通过该域名进行相关商品交易的电子商务,容易使相关公众产生误认的”,属于《商标法》所规定的“给他人注册商标专用权造成其他损害的行为”。

5. 2006 年制定、2013 年修订的《信息网络传播权保护条例》对信息网络传播权保护的客体、技术措施、权利管理信息、限制和例外、避风港规则以及侵权责任等作了系统规定。

6. 2012 年制定、2020 年修正的最高人民法院《关于审理侵害信息网络传播权民事纠纷案件适用法律若干问题的规定》根据一段时期司法经验的总结,重点对网络服务提供者的共同侵权、不侵权的抗辩、过错尤其是“应知”的判断、避风港规则的适用,以及管辖问题作了规定。

7. 2017 年《反不正当竞争法》第 12 条以新增条文的方式专门对互联网环境下的

不正当竞争行为进行了规制。

除此之外，原《侵权责任法》、《民法典》、最高人民法院《关于审理侵害信息网络传播权民事纠纷案件适用法律若干问题的规定》以及最高人民法院《关于互联网法院审理案件若干问题的规定》等法律和司法解释对网络知识产权的内容也有若干相关的规定。

第二节　网络版权法

一、网络版权的内容

从理论上讲，《著作权法》所规定的著作权权能大多可以延伸到网络环境中，我们这里重点关注几种与网络密切联系的财产性权能。

（一）复制权

复制权，是指以印刷、复印、拓印、录音、录像、翻录、翻拍、数字化等方式将作品制作一份或者多份的权利。

1. 网络环境下的永久复制

在网络环境下，复制行为的表现形式主要有以下几种：(1)传统作品的数字化，即通过技术手段将传统作品固定和重现在可在网络中传输的数字化载体上，如芯片、硬盘、光盘、磁盘、优盘。(2)将数字作品上传至网络服务器。无论是利用文件传输协议(File Transfer Protocol，FTP)等软件上传作品，还是在网络论坛(Bulletin Board System，BBS)、博客空间等发布作品，都会形成作品在网络服务器中的永久复制件，是典型的复制行为。(3)将数字作品由网络下载至计算机，通过下载，该文件永久存储于计算机硬盘中。(4)将数字作品传输给网络用户并存储于其设备或空间。[3]

2. 临时复制

临时复制，是指作品在传输过程中进入计算机随机存储器中，未被永久复制，它不仅会因关机、断电而消失，而且在计算机运行过程中将随时被后来进入的信息所替代。

关于临时复制是否属于复制权所控制的复制行为，在WCT的制定过程中产生了巨大争议，最终并没有形成统一的意见，而是以WCT第1条第4款议定声明的方式表述了一段事实上可供成员方国内立法解释的文字，“《伯尔尼公约》第9条所规定的复制权及其允许的例外，完全适用于数字环境，尤其是以数字形式使用作品的情况。

---

〔3〕　参见王迁：《网络版权法》，中国人民大学出版社2008年版，第3页。

不言而喻，在电子媒体中以数字形式存储受保护的作品，构成《伯尔尼公约》第 9 条意义下的复制”。

转瞬即逝的临时复制是网络浏览的过程中必然发生的客观技术过程和现象，如果将其纳入复制权的控制范围，则是对版权人进行了过度保护，整个互联网的信息流动自由也将不复存在。因此，我国代表团在 WCT 的谈判过程中是持明确反对态度的，并且我国的立法和司法实践也一直秉持和贯彻相同的立场。

（二）发行权

发行权，是指以出售或者赠与方式向公众提供作品的原件或者复制品的权利。“原件或者复制品”的用语表明，发行权是控制作品载体的行为，没有物质载体的作品提供行为不构成“发行”。WCT 第 6 条和第 7 条的议定声明就特别强调：该两条中的用语“复制品”和“原件和复制品”，受该两条中发行权和出租权的约束，专指可作为有形物品投放流通的固定的复制品。

1. 网络发行

网络改变了作品的传播方式，使人们无须取得作品有形载体的所有权或占有也能够获得作品的复制品。通过网络传输的作品，在作品仍然保留在原服务器的情况下，网络服务器会自动生成作品的复制品，传输到下载者的计算机之中。换言之，网络传输并非既有作品物质载体的交付或移转，而是在新的载体上生成了新的作品复制品，也就不存在法律意义上的“发行”。

2. 权利穷竭

权利穷竭即发行权穷竭的原则，又称首次销售原则，是指经版权人授权合法制作的作品原件或复制品经首次销售后，版权人的权利即已穷竭，无权再控制这些作品原件或复制品的后续流转。权利穷竭原则是各类知识产权的一项共通性原则，其主要目的在于妥善处理知识产权与所有权的冲突，以及保障交易安全和便捷。由于网络环境下并不存在法律意义上的作品“发行”，不存在作品载体这种有体物所有权的移转，所以当然也就不存在权利穷竭的问题。

（三）信息网络传播权

信息网络传播权，是指以有线或者无线方式向公众提供，使公众可以在其选定的时间和地点获得作品、表演或者录音录像制品的权利。

1. WCT 的伞形解决方案

经考察发现，我国《著作权法》对“信息网络传播权”的规定来源于 WCT 第 8 条“向公众传播权”的后半句。该条的规定是：“文学和艺术作品的作者应享有专有权，以授权将其作品以有线或无线方式向公众传播，包括将其作品向公众提供，使公众中的成员在其个人选定的地点和时间可获得这些作品。”

WCT 第 8 条旨在明确,在网络技术背景下,版权人应当享有不同于以表演权、广播权等单向性、点对多、时空固定模式的一种全新的“交互式传播”的权利。至于这种权利具体如何保护,WCT 并未作统一要求,而是采取了一种“伞形解决方案”,即各成员方可以自行决定通过扩张现有权利或增设权利的方式来实现这一目的。

2. 无法涵盖“非交互性网络传播”

由于我国立法只翻译和移植了 WCT 第 8 条的后半句,也就是将列举当成了完整的定义,所以就出现了“信息网络传播权”无法规制网络直播和定时传播等“非交互性网络传播”的问题。

二、网络版权的技术保护与管理

(一)技术措施

版权法上的技术措施,是指用于防止、限制未经权利人许可浏览、欣赏作品、表演、录音录像制品或者通过信息网络向公众提供作品、表演、录音录像制品的有效技术、装置或者部件。

1. 类型

技术措施一般可分为控制作品接触的技术措施和控制作品使用的技术措施两大类。控制作品接触的技术措施最典型体现为口令和密码。在实践中,口令和密码的设置程序经常被嵌在系统程序中,可以根据用户的需求进行具体设置。另外还有一种间接控制作品接触的技术措施,如加密技术。这种技术措施是按照一定的编码规则改变作品或信息的代码形式,在不知道相关编码规则的情况下,如果无法解码还原作品的初始表达形式,也就无法读懂。控制作品使用的技术措施又可以细分为两种,一种是控制作品各种具体使用方式如复制、传播、表演等行为的技术措施,如禁止复制技术、专用阅读器和播放器等;另一种则是控制作品使用状态的技术措施,如数字水印、电子签名技术等。[4]

2. 法律保护

任何组织或者个人不得故意避开或者破坏技术措施,不得故意制造、进口或者向公众提供主要用于避开或者破坏技术措施的装置或者部件,不得故意为他人避开或者破坏技术措施提供技术服务。

(二)权利管理信息

权利管理信息,是指说明作品及其作者、表演及其表演者、录音录像制品及其制作

---

〔4〕 参见郭禾:《规避技术措施行为的法律属性辨析》,载沈仁干主编:《数字技术与著作权:观念、规范与实例》,法律出版社 2004 年版。

者的信息，作品、表演、录音录像制品权利人的信息和使用条件的信息，以及表示上述信息的数字或者代码。

1. 表现形式

在实践中，权利管理信息的具体表现形式主要包括权利人署名、版权标记、版权声明和其他相关信息。

2. 法律保护

未经权利人许可，任何组织或者个人不得进行下列行为：(1)故意删除或者改变通过信息网络向公众提供的作品、版式设计、表演、录音录像制品或者广播、电视上的权利管理电子信息，但由于技术上的原因无法避免删除或者改变的除外；(2)通过信息网络向公众提供明知或者应知未经权利人许可被删除或者改变权利管理电子信息的作品、版式设计、表演、录音录像制品或者广播、电视。

（三）数字管理与集体管理

1. 数字管理系统(Digital Rights Management，DRM)

数字版权管理，是指用于定义、管理、跟踪媒体使用等一切手段在内的全部技术，其涵盖有形资产和无形资产之上的各种权利使用，包括内容描述、标识、交易、保护、监控、跟踪等，也包括版权持有人之间的关系管理。美国国家标准和技术所指出，DRM是致力于传播和控制知识产权及相关权利的IT(互联网技术)组件、服务连同相应法律、政策和商业模型的系统。[5] 数字版权管理不只是利用数字技术保护版权人的利益，而且还保护整个数字产业链中参与各方的权益。

2. 集体管理制度

著作权集体管理，是指著作权集体管理组织经权利人授权，集中行使权利人的有关权利并以自己的名义进行的下列活动：(1)与使用者订立著作权或者与著作权有关的权利许可使用合同；(2)向使用者收取使用费；(3)向权利人转付使用费；(4)进行涉及著作权或者与著作权有关的权利的诉讼、仲裁等。

(1)制度价值

著作权集体管理制度的基本价值在于帮助权利人进行市场许可和权利维护，减少使用人的搜寻成本，促进版权产业的健康有序发展。因此，集体管理的权利主要是著作权中的“传播性”权能，如表演权、放映权、广播权、出租权、信息网络传播权、复制权等权利人自己难以有效行使的权利。

(2)网络环境下的著作权集体管理

在网络环境下，作品的创作、传播和使用更加呈现出海量性、多元化的特点，作品

---

[5] 参见张文俊、倪受春、许春明：《数字新媒体版权管理》，复旦大学出版社2014年版，第39页。

使用也更追求时效性，并且存在一定数量的“孤儿作品”的利用问题，因而对著作权集体管理提出了更高的要求。著作权集体管理组织应当想方设法增强自己在所管理作品领域的代表性，建立数字化作品授权许可平台，从技术和经济上使著作权的许可使用更加科学、合理，能有效平衡权利人和使用人之间的利益诉求。

三、网络版权侵权的认定

（一）直接侵权

网络版权直接侵权，是指网络用户、网络服务提供者未经许可，通过信息网络提供权利人享有信息网络传播权的作品、表演、录音录像制品的行为。

1. 常见行为

网络版权直接侵权的常见行为有：(1)通过上传到网络服务器、设置共享文件或者利用文件分享软件等方式，将作品、表演、录音录像制品置于信息网络中，使公众能够在个人选定的时间和地点以下载、浏览或者其他方式获得的行为。(2)网络服务提供者以提供网页快照、缩略图等方式实质替代其他网络服务提供者向公众提供相关作品的行为。但是，如果该提供行为不影响相关作品的正常使用，且未不合理损害权利人对该作品的合法权益，则不构成侵权行为。

2. 侵权判断标准

(1)服务器标准。服务器标准，是指只有将作品上传至向公众开放的服务器的行为，才是受“信息网络传播权”控制的“网络传播行为”，才会直接侵犯信息网络传播权。

(2)用户感知标准。该标准是以普通用户的主观感知为标准进行侵权判断，即用户认为哪个网站提供了作品，就认定该网站是作品的提供者。

(3)实质替代标准。采用该标准的法理在于，因选择、编辑、整理，破坏技术措施以及深层链接等行为，对著作权人造成的损害及为行为人所带来的利益，与直接向用户提供作品的行为并无实质差别。

(4)实质呈现标准。根据该标准，网络服务商未经许可通过加框链接在自己的网页或客户端软件界面上向公众实质呈现他人的版权作品，属于直接利用他人作品的行为。

(5)法律标准。根据该标准，对相关行为性质的分析应以其法律特征为基础，从信息网络传播权的构成要件进行判断，只要是将作品置于信息网络中使之处于公众可获得的状态，就构成作品提供行为，否则就只是对置于信息网络中的作品进行再传播，或是提供传播便利的网络服务行为。

在我国司法实践中，服务器标准构成了判断网络版权侵权的主要标准，在特殊情形下，其他标准也对之进行了有益的补充。

（二）间接侵权

网络版权间接侵权，是指未直接侵犯著作专有权利，但与直接侵犯著作权的行为存在法律上可归责特定联系的行为。我国立法和司法解释中都没有采用“间接侵权”的表述，而是沿袭传统民法中的“共同侵权”制度来规制相关侵权行为。

1. 构成要件

网络版权间接侵权的构成要件有：(1)须有他人的著作权直接侵权行为；(2)行为人实施了教唆、引诱或帮助行为；(3)行为人具有主观过错。

2. 类型

(1)教唆和引诱侵权。网络服务提供者以言语、推介技术支持、奖励积分等方式诱导、鼓励网络用户实施侵害信息网络传播权行为的，人民法院应当认定其构成教唆侵权行为。

(2)帮助侵权。网络服务提供者明知或者应知网络用户利用网络服务侵害信息网络传播权，未采取删除、屏蔽、断开链接等必要措施，或者提供技术支持等帮助行为的，人民法院应当认定其构成帮助侵权行为。

3. 过错

人民法院应当根据网络服务提供者的过错，确定其是否承担教唆、帮助侵权责任。网络服务提供者的过错包括对于网络用户侵害信息网络传播权行为的明知或者应知。

(1)明知

明知包括一般性明知和推定明知两种情形。网络服务提供者接到权利人以书信、传真、电子邮件等方式提交的通知，未及时采取删除、屏蔽、断开链接等必要措施的，人民法院应当认定其明知相关侵害信息网络传播权行为。必要措施是否及时，应当根据权利人提交通知的形式、通知的准确程度、采取措施的难易程度、网络服务的性质和所涉作品、表演、录音录像制品的类型、知名度、数量等因素综合判断。

(2)应知

第一，综合判断因素。根据司法解释的规定，人民法院应当根据网络用户侵权的具体事实是否明显，综合考虑以下因素，认定网络服务提供者是否构成应知：一是基于网络服务提供者提供服务的性质、方式及其引发侵权的可能性大小，应当具备的管理信息的能力；二是传播的作品、表演、录音录像制品的类型、知名度及侵权信息的明显程度；三是网络服务提供者是否主动对作品、表演、录音录像制品进行了选择、编辑、修改、推荐等；四是网络服务提供者是否积极采取了预防侵权的合理措施；五是网络服务提供者是否设置便捷程序接收侵权通知并及时对侵权通知作出合理的反应；六是网络服务提供者是否针对同一网络用户的重复侵权行为采取了相应的合理措施；七是其他相关因素。

第二，与热播影视作品等相关的两类"应知"情形。网络服务提供者在提供网络服务时，对热播影视作品等以设置榜单、目录、索引、描述性段落、内容简介等方式进行推荐，且公众可以在其网页上直接以下载、浏览或者其他方式获得的，人民法院可以认定其应知网络用户侵害信息网络传播权。有下列情形之一的，人民法院可以根据案件具体情况，认定提供信息存储空间服务的网络服务提供者应知网络用户侵害信息网络传播权：一是将热播影视作品等置于首页或者其他主要页面等能够为网络服务提供者明显感知的位置的；二是对热播影视作品等的主题、内容主动进行选择、编辑、整理、推荐，或者为其设立专门的排行榜的；三是其他可以明显感知相关作品、表演、录音录像制品为未经许可提供，仍未采取合理措施的情形。

第三，网络服务提供者的审查和注意义务问题。一是网络服务提供者对网络用户的行为不负主动审查义务；二是网络服务提供者能够证明已采取合理、有效的技术措施，仍难以发现网络用户侵害信息网络传播权行为的，人民法院应当认定其不具有过错；三是网络服务提供者从网络用户提供的内容中直接获得经济利益的，负有较高的注意义务。

4."避风港"规则

"避风港"规则，是指网络服务提供者仅提供技术服务或网络空间，未参与内容的提供和传播，并在收到权利人有关侵权的通知后及时移除相关内容的，不承担侵权责任。

(1)构成要件

"避风港"规则的构成要件包括：一是网络服务提供者未提供内容，且不知道也不应当知道侵权内容的存在；二是网络服务提供者未从侵权内容中直接获取经济利益；三是网络服务提供者在收到权利人的侵权通知后及时移除了侵权内容或断开了网络链接。

(2)常见情形

第一，自动接入和自动传输服务。一是未选择并且未改变所传输的作品、表演、录音录像制品；二是向指定的服务对象提供该作品、表演、录音录像制品，并防止指定的服务对象以外的其他人获得。

第二，自动存储服务。一是未改变自动存储的作品、表演、录音录像制品；二是不影响提供作品、表演、录音录像制品的原网络服务提供者掌握服务对象获取该作品、表演、录音录像制品的情况；三是在原网络服务提供者修改、删除或者屏蔽该作品、表演、录音录像制品时，根据技术安排自动予以修改、删除或者屏蔽。

第三，存储空间服务。一是明确标示该信息存储空间是为服务对象所提供，并公开网络服务提供者的名称、联系人、网络地址；二是未改变服务对象所提供的作品、表演、录音录像制品；三是不知道也没有合理的理由应当知道服务对象提供的作品、表演、录音录像制品侵权；四是未从服务对象提供作品、表演、录音录像制品中直接获得经济利益；五是在接到权利人的通知书后，依法及时删除权利人认为侵权的作品、表演、录音录像制品。

第四，搜索链接服务。在接到权利人的通知书后，依法及时断开与侵权作品、表演、录音录像制品的链接。

（3）“通知—移除”程序

第一步：权利人向网络服务提供者发出侵权通知书。对提供信息存储空间或者提供搜索、链接服务的网络服务提供者，权利人认为其服务所涉及的作品、表演、录音录像制品，侵犯自己的信息网络传播权或者被删除、改变了自己的权利管理电子信息的，可以向该网络服务提供者提交书面通知，要求网络服务提供者删除该作品、表演、录音录像制品，或者断开与该作品、表演、录音录像制品的链接。通知书应当包含下列内容：权利人的姓名（名称）、联系方式和地址；要求删除或者断开链接的侵权作品、表演、录音录像制品的名称和网络地址；构成侵权的初步证明材料。权利人应当对通知书的真实性负责。

第二步：网络服务提供者立即删除侵权内容或断开侵权链接，并向服务对象转送侵权通知书。网络服务提供者接到权利人的通知书后，应当立即删除涉嫌侵权的作品、表演、录音录像制品，或者断开与涉嫌侵权的作品、表演、录音录像制品的链接，并同时将通知书转送提供作品、表演、录音录像制品的服务对象；服务对象网络地址不明、无法转送的，应当将通知书的内容同时在信息网络上公告。

第三步：服务对象提交书面说明，要求恢复删除内容或断开的链接。服务对象接到网络服务提供者转送的通知书后，认为其提供的作品、表演、录音录像制品未侵犯他人权利的，可以向网络服务提供者提交书面说明，要求恢复被删除的作品、表演、录音录像制品，或者恢复与被断开的作品、表演、录音录像制品的链接。书面说明应当包含下列内容：服务对象的姓名（名称）、联系方式和地址，要求恢复的作品、表演、录音录像制品的名称和网络地址，不构成侵权的初步证明材料。服务对象应当对书面说明的真实性负责。

第四步：网络服务提供者立即恢复删除内容或断开的链接，权利人不得再发送侵权通知，可以直接对服务对象提起诉讼或采取其他法律措施。网络服务提供者接到服务对象的书面说明后，应当立即恢复被删除的作品、表演、录音录像制品，或者可以恢复与被断开的作品、表演、录音录像制品的链接，同时将服务对象的书面说明转送权利人。权利人不得再通知网络服务提供者删除该作品、表演、录音录像制品，或者断开与该作品、表演、录音录像制品的链接。

(4)法律效力

第一,"避风港"规则是免责条件而非归责要件。并非所有不符合"避风港"外观的网络服务提供者都需要承担侵权责任,仍然需要从一般侵权行为的四个要件视角去考察和判断。换言之,"避风港"之外的网络服务提供者行为有可能构成侵权,也有可能不侵权。

第二,"避风港"规则是"免于承担责任"而非"免除已有责任"。"避风港"所规定的网络服务行为有些本身就不可能构成侵权行为,如自动接入和自动传输行为,所以就无所谓责任承担的问题;有些则有可能间接造成权利人的损害,网络服务提供者在无过错的情况下,同样不构成侵权。概括来说,在中国法的语境下,"避风港"规则其实是明确规定了,网络服务提供者对其无过错的网络技术服务行为,在满足"通知—移除"要求的情况下无须承担法律责任。

四、网络版权的限制和例外

(一)合理使用

网络版权合理使用制度,是指通过信息网络向公众提供和传播作品,无须征得著作权人的许可,并无须向其支付报酬,但应指明作者姓名和作品名称,并尊重著作权人其他权利的制度。网络版权合理使用主要有以下情形:

1. 介绍评论使用

为介绍、评论某一作品或者说明某一问题,在向公众提供的作品中适当引用已经发表的作品。

2. 新闻报道使用

为报道时事新闻,在向公众提供的作品中不可避免地再现或者引用已经发表的作品。

3. 教学科研使用

为学校课堂教学或者科学研究,向少数教学、科研人员提供少量已经发表的作品。

4. 执行公务使用

国家机关为执行公务,在合理范围内向公众提供已经发表的作品。

5. 民族语言翻译

将中国公民、法人或者其他组织已经发表的、以国家通用语言文字创作的作品翻译成的少数民族语言文字作品,向中国境内少数民族提供。

6. 阅读障碍转换

不以营利为目的,以阅读障碍者能够感知的无障碍方式向其提供已经发表的作品。

7. 时事文章提供

向公众提供在信息网络上已经发表的关于政治、经济问题的时事性文章。

8. 公开讲话提供

向公众提供在公众集会上发表的讲话。

9. 馆藏保存使用

图书馆、档案馆、纪念馆、博物馆、美术馆等可以不经著作权人许可，通过信息网络向本馆馆舍内服务对象提供本馆收藏的合法出版的数字作品和依法为陈列或者保存版本的需要以数字化形式复制的作品，不向其支付报酬，但不得直接或者间接获得经济利益。

为陈列或者保存版本需要以数字化形式复制的作品，应当是已经损毁或者濒临损毁、丢失或者失窃，或者其存储格式已经过时，并且在市场上无法购买或者只能以明显高于标定的价格购买的作品。

（二）法定许可

法定许可包括：

1. 网络教育法定许可。为通过信息网络实施九年制义务教育或者国家教育规划，可以不经著作权人许可，使用其已经发表作品的片段或者短小的文字作品、音乐作品或者单幅的美术作品、摄影作品制作课件，由制作课件或者依法取得课件的远程教育机构通过信息网络向注册学生提供，但应当向著作权人支付报酬。

2. 扶助贫困法定许可。为扶助贫困，通过信息网络向农村地区的公众免费提供中国公民、法人或者其他组织已经发表的种植养殖、防病治病、防灾减灾等与扶助贫困有关的作品和适应基本文化需求的作品。

网络服务提供者应当在提供前公告拟提供的作品及其作者、拟支付报酬的标准。自公告之日起30日内，著作权人不同意提供的，网络服务提供者不得提供其作品；自公告之日起满30日，著作权人没有异议的，网络服务提供者可以提供其作品，并按照公告的标准向著作权人支付报酬。

网络服务提供者提供著作权人的作品后，著作权人不同意提供的，网络服务提供者应当立即删除著作权人的作品，并按照公告的标准向著作权人支付提供作品期间的报酬。

网络服务提供者不得直接或者间接获得经济利益。

（三）技术措施之合法避开

在法定的情形下，作品、表演、录音录像制品的使用人可以避开权利人所采取的技术措施，但不得向他人提供避开技术措施的技术、装置或者部件，不得侵犯权利人依法享有的其他权利。

1. 教学科研使用中的避开。为学校课堂教学或者科学研究,通过信息网络向少数教学、科研人员提供已经发表的作品、表演、录音录像制品,而该作品、表演、录音录像制品只能通过信息网络获取。

2. 阅读障碍转换中的避开。不以营利为目的,以阅读障碍者能够感知的无障碍方式向其提供已经发表的作品,而该作品只能通过信息网络获取。

3. 执行公务使用中的避开。国家机关依照行政、司法程序执行公务。此种可以合法避开技术措施的情形应当满足以下条件:(1)主体必须是国家机关;(2)必须依照行政、司法程序执行公务的行为,如果国家机关已经程序违法,那么就不再有权避开技术措施;(3)应当是执行公务所必需,不能超出必要范围避开技术措施。

4. 安全性能测试中的避开。在信息网络上对计算机及其系统或者网络的安全性能进行测试。在信息网络中,为保护计算机及其系统或者网络安全所采取的技术措施与为保护版权作品所采取的技术措施往往具有同一性或者相关性,为增强技术措施的有效性,以更好地保护计算机网络以及网络中的版权作品,往往需要反复进行破解和规避该技术措施的安全性能测试。

5. 加密或反向工程中的避开。主要体现在加密研究或者计算机软件反向工程研究。密码技术和防盗版软件是网络版权技术措施的常见形式,为了促进密码技术和软件产业的不断发展进步,应当允许不以获得和使用密码或软件所保护作品为目的而以技术研发为目的的技术措施规避行为。

第三节 网络专利法

一、网络商业方法的可专利性

(一)商业方法是否属于可专利客体问题

1. 商业方法本身的可专利性

商业方法,是指:(1)专门设计用于企业实践、管理或经营的一种处理数据或执行计算操作的方法;(2)任何用于竞技、授课或个人技巧的技术;(3)任何第 1 种方法或第 2 种技术的计算机辅助实施方法。[6]

商业方法显然属于人类经济事务和社会交往活动领域的方法,并非传统意义上人

〔6〕 See Business Patent Method Improvement Act of 2001, H. R. 1332, 107th Congress 1st Session, US.

类利用自然规律改造客观世界,处理人与自然之间关系的科技方法或工艺流程。因此,一般来说,专利授权审查部门和司法实践部门都认为商业方法不属于专利法意义上的发明主题。但随着计算机和网络技术在商业方法中的全面应用,这种固有认知已经被突破。人们对赋予商业方法以专利权的另一方面担心是它会对商业经营和竞争造成极大的阻碍,形成一种全方位的垄断,乃至破坏人类有史以来的商业文明。不过也有观点认为,这一担心是多余的。因为专利代表着现代商业策略中的一种重要元素,但显然不是唯一的元素。商业关系、策略联盟、客户忠诚度,以及单纯的商品管理等对于成功经营也同等重要。[7]

商业方法与传统专利方法的区别主要体现在以下几方面:(1)目的不同。传统的专利方法主要用于产品制造,而商业专利方法主要用于产品销售和商业经营。(2)"技术性"程度不同。传统的专利方法涉及某种产品的制造方法、工艺流程以及生产程序,对技术特征的要求非常严格。商业方法主要涉及商品的营销策略和商业组织的经营方法,更多体现为人的抽象逻辑思维能力和对市场竞争形势的分析,技术特征不够突出和外显。(3)实施的环境不同。传统的专利方法主要是在制造工厂和生产车间中按步骤完成特定产品的生产、加工或组装,而商业方法的实施一般离不开网络。(4)权利要求保护的范围不同。传统专利方法的权利要求局限于方法本身,而商业方法的权利要求除了单独的计算机软件、硬件、相应的通信设备外,还将各设备之间的信息和数据交换方式以及系统的工作流程作为一个整体加以保护。[8]

2. 商业方法软件的可专利性

在网络环境下,申请专利的商业方法,一般是由一个或多个软件组成的流程或系统。因此,从某种意义上讲,商业方法主题的可专利性问题其实是软件可专利性问题在互联网时代的延伸。

在计算机技术发展的早期,20 世纪 50 - 60 年代,美国专利局一概否认软件的可专利性。相关案件最终进入美国联邦最高法院,争议的焦点是含有数学算法的"发明"是否属于可专利的客体。在 1972 年的本森案之前,关税与专利上诉法院在判例中主要是基于"智力活动的方法"不可被授予专利权的原则否定软件的可专利性。联邦最高法院在 1972 年的本森案中则将"数学算法"等同于自然法则以及自然界的产物,并强调自然现象与智力活动的方法以及抽象的智力概念都不具有可专利性,因为它们是科学技术研究的基本工具。

---

〔7〕 See Gregory A. Stobbs, *Business Method Patents*, 2nd *edition*, New York, Wolters Kluwer Law & Business, 2012, p. 27.

〔8〕 参见向高飞:《商业方法专利侵权行为研究》,载《电子知识产权》2005 年第 10 期。

本森案给软件专利授权带来的困扰,直到20世纪90年代中后期以后才逐渐削弱。不过,1981年的迪艾尔案则在整体上持保守和封闭的司法态度,为软件专利的授权打开了一扇窗户,即通过与硬件相结合的方式获得软件专利。20世纪90年代,随着商业方法软件在金融和电子商务领域的广泛应用,界定此类软件获得专利保护的标准便成为一种迫切的产业需求。1998年,美国联邦巡回上诉法院利用道富银行信托公司诉签名金融集团案(以下简称道富银行案)的契机,确立了算法应用产生"实用、具体和有形结果"的商业方法可专利性标准。10年后,为抑制商业方法专利的泛滥,在比尔斯基案中,美国联邦巡回上诉法院提出了商业方法软件可专利性的新标准——机器或转换测试。也就是说,商业方法要想获得专利保护,必须"与特定的机器或装置相连"或者"将特定物品转换为不同的状态或事物"。美国联邦最高法院肯定了机器或转换测试是"有用和重要的线索",但强调它并非判断商业方法可专利性的"唯一测试"。在2012年的梅奥协作服务公司诉普罗米修斯实验室公司案中,美国联邦最高法院又创设了判断商业方法可专利性的"两步测试法":第一步是考察权利要求作为整体是否是符合不可专利性的客体之一,若答案是否定的,则通过了可专利性测试;若答案是肯定的,则第二步询问该权利要求是否包含将其性质转换为可专利化应用例外的"发明概念"。

我国《专利审查指南》规定,如果一项权利要求在对其进行限定的全部内容中既包含智力活动的规则和方法的内容,又包含技术特征,则该权利要求就整体而言并不是一种智力活动的规则和方法,不应当依据《专利法》第25条排除其获得专利权的可能性。2017年修改后的《专利审查指南》则更加明确地规定:"涉及商业模式的权利要求,如果既包含商业规则和方法的内容,又包含技术特征,则不应当依据专利法第二十五条排除其获得专利权的可能性"。2019年的《专利审查指南》修改在第二部分第九章增加了第6节"包含算法特征或商业规则和方法特征的发明专利申请审查相关规定",其中"6.1审查基准"部分规定:"审查应当针对要求保护的解决方案,即权利要求所限定的解决方案进行。在审查中,不应当简单割裂技术特征与算法特征或商业规则和方法特征等,而应将权利要求记载的所有内容作为一个整体,对其中涉及的技术手段、解决的技术问题和获得的技术效果进行分析。"6.1.1第2段进一步规定:"如果权利要求中除了算法特征或商业规则和方法特征,还包含技术特征,该权利要求就整体而言并不是一种智力活动的规则和方法,则不应当依据专利法第二十五条第一款第(二)项排除其获得专利权的可能性。"

(二)商业方法软件的"三性"判断

某项技术方案要想获得专利授权,除了应当在法定的客体范围之内,还应当符合新颖性、创造性和实用性的"三性"要求。

在“三性”要求中，实用性由于无须与现有技术加以比对，所以通常是专利审查人员率先审查的内容。专利法上的实用性包含“技术功能”和“产业应用”两方面的内涵，前者是指能够解决特定的技术问题并取得积极效果，后者是指能够在产业上进行大规模推广和普及。商业方法的产业应用性一般都不存在太大问题，而技术功能性则要求其与特定的技术领域相联系，具有清楚明确的技术特征，并能够充分展现其解决特定技术问题的具体步骤。换言之，该商业方法必须能够说明其是如何实现与所应用的金融、物流、医疗、交通、通信、家居、安防、电子商务等技术和产业领域的“软件及互联网 +”的。前述无论是道富银行案所提出的“实用、具体和有形结果”标准还是比尔斯基案的“机器或转换测试”标准，其实都直接体现了实用性的要求。

新颖性，是指申请专利的技术方案不属于现有技术，也没有其他主体就同样的技术在申请日以前提出过申请，并记载在申请日以后公布的专利申请文件或者公告的专利文件中。除了在先抵触申请的检索以外，新颖性的主要判断方法是审查申请专利的技术是否已被出版物公开和以其他方式为公众所知。商业方法的新颖性判断比很多其他领域的技术存在更大的困难。一方面是因为，计算机和网络技术领域的新知识特别容易在网络空间中以非正式的渠道和媒介传播，有些知识在网络空间存在一段时间后，虽然会消失痕迹，但其已经成为相当一部分专业人士的共识，期望专利审查员对这些不断更新的海量网络知识都能够了解和掌握是不现实的；另一方面是因为，商业方法的成效如何，往往需要经过实践的检验以后才能知晓，其在专利申请之前极有可能被进行一定范围内的试验性使用，这种试验性使用在网络环境下想完全不被公众知晓，几乎不可能。

创造性，是指某项发明与现有技术相比，具有突出的实质性特点和显著的进步。突出的实质性特点，是指对所属技术领域的技术人员来说，发明相对于现有技术是非显而易见的，所以在很多国家的立法例中，创造性也被称为“非显而易见性”。如果发明是所属技术领域的技术人员在现有技术的基础上，仅仅通过合乎逻辑的分析、推理或者有限的试验就可以得到的，则该发明是显而易见的，也就不具备突出的实质性特点。显著的进步，是指发明与现有技术相比能够产生有益的技术效果。例如，发明克服了现有技术中存在的缺点和不足，或者为解决某一技术问题提供了一种不同构思的技术方案，或者代表某种新的技术发展趋势。商业方法的创造性判断主要面临两方面的问题：(1)先前的尚未应用于网络商业活动的计算机或互联网技术能够在多大程度上使当下的商业方法软件显而易见。例如，在美国第一个与非显而易见性有关的互联网专利案——亚马逊网络公司诉邦诺网络公司案中，争议的核心就在于没有在互联网环境下应用的“计算服务趋势系统”能否导致亚马逊网络公司的“一键”网络购物软件显而易见。自该案以后，越来越多的人以 20 世纪八九十年代的“图文电视”和“视讯文本”作为现有技术,来否定早期互联网专利的新颖性和创造性,进而要求宣告其无效。“图文电视”是指对信号的广播传送,被传送的信号可以被诸如电视机机顶盒那样的电子设备接收并解码。“视讯文本”系统是基于计算机的交互系统,其通过电话线、双向光缆或者计算机网络,将文本、数字以及图像以电子形式传送给电视机或计算机。在网络环境下实施20世纪八九十年代的“视讯文本”系统,涉及使用专门的中央计算机和排他性的连接。[9] (2)判断某项发明是否具有创造性的第一步是确定最接近的现有技术,而由于利用计算机执行的商业方法与人类利用传统机械执行的商业方法具有可互换性,这就无限放大了可选择的现有技术范围,难以界定商业方法“所属的技术领域”,增加了创造性判断的复杂性。

二、侵犯商业方法专利的法律规制

(一)权利保护的范围

1. 地域范围

根据《与贸易有关的知识产权协定》(TRIPs)的规定,各国专利法一般都确认,方法专利的权利人可以禁止他人未经其许可使用该专利方法,以及使用、许诺销售、销售、进口依该专利方法直接获得的产品。这些专利权能的设定,尤其是有进口权能而无出口权能,与知识产权保护的地域性原则是一致的,也即强调专利权的保护是一国地域范围之内的事务,各国的司法主权不容他国干涉、不受外部影响。

对应用于互联网环境的商业方法专利而言,技术实施和侵权行为的地域性天然地被打破了,司法上也需要因应这种现实而形成有效保护专利权的管辖机制。针对在域外发生而确实对境内权利人造成损害的商业方法专利侵权行为,除了结合个案情况判断是否可以适用属人管辖和最密切联系地管辖等国际私法的一般规则外,还可以通过对《专利法》文义的目的解释来确定我国司法机关对相关案件的管辖权。首先,依商业方法专利直接获得的产品不应局限于有形物品,还应当包括依商业方法专利而提供的服务,只要其具有实用、固定和有形的技术效果。其次,如果某种依商业方法专利直接获得的产品属于专利法意义上的“新产品”,即便此前使用商业方法的制造行为都发生在域外,只要该最终产品通过互联网被销售到境内,就可以认定存在侵犯该商业方法专利“进口权”的行为。[10] 最后,商业方法专利的使用包含多个技术实施的步骤、环节和流程,侵权行为可能涉及域内外主体的分工合作,此时可以适用共同侵权制度

〔9〕 参见[美]马克·A.莱姆利等:《软件与互联网法》(下),张韬略译,商务印书馆2014年版,第501-509页。

〔10〕 See Gregory A. Stobbs, *Business Method Patents*, 2nd *edition*, New York, Wolters Kluwer Law & Business, 2012, p.22-23.

来实现对权利人的救济。

2. 技术范围

专利权的保护范围应当以权利要求书为准，说明书及附图可以用于解释权利要求。这是我国立法所确认的折中主义原则。具体到商业方法专利而言，折中主义原则的运用应当更加严格和精细，以保障网络技术、产业和用户利益的平衡。

首先，商业方法专利保护的应当是由计算机和网络技术特征组成的技术方案，而非这种技术方案所落实的经营管理方法，从而避免造成不应有的思想垄断。其次，在确定商业方法专利保护范围时要特别注意，不能将公知的计算机和网络技术变相纳入其中。再次，在确定商业方法专利保护范围时，应主要依据专利文件的字面含义，谨慎适用等同原则。商业方法专利的特点在于商业方法的方法特征与计算机网络技术及通信设备等技术特征的结合，而其中的方法特征在权利要求中一般以功能性限定的方式作为其依附的技术手段的用途描述而出现。这些功能性特征在解释上被认为仅仅覆盖说明书中所记载的具体结构、材料、步骤及其等同物，也要受具体特征的限制。[11]最后，在商业方法专利保护范围的确定过程中，禁止反悔原则应当得到严格遵守。

（二）侵权行为的认定

绝大多数商业方法是促进已知产品或服务销售的方法专利，因而在指控他人侵权时就无法主张新产品制造方法的举证责任倒置。商业方法专利的技术特征又主要涉及计算机系统内部的程序执行以及计算机系统之间的数据交换，[12]具有一定的“黑箱”性，与所销售产品的外观和结构无关，很难从相似的商业模式和市场反应中推断出使用了同样的技术。因此，对商业方法专利侵权行为，权利人面临的最大问题是举证困难，进而导致了法院认定侵权行为的困难。

这种困难在多主体以分工合作方式实施侵犯商业方法专利行为时进一步加剧。如前所述，商业方法专利一般由多个硬件、软件及其在网络环境下分步骤的数据交换程序构成。在多主体共同实施侵权行为的情况下，每个主体实施的行为只是覆盖专利权利要求中的部分技术特征，而不是全部技术特征，这就不符合专利侵权判定的全面覆盖原则，难以认定任何一个主体的行为构成侵权。这些多主体分工合作的侵权行为也无法纳入 2016 年最高人民法院《关于审理侵犯专利权纠纷案件应用法律若干问题的解释（二）》第 21 条所明确规定的教唆侵权行为和帮助侵权行为范畴。教唆侵权是指“明知有关产品、方法被授予专利权，未经专利权人许可，为生产经营目的积极诱导他人实施了侵犯专利权的行为”。帮助侵权则是指“明知有关产品系专门用于实施专

〔11〕 参见张弘：《商业方法专利侵权研究》，载《中国发明与专利》2009 年第 7 期。

〔12〕 参见周奇：《云计算技术专利保护初探》，载《电子知识产权》2012 年第 12 期。

利的材料、设备、零部件、中间物等,未经专利权人许可,为生产经营目的将该产品提供给他人实施了侵犯专利权的行为”。无论是教唆侵权行为还是帮助侵权行为,都有一个主要的侵权人,其一个人的行为就构成了完整的侵权行为,教唆人和帮助人在侵权过程中只起到辅助性作用,而在多主体分工合作侵害商业方法专利的情形中,任何一个主体的单独行为都不构成侵权,只有这些行为结合在一起才构成完整的侵权行为。因此,只有结合个案,通过对《民法典》关于“共同侵权”的一般规定加以妥善解释,才能切实有效地规制此类侵权行为。

第四节　网络商标法

一、域名与商标权

(一)域名及其特点

1. 域名的概念与注册

域名,是指互联网上识别和定位计算机的层次结构式的字符标识,与该计算机的互联网协议(Internet Protocol,IP)地址相对应。在互联网上的每一台计算机都有一个互联网协议地址,其由若干个 a - z 的 26 个拉丁字母和 0 - 9 的 10 个阿拉伯数字以及“ - ”“、”“. ”符号构成并按一定的层次和逻辑排列,是纯粹的数字地址,非常不便于记忆。域名就是为了解决这种记忆和搜寻的难题而设计和安排的互联网架构和层次,是对互联网协议地址的词语化或标识化翻译。

域名可以进一步区分为通用顶级域名、国家码顶级域名、二级域名和三级域名。通用顶级域名,也称国际顶级域名,最初包括. com(用于商业公司)、. net(用于网络服务)、. org(用于组织协会等)、. gov(用于政府部门)、. edu(用于教育机构)、. mil(用于军事领域)和. int(用于国际组织)七类。互联网名称与数字地址分配机构(Internet Corporation for Assigned Names and Numbers,ICANN)根据互联网发展需要,在 2000 年 11 月作出决议,从 2001 年开始增加七类新的国际顶级域名,即. biz、. info、. name、. pro、. aero、. coop、. museum。其中,前 4 个是非限制性域名,后 3 个是限制性域名,. aero 需是航空业公司注册,. museum 需是博物馆,. coop 需是集体企业注册。国家码顶级域名是由 243 个国家和地区的代码为基础确定的顶级域名,例如,“. cn”代表中国、“. uk”代表英国,这些域名由各国政府建立的机构负责注册和管理。

中国负责国家码顶级域名注册的机构是 1996 年经国务院批准成立的中国互联网络信息中心(China Internet Network Information Center,CNNIC)。二级域名,是指在顶级域名前在由.隔开加上不同的字符形成的域名，如 abc. com 中的 abc。由于顶级域名是固定地用来区分行业或地区的字母，二级域名才是由域名使用人自己选择的文字、字母和数字，因此二级域名才是真正用来区分域名使用人的显著标志。三级域名与二级域名的原理相同，是由二级域名进一步延伸出来的子域名，如 market. abc. com 中的 market。三级域名一般也具有一定的显著性。

随着互联网的日益普及和电子商务的蓬勃发展，域名的作用已经不只是 IP 地址的形象化展示这么简单，而是成为经营者在虚拟世界里自我定位和商业推广的重要标志和象征。从某种意义上讲，域名已经成为网络空间里的“商标”或“企业名称”，这一点随着中文域名注册的兴起变得更加明显。

2. 域名的特点

域名与商标相比具有如下几方面的特点：

（1）唯一性。域名与每台计算机在互联网中的 IP 地址对应，而该地址是唯一的数字地址，因而域名也就具有唯一性，只能定位和指向该 IP 地址上的“主机”。域名的唯一性，是指域名整体上的唯一，作为其二级或三级域名的组成部分则可能在不同的域名中重复出现。与域名不同，商标的注册以商品或服务的分类为基础，除非某一商标在所有类别的商品和服务上都申请在先，否则相同商标在不同的商品或服务上同时出现是经常且合法的现象，这就是商标的多重性。

（2）全球性。网络的开放性决定了域名一经注册就可以在全球范围内自由使用，世界各国的网络用户都可以通过域名来访问和浏览域名使用人的网页。商标权作为一种知识产权，在国际保护中适用地域性原则，只有在一国取得注册的商标才享有专用权。驰名商标的保护也以在一国境内驰名为条件。

（3）域名注册的形式审查主义。域名注册一般都由私营服务机构完成，实行“先申请先注册”的原则，域名注册服务机构只对域名注册申请进行形式审查甚至不作审查，只要该申请域名不与已注册或申请在先的域名相同即可。商标注册则要对合法性、显著性、权益在先性以及是否与在先注册或申请的商标相同或近似等进行严格的实质审查。

（4）近似相容性。网络的发展速度远远超乎了人们最初的想象，域名也因而成为一种稀缺的资源。为了缓解这种稀缺性，在域名的注册中，只要两个域名之间有一点细微的差别，如一个字母或字符的不同，就可以同时允许这两个域名的注册。在商标注册中，同一种或类似商品上的近似商标注册则是被禁止的。

（二）域名与商标权冲突的法律规制

1. 行政规制

1999 年，ICANN 在世界知识产权组织《互联网域名和地址的管理：知识产权问题》这一报告的基础上制定了《统一域名争议解决政策》(Uniform Domain Name Dispute Resolution Policy,UDRP),建立了快速解决域名争议的行政机制。该机制的执行力和效率,因其将UDRP强制性纳入服务商与域名注册人的注册服务协议而得到保障。UDRP重点规制的是“恶意”抢注域名的情形,并列举规定了以下几种常见的“恶意”情形:(1)注册或获取域名的主要目的是向作为商品商标或服务商标所有人的投诉人或其竞争对手出售、出租或转让域名,以获取直接与域名注册相关费用之外的额外收益者;(2)注册该域名的目的是阻止商品商标和服务商标的所有人以相应的域名反映其上述商标者;(3)注册域名的主要目的是破坏竞争对手的正常业务者;(4)使用域名的手段,为商业利益目的,通过制造网站上所出售的商品或提供的服务与投诉人商标之间在来源者、赞助者、附属者或保证者方面的混淆,故意引诱网络用户访问其网站。UDRP允许直接撤销或转让争议域名,而无须等待法院的判决。

为解决域名与商标以及其他民事权益的冲突,从2000年开始,CNNIC曾先后制定和修正了若干版本的《中国互联网络信息中心域名争议解决办法》,现行有效的规章为2019年6月18日施行的《中国互联网络信息中心国家顶级域名争议解决办法》,而这些解决办法主要参考了UDRP的规定。

根据《中国互联网络信息中心国家顶级域名争议解决办法》规定,任何机构或个人认为他人已注册的域名与该机构或个人的合法权益发生冲突的,均可以向争议解决机构投诉。争议解决机构受理投诉后,应当按照程序规则的规定组成专家组,并由专家组根据本办法及程序规则,遵循“独立、中立、便捷”的原则,在专家组成立之日起14日内对争议作出裁决。域名投诉成立的条件包括:(1)被投诉的域名与投诉人享有民事权益的名称或者标志相同,或者具有足以导致混淆的近似性;(2)被投诉的域名持有人对域名或者其主要部分不享有合法权益;(3)被投诉的域名持有人对域名的注册或者使用具有恶意。其中,被投诉人对争议域名享有合法权益的情形包括:其一,被投诉人在提供商品或服务的过程中已善意地使用该域名或与该域名相对应的名称;其二,被投诉人虽未获得商品商标或有关服务商标,但所持有的域名已经获得一定的知名度;其三,被投诉人合理地使用或非商业性地合法使用该域名,不存在为获取商业利益而误导消费者的意图。“恶意”是指以下情形:其一,注册或受让域名的目的是向作为民事权益所有人的投诉人或其竞争对手出售、出租或者以其他方式转让该域名,以获取不正当利益;其二,多次将他人享有合法权益的名称或者标志注册为自己的域名,以阻止他人以域名的形式在互联网上使用其享有合法权益的名称或者标志;其三,注册或者受让域名是为了损害投诉人的声誉,破坏投诉人正常的业务活动,或者混淆与投诉人之间的区别,误导公众;其四,其他恶意的情形。

争议解决机构裁决注销域名或者裁决将域名转移给投诉人的,自裁决公布之日起满10日的,域名注册服务机构予以执行。但被投诉人自裁决公布之日起10日内提供有效证据证明有管辖权的司法机关或者仲裁机构已经受理相关争议的,争议解决机构的裁决暂停执行。对于暂停执行的争议解决机构的裁决,域名注册服务机构视情况作如下处理:(1)有证据表明,争议双方已经达成和解的,执行和解协议;(2)有证据表明,有关起诉或者仲裁申请已经被驳回或者撤回的,执行争议解决机构的裁决;(3)有关司法机关或者仲裁机构作出裁判,且已发生法律效力的,执行该裁判。在域名争议解决期间以及裁决公布10日内,域名持有人不得申请转让或者注销处于争议状态的域名,但受让人以书面形式同意接受争议解决裁决约束的除外。

2. 司法规制

最高人民法院2002年发布、2020年修订的《关于审理商标民事纠纷案件适用法律若干问题的解释》第1条第3项规定"将与他人注册商标相同或者相近似的文字注册为域名,并且通过该域名进行相关商品交易的电子商务,容易使相关公众产生误认的"构成《商标法》第57条第7项规定的给他人注册商标专用权造成其他损害的行为,因此对于域名侵犯商标专用权的案件就有了司法裁判的基础。

最高人民法院2001年发布、2020年修订的《关于审理涉及计算机网络域名民事纠纷案件适用法律若干问题的解释》第1条规定,对于涉及计算机网络域名注册、使用等行为的民事纠纷,当事人向人民法院提起诉讼,经审查符合《民事诉讼法》第109条规定的,人民法院应当受理。该解释第3条进一步规定,域名纠纷案件的案由,根据双方当事人争议的法律关系的性质确定,并在其前冠以计算机网络域名;争议的法律关系的性质难以确定的,可以通称为计算机网络域名纠纷案件。因此,从逻辑上讲,对在后注册商标侵犯在先驰名域名的情况也可以适用该司法解释请求保护。当然该司法解释关注的重点仍然是抢注域名侵犯商标权等知识产权的问题。这从上述解释第4条的规定就可以看出:"人民法院审理域名纠纷案件,对符合以下各项条件的,应当认定被告注册、使用域名等行为构成侵权或者不正当竞争:(一)原告请求保护的民事权益合法有效;(二)被告域名或其主要部分构成对原告驰名商标的复制、模仿、翻译或音译;或者与原告的注册商标、域名等相同或近似,足以造成相关公众的误认;(三)被告对该域名或其主要部分不享有权益,也无注册、使用该域名的正当理由;(四)被告对该域名的注册、使用具有恶意。"该司法解释第5条第1款进一步规定了"恶意"的情形:(1)为商业目的将他人驰名商标注册为域名的;(2)为商业目的注册、使用与原告的注册商标、域名等相同或近似的域名,故意造成与原告提供的产品、服务或者原告网站的混淆,误导网络用户访问其网站或其他在线站点的;(3)曾要约高价出售、出租或者以其他方式转让该域名获取不正当利益的;(4)注册域名后自己并不使用也未准备使用,而有意阻止权利人注册该域名的;(5)具有其他恶意情形的。

人民法院认定域名注册、使用等行为构成侵权或者不正当竞争的,可以判令被告停止侵权、注销域名,或者依原告的请求判令由原告注册使用该域名;给权利人造成实际损害的,可以判令被告赔偿损失。

二、网络链接中的商标侵权

(一)链接的概念与类型

链接,在互联网信息传输中是常用的基础技术,是指"一个文档的特定区域能引入其他文档或程序,当用鼠标点击有颜色和下划线的文字和图形时,就可以跳转至另一个文档或本文档中的某个位置,或者跳转到其他页面"[13]。

网络中的链接,依据链接的路径可以分为页内链接、系统内链接和系统间链接。其中,页内链接指某一文件页内不同部分的链接,系统内链接指同一服务器上不同文件之间的链接,而系统间链接则是不同服务器上文件之间的链接。[14]

(二)链接侵害商标权的法律规制

系统间链接容易引起各种法律问题,商标侵权纠纷是其中之一。一般的系统间链接,用户在点击链接标志以后可以清楚地看到网页跳转的过程或者在一个单独的对话框中看到链接所指向的新网站,因此不存在商标侵权的问题。复杂的纠纷往往产生于深度链接的过程中,即绕过对方的网页而将其中的部分特定内容链入自己网页的情形。早在1997年,美国就发生了涉及深度链接商标侵权的纠纷,即Ticketmaster v. Microsoft案。[15] 在该案中,原告是一家提供全美范围内自动匹配演出门票销售服务的公司,被告在向原告寻求同意设置链接的许可失败后,擅自在其运行的"西雅图人行道"网站上设置了内框链接,绕过原告的主页而直接链向带有原告及其网站名称和商标的演出门票销售页面。原告因此向法院起诉,称被告的行为减少了其从网页广告中获得的收入并使原告失去了对自己网站上的访问进行控制和引导的能力,侵犯了商标权、淡化了商标价值,同时还违反了美国联邦和加利福尼亚州关于反不正当竞争的多部法律。被告则提出了言论自由和合理使用的抗辩,并认为网络上的链接是无处不在的,原告将某一网站置于网络之中就暗含了对链接包括深度链接的同意。由于该案原告、被告双方最终达成了和解,所以法院并没有机会对与链接有关的商标侵权问题发表详细的观点,但显然它已经引起了理论界对这一问题的关注。

中国最早涉及网络链接商标冲突的案件是2000年发生的北京金洪恩电脑有限公

---

〔13〕 5141课题组编:《知识产权法学词典》(第2版),北京大学出版社2008年版,第67页。

〔14〕 参见马骁:《网络链接中的知识产权问题研究》,载《河北法学》2001年第1期。

〔15〕 See Ticketmaster v. Microsoft, United States District Court for the Central District of California, Civil Action Number 97-3055DPP(1997).

司与北京惠斯特科技开发中心有关“股神2000”的不正当竞争案。[16] 通过对相关案件的综合考察，我们发现网络链接是否构成商标侵权，主要看链接是否造成了网站所提供商品或服务的实际混淆。例如，用户向被链者投诉其从链接者网站上购得商品的质量问题，或者尽管没有实际的混淆但链接的外观足以使消费者对商品的来源发生误认，如上述案件中所述的内框链接情形。当然，若商标权人有其他证据能够证明链接者设置链接的目的就在于制造混淆或者盗用其驰名商标的商誉，则可以不必再考察链接外观形式的潜在影响。

对网络链接形式的商标侵权，除了依法提起商标侵权或反不正当竞争诉讼这样的法律程序之外，商标权人还可以采取一定的技术措施进行自我防卫，如嵌入网页保护程序、采用动态网页（Active Server Pages，ASP）技术、数字水印、加密和签名技术、权限级别设置和电子指纹识别等。当然，这里的前提是法律要像对数字版权的保护那样将这些技术措施纳入法律保护的范畴，[17] 禁止他人任意破解。在链接商标侵权纠纷中，还应当注意链接者的合法抗辩事由，毕竟链接是网络信息传输和共享的基础技术，对其设定过于严格的法律责任会影响互联网的应用和发展。因此在网络链接中，当被链商标含有商品的通用名称、图形、型号或其他通用标记，或者链接者对该商标的使用属于指示性使用，或者链接者是为了客观地评论或比较相关商品或服务时，应构成商标的合理使用。

三、搜索引擎服务与商标侵权

（一）搜索引擎技术

搜索引擎是根据用户的需求，对纷繁庞杂的互联网信息进行搜寻、定位、理解、分类、提取、整理和排序的技术，其已经发展成为网络经济活动中的重要服务产业。与此同时，搜索引擎服务商们也纷纷被卷入各种商标侵权纠纷。[18]

从技术原理上看，搜索引擎的工作流程分为以下三个步骤：（1）从互联网上抓取网页，即通过网络爬虫在所有网页共通的统一资源定位符（Uniform Resource Locator，URL）中爬行，将经过的网页收集起来；（2）建立索引数据库，即分析和提取所收集网页的信息，通过特定算法得出每一网页与页面文字和超文本语言中关键词的相关度，从而建立起索引数据库；（3）在索引数据库中搜索排序并生成结果。当用户输入关键词后由搜索程序自动按照索引数据库中算好的相关度进行排序，然后生成链接地址和

---

〔16〕 参见北京市海淀区人民法院民事判决书，(2000)海知初字第74号。

〔17〕 参见王仁云：《深度链接的争议及应用前景》，载《电子商务》2007年第4期。

〔18〕 参见郭建龙、朱宗文：《百度、谷歌同陷中国“商标门”》，载《中国外资》2008年第12期。

页面内容摘要,将结果反馈给用户。[19] 从中可以发现,要获得真实而准确的搜索结果,用户所选择的自然语言形式的关键词与搜索引擎算法中计算机语言的对应性就成为至关重要的因素。这就牵涉了"元标签"技术。元标签是一种内嵌在 HTML 代码中的不在网页显示出来的代码,是一种用来创建网站的超文本标记语言。当搜索引擎服务商或者网站所有人将他人的商标作为元标签埋置于网页中时,用户搜索该商标时就会被诱导进入该非商标权人的网站。"赞助商链接"和"关键词竞价排名"等新兴的搜索引擎营利业务就是通过这一技术手段实现的。

(二)搜索引擎服务侵害商标权的法律规制

搜索引擎技术本身是中性的,商标权人可以借此宣传自己的网站,消费者可以分享自己对特定品牌商品的评价,其还有多种其他反映网站真实信息的合法用途。因此我们在分析相关的商标侵权问题时,主要应当考察这种技术的应用方式是否合法。在这方面,2010 年 3 月欧洲法院就 LV 公司(以下简称 LV)诉谷歌公司(以下简称谷歌)系列案件的判决具有较大的参考价值。该系列案件的主要争议是,谷歌在与 LV 的商标相对应的关键词搜索服务中设置竞争者赞助商链接的行为是否构成商标侵权。首先,欧洲法院在判决中确认了谷歌在搜索引擎服务中对关键词的使用不构成在交易过程中与商品或服务相关的使用,因而不属于商标使用,只有那些赞助广告商的使用才属于商标使用。其次,就对商标指示来源和广告这两项基本功能的影响,欧洲法院交由各国国内法院对这种关键词广告服务"是否未能正常、合理地告知具有普通注意力的网络用户有关商品的来源"进行个案判断;同时,欧洲法院指出没有改变相关搜索的自然结果,只是增加了"赞助者链接"的内容,不会影响商标权人的商品或服务在搜索结果中对用户的可见性,所以未造成对商标广告功能的负面影响。最后,欧洲法院还确认了谷歌提供的是一种技术性、自动性和消极性服务,扮演的完全是一种中立的角色,对其为提供搜索服务而短暂存储和传输的信息和数据毫不知悉,也未施加任何控制,因而可以享有欧洲电子商务指令所规定的信息服务商的责任豁免。

除此之外,针对网站所有人恶意利用元标签技术侵犯他人商标权的做法,搜索引擎服务商可以通过以特定算法为基础的技术措施过滤和屏蔽掉这些误导性网站。关键是法律应当给搜索引擎服务商设定这方面的义务,使商标权人在发现相关侵权时可以通知并要求搜索引擎服务商采取相关技术措施。

---

〔19〕 参见李肖红、马丽平:《搜索引擎技术现状及趋势分析》,载《社会科学论坛》2005 年第 5 期。

第五节　网络不正当竞争的法律规制

一、一般不正当竞争行为的网络延伸

（一）网络市场混淆

《反不正当竞争法》第6条规定："经营者不得实施下列混淆行为，引人误认为是他人商品或者与他人存在特定联系：（一）擅自使用与他人有一定影响的商品名称、包装、装潢等相同或者近似的标识；（二）擅自使用他人有一定影响的企业名称（包括简称、字号等）、社会组织名称（包括简称等）、姓名（包括笔名、艺名、译名等）；（三）擅自使用他人有一定影响的域名主体部分、网站名称、网页等；（四）其他足以引人误认为是他人商品或者与他人存在特定联系的混淆行为。"该条规定是对1993年《反不正当竞争法》第5条的扩展，主要是保护在商业上具有一定影响和经济价值、能够带来竞争优势，但却无法或者没有作为商标注册的标志形式的法益。

该条第4项的兜底规定其实就是对"混淆"的界定。混淆包括直接混淆和间接混淆，前者是指对商品来源或出处的误认，后者是指对经营者之间是否存在隶属、许可和赞助等商业关系的误认。在电子商务时代，传统商业活动中这些容易造成市场混淆的不正当竞争行为自然会延伸到网络环境中。值得注意的是，2017年《反不正当竞争法》修订时专门增加了第3项对"域名主体部分、网站名称、网页等"网络标志混淆使用行为的规制，突出了对互联网时代注意力经济和流量经济的现实关注和立法回应。

（二）网络虚假宣传

《反不正当竞争法》第8条规定："经营者不得对其商品的性能、功能、质量、销售状况、用户评价、曾获荣誉等作虚假或者引人误解的商业宣传，欺骗、误导消费者。经营者不得通过组织虚假交易等方式，帮助其他经营者进行虚假或者引人误解的商业宣传。"该条规制的是虚假宣传这一类不正当竞争行为。

商品或服务的功能、用途、质量等基本信息是消费者作出购买决策的重要参考，有利于培养消费习惯、创造消费需求，建立、提升经营者及其商品、服务的形象，帮助经营者增加销量、扩大利润、促进市场竞争。因此，对商品或服务做虚假或引人误解的宣传，欺骗、误导消费者的行为，就违反了诚信原则，不当抢夺了其他经营者的交易机会，扰乱了市场竞争秩序，应当予以禁止。[20]

---

〔20〕　参见王瑞贺主编：《中华人民共和国反不正当竞争法释义》，法律出版社2018年版，第23页。

在电子商务时代，经营者自己或者通过中介雇佣网络水军虚构交易、刷单炒信、删除差评等现象曾一度泛滥。因此，2017 年《反不正当竞争法》修订时专门列举了不得对“销售状况、用户评价”进行虚假宣传，并且新增一款规制以组织虚构交易方式实施的不正当竞争行为。

（三）网络侵害商业秘密

商业秘密，是指不为公众所知悉、具有商业价值并经权利人采取相应保密措施的技术信息、经营信息等商业信息。

在网络环境下，商业秘密的外延更加广泛，表现形式更加丰富，除了传统媒介上秘密信息的数字化以外，还包括电子数据库及相关口令、密码、密钥，用户的网络账号及密码，以及通过各种软件、硬件、网络空间等记载、存储、使用并加密的其他技术信息和经营信息。这决定了网络环境下侵害商业秘密的行为更具有技术性、复杂性和隐蔽性，权利人的举证因此也就存在较大的困难。[21]

2019 年 4 月 23 日通过的《反不正当竞争法》修订案，突出体现了对网络环境下侵害商业秘密行为的法律规制。此次修订，一方面增加列举了“电子侵入”这种侵害商业秘密的不正当竞争行为方式，并补充规定了对教唆、引诱和帮助他人侵害商业秘密行为的法律规制；另一方面规定商业秘密权利人提供初步证据，证明其已经对所主张的商业秘密采取保密措施，且合理表明商业秘密被侵犯，涉嫌侵权人应当证明权利人所主张的商业秘密不属于本法规定的商业秘密。在网络环境下，应当认为权利人无须明确具体举证对方采取了何种不正当手段，只要证明对方所使用或披露的秘密信息是未经许可而获得的，被控不正当竞争行为人应当就其信息的合法来源进行举证。

（四）网络商业诋毁

《反不正当竞争法》第 11 条规定：“经营者不得编造、传播虚假信息或者误导性信息，损害竞争对手的商业信誉、商品声誉。”该条规制的是商业诋毁行为。通过比较可以发现，虚假宣传是散布、传播有利于提升自己商誉的虚假或误导性商品信息，商业诋毁则是编造和传播会损害竞争对手商誉的商品信息或商业信息。虚假宣传的不正当竞争行为特点相对具有间接性和盖然性，而商业诋毁的不正当竞争行为特点则更加直接和明显，针对和损害的往往是特定经营者的商誉。

在网络环境下，商业诋毁的认定应当注意几个方面的问题。首先，只有经营者才能构成商业诋毁的主体，而消费者和普通网络用户编造、传播有关经营者的虚假或误导性信息的，只可能构成侵害名誉权。其次，竞争关系的认定非常宽松。一方面，互联

---

〔21〕　参见刘晳：《网络环境下侵犯商业秘密的法律保护——以证据规则为中心》，载《电子知识产权》2010 年第 2 期。

网企业所提供的核心产品或服务尽管有所不同，但在流量至上、用户为王的网络经济时代，它们彼此之间的界限趋于模糊，连接和融合十分容易，不宜被细分为不同的行业而被认定为没有竞争关系。另一方面，网络技术的应用使得很多传统行业成为“互联网+”产业链和生态圈的重要一环，原本潜在的、间接的竞争关系在网络环境下转化为现实的、直接的竞争关系。再次，不只是有关商品或服务的虚假或误导性信息构成商业诋毁，有关经营者商业活动的其他一切虚假或误导性信息也都构成商业诋毁。最后，应当注意合法的知识产权侵权投诉与商业诋毁之间的界限。〔22〕

二、网络环境下特有的不正当竞争行为

顺应网络经济发展的新形势，2017年《反不正当竞争法》修订时增加了一条专门规制互联网不正当竞争的条款，即该法第12条规定：“经营者利用网络从事生产经营活动，应当遵守本法的各项规定。经营者不得利用技术手段，通过影响用户选择或者其他方式，实施下列妨碍、破坏其他经营者合法提供的网络产品或者服务正常运行的行为：（一）未经其他经营者同意，在其合法提供的网络产品或者服务中，插入链接、强制进行目标跳转；（二）误导、欺骗、强迫用户修改、关闭、卸载其他经营者合法提供的网络产品或者服务；（三）恶意对其他经营者合法提供的网络产品或者服务实施不兼容；（四）其他妨碍、破坏其他经营者合法提供的网络产品或者服务正常运行的行为。”对互联网领域特有的不正当竞争行为，该条采取的是“一般规定+开放列举”的立法技术，即将所有以不正当手段妨碍、破坏其他经营者合法网络产品或服务的行为都界定为不正当竞争行为，并结合近年来的司法实践列举规定了几种典型的网络不正当竞争行为。

（一）强制跳转

通过网页或者其他网络界面向用户提供产品或服务，是网络经营者最常规、最普遍的经营方式，此时如果其他经营者未经其同意而插入链接或者强制将目标跳转为自己的网页或平台等，那么该行为从多方面损害了他人的合法经营，扰乱了正常的市场竞争秩序，具有明显的不正当性。首先，强制跳转行为不当阻断了其他经营者向消费者展示或提供其网络产品或服务的过程，使该经营者丧失了现实或潜在的交易机会。其次，即便是可以关闭的强制弹窗，也极大影响了被弹窗网络产品或服务的用户体验，降低了该产品或服务的市场份额。再次，无论何种形式的强制跳转行为都会对被阻断的经营者形成流量劫持，减少其因流量而可以获得广告投放收入和黏性效应等其他附

〔22〕　参见陈宇：《正确区分电子商务中正常的侵权投诉和商业诋毁》，载《中国知识产权报》2013年11月20日，第6版。

带利益。最后,强制跳转行为事实上剥夺了消费者对网络产品或服务的选择权,通过对技术手段的非法应用取得了原本没有的竞争优势。

(二)误导、欺骗或强迫改变他人网络产品或服务

此类不正当竞争行为的具体表现一般是:经营者对其他经营者提供的网络产品或服务进行虚假或误导性的风险提示,或者作出误导性的评价,诱导用户关闭、卸载或修改正在使用的网络产品或服务,选择使用行为人提供的竞争性或关联性网络产品或服务。上述行为特点决定了,其更容易发生在网络安全产品或服务的提供者与一般网络产品或服务的经营者之间。

严格来讲,误导、欺骗用户修改、关闭、卸载其他经营者网络产品或者服务的,其行为方式实际上构成了商业诋毁,行为结果则是直接导致竞争对手网络产品或服务所占市场份额和流量收益的减少。强迫用户修改、关闭、卸载其他经营者网络产品或者服务的行为,与强制跳转行为以及恶意不兼容行为都有一定的重合性,既破坏了竞争对手网络产品或服务的市场应用,也妨碍了消费者的自由意志,同时还扰乱了网络竞争的正当秩序。

(三)恶意不兼容

互联网既是一个连接一切、共享共治的世界,又是一个多元创新、快速变革的世界。因此,各种网络产品的不断衍生、兼容并存以及网络技术之间的更新换代、互不兼容都是常态。换言之,并非所有网络产品或服务之间的不兼容都构成不正当竞争,法律所禁止的仅仅是“恶意”实施的不兼容行为。

最常见的恶意不兼容行为一般发生在网络安全产品的经营者之间,即某一网络安全产品的经营者拒绝与其他网络安全产品在同一台计算机或者其他网络设备上运行,迫使用户作出非此即彼的选择。当然,恶意不兼容行为也可能发生在不同类的网络产品经营者之间。例如,在“3Q 大战”中,腾讯曾要求用户在其社交软件与奇虎 360 的安全软件之间二选一。

对不兼容行为“恶意”与否的判断应当综合考量网络产品或服务的特点、相关的网络技术、经营者的商业模式、消费者的选择权、对网络创新和竞争的影响,以及诚信原则和公认的商业道德等多方面的因素。这些还有待在司法实践进一步探索。

(四)其他网络不正当竞争行为

网络经济始终在以日新月异的速度向前发展,新的应用技术、商业模式和竞争格局不断涌现,妨碍、破坏其他经营者合法提供网络产品或服务的新型不正当竞争行为也层出不穷,成文法列举性规定的僵化性和滞后性缺陷被无限放大。因此,《反不正当竞争法》关于网络不正当竞争的兜底性条款有其充分的必要性,并将在未来发挥主要作用。

兜底性条款显然需要结合《反不正当竞争法》第 12 条第 2 款在列举规定之前对网络特有不正当竞争行为的一般界定才能适用。也就是说，其他网络不正当竞争行为与已列举规定的网络不正当竞争行为的共性特征是：利用技术手段，通过影响用户选择或者其他方式，妨碍、破坏其他经营者合法提供的网络产品或者服务正常运行。然而，仔细审视这一关于“新型网络不正当竞争行为”的一般条款，我们可以发现，该规定颇有“鸡肋”之嫌。该规定是单纯对客观行为外观的描述，并没有涉及主观状态的要求，也没有提供行为“不正当性”的具体判断标准。并且，这种行为外观描述也不足以将网络不正当竞争行为与其他不正当竞争行为区别开来，因为非网络环境下的不正当竞争行为也完全可能利用技术手段，影响用户选择，妨碍、破坏他人产品或服务。因此，法律列举之外的干扰和影响其他经营者网络产品或服务的行为是否构成不正当竞争行为，仍然需要根据《反不正当竞争法》第 2 条这一总的一般条款，结合网络环境的特点作出具体判断。

《反不正当竞争法》第 2 条第 2 款将“不正当竞争行为”界定为“经营者在生产经营活动中，违反本法规定，扰乱市场竞争秩序，损害其他经营者或者消费者的合法权益的行为”。该条第 1 款则强调：“经营者在生产经营活动中，应当遵循自愿、平等、公平、诚信的原则，遵守法律和商业道德。”由此可以看出，未列举规定之网络竞争行为“不正当性”需要满足以下几个方面的要件：(1)行为发生在生产经营活动中。(2)行为损害了其他经营者的合法权益，并可能同时损害了消费者的合法权益。(3)行为可能同时扰乱了竞争秩序。(4)行为人违反了自愿、平等、公平、诚信等一项或多项原则，并可能同时违反了商业道德。在这几个要件中，除了要件(1)的判断相对容易且一般不太有争议外，其他几项要件的判断往往比较复杂，并且存在交织乃至冲突。例如，经营者与消费者之间、不同偏好的消费者之间的利益，以及消费者的短期利益与长期利益之间都可能存在冲突。

从既有的司法实践经验来看，在判断网络竞争行为是否符合不正当竞争行为的上述法定构成要件时，一般会涉及以下关系的考量：

1. 商业模式与自由竞争。网络经济发展过程中存在并会不断出现各式各样的商业模式，如免费平台与广告或增值服务相结合的商业模式、广告与视频节目相结合的商业模式、搜索引擎服务商提供推广及推广链接服务的商业模式等。经营者在指控他人行为构成不正当竞争时往往将对其商业模式的损害作为主要理由之一。事实上，这种主张与《反不正当竞争法》的立法理念存在一定的偏差。针对不同的不正当竞争行为类型，《反不正当竞争法》虽然同时采取了法益保护和行为规制模式，但其保护的法益一般都是具体、特定的，如有一定影响的标识、商业秘密等，而商业模式仍然是一种抽象的“思想”。从这个意义上讲，商业模式本身并不能获得法律保护，众多的网络经营者都可以采取相同的商业模式从事经营活动,这也是自由竞争原则的题中应有之义。

《反不正当竞争法》所规制的是破坏他人应用商业模式之经营活动完整性的行为。当然,由于市场竞争的动态性和嵌入性特征,并非所有妨碍或干扰其他经营者商业模式实施的行为都构成不正当竞争,仍然需要以利益比较的方式来判断相关行为正当与否,[23]也即就行为对实施商业模式的经营者利益、竞争者利益、消费者利益、技术创新和市场竞争秩序的影响进行综合权衡,考察是利大于弊还是弊大于利。

2. 技术中立与有序竞争。技术中立,是指技术本身只是一种工具,是客观中立的,具有多种可能的用途,不因其被用于侵权或不正当竞争而就当然要求技术的开发者或经营者承担相应的法律责任。在网络环境下,技术创新无处不在、无时不在。新技术应用于生产经营和市场竞争的后果,即便对其开发者而言,都有一定程度的不可控制性和不可预测性。因此,一律要求技术开发者为这种后果负责,既有悖于常理,也会阻碍创新。

但是,技术中立原则并不能成为所有网络不正当竞争行为的万能挡箭牌。因为中立的始终只是技术,而不是技术背后的人。倘若某项技术"创新"的唯一目的就是干扰和破坏其他经营者的网络产品或服务,那么其开发者显然不能以技术中立来主张法律责任的豁免。倘若某个经营者而非网络用户有针对性地使用某项技术来妨碍和干扰竞争对手的网络产品或服务,尽管该技术可能有其他用途,该经营者也不能以技术中立来辩称自己行为的正当性。正如最高人民法院在奇虎公司、奇智公司与腾讯公司、腾讯计算机公司不正当竞争纠纷一案中所述:"是否属于互联网精神鼓励的自由竞争和创新,仍然需要以是否有利于建立平等公平的竞争秩序、是否符合消费者的一般利益和社会公共利益为标准来进行判断,而不是仅有某些技术上的进步即应认为属于自由竞争和创新。否则,任何人均可以技术进步为借口,对他人的技术产品或者服务进行任意干涉,就将导致借技术进步、创新之名,而行'丛林法则'之实。技术创新可以刺激竞争,竞争又可以促进技术创新。技术本身虽然是中立的,但技术也可以成为进行不正当竞争的工具。技术革新应当成为公平自由竞争的工具,而非干涉他人正当商业模式的借口。"[24]

3. 利益平衡与开放竞争。网络经济是一个快速变革、交叉融合和竞争激烈的复杂生态系统,多方利益相关者在其中共存和博弈。成文法的局限性难以避免,司法者不得不依据商业道德判断竞争行为正当与否时,必须遵循开放包容的精神和程序正义的

---

〔23〕 参见孔祥俊:《论反不正当竞争法的基本范式》,载《法学家》2018年第1期。

〔24〕 最高人民法院民事判决书,(2013)民三终字第5号。

理念。前者是指面对新的网络技术、网络产品等,司法者应当尊重行业的自律规范和实践惯例,并相信市场的自我调整能力。正如有学者所指出的:"在竞争行为随技术发展变化而自行消亡或者被新形式的竞争行为替代而不具有稳定性、长期性、普适性的情况下,市场本身即可完成调整和修复,使竞争回归理性和正常状态。"〔25〕后者是指在具体的司法程序中,各方利益相关者应当有进行举证、陈述乃至辩论的机会。

〔25〕 李扬:《互联网领域新型不正当竞争行为类型化之困境及其法律适用》,载《知识产权》2017 年第 9 期。

第七章 网络犯罪

党的十八届四中全会明确指出，要加强互联网领域立法，完善网络信息服务、网络安全保护、网络社会管理等方面的法律法规，依法规范网络行为。《决胜全面建成小康社会 夺取新时代中国特色社会主义伟大胜利》（以下简称党的十九大报告）明确提出，要加强互联网内容建设，建立网络综合治理体系，营造清朗的网络空间。网络犯罪的打击与治理已经上升成为国家治理层面的重大议题。

第一节 网络犯罪概述

自1994年我国正式接入国际互联网以来，科学技术快速发展，网络深刻地影响了社会生产方式和人们的工作生活模式。以互联网为主体，融合通信网和广播电视网的信息网络，为我们提供了各式各样的快捷和便利，也促进了社会经济平稳快速发展。但现实社会中的犯罪类型越来越多地发生在网络空间，同时随着大数据、人工智能等技术的进步，逐渐发展出网络空间特有的犯罪类型。

一、从计算机犯罪到网络犯罪

网络犯罪是计算机犯罪发展到一定阶段的产物，是计算机犯罪的高级形态。网络犯罪的称谓经历了从最初的“计算机犯罪”或“电脑犯罪”到后来的“互联网犯罪”“信息网络犯罪”再到“网络犯罪”的转变。在这五个称谓中，前两者为一类，在一定意义上，“计算机犯罪”和“电脑犯罪”是同义语，其基本内涵指向将计算机作为犯罪对象和犯罪工具的行为。后三者基本上也是同一词汇在不同场合和载体的体现，其基本内涵是针对网络本身或以网络为工具的犯罪行为。

德国犯罪学家汉斯·约阿希姆·施奈德将计算机犯罪定义为：“利用电子数据处理设备作为作案工具的犯罪行为或是把数据处理设备作为犯罪对象的犯罪行为。”[1]

---

〔1〕 陈兴良：《网络犯罪的刑法应对》，载《中国法律评论》2020年第1期。

我国学者认为:“所谓计算机犯罪,是指利用计算机操作所实施的危害计算机信息系统(包括内存数据及程序)安全的犯罪行为。”这些定义都产生于计算机及计算机技术早期的推广运用过程中。

世界上第一起有案可查的计算机犯罪发生在1958年的美国硅谷。一位计算机工程师篡改存款余额获取了非法钱款,但是直到1966年才被发现。中国第一起被破获的计算机犯罪案件发生于1986年。作案者是中国银行深圳分行蛇口支行会计兼电脑控制机主管员陈某和中国银行深圳分行东门支行会计苏某。犯罪行为先由陈某盗抄银行账号,非法查阅账户情况,伪造中国银行电脑活期储蓄存折,后由苏某凭假存折按银行手续顺利骗取现金3万港元和2万元人民币。陈某于1987年1月29日投案自首。同年6月,陈某、苏某二人被判有期徒刑6年。[2] 从这两起案例可以看出,最早的计算机犯罪都是以计算机本身或计算机里的信息为犯罪对象的。随着网络和信息技术的快速发展,互联网已融入社会生活的方方面面,网上聊天、网上购物、网上支付、网络直播、电子商务、电子娱乐等已日渐成为人们的日常状态。但与此同时,一些不法分子也利用网络法律制度的不完善以及网络本身的隐蔽性开始实施网络赌博、网络盗窃、网络诈骗、网络诽谤、网络贩卖毒品等一系列犯罪,造成严重的社会危害。这些“互联网+”犯罪模式,使得犯罪数量激增,犯罪类型多样,犯罪影响广泛且迅速。近些年来,传统犯罪向互联网转移的趋势更加明显,几乎所有的传统犯罪都可以在网络上找到对应的实践方式。从早期的QQ号盗窃、“呼死你”网络敲诈案到近些年来的山东考生徐玉玉被电信诈骗案、e租宝非法集资案等可以看出,网络犯罪的实施和传播扩大了传统犯罪的社会危害,严重侵犯公民的人身安全和财产安全,威胁国家安全、公共安全和网络安全。在中国,目前网络犯罪占犯罪总数近1/3,而且每年以30%左右的幅度上升,已成为第一大犯罪类型。[3]

我国学者对从计算机犯罪到互联网犯罪的演变过程进行了总结,认为这种演变包括以下三个阶段:[4]

1. 只有计算机犯罪概念而没有网络犯罪概念的阶段。这里的计算机犯罪,是指利用计算机操作所实施的危害计算机信息系统(包括内存数据及程序)安全的犯罪。

2. 计算机犯罪和网络犯罪成为并存关系概念的阶段。两者存在区分和差异:前者是指利用计算机作为犯罪工具,针对计算机信息系统实施的犯罪;后者是指利用互联网实施的传统犯罪。

---

〔2〕 参见常远:《计算机犯罪的回顾和预测》,载《法律科学(西北政法大学学报)》1991年第3期。

〔3〕 参见吴沈括:《网络犯罪治理视野下的国际合作》,载《检察日报》2017年12月14日,第3版。

〔4〕 陈兴良:《网络犯罪的刑法应对》,载《中国法律评论》2020年第1期。

3. 网络犯罪和计算机犯罪成为种属关系概念的阶段。在这个阶段,计算机犯罪的概念几乎不再被提起,利用网络实施的传统犯罪在数量和社会影响上的绝对优势,让“计算机犯罪”一词几乎完全退出了历史舞台,“网络犯罪”成为一个更被广泛认可的术语。这样,计算机犯罪与网络犯罪在概念上不再是一种并列关系,而是演变为一种种属关系,计算机犯罪成为网络犯罪的下位概念。

从以计算机为中心的计算机犯罪到网络犯罪的演变,是与计算机技术的发展逐渐形成互联网的过程相一致的,相关犯罪侵犯的对象也由计算机本身转变为在计算机基础上形成的网络信息技术的安全。

二、网络犯罪的概念

21 世纪最伟大的发明之一——网络与我们的生产生活息息相关,它可以将世界各地的计算机与其他电子通信器材联网,实现信息交互。自从 2001 年欧盟各国在布达佩斯签署通过的《网络犯罪公约》中出现“网络犯罪”这一术语以来,这一概念开始在官方文件中正式使用。

网络犯罪并非一个刑法概念,也不是刑法罪名中的一个专门分类。刑法没有设立专门的网络犯罪章节,也未明确哪几个罪名属于网络犯罪罪名,因此对于网络犯罪的概念究竟为何,众说纷纭,莫衷一是。学术界和实务界对此的理解也不一致。

(一)网络犯罪的学理界定

学者们对“网络犯罪”的概念至今争议极大,同时界定标准亦不明确。归纳学术界的观点,主要有对象说、工具说、对象兼工具说、空间说等几类。

1. 对象说认为,网络犯罪是针对网络所实施的犯罪。持这种观点的学者认为:“所谓计算机网络犯罪,是指针对和利用计算机系统,通过非法操作或者以其他手段对计算机系统内数据的安全完整性或系统正常运行造成危害后果的行为。”[5]

2. 工具说认为,网络犯罪就是借助网络实施的犯罪。持这种观点的学者认为,网络犯罪是“以计算机网络为工具,采用非法手段使自己获利或使他人遭受损失的犯罪行为”[6]或是“指行为人通过计算机、通信等技术手段,或者利用其所处的特殊地位在网络环境中实施的侵害或威胁法律所保护的利益的行为”[7]。

3. 对象兼工具说认为,网络犯罪是利用或针对网络的行为。德国犯罪学家施奈德在《犯罪学》一书中认为,网络犯罪是“利用电子数据处理设备作为作案工具的犯罪行

---

〔5〕 皮勇:《网络犯罪比较研究》,中国人民公安大学出版社 2005 年版,第 8-10 页。
〔6〕 [美]刘江彬:《计算机法律概论》,北京大学出版社 1992 年版,第 153 页。
〔7〕 张楚主编:《网络法学》,高等教育出版社 2003 年版,第 234 页。

为或是把数据处理设备作为对象的犯罪行为"[8]。这一观点曾是一种较为主流的观点。我国也有学者认为:"网络犯罪就是行为主体以计算机或者计算机网络为犯罪工具或攻击对象,故意实施的危害网络安全、触犯有关法律规范的行为。"[9]

4. 空间说认为,网络犯罪是发生或实施在网络空间的犯罪行为。这是目前比较普遍的一种观点。由于现代网络科技的发展,人们认为,网络犯罪应解读为在网络空间实施或发生的犯罪,即一切与网络空间具有关联度的犯罪行为。[10]

（二）网络犯罪的司法界定

最高人民法院、最高人民检察院、公安部《关于办理网络犯罪案件适用刑事诉讼程序若干问题的意见》(公通字〔2014〕10 号)没有就"网络犯罪"进行概念界定,但是其第 1 条采用列举的方式指出网络犯罪案件的范围,包括:(1)危害计算机信息系统安全犯罪案件;(2)通过危害计算机信息系统安全实施的盗窃、诈骗、敲诈勒索等犯罪案件;(3)在网络上发布信息或者设立主要用于实施犯罪活动的网站、通讯群组,针对或者组织、教唆、帮助不特定多数人实施的犯罪案件;(4)主要犯罪行为在网络上实施的其他案件。其中第 4 项是兜底性描述,较为明确地体现了前述空间说的内涵。

2019 年 11 月最高人民法院发布的《司法大数据专题报告:网络犯罪特点和趋势》就明确指出:"本报告界定的网络犯罪是指以互联网为工具或手段实施的危害社会、侵害公民合法权益的行为,或是对计算机系统实施破坏的行为。"这里体现的是对象兼工具说的观点。

由此可见,司法实务部门对于网络犯罪的理解也略有差别,但总体上是从广义的角度来解释。

（三）网络犯罪的其他界定

2000 年 12 月 28 日第九届全国人大常委会第十九次会议审议通过的《关于维护互联网安全的决定》第 1 - 4 条明文列举了四种典型网络犯罪,同时在第 5 条又明确规定:"利用互联网实施本决定第一条、第二条、第三条、第四条所列行为以外的其他行为,构成犯罪的,依照刑法有关规定追究刑事责任。"由上可见,该决定是立足于工具说的角度界定网络犯罪。

《网络犯罪公约》采用的是对象兼工具说,其网络犯罪的界定为危害计算机系统、网络和计算机数据的机密性、完整性和可用性,以及对这些系统、网络和数据进行滥用

---

〔8〕［德］汉斯·约阿希姆·施耐德:《犯罪学》,吴鑫涛、马君玉译,中国人民公安大学出版社 1990 年版,第 70 页。

〔9〕范德繁、于宏:《针对网络犯罪之认定探讨——兼评刑法相应立法的完善》,载《法制与社会发展》2001 年第 5 期。

〔10〕参见徐剑锋:《互联网时代刑法参与观的基本思考》,载《法律科学(西北政法大学学报)》2017 年第 3 期。

的行为。一些英文辞典也采用了这种定义。例如,《牛津高阶英汉双解词典》(第9版)对网络犯罪的理解就是“利用互联网实施的犯罪,例如窃取某人的个人或银行详细资料,或将病毒传染给计算机”[11]。《韦氏法律词典》将网络犯罪定义为:“使用电子设备实施的犯罪活动(例如盗窃、欺诈或散布儿童色情制品)。”[12]从这个定义的列举来看,它将网络犯罪的界定建立在工具说的观点上。

本书对网络犯罪的概念采用最为广泛的界定,既包括作为对象的网络犯罪,也包括作为工具的网络犯罪,同时还包括发生在网络空间的犯罪。理由在于:

1. 网络本身的价值。由于网络的普及、应用和发展,即使是基于网络实施的传统犯罪也发生了异化,在实施方式、危害后果等方面也产生了巨大的变化。现在的网络,已不仅是物理上的计算工具或其他信息终端设备,更多是指在此基础上形成的虚拟空间或网络空间。“在当下网络时代,互联网已经无远弗届、无孔不入地嵌入人们的生活世界,成为人类最基本的交流方式,这也就意味着所有犯罪行为都会‘触网’,即所有的犯罪行为都会在网络空间发生或实施。”[13]可见,网络在这个时代更是一种社会生活现象,网络犯罪也成为这个时代的“新常态”。因此,这一事物应受到全方位的调整,不仅需要从宏观上对网络运行加强监管,还体现在对网络本身的保护,更应当保护网络空间中的社会公众的人身权利和财产权利。

2. 网络犯罪在传统犯罪构成上有所异化。网络犯罪是计算机犯罪发展到互联网时代的表现形式。针对单独的计算机或利用单机进行犯罪的情况已极其少见。利用网络(包括局域网、城域网、广域网等)或针对网络本身及其中的信息进行的犯罪已日益成为计算机犯罪的主要形式。这些犯罪都必须以计算机为操作终端并通过网络才能实施。从实质上说,这些犯罪行为都是对系统、网络或数据进行滥用的行为。

若将利用网络或计算机为手段实施的所有犯罪都认定为网络犯罪,则刑法体系中可被称作网络犯罪的行为数量的确相当庞大。例如,利用网络进行诈骗的可认定为网络诈骗罪,利用网络技术盗窃的可认定为网络盗窃罪等。凡是可以利用网络平台实施的犯罪,均可冠以“网络”二字而成为网络犯罪。应当承认,这些网络犯罪与传统犯罪并不存在本质的差异,但是由于借助网络的平台,在犯罪主观要件、犯罪客观方面的行为手段、实施的效率与难易程度以及对犯罪的定量评价等方面,其都与线下或是传统

---

〔11〕 Cyber crime:crime that is committed using the Internet, for example by stealing sb's personal or bank details or infecting their computer with a virus. 参见《牛津高阶英汉双解词典》(第9版),商务印书馆2018年版,第527页。

〔12〕 Cybercrime: crime (as theft, fraud, or distribution of child pornography) committed electronically. 参见《韦氏法律词典》,中国法制出版社2014年版,第118页。

〔13〕 徐剑锋:《互联网时代刑法参与观的基本思考》,载《法律科学(西北政法大学学报)》2017年第3期。

犯罪有了巨大的差异。例如,在犯罪主观方面,行为人是故意或是过失,又或者有无共同意思联络,都比传统犯罪的认定复杂,不易确定。不仅如此,由于网络犯罪的虚拟性、隐蔽性等特点,其证据的收集、核实和认定工作都比传统犯罪更加困难。

从网络因素角度界定“网络犯罪”并对其开展深入研究,有利于着眼于“网络化”的基本特性进行关注以区别于传统犯罪行为,从而得以在把握其基本特征的基础上展开对网络犯罪的特殊危害和针对性防治方法研究。

3. 网络犯罪的社会危害性远大于传统犯罪。网络犯罪社会危害性的大小,取决于社会信息系统的网络化和普及应用的程度。网络化和普及程度越高,网络犯罪的社会危害性可能就越大,而且网络犯罪的危害性远非一般传统犯罪可以比拟。

随着网络化的不断发展,国家、社会、企业、个人对网络的依赖日益加深,网络犯罪对国家安全、社会秩序及个人生活的影响和危害逐渐成为越来越大的威胁。CNNIC 2019 年发布的《第 43 次中国互联网络发展状况统计报告》指出,截至 2018 年 12 月,中国网民规模已达到 8.29 亿,全年新增网民 5653 万,互联网普及率为 59.6%,较 2017 年年底提升了 3.8 个百分点。[14] 同时,该报告还通过对遭遇到网络诈骗的用户的调查发现,虚拟中奖信息诈骗的比例最高,占所有诈骗比例的 61.3%;其次是冒充好友诈骗,占比为 49.3%;钓鱼网站诈骗占比最少,为 28.6%。可以说,网络给公众、企业、社会、国家带来越来越多便捷的同时,带来的风险和挑战也与日俱增。

4. 与国际公约中对网络犯罪的认识一致。面对迅速蔓延的网络犯罪,一些国际组织如欧洲理事会、联合国等都在积极寻求和推动打击网络犯罪的国际司法合作机制。2001 年 11 月 23 日通过的《网络犯罪公约》在第一章“术语的使用”中定义了网络犯罪所涉及的主要术语。该公约通过后不久,在 2003 年 1 月 28 日通过了《关于网络犯罪的公约的附加协定——关于将通过计算机系统实施的种族主义和仇外性质的行为犯罪化》。它新增加了四种网络犯罪,即通过计算机系统和网络传播种族主义和仇外性质的材料,煽动种族主义和仇外的威胁行为,煽动种族主义和仇外的侮辱行为,对种族屠杀或反人类罪的行为否认、开脱、赞同或认为合法。

综上可见,相对广义地理解网络犯罪的界定与《网络犯罪的公约》及其附加协定对网络犯罪的界定相当接近。

三、网络犯罪的类型

法国学者达尼埃尔·马丁和弗雷德里克-保罗·马丁在《网络犯罪——威胁、风

---

〔14〕 参见中国互联网络信息中心:《第 43 次中国互联网络发展状况统计报告》,载中央网络安全和信息化委员会网 2019 年 2 月 28 日,http://www.cac.gov.cn/wxb_pdf/0228043.pdf。

险与反击》一书中认为,网络犯罪的概念涵盖了两种类型的刑事犯罪:"以信息技术为犯罪对象的犯罪,人们将此类犯罪称为纯正信息犯罪;以信息技术为实施犯罪方法的犯罪,这类犯罪就是与信息和通信新技术相关的犯罪。"〔15〕

《网络犯罪公约》第二章第一节刑事实体法规定了四类九种犯罪:第一类是针对计算机数据和系统的机密性、完整性与可利用性的犯罪,包括非法进入、非法拦截、数据干扰、系统干扰、滥用装置等;第二类是与计算机相关的犯罪,包括计算机相关伪造、计算机相关诈骗;第三类是与内容相关的犯罪,包括涉及儿童色情的犯罪;第四类是侵犯版权和相关权利犯罪。

我国学者也从不同的角度对网络犯罪进行了类型上的划分。有的学者将网络犯罪分为原发模式的网络犯罪和传统模式的网络犯罪,前者系指伴随网络而产生的新型犯罪,如非法侵入计算机系统犯罪;后者则指传统犯罪的网络化形态,如网络非法集资。〔16〕 也有学者认为:"当前网络犯罪表现为侵犯计算机信息系统安全犯罪、传统犯罪的网络化、与之有共生关系的新型网络犯罪和侵犯数据的犯罪,这四类犯罪既各自独立又相互支持,表现出明显的社会分工特征,形成'四位一体'的网络犯罪族。"〔17〕

目前比较普遍的观点认为,网络犯罪分为纯正的网络犯罪和不纯正的网络犯罪,前者是指只能在网络空间实施的犯罪,如非法侵入计算机信息系统罪、非法获取计算机信息系统数据、非法控制计算机信息系统罪等;后者则是指既能在网络空间实施也能在物理空间实施的其他犯罪,这些犯罪散落分布于《刑法》分则各个章节之中。〔18〕

我国《刑法》规定的纯正的网络犯罪罪名有八个,分别是:(1)非法侵入计算机信息系统罪(第285条第1款);(2)非法获取计算机信息系统数据罪(第285条第2款);(3)非法控制计算机信息系统罪(第285条第2款);(4)提供侵入、非法控制计算机信息系统程序、工具罪(第285条第3款);(5)破坏计算机信息系统罪(第286条);(6)拒不履行信息网络安全管理义务罪(第286条之一);(7)非法利用信息网络罪(第287条之一);(8)帮助信息网络犯罪活动罪(第287条之二)。

不纯正网络犯罪是以网络技术作为犯罪工具和手段的犯罪行为,网络技术在这类犯罪中的作用只是辅助性的,最终危害的是社会主义市场经济秩序、管理秩序及公民人身、民主权利和财产权利等。简言之,就是利用网络创造便利或条件,并借此实施犯罪。这种类型涉及的犯罪罪名比较广泛,有诈骗罪,盗窃罪,贪污罪,挪用公款罪,制

---

〔15〕 [法]达尼埃尔·马丁、弗雷德里克-保罗·马丁:《网络犯罪——威胁、风险与反击》,卢建平译,中国大百科全书出版社2002年版,第10页。

〔16〕 参见孙景仙、安永勇:《网络犯罪研究》,知识产权出版社2006年版,第52页。

〔17〕 皮勇:《论新型网络犯罪立法及其适用》,载《中国社会科学》2018年第10期。

〔18〕 参见刘守芬、孙晓芳:《论网络犯罪》,载《北京大学学报(哲学社会科学版)》2001年第3期。

作、复制、出版、贩卖、传播淫秽物品牟利罪，敲诈勒索罪，诽谤罪，寻衅滋事罪，非法经营罪，编造、故意传播虚假恐怖信息罪等。可以预见，随着网络技术在各个领域的不断渗透和应用，不纯正网络犯罪会越来越多。

四、网络犯罪的特征

互联网不仅对社会生产生活造成深刻的影响，而且对于犯罪行为的实施带来巨大的变化，使网络犯罪呈现出了不同于传统犯罪的新特征。了解网络犯罪的特征，有助于更有效地打击和防范网络违法犯罪。

1. 犯罪性质由自然犯向法定犯转变。农业社会主要以暴力犯罪和偷盗犯罪为主；工业社会主要以组织化、集团化特征犯罪为主；网络犯罪是基于新经济成分的诞生、经济结构的调整而滋生的一种犯罪，是经传统犯罪“孵化”的新犯罪类型。[19] 法定犯是相对于自然犯罪的犯罪类型，是侵害或威胁法益但没有明显违反伦理道德，仅仅是由于法律的特定规定而被认为是危害社会的犯罪行为。法定犯的实质是因行政需要而设，一般是以违反有关行政管理性质的法律法规为前提。在网络犯罪中，行为人的犯罪目的主要是非法占有财富或扰乱社会秩序，因而网络犯罪领域主要集中在金融、电信、证券等重要经济部门和单位。

2. 犯罪主体低龄化、低学历化。随着网络的普及，越来越多的青少年接触不良信息、获取犯罪方法、购买犯罪工具，加上自身的信息筛选能力、独立评判能力尚不成熟，易冲动、好刺激的心理特点和淡薄的法律意识，很容易被网络上的负面信息误导，从而实施网络不法行为获取非法利益。《北京市海淀区人民检察院网络安全刑事司法保护白皮书》介绍，该院于2016年9月－2018年6月受理的案件中，“90后”为221人，占比约为38%；“80后”为283人，占比约为48%。与预想情况不同，网络犯罪行为人普遍学历较低，本科及以上学历人数仅占21%；高中、高职学历的有68人，初中、中专、小学等学历的有242人，占比超六成。这主要是因为，网络作为一种新兴技术，为大众接受的程度不因年龄层次的不同而产生过多差异，青少年使用计算机及网络的频率也逐渐提高。但相对于成年人，当网络信息泥沙俱下时，他们的判断能力更容易受到一些不良信息的影响。

3. 犯罪方法多样化。目前常见的网络犯罪不仅方法多样，犯罪的手段更是加速翻新。病毒勒索、“克隆”银行网页、发送各类诈骗短信、网上盗取客户密码、虚构扶贫项目资助、谎称微信爱心传递……犯罪分子紧跟社会热点，犯罪方法令人眼花缭乱。

4. 犯罪行为的隐蔽性。网络犯罪并没有时空限制，可以将时间、空间高度压缩为

---

〔19〕 参见段威、李栩栩：《网络犯罪的新特征及应对策略》，载《中国社会科学报》2019年6月19日，第5版。

一体。网络犯罪行为人可以运用虚拟身份实施犯罪,作案时间一般不受限制,通常也没有固定的犯罪场所,也无须具备特定的外在表现形式;作案时间短,行为人也可以控制犯罪结果的发生与范围;有目击者的可能性很少,而且即使有作案痕迹,也可被轻易销毁,不易发现,不易察觉,不易侦破,犯罪黑数比较高。例如,不少犯罪分子充分利用自身网络技术和资源的优势,通过在境外架设服务器、使用虚拟币支付、采用复杂加密算法等方式,达到隐藏身份、逃避打击目的。

5. 犯罪后果扩散化。随着信息技术的广泛应用,各个行业、各个国家对网络的依赖日趋加重,各式各样的信息通过网络传送,行为可以突破地域限制,网络犯罪的跨地域、跨国界特征日益突出。互联网对于时间与空间的界限进行了重新定义,传统执拗于犯罪危害结果发生地的单一性以及可预测性被彻底突破。互联网的传播途径便捷、高效、飞速,其所带来的弊端最直接体现为危害结果的难以控制。[20] 与传统犯罪相比,互联网犯罪的范围和犯罪对象具有广泛性,犯罪的目标包括但不限于个人隐私、金融机构、应用或服务公司、军事机密、电信网络等,犯罪的范围可以从简单的入侵、窥视到诈骗乃至国际恐怖主义等。

6. 犯罪空间跨地域化。根据我国《刑事诉讼法》的规定,刑事案件由犯罪地的人民法院管辖为主,被告人居住地的人民法院管辖为辅;以最初受理的人民法院审判为主,主要犯罪地人民法院审判为辅。不过,网络具有时空一体化的特点,网络空间的虚拟化、无地域化打破了物理空间的界分,行为人在网络空间中的犯罪行为可能同时跨越数个地区,往往容易造成管辖权的冲突。根据最高人民法院、最高人民检察院、公安部《关于办理网络犯罪案件适用刑事诉讼程序若干问题的意见》规定,网络犯罪案件的犯罪地包括用于实施犯罪行为的网站服务器所在地,网络接入地,网站建立者、管理者所在地,被侵害的计算机信息系统或其管理者所在地,犯罪嫌疑人、被害人使用的计算机信息系统所在地,被害人被侵害时所在地,以及被害人财产遭受损失地等。但从司法实践看,在有些情况下,普遍管辖权的赋予反而会造成办案部门争抢案件或者互相推诿,造成司法资源的浪费或者打击不力。当一个网络犯罪行为或犯罪结果跨越国界辐射至其他国家乃至全世界时,物理地点的不确定性使得一个刑事案件可以受多个国家管辖,以地域性为特征的传统刑事管辖权就更加难以解决。

---

〔20〕 参见段威、李栩栩:《网络犯罪的新特征及应对策略》,载《中国社会科学报》2019 年 6 月 19 日,第 5 版。

第二节　我国网络犯罪的发展趋势和成因分析

网络犯罪是一个重大的社会治理难题。对网络犯罪发展趋势及成因的把握,有助于从规律上和本质上分析其产生、发展和变化的特点,提前预测其将带来的风险,提供更有针对性和前瞻性的应对策略和措施。

一、网络犯罪的发展趋势

信息网络技术的发展使得人类社会已经逐步形成了现实社会和网络空间双重社会的局面,现实社会中的犯罪也逐渐呈现"网络化"的趋势,开始向网络空间发展,还可能实现线上和线下的互动,进一步加重网络犯罪的危害。

(一)网络犯罪持续高发多发

网络犯罪是全世界增长速度最快的犯罪类型,不仅案件数量、涉案人数、涉案金额都在不断增加,而且规模和复杂度也在不断提高。在我国,根据相关统计数据,"2016年至2018年,网络犯罪案件已结4.8万余件,案件量及在全部刑事案件总量中的占比,均呈逐年上升趋势,2018年案件量显著增加,同比升幅为50.91%。大部分案件分布于东南沿海。平均每件网络犯罪案件涉及2.73名被告,超四成网络犯罪案件为两人及以上团伙犯罪。四分之三的网络犯罪案件被告人年龄在20至40周岁之间,年龄为28周岁的被告人最多,未满18周岁的被告人占比逐年降低。网络犯罪案件中,从事信息传输、计算机服务和软件业的被告人最多,占比达37.21%。被告人量刑多为有期徒刑,其中约六分之一被判五年以上"〔21〕。

网络犯罪不仅侵犯公民个人的信息安全、财产权利,破坏个人计算机系统,威胁知识产权权益等,对企业和组织而言,网络犯罪的威胁也无处不在。有数据显示,大多数500强公司遭受过电子方面的侵害。2019年10月30日,网络安全公司ImmuniWeb发布研究报告,声称发现了暗网中有超过2100万个属于多家《财富》世界500强公司的用户凭证被盗用。在过去一年时间里,有超过1600万已被盗用……受影响的企业以能源行业、金融业、服务业居多,其中42%的密码被盗。〔22〕此外,网络还会被利用从事违法犯罪活动侵害国家利益。例如,利用网络大肆发布恐怖信息,渲染暴力活动;或

〔21〕参见《网络犯罪大数据报告及电信网络诈骗犯罪典型案例新闻发布会》,载最高人民法院官网,http://www.court.gov.cn/zixun-xiangqing-200651.html。

〔22〕参见《世界500强公司超2100万凭证被盗,谁躺枪了?》,载百家号,https://baijiahao.baidu.com/s?id=1648979539677044020&wfr=spider&for=pc。

是邪教组织利用网络宣扬邪教理念,破坏国家宗教政策,煽动民族仇恨和社会不满情绪,破坏民族团结等。因此,网络犯罪形势日趋复杂。

(二)传统犯罪不断向网络延伸

随着网络技术的发展,传统违法犯罪越来越普遍地向以电信、网络等为媒介的非接触型的犯罪转变,借助网络技术和应用实施的犯罪日益增多。从已经侦破的案件来看,利用网络制作、复制、传播色情、淫秽物品和信息,诈骗,敲诈勒索,非法传销,诽谤,贩卖毒品,洗钱,开设赌场,聚众赌博,侵犯著作权,窃取、非法提供、买卖个人信息,发送或泄露国家秘密或情报,煽动民族仇恨和歧视,蛊惑极端主义、恐怖主义等违法犯罪活动,持续大幅增多,已成为保障公共安全、维护社会秩序、净化网络环境面临的突出问题。

传统犯罪的总体趋势是网络化。也就是说,除了抢劫、强奸、遗弃、走私等必须依赖行为人自身或他人人身作为犯罪工具和必须以实体物作为犯罪对象的犯罪以外,基本上其他犯罪都可以通过网络实施。不仅如此,"随着计算机虚拟技术的发展,远程医疗通过因特网进行电子操作的技术成为现实,如果有人利用计算机,或非法侵入该系统,或使用电磁攻击技术,干扰破坏手术的进行而杀人、伤害,绝非危言耸听"[23]。

以网络赌博类案件为例,行为人可以租用境外服务器架设网站和后台数据库服务器,在境内发展代理人,参赌人员在代理人处下注,充值或交易结算兑现赌资通过网银转账、第三方支付等方式进行……整个犯罪过程中充满了网络因素。但是总体而言,开设的赌场形式、管理人员功能设置、赌博游戏流程和赌博方式,与传统赌博相比并未发生质的变化,区别在于赌博平台由线下的实体场所转至线上的网络空间,交易结算方式由现金结算转为网络结算,证据存在形式由以实物证据和言词证据为主转换为以电子证据为主,但对于该行为的定性并不存在争议。我国出台了不少相关司法解释,其目的也是在考虑网络因素的基础上确定具体定罪量刑标准。

(三)信息数据的盗取和使用成为网络犯罪的重灾区

随着大数据时代的到来,每个人都置身于一张全知全能的大网之中,个人、商业机构或是政府机关的各类在线信息被不断地观察、收集、记录于网络空间中,这些信息变得更为透明,这也加剧了过于依赖信息数据的威胁。当透明的信息数据为不法分子所利用时,则会成为他们有力的作案目标和工具。尽管网络安全问题众多,网络安全事件也频频发生,但最为频繁发生的安全问题莫过于信息数据泄露问题。2014 年 12 月 25 日,中国铁路购票网 12306 网站超过 13 万用户数据泄露,导致大量 12306 用户数据

---

〔23〕 赵廷光等:《计算机犯罪的定罪与量刑》,人民法院出版社 2000 年版,第 31 页。

在网络上传播,涉及用户账号、明文密码、身份证件、邮箱等信息。[24] 仅2018年上半年,全球就发生了945起较大型的数据泄露事件,共计导致45亿条数据泄露,与2017年相比数量增加了133%,是2017年全年报告数量20亿条的两倍多。信息泄露涉及行业广泛,医疗行业、社交媒体、酒店行业是2018年数据泄露的重灾区。[25]

在我国,网络诈骗与各种侵犯信息数据的违法犯罪行为已然呈现合流态势。在这些网络诈骗案件中,通过非法渠道所获得的公民个人、公司企业的有关信息,往往是电信诈骗、敲诈勒索等一系列违法犯罪的源头。《司法大数据专题报告:网络犯罪特点和趋势》显示:"2016至2018年,全国网络犯罪案件共涉及258个罪名,其中诈骗案件量占比最高,为31.83%……在全部诈骗案件中,利用网络手段实施犯罪的案件约占13.12%,远超全部刑事案件中网络犯罪案件的占比(1.54%),网络诈骗案件在诈骗案件中的占比呈逐年上升趋势,2017年占比达到17.61%,同比升幅也远超全部刑事案件中网络犯罪案件占比的升幅。"这些与信息泄露相伴的骚扰电话、精准诈骗正在威胁着人们的隐私、财产甚至生命安全,严重破坏社会生产经营秩序,甚至对国家安全造成不可估量的影响。有专家表示,信息窃取已经构成了一个完整的产业链。[26] 因此,越来越多的网络犯罪分子倾向于在获取信息数据后予以出售获利,或者进行数据的挖掘与整合后实施精准犯罪。

(四)网络违法犯罪领域不断拓展

网络技术的更新换代不仅使人们的生产生活方式发生日新月异的变化,犯罪分子也充分利用网络实现犯罪能力的升级和犯罪手法的不断翻新。除了传统的犯罪行为正在以"互联网+"的面貌在线上重现以外,互联网也滋生出特有的犯罪形态,如黑客攻击、钓鱼网站、木马传播、虚拟货币黑市等。"当前技术领域的发展主流是依赖复杂的自我学习技术的神经科技与机器人。以此为基础,社会许多部门的运行将实现高度或全部自动化,物联网时代即将到来。另外,随着区块链技术的发展,人联网时代也为时不远。与此相应,即将来临的第四代网络犯罪将是针对物联网和人联网的犯罪。因此,新时代网络刑法所要保护的法益将重点关注网络信息系统与数据的可信赖性、完整性与可用性。"[27]

---

〔24〕 参见《上过12306购票网的,快改密码》,载《钱江晚报》2014年12月26日,A3版。

〔25〕 参见《(年度盘点)2018年国内外信息泄露事件》,载搜狐网,https://www.sohu.com/a/286667755_100150040。

〔26〕 参见《大数据使信息透明化 谁来为它穿上安全衣?》,载北极星太阳能光伏网,http://xinxihua.bjx.com.cn/news/20130829/456348.shtml。

〔27〕 周维民:《国外网络犯罪治理的最新趋势》,载《人民法院报》2018年3月23日,第8版。

二、网络犯罪的成因分析

当前,持续高发频发的网络犯罪问题已成为威胁公民合法权益、妨害社会秩序、危害国家安全的突出的民生问题。究其原因,主要有以下几点:

1. 网络犯罪的产业化趋势导致实施网络犯罪的门槛降低

早期网络犯罪的智能化、专业化特点比较突出,网络犯罪分子往往是掌握某一方面的计算机专业知识和技能的专业技术人员,其擅长实际操作和应用,能够侵入计算机系统或逃避安全防范系统的监控。由于准备充分及专业水平高,这些犯罪人对抗侦查的能力相当强。但随着犯罪分工的精细化发展,不少类型的网络犯罪形成了产业链,分上、中、下游,其分工明确,互相配合。其中,位于产业链上游的犯罪人员主要负责漏洞挖掘、技术开发和研究、制作计算机病毒和黑客工具、木马开发等,通常是传统网络犯罪中技术含量最高的、掌握和运用技术的"科研"人员。这类专门人员一般不参与犯罪的具体"实行"行为,其构成助长其他违法犯罪的上游犯罪。产业链的中游主要是实施部门,主要负责实施诸如网络攻击、劫持流量、营销骚扰等行为。产业链的下游是销赃产业部门,其中的"销售"人员,进行诸如兜售盗号木马、贩卖身份证,贩卖"肉鸡"(被远程控制的电脑或者僵尸电脑)、洗钱等行为。

网络犯罪产业链的上、下游之间并不一定存在犯意沟通,一般也没有正式的合作协议,甚至不一定互相知悉对方的真实身份,他们通过地下交易产生经济利益关系纠合在一起,形成一条分工明确、相互依赖、相互配合的犯罪链条,共同完成从准备、实施、获利到分赃的整个过程。上、中、下游的每个成员都依附于整个犯罪链条,最终成为犯罪链条上的共同体。

网络犯罪分工如此精细化,催生了体量庞大的为不法分子实施犯罪提供帮助和支持并从中获利的专业化、职业化的周边犯罪产业链,这些周边犯罪产业链的出现降低了犯罪成本和技术门槛,又极大加速了网络犯罪的发展和蔓延,成为此类犯罪数量居高不下的成因之一。

2. 成本低、收益大成为网络犯罪发生的直接诱因

网络黑色产业链已经产业化、社群化、精细化:开发制作恶意软件、盗取个人信息和账户信息、批发零售、实施犯罪行为、分赃销赃、洗钱,各环节分工明确,形成了一个非常完善的流水作业流程。产业链条上的每个环节都有不同的牟利方式和无限的利润空间。与最初的网络犯罪行为人以炫耀技术为目的不同,巨大经济利益的追求已经成为网络犯罪发生的直接推动力和最大的驱动力,并逐步形成了一整套完整的黑色产业链。

网络犯罪产业化的一个直接后果就是高智能化不再是网络犯罪的标签。依靠其

他网络工具或网络技术的支持,所有犯罪链条都变得相对容易实施且成本相对低廉。这些支持性的工具或技术,如恶意软件的编写教程、编写好的木马程序、公民信息等,都可以通过交易的方式获取,甚至可以根据使用者的具体要求量身定制提供针对特定目标的专门版本。

3. 侦办成本较高是网络犯罪愈演愈烈的根本原因之一

(1)取证难。传统犯罪的调查取证可以通过对犯罪现场进行勘验,查找相关线索。但是,网络犯罪的现场是虚拟空间,犯罪分子采用虚拟身份从事非法活动,一般情况下所涉空间范围广,时间跨度大,犯罪现场不确定,犯罪嫌疑人难明确。网络犯罪所涉证据多数甚至全部是电子数据,以电子存储为主要方式,本身具有存储的无形性,无法采用传统的"调查摸底,逐个排查"的方式,从技术层面上说虽然将其修改、破坏、销毁会留下记录和痕迹,但是受取证认定技术限制,各种数字证据易被人为篡改或是难以被发现提取,某些关键的犯罪证据容易被隐藏或流失,所以在网络犯罪的查处过程中获得有效线索较为困难,影响取证的质量和进度。

(2)认证难。网络犯罪产业化链条化之后,上、下游犯罪主体之间基本上是非接触式犯罪,多数通过网络沟通联系,彼此互不相识。被调查对象对于链条上的其他从业人员并不知情,导致证据无法相互印证。再加上电子数据本身的隐藏性,决定了获取该类证据的艰难性和复杂性。该类证据即使能够被获取,也因涉及技术方面的专业问题,其真实性经常受到质疑。

(3)追诉难。网络犯罪基本上都是链条化运作,犯罪团伙因利益而结合,一般是松散结构,每个链条上的犯罪分子只实施特定犯罪行为,如果犯罪链条无法一网打尽,则会增大案件侦破的难度。不仅如此,网络犯罪跨地区跨境作案成为常态,甚至大部分网络犯罪的主犯及其违法所得隐匿在境外或者难以追查其踪迹,抓到的犯罪嫌疑人多为起次要作用的境内的"外围"犯罪人员;同时,对"外围"犯罪人员通常以共犯定罪,但由于主犯不到案、危害后果未查明等原因,最终被追究刑事责任的情况较少。[28]

(4)国际司法协作难。跨国网络安全协作程度不高也导致跨国网络犯罪率逐年攀升,增加了打击难度。为了规避国内网络技术和法律监管,近年来跨国网络犯罪已成为网络犯罪的常态,越来越多的网络犯罪分子利用不断更迭的网络技术,通过境外服务器对国内的网络进行攻击,实现了犯罪能力升级。尽管各国司法机关进行了积极的调整和应对,但是网络空间和网络技术的复杂性远远超过各国合作的有效性。目前各国主要采取网络犯罪本地化处理模式,而在境外服务商无法接触受害人、获取加害人及其加害行为信息的情形下,松散的协作打击模式无法构筑严密有效的网络安全保

---

〔28〕 参见皮勇:《论新型网络犯罪立法及其适用》,载《中国社会科学》2018 年第 10 期。

障体制，网络监管“真空”得以形成，追诉的难度很大。

4. 网络环境的虚拟性降低了犯罪行为人的悖德感

现实物理社会具有极强的可视性、可追踪性、可归责性等特征，是人与人的社会化网格体。但是，网络空间社会大有不同。网络技术制造了网络空间的技术“虚拟性”，导致网络空间社会的可视性、透明性等明显下降，人与人之间的物理联系骤降，人与社会有机体的物理关系弱化。[29] 在网络的虚拟空间里，参与者的身份也可以虚拟化，行为人与被害人一般情况下互不相识，也不直接接触，被害人无法知晓行为人的真实身份和准确位置，但行为人借助计算机和网络就可实施网络犯罪。这种非当面性犯罪行为的实施稀释了犯罪行为人的负疚感。再加上网络犯罪通常不附加暴力，也不直接针对公众，行为具有瞬时性，作案地点不确定，作案过程极迅速，故而难以抓获犯罪行为人。这样的侥幸心理进一步刺激和强化行为人反复多次实施犯罪行为。

5. 网络技术自身存在的局限

网络犯罪对计算机及网络攻击的手段在不断加强，但网络安全防控技术措施无法与之同步或得到更进一步发展，这也是网络犯罪难以杜绝的技术原因。早期计算机的创制者和开发者的设计目标和技术追求在于信息资源共享，注重计算机微型化、便捷化、大容量的同时增加其兼容性和互联性，并没有过多地关注这个过程产生的信息数据的安全。从计算机技术发展到现今的网络技术，信息互通的技术越来越先进，信息交流越来越迅速，信息数据的拥有者也从国家的重要领域和部门扩展至各种社会主体，信息数据的生产和使用在社会生活中起着关键的作用。全社会对于计算机系统和网络逐渐形成日渐清晰完整的认识和观念，这个过程中产生的信息数据的价值和作用也为大众所关注。但是有关计算机安全和信息网络安全的技术却一直未能真正成熟起来。所以从一定意义上说，计算机和网络防控技术本身的技术局限性是网络犯罪不可避免的原因。

第三节　我国网络犯罪的法律梳理

随着网络犯罪的不断增加，我国关于网络犯罪行为的刑事立法实现了从无到有的转变，并且法网越织越密，已形成了以刑法为核心，单行刑法、行政法规、司法解释、相关规范性文件为辅的框架体系。以 1997 年《刑法》的计算机犯罪规定、《刑法修正案（七）》以及《刑法修正案（九）》的修改为时间节点，中国网络犯罪的立法可以大体分

[29]　参见孙道萃：《网络犯罪治理的基本理念与逻辑展开》，载《学术交流》2017 年第 9 期。

为四个阶段。

一、刑事立法空白阶段

1979年《刑法》中并无关于计算机犯罪的规定。究其原因,计算机在最初的起步阶段属于高精尖的技术,主要运用于国防领域,直到20世纪80年代因为建造成本的不断降低,计算机才开始进入个人家庭领域。但此时,网络才刚刚起步,互联网也尚未形成,计算机于个人而言,不具备信息的交流与连接功能,仅仅是娱乐、学习的工具。这时候并不存在直接针对计算机的犯罪,而主要是盗版软件违法犯罪问题。此时法律打击的重点也是和计算犯罪无关的盗版软件等行为,例如,1994年7月5日全国人大常委会通过的《关于惩治侵犯著作权的犯罪的决定》(已失效)第1条和第2条制裁的就是侵犯著作权的盗版行为以及销售侵权复制品的行为。

1994年《计算机信息系统安全保护条例》作为第一部专门的、基础性的行政法规,对计算机信息系统的安全保护制度、安全监督、法律责任等作了具体规定。但是囿于当时网络本身并不发达,该条例是围绕计算机本身的安全管理和保护而建立的制度,只有第2条、第3条提及"网络"一词,且表述为"计算机及其相关的和配套的设备、设施(含网络)",即网络仅作为计算机的配套设施而被顺带保障。对于信息网络安全的保护,仅在该条例第7条稍有涉及,"任何组织或者个人,不得利用计算机信息系统从事危害国家利益、集体利益和公民合法利益的活动,不得危害计算机信息系统的安全"。虽然在该条例第24条规定,"违反本条例的规定,构成违反治安管理行为的,依照《中华人民共和国治安管理处罚条例》的有关规定处罚;构成犯罪的,依法追究刑事责任",但是当时的刑法中并未有直接针对诸如"故意输入计算机病毒以及其他有害数据危害计算机信息系统安全的"的罪名规定。因此,这一刑事责任的威慑实际上彻底落空。1996年2月1日国务院发布了《计算机信息网络国际联网管理暂行规定》(后于2011年修订),目的是加强对计算机信息网络国际联网的管理,保障国际计算机信息交流的健康发展。值得注意的是该规定第13条"从事国际联网业务的单位和个人,应当遵守国家有关法律、行政法规,严格执行安全保密制度,不得利用国际联网从事危害国家安全、泄露国家秘密等违法犯罪活动,不得制作、查阅、复制和传播妨碍社会治安的信息和淫秽色情等信息"中有"利用国际联网从事……违法犯罪活动"的提法,足见立法机关已经开始关注网络犯罪对国家安全的巨大危害,遗憾的是该规定同样未设置法律责任。

二、刑事立法创制阶段

20世纪末,我国网络技术迅猛发展,计算机犯罪日趋严重。与此相适应,1997年

《刑法》在分则第六章“妨害社会管理秩序罪”第一节“扰乱公共秩序罪”中以第285条、第286条以及第287条正式确立了计算机犯罪罪名:第285条制裁非法侵入三个重要领域计算机信息系统的行为,第286条打击破坏计算机信息系统的行为,第287条为利用计算机实施犯罪的提示性规定。这三个条文不仅是对当时计算机犯罪的一个概括性确认,同时采取列举加兜底的形式对利用计算机实施有关犯罪予以规定。

随后,公安部于1997年12月16日发布了《计算机信息网络国际联网安全保护管理办法》(后于2011年修订),其第4条明令禁止利用国际联网从事违法犯罪活动,并在第5条、第6条详细列举了利用国际联网制作、复制、查阅和传播不良信息和危害计算机信息网络安全的活动,还在第7条提出禁止利用国际联网侵犯用户的通信自由和通信秘密。

到了2000年左右,我国进入互联网时代,各种即时通信工具迅速普及和传播。以网络为工具的侵害行为成为这一阶段犯罪的标准模式,传统犯罪也借助网络因素产生异化,犯罪构成要件、犯罪形态、危害后果等产生了不同于以往的新的表现形式。于是,立法不断严密刑事法网以应对网络犯罪的井喷之势。首先,2000年9月25日国务院发布了《互联网信息服务管理办法》(后于2011年修订)。该办法主要是对互联网信息服务提供者的相关行为予以规范,明确其对上网用户提供信息的服务活动中的义务和责任。2000年12月28日,全国人大常委会通过了《关于维护互联网安全的决定》,明确规定“利用互联网实施……犯罪的,依照刑法有关规定追究刑事责任”。这对于全面打击网络犯罪、促进互联网相关产业健康发展意义重大。

2002年9月29日,国务院颁布了《互联网上网服务营业场所管理条例》(于2011年、2016年、2019年、2022年四次修订),进一步明确互联网上网服务营业场所、经营单位和上网消费者不得进行危害信息网络安全的活动。至此,我国关于网络犯罪初步形成了一个由法律、行政法规、规章共同构建的相对完整的体系。此后直到《刑法修正案(七)》出台前,我国没有制定专门针对网络犯罪的法律、行政法规和规章,只是从一些关于其他犯罪的司法解释中零星地看到对利用网络实施犯罪活动的规定,如2004年9月3日发布的最高人民法院、最高人民检察院《关于办理利用互联网、移动通讯终端、声讯台制作、复制、出版、贩卖、传播淫秽电子信息刑事案件具体应用法律若干问题的解释(一)》、2006年7月26日发布的最高人民检察院《关于渎职侵权犯罪案件立案标准的规定》、2007年6月26日发布的最高人民法院《关于审理危害军事通信刑事案件具体应用法律若干问题的解释》等。

三、刑事立法完善阶段

随着网络犯罪网络化特征日渐明显,原有基于传统计算机犯罪视角的刑法规定不能满足有效遏制犯罪的需要，2009 年《刑法修正案（七）》在《刑法》第 285 条的基础上增设了第 2 款、第 3 款，即“非法获取计算机信息系统数据、非法控制计算机信息系统罪”和“提供侵入、非法控制计算机信息系统程序、工具罪”，扩张了对计算机信息系统的保护范围，对国家事务、国防建设、尖端科学技术领域以外的计算机系统加以保护，同时也对危害计算机系统帮助行为作出独立规制。这有利于全面打击破坏计算机信息系统的行为。

2010 年 2 月 4 日最高人民法院、最高人民检察院《关于办理利用互联网、移动通讯终端、声讯台制作、复制、出版、贩卖、传播淫秽电子信息刑事案件具体应用法律若干问题的解释（二）》首次提出，将网络传播淫秽信息犯罪中的共犯行为独立为正犯行为加以处理，扩展了网络犯罪帮助行为的新思路。

2010 年 8 月 31 日，最高人民法院、最高人民检察院、公安部发布了《关于办理网络赌博犯罪案件适用法律若干问题的意见》，其第 1 条规定，“利用互联网、移动通讯终端等传输赌博视频、数据，组织赌博活动……属于刑法第三百零三条第二款规定的‘开设赌场’行为”。这实际上是明确将赌博网站视为物理的赌博场所，将网络空间类比为物理空间，明确了网络空间赌博犯罪的法律解释规则。

2011 年 1 月 10 日，最高人民法院、最高人民检察院、公安部印发了《关于办理侵犯知识产权刑事案件适用法律若干问题的意见》，对于利用互联网传播侵权作品、销售侵权产品等侵犯知识产权的犯罪行为的犯罪地认定、管辖争议、并案管辖等问题作出了有针对性的规定，同时也对通过信息网络传播侵权作品行为的定罪处罚标准作了规定。此外，参照《关于办理利用互联网、移动通讯终端、声讯台制作、复制、出版、贩卖、传播淫秽电子信息刑事案件具体应用法律若干问题的解释（二）》《关于办理网络赌博犯罪案件适用法律若干问题的意见》的相关规定，为他人在信息网络环境下实施侵犯知识产权犯罪提供帮助的，即明知他人实施侵犯知识产权犯罪，而为其提供互联网接入、服务器托管、网络存储空间、通讯传输通道、代收费、费用结算等服务的，以侵犯知识产权犯罪的共犯论处。

2011 年 3 月 1 日印发的最高人民法院、最高人民检察院《关于办理诈骗刑事案件具体应用法律若干问题的解释》依然关注诈骗犯罪的网络化属性，明确“通过发送短信、拨打电话或者利用互联网、广播电视、报刊杂志等发布虚假信息”，可以构成对不特定多数人诈骗；深化了对于利用发送短信、拨打电话、互联网等电信技术手段对不特定多数人实施诈骗，诈骗数额难以查证情况下定量规则的探索；明确明知他人实施诈骗犯罪，为其提供信用卡、手机卡、通信工具、通讯传输通道、网络技术支持、费用结算等帮助行为的，以共同犯罪论处。

2011 年 6 月 7 日发布的最高人民法院《关于审理破坏广播电视设施等刑事案件

具体应用法律若干问题的解释》将删除、修改、增加广播电视设备系统中存储、处理、传输的数据和应用程序、非法占用频率等使设备的正常功能无法发挥的功能性破坏行为与物理性的破坏性行为一样被认定为破坏广播电视设施罪。

2011 年 8 月 1 日最高人民法院、最高人民检察院联合发布了《关于办理危害计算机信息系统安全刑事案件应用法律若干问题的解释》,该解释从三个方面对刑法中四个计算机犯罪罪名进行了明确:(1)确立了《刑法》第 285 条、第 286 条规定的有关术语的概念,如"专门用于侵入、非法控制计算机信息系统的程序、工具"和"计算机病毒等破坏性程序"等。(2)对犯罪行为的情节和后果涉及的"情节严重""情节特别严重""后果严重""后果特别严重"等规定确立了可量化的衡量标准。(3)明确规定危害计算机信息系统安全犯罪中可以普遍成立片面共犯。

2012 年 12 月 28 日,全国人大常委会通过的《关于加强网络信息保护的决定》,再一次针对维护网络安全,从公民个人电子信息保护出发,对治理垃圾电子信息、网络身份管理以及网络服务提供者和网络用户的义务与责任、政府有关部门的监管职责等作出了全方位的规范。这有利于加强网络信息安全的多重保障。

2013 年 9 月 6 日发布的最高人民法院、最高人民检察院《关于办理利用信息网络实施诽谤等刑事案件适用法律若干问题的解释》将网络空间类比为现实空间,不仅制裁利用信息网络的行为,同时也制裁在信息网络上的诽谤行为。这意味着,网络无论作为犯罪工具,还是作为犯罪空间,都是网络犯罪,进一步明确了网络空间类似于现实社会,同样具有公共性的秩序需求,因此以寻衅滋事罪定罪作为惩治方案。

四、刑事立法转型阶段

应该说,《刑法修正案(九)》客观上使中国网络犯罪的立法活动进入一个新的阶段,不仅表现为适度增加专门的纯正罪名,也表现为立法主动回应网络犯罪的发展趋势。[30] 2015 年《刑法修正案(九)》增设了"非法利用信息网络罪""帮助信息网络犯罪活动罪""拒不履行信息网络安全管理义务罪"。同时,该修正案还在《刑法》第 246 条侮辱罪、诽谤罪之后增加了第 3 款,规定通过信息网络实施的侮辱、诽谤可以由公安机关协助人民法院调查相关证据。该修正案通过修改公民个人信息犯罪、虚假信息犯罪以及扰乱无线电管理秩序犯罪等关联犯罪,进一步扩充网络犯罪的罪名体系。此外,该修正案在《刑法》第 291 条之一增加第 2 款,对在信息网络上编造虚假的险情、疫情、灾情、警情这四种比较容易引起社会恐慌的谣言的行为,以及明知是这些谣言而传播的行为,增加规定为犯罪。

---

〔30〕 参见王燕玲:《中国网络犯罪立法检讨与发展前瞻》,载《华南师范大学学报(社会科学版)》2018 年第 4 期。

2016 年 11 月 7 日通过的《网络安全法》是我国第一部全面且集中地规范网络空间安全管理方面的法律，将原来散见于各种法律文件、行政法规、规章中的规定上升到法律层面，对网络运营者等主体的法律义务和法律责任作了详细规定，为追究网络安全违法行为设置了处罚标准和处罚力度，同时还充分有效地考虑到了行政执法与刑事司法的衔接。例如，《网络安全法》第 76 条第 5 项界定了“个人信息”的范围，并在第 41 条、第 42 条设置了对用户个人信息的收集、使用规则，同时还在第 44 条、第 45 条、第 64 条第 2 款规定了针对个人信息的禁止性行为和行政处罚，与《刑法》第 253 条之一规定的侵犯公民个人信息罪相衔接。2021 年 8 月 20 日通过的《个人信息保护法》更是明晰了“个人信息”的具体内容。

2017 年 5 月 8 日公布的最高人民法院、最高人民检察院《关于办理侵犯公民个人信息刑事案件适用法律若干问题的解释》直接与《网络安全法》衔接，强化了对公民个人信息的刑事保护。该解释不仅在《网络安全法》确立的广义的“身份识别信息”的基础上进一步扩张了“公民个人信息”的外延，同时还明确了侵犯公民个人信息罪的具体定罪量刑标准，体现对侵犯公民个人信息犯罪从严惩罚的趋势。

2019 年 10 月 21 日，最高人民法院、最高人民检察院联合发布了《关于办理非法利用信息网络、帮助信息网络犯罪活动等刑事案件适用法律若干问题的解释》（法释〔2019〕15 号），进一步明确了《刑法修正案（九）》新增网络犯罪罪名的定罪量刑标准，也廓清了法律适用上的分歧。除此之外，还有两点引人注目之处：一是明确了“网络服务提供者”的范围，将提供网络接入、域名注册解析等信息网络接入、计算、存储、传输服务，信息发布、搜索引擎、即时通信、网络支付等服务的单位和个人都包括在内。二是对于信息网络犯罪中的行为进行了最大限度的扩张解释。本解释不仅符合犯罪的实际情况，为营造风清气正的网络空间提供了更为有力的法治保障，也为最大限度地利用刑法打击网络犯罪指明了方向。

纵观我国网络犯罪立法历程可见，不同的网络发展时期，刑事立法都随之不断进行调整和创新。网络犯罪立法几个重要法律文件出台的时间节点、主要内容，客观上展现了立法者对现实问题的回应，也勾勒出我国网络犯罪刑事立法的基本脉络。

整体来说，我国的网络犯罪立法对于网络犯罪形势作出了积极回应和调整，不仅从规范的范围上横向拓展，而且在干预的时间上也纵向提前，基本契合网络社会发展和网络安全保护的方向。更为重要的是，网络犯罪是现代信息技术发展的产物，其以互联网技术为工具，故无论是增设罪名，还是完善现有罪刑规范，都必须考虑技术的要素，确保相应规范满足实践所需。〔31〕

---

〔31〕　喻海松：《网络犯罪二十讲》（第 2 版），法律出版社 2022 年版，第 20 - 21 页。

第四节　当前网络犯罪的典型样态

网络技术日益渗透至社会生产生活的方方面面，与之相伴相生的网络违法犯罪行为对各个领域的威胁也无处不在。深入研究经济全球化情境下网络犯罪的典型样态，是我们探求预防和惩治对策的基本前提。

一、传统网络犯罪的样态

(一)电信网络诈骗

根据《反电信网络诈骗法》规定，电信网络诈骗是指以非法占有为目的，利用电信网络技术手段，通过远程、非接触等方式，诈骗公私财物的行为。

《电信网络诈骗治理研究报告(2019 上半年)》指出，目前电信网络诈骗呈现七大特征：交易型诈骗最为高发，纯获利类诈骗日渐淡出；"90 后"被骗概率高，中老年人被骗金额高；广撒网骗财骗信息，全面榨取被害人价值；交友骗入"杀猪盘"，多种黑色产业相互勾连；群聊群控做迷局，新型技术成诈骗工具；跨平台诈骗日益增加，多平台成引流入口；转发分享需谨慎，裂变式传播害人害己。[32]

经历十五六年的发展，电信诈骗依靠互联网产业形成一个高度精分化、高度产业化的跨地域、跨行业的庞大灰黑产业链。电信诈骗灰黑产业链主要分为四个环节：开发制作→批发零售→诈骗实施→分赃销赃。在开发制作环节，行为人专门负责提供诈骗工具和各类信息，如专门的钓鱼网站编辑、木马开发工程师等。在批发零售环节，行为人通过倒买倒卖各种犯罪工具获利，如出售个人信息、银行卡、电话卡、身份证等。在诈骗实施环节能够直接接触到网络诈骗犯罪分子，但他们也只是产业链中参与分赃的一分子。分赃销赃环节则是行为人在诈骗实施成功后，将所骗取的钱财迅速转移、变现，并与上、下游链条中的其他从业人员分钱。

2016 年 12 月，最高人民法院、最高人民检察院、公安部联合发布《关于办理电信网络诈骗等刑事案件适用法律若干问题的意见》对办理电信网络诈骗等刑事案件过程中如何适用法律作出了明确规定，并成为打击和治理我国电信网络诈骗犯罪活动的重要指导依据。该意见不仅对审理电信网络诈骗犯罪提出了全链条全方位打击、依法从严惩处的总体要求，同时还明确提出了"全面惩处关联犯罪"的基本要求及具体意

---

〔32〕 参见《电信网络诈骗治理研究报告(2019 上半年)》，载原创力文档，https://max.book118.com/html/2019/0915/8065023044002050.shtm。

见。考虑到实施电信网络诈骗犯罪已形成完整的产业链，因此该意见对于电信网络诈骗上、下游灰黑产业链条中常见犯罪行为也在刑法上予以定性。例如，非法使用“伪基站”“黑广播”，干扰无线电通信秩序，构成犯罪的，以扰乱无线电通讯管理秩序罪追究刑事责任；非法向他人出售、提供、窃取或者以其他方式非法获取公民个人信息，构成犯罪的，以侵犯公民个人信息罪定罪处罚；冒充国家机关工作人员实施电信网络诈骗犯罪，同时构成诈骗罪和招摇撞骗罪的，依照处罚较重的规定定罪处罚。

“飓风4号”是全链条侦破全国首宗恶意利用搜索工具假冒客服电信诈骗专案。2019年5月底，在佛山市公安局所通报的“飓风4号”网络电信诈骗黑色产业专案中，诈骗团伙主要利用非法的黑客手段，伪造、仿冒正规企业和机构的网站及客服电话，诱骗网民上当并骗取钱财。作为搜索引擎服务的提供方，同时也是类似黑色产业所影响的平台，百度在收到相关用户反馈后第一时间向佛山警方举报，后续其也在警方的办案中积极配合，直至案件最终被侦破。[33]

（二）恶意程序

根据《“恶意软件定义”细则》[34]规定，只要是属于强制安装、难以卸载、浏览器劫持、广告弹出、恶意收集用户信息、恶意卸载、恶意捆绑及其他侵犯用户知情权和选择权的恶意行为八种现象中的任意一项，便可以被认定为恶意软件，亦即恶意程序。工信部的《移动互联网恶意程序监测与处置机制》指出，存在窃听用户通话、窃取用户信息、破坏用户数据、擅自使用付费业务、发送垃圾信息、推送广告或欺诈信息、影响移动终端运行等行为的，均被认为是“恶意程序”。由此可见，恶意程序是恶意侵入信息系统的各种形式的软件的总称。网络犯罪分子为实现不正当目的，通常在网民不自知的情况下，通过诱骗下载、网站挂马等方式传播恶意程序，并利用恶意程序实施破坏计算机系统、远程控制、窃取数据、盗取账号、非法修改信息、资源消耗等行为。

在恶意程序中，最为常见的程序类型为远程控制、僵尸网络和流量劫持。物联网这两年呈现爆发式增长，但其安全防范措施没有跟上快速的数字化进程，这使得物联网成为犯罪分子追捕的目标和恶意软件新的攻击对象。为逃避监控，部分利用恶意程序实施的犯罪，如勒索病毒犯罪，开始采用虚拟货币作为支付工具。总体来说，恶意程序属于技术支持工具，通常情况下不会直接参与下游的网络诈骗、敲诈勒索、盗窃等犯罪的实施过程。

在互联网高速发展和各种智能设备普及的今天，恶意程序无论是在数量还是在质

---

〔33〕 参见《百度2019年处理有害信息531.5亿余条，拒绝不合规广告32亿余条》，载飞象网2020年2月14日，http://www.cctime.com/html/2020-2-14/1499618.htm。

〔34〕 参见中国互联网协会：《“恶意软件定义”细则》，载中国互联网协会网2007年6月15日，https://www.isc.org.cn/hdzt/feyrj/listinfo-4196.html。

量上均不断攀升，其所带来的安全隐患也日益显现。而恶意程序并非单独作战，已经产生了黑色产业链：恶意程序的制作者制作诸如广告软件、间谍软件、电脑病毒、蠕虫、木马、僵尸网络等恶意程序后，采用二次打包 App 植入病毒，或通过投放钓鱼网站传播恶意程序，或通过手机用户扫描二维码或通过通信软件电子邮件传播恶意程序。

若利用恶意程序攻击计算机信息系统，如分布式拒绝服务（Distributed Denial of Service，DDoS）攻击、流量劫持，则构成破坏计算机信息系统罪；若将恶意程序销售或提供给他人从事犯罪行为，则可以按照提供侵入、非法控制信息系统程序、工具罪定罪；若利用恶意程序窃取个人信息则有可能构成侵犯公民个人信息罪；若以恶意程序为工具实施诈骗、敲诈勒索等普通犯罪，则构成诈骗罪或敲诈勒索罪。使用恶意程序实施的网络犯罪之所以会触犯如此之多的罪名，主要原因在于，在绝大多数情况下，恶意程序本身只是犯罪的手段。它不仅与犯罪目的牵连，也与犯罪具体实施阶段有关。不同阶段的实施行为可能又分别触犯不同的罪名，这就造成了适用罪名的多样性。

对此，司法实务中已经出现不少判例。辜某注册成立并担任法定代表人的成都某科技有限公司，先后招聘了资某等人，开发具有在苏宁易购等电商平台网站中可批量注册账户，并可对不同账户在短时间内实现批量下单、批量抢领电商给予常规客户的优惠券和红包、批量付款等功能的计算机软件（以下简称金江软件），通过淘宝网、金江软件网站等网络进行出售牟利。上述对于苏宁易购网站的研发、使用，未获得苏宁易购的许可。最终法院认为，辜某等人构成提供侵入、非法控制计算机信息系统程序、工具罪。〔35〕

（三）流量劫持

所谓流量劫持，一般是指“利用各种恶意软件修改浏览器、锁定主页或不停弹出新窗口，强制用户访问某些网站，从而造成用户流量损失的情形”。当前流量劫持主要分为域名劫持与数据劫持两大类型。〔36〕 域名劫持又称“DNS 劫持”，是指在劫持的网络范围内拦截域名解析的请求，分析请求的域名，把审查范围以外的请求放行，使得用户对特定的网络不能访问或访问的是假网址。数据劫持，是指在访问或者修改对象的某个属性时，通过某段代码对这个行为进行拦截，产生额外的操作或者修改返回结果。

路由器 DNS 被劫持是一种较新的攻击方式，是对路由器 DNS 地址的篡改，导致无论登录什么网页都会跳转到某些固定的网页。随着路由器厂商安全防控意识的增

---

〔35〕 参见江苏省南京市鼓楼区人民法院刑事判决书，（2018）苏 0106 刑初 149 号。

〔36〕 参见孙道萃：《“流量劫持”的刑法规制及完善》，载《中国检察官》2016 年第 8 期。

强，路由器 DNS 被劫持的数量正在下降。新的劫持方式不断出现，如回退劫持[37]、云控劫持[38]。移动端近年来发展迅猛，已经赶超了 PC（Personal Computer）端的应用，成为劫持的新目标。在网络世界，流量就是一切，流量能带来金钱，流量劫持利益链的形成就是这一现象出现和泛滥的土壤。在这个链条中，主要通过图 7－1 所示流程劫持流量：

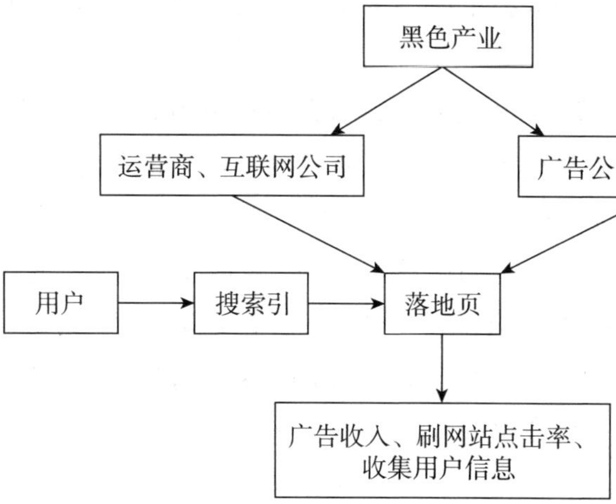

图 7－1　流量劫持流程

流量劫持作为互联网络的一大公害，其危害性早已引起立法者的警觉。早在 2006 年，中国互联网协会制定了《抵制恶意软件自律公约》，其中第 9 条规定，尊重用户上网选择，反对浏览器劫持。这可以说是我国较早提及流量劫持的规范。2017 年 6 月实施的《网络安全法》第 10 条、第 21 条、第 27 条等规定，都从原则上对流量劫持行为予以否定评价。

虽然我国刑法中并没有直接针对流量劫持的罪名，但并不意味着该行为无法从刑法角度予以评价。2013 年年底－2014 年 10 月，被告人付某、黄某等租赁多台服务器，

[37] 2017 年年底，百度收到了很多用户的投诉，反馈在使用手机网页版百度搜索点击某条搜索结果之后，再点击浏览器的返回按钮返回搜索结果页面，此时无论点击哪个搜索结果或重新搜索任意关键词，都会进入包含某些特定广告的页面，其中甚至含有一些非法内容。在收到用户的反馈之后，百度内部迅速跟进并且查明了这是一个典型的“回退劫持”行为。其原理为，黑色产业团伙通过在部分网站的落地页植入恶意 JS（Javascript）代码，导致用户在点击返回按钮的时候实际上回退到了一个仿冒的假百度页面。这样的流量劫持行为，不但严重干扰了用户的使用体验，而且对用户的隐私数据安全形成了很大的威胁。参见《百度联合警方破获“假百度”回退劫持案犯罪分子均已获刑》，载电科技 2021 年 1 月 19 日，http://www.dianke-ji.com/news/53210.html。

[38] 即某种程序在实现其特定功能时，同时会劫持用户流量，且可以在软件设置中的“支持开发者”选项被勾选后（软件安装后该选项即默认勾选）开启劫持逻辑；但即使用户取消勾选，该程序制作者也可根据推广需求随时通过云控打开劫持开关开启劫持逻辑。参见《“去广告”插件云控劫持流量　产品官网假坦然求“同情”》，载腾讯云网，https://cloud.tencent.com/developer/article/1590069。

使用恶意代码修改互联网用户路由器的 DNS 设置，使用户登录“2345. com”等导航网站时跳转至其设置的“5w. com”导航网站，被告人再将获取的互联网用户流量出售给“5w. com”导航网站所有者杭州久尚科技有限公司，违法所得合计 754762. 34 元。上海市浦东新区人民法院经审理认为，二被告人违反国家规定，对计算机信息系统中存储的数据进行修改，后果特别严重，均已构成破坏计算机信息系统罪。[39] 这是全国首次以司法形式将流量劫持认定为犯罪，这无疑对依法惩处此类犯罪提供了典型样本。

（四）DDoS 攻击

DDoS 是“通过各种手段消耗网络带宽和系统 CPU、内存以及转接数等资源，直接造成网络带宽耗尽或系统资源耗尽，使得该目标系统无法为正常用户提供业务服务，从而导致拒绝服务”[40]。这已经成为计算机网络信息安全行业关注的热点问题。第一次 DDoS 攻击发生在 1996 年的美国。当时纽约最大的互联网服务提供商 Panix 成为 DDoS 攻击的受害者，公司的邮件、新闻等众多服务器同时受到攻击，至少有 6000 多名用户因此无法正常收到邮件。事后发现，攻击者采用的攻击方法非常简单，就是快速不断地向服务端发送访问连接请求，服务器忙于应对这些大量无效的请求，从而无法应答正常的访问请求，后来这种攻击被称为“SYN Flood 攻击”。这是拒绝服务攻击的一种攻击方式。[41]

《2019 年上半年我国互联网网络安全态势》报告显示，2019 年上半年，国家互联网应急中心（CNCERT）监测发现针对我国重要网站的 CC（Challenge Collapsar）攻击事件高发。攻击者利用公开代理服务器向目标网站发起大量的访问，访问内容包括不存在的页面、网站大文件、动态页面等，以此来绕过网站配置的内容分发网络（Content Delivery Network，CDN）节点直接对网站源站进行攻击，达到了使用较少攻击资源造成目标网站访问缓慢甚至瘫痪的目的。2019 年上半年，CNCERT 经抽样监测发现，针对我国境内目标的 DDoS 攻击中，来自境外的 DDoS 攻击方式以 UDP Amplification Flood 攻击、TCP SYN Flood 攻击等为主，其中 UDP Amplification Flood 攻击方式占比最高，约为 75%。[42]

DDoS 攻击犯罪已经进入产业化时代——从以往的需要专业黑客实施全部攻击过程的行为，发展成由发单人、攻击实施人、“肉鸡”商、出量人、黑客攻击软件作者、担

[39] 参见李俊、白艳利、王潇：《流量劫持行为的司法认定》，载《人民法院报》2017 年 1 月 5 日，第 7 版。

[40] 何静：《面对 DDos 攻击有哪些防护措施》，载《计算机与网络》2019 年第 21 期。

[41] 参见李文坚：《大数据背景下 DDoS 常见攻击及其治理和缓解》，载《网络安全技术与应用》2020 年第 3 期。

[42] 参见《CNCERT 发布〈2019 年上半年我国互联网网络安全态势〉》，载中央网络安全和信息化委员会办公室网，http://www.cac.gov.cn/2019-08/13/c_1124871596.htm。

保人等多个犯罪个体共同参与实施的产业化犯罪行为。[43] DDoS 攻击越来越明显地表现出经济利益驱动的倾向,并已经形成了一条高度成熟的完整产业化链条。(见图 7－2)

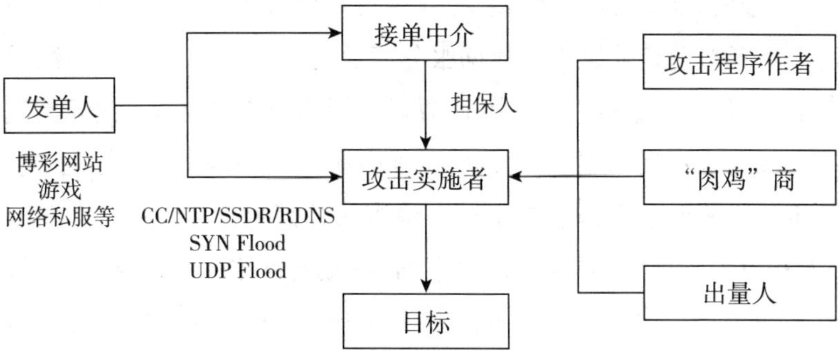

图 7－2　DDoS 攻击产业化链条

DDoS 攻击具有成本低、见效快、影响深远的特点,对网站和信息系统都存有巨大危害。防御 DDoS 攻击自然需要运用技术手段,比如建立防火墙、设置 CDN 等,但法律手段的快速反应对于打击 DDoS 攻击同样重要,其中刑事制裁无疑具有威慑力。2019 年 8 月 30 日 21 时 25 分 4 秒,被告人尼某某利用"压力测试"平台(DDoS 攻击服务平台)对阿里巴巴集团旗下高德信息技术有限公司(以下简称高德公司)深圳地区的服务器 IP:106.11.19.36 进行 DDoS 攻击,致使该服务器在 2019 年 8 月 30 日 21 时 36 分 12 秒至 31 日 3 时 10 分 31 秒处于黑洞状态,较长时间内不能正常运行。为防御此次攻击,阿里巴巴集团调用中国电信云堤(DDoS 攻击防护)业务,切换高德公司服务器 IP 地址,导致中国电信运营商扣除阿里巴巴集团单次防护费用 20000 元。最终被告人尼某某被认定构成破坏计算机信息系统罪。[44]

（五）利用网络爬虫侵犯公民个人信息

以往犯罪分子多是利用伪基站群发各种垃圾短信或骚扰电话或钓鱼网站,通过诱骗的方式收集个人信息,或直接入侵有价值的网站,把其中注册用户的资料信息全部盗走。当前,违法犯罪分子对个人信息的获取方式也转变为利用网络爬虫非法爬取个人信息等方式。网络爬虫作为一种自动采集互联网信息的程序技术,本身并不违法。但是一旦运用不当,就可能构成违法乃至犯罪。

在"信息就是生产力"的网络社会,通过网络爬虫获取的信息往往只是其他不法行为的源头。从目前破获的案件上看,一条非法爬取用户数据信息的黑色产业链已然

〔43〕 参见 FreeBuf、腾讯云、腾讯安全云鼎实验室:《黑镜调查:深渊背后的真相之〈DDoS 威胁与黑灰产业调查报告〉》,载 FreeBuf 网络安全行业门户网,https://www.freebuf.com/news/topnews/178990.html。

〔44〕 参见河南省上蔡县人民法院刑事判决书,(2020)豫 1722 刑初 210 号。

形成:由黑客编写或接受定制编写爬虫软件;不法分子或团伙购买软件入侵或网络批量撞库批量生成"大数据"信息后加以数据"清洗"或"验证",再通过网络兜售;非法数据利用者再应用数据实施电信诈骗、暴力催收、敲诈勒索等其他违法犯罪行为。

除此之外,金融、证券、房产、快递、医疗等行业内部工作人员、数据中间商也越来越多地参与到这条黑色产业链中。数据服务商从行业内部工作人员和数据中间商处获取信息,用于宣传、推销等商业行为;而数据中间商则负责对数据进行清洗、验证,然后出售给下游的非法数据利用者,由他们实施盗窃、敲诈勒索、诈骗等犯罪行为。

网络爬虫非法爬取个人信息数据存在诸多法律风险。《网络安全法》第 27 条规定,任何个人和组织不得从事"窃取网络数据"等危害网络安全的活动,不得提供专门用于从事侵入网络、干扰网络正常功能及防护措施、窃取网络数据等危害网络安全活动的程序、工具。我国刑法对网络爬虫的规制主要体现在《刑法》第 285 条、第 286 条,其规范的是对目标网站造成严重影响并具有社会危害性的数据抓取行为。

作为一种自动获取网页内容的程序,网络爬虫多数情况下被视为民事侵权或不正当竞争行为。但是网络爬虫入刑第一案为不正当获取数据或获取数据后的不正当使用行为敲响了警钟:上海某网络科技有限公司经营技术开发、技术服务等业务,该公司主要负责人员张某等人经共谋,于 2016 - 2017 年采用网络爬虫技术非法抓取北京某网络技术有限公司服务器中存储的视频数据。法院以非法获取计算机信息系统数据罪分别判处被告单位罚金 20 万元,判处被告人张某等四人九个月至一年不等的有期徒刑,并处罚金。该案系全国首例利用网络爬虫技术非法入侵其他公司服务器抓取数据,进而实施复制被害单位视频资源的案件。[45] 从网络爬虫行为构成反不正当竞争案到网络爬虫行为入罪案,体现了网络爬虫行为的法律规制从民法到刑法的递进。[46]

二、新技术下的黑灰产网络犯罪

随着互联网的诞生、发展和扩大,利用网络开展违法犯罪活动的黑灰产引发的风险和危害也在日益增大。"从大的类别上讲,网络黑灰产分为黑色产业链和灰色产业链两种,黑色产业链是已经定性为违法犯罪的产业链行为,灰色产业链则是指游走于违法犯罪与法制缺漏模糊领域的产业链行为。"[47] 在网络黑灰产业链中,有些行为已经纳入法律规范的范围,有些还处在法律边缘,行为性质暂时难以界定。

---

〔45〕 参见《2019 年度人民法院十大刑事案件》,载《人民法院报》2020 年 1 月 12 日,第 4 版。

〔46〕 参见刘艳红:《网络爬虫行为的刑事规制研究——以侵犯公民个人信息犯罪为视角》,载《政治与法律》2019 年第 11 期。

〔47〕 张维:《黑灰产披上网络外衣专事敛财及不正当竞争》,载《法制日报》2019 年 9 月 3 日,第 4 版。

（一）AI 类黑灰产

AI 是人工智能的英文 Artificial Intelligence 的缩写，是研究、开发用于模拟、延伸和扩展人的智能的理论、方法、技术及应用系统的一门新的技术科学。随着这项技术的发展和应用，越来越多的领域可以轻松地加以适用。

AI 换脸，又称 Deepfake，由 deep learning 和 fake 两个词组合而成，是一项基于 AI 人物图像合成技术，“是用无监督学习的方式训练一个神经网络，将扭曲的脸部图像编码后重新生成原始输入，并且期望这个网络具备将任意人脸还原的能力”[48]。即通过用源人物和目标人物的图片/视频训练模型分别识别、还原两人面部特征，最后用源人物的图片/视频搭配目标人物解码器完成转换，将源人物的人脸替换为目标人物的人脸。AI 换声与 AI 换脸类似，采集目标人物的原始音频文件，通过学习模仿目标人物的发音特点，再使用 AI 技术合成语音片段。

在大数据、云计算、互联网的推动下，人工智能技术的门槛逐渐降低，基于深度学习的图像识别、智能语音等人工智能技术开始向各个领域渗透，已进入产业化初期阶段。目前 AI 换脸、AI 换声黑灰产已经发展到一定规模，智能化的趋势明显，形成了较为完整的产业链：上游主要提供基础性技术软件和教程，中游可以定制各类视频，下游多数提供成品色情视频，甚至有些卖家可以提供全产业链的产品以及售后服务。

AI 换脸或换声技术的滥用，不仅涉及隐私侵犯、数据窃取，还很可能引发新的网络安全问题。别有用心的不法分子可以将两个技术加以融合制造出足以乱真的假视频进行伪装实施违法犯罪行为，防范的难度也会急剧上升。

技术本身是中立的和工具性的，其应用产生的后果关键在于使用者的态度。法律上的积极应对，目的在于划清其合理应用的边界。2019 年 5 月底，国家网信办发布了《数据安全管理办法（征求意见稿）》，要求网络运营者利用大数据、人工智能等技术自动合成新闻、博文、帖子、评论等信息，应以明显方式标明“合成”字样；不得以谋取利益或损害他人利益为目的自动合成信息。2019 年 11 月，国家网信办等三部门联合发布《网络音视频信息服务管理规定》，不仅重申了《数据安全管理办法（征求意见稿）》对“合成”音视频使用的基本要求，同时还明确了监管主体和处罚机制：对于违反规定的，由网信、文化和旅游、广播电视等部门依照相关法律法规规定处理；构成违反治安管理行为的，依法给予治安管理处罚；构成犯罪的，依法追究刑事责任。《民法典》第 1019 条第 1 款也规定，任何组织或者个人不得以利用信息技术手段伪造等方式侵害他人的肖像权。这里的“伪造”不仅包括传统的 PS（photoshop）等图片处理技术，也指向 Deepfake 这一类 AI 换脸技术。目前新兴的 AI 换脸、换声技术多被不法分子用作

---

〔48〕 王怡、杨洪臣：《一种 AI 换脸方法生成的伪造视频分析》，载《刑事技术》2021 年第 1 期。

实施传统犯罪的新工具。例如,可以在受害人毫不知情的情况下,用于实施侵犯著作权罪、敲诈勒索罪、侮辱罪、诈骗罪等不法行为。

2018 年 7 月开始,被告人张某、余某等人以牟利为目的,利用已非法获取的公民个人信息,通过使用软件将相关公民头像照片制作成公民 3D 头像,从而通过支付宝人脸识别认证,并使用上述公民个人信息注册支付宝账户。张某、余某等人通过这种方式来获取支付宝提供的邀请注册新支付宝用户的相应红包奖励(包括邀请新人红包、通用消费红包、花呗红包等),〔49〕以此非法获利。最终法院对张某、余某以侵犯公民个人信息罪和诈骗罪定罪处刑。

(二)直播类黑灰产

所谓直播类黑灰产,是指利用视频平台或直播平台从事违规获利行为或违法犯罪行为并因此而形成的黑灰色产业链条。主要分为两大类:一类是通过直播类平台规则及生态违法获利;另一类是利用直播平台从事违法犯罪行为。这两类直播都已形成较为成熟的产业链。

在第一类直播中,平台运营方、经纪公司、主播/网红、用户是直播产业链中最为重要的四种角色,其中工会/经纪公司会对大量的直播资源进行融合和输出,统一管理主播,对接直播平台,是掌握整个直播利益链条的核心角色。直播类平台黑灰产也主要聚集于工会/经纪公司和多频道网络(Multi – Channel Network,MCN),他们熟知直播平台运行规则,依赖刷量产业链和黑账号产业链进行违规操作,行为极为专业化和隐蔽。对于此类刷量行为及其他违规运营行为的处罚虽然暂时没有刑法依据,但是刷量形成的虚假数据被用作骗取客户或者广告主信任的数据时,涉及虚假宣传,属于不正当竞争行为,开发软件或者其他手段帮助刷量的第三方的行为在性质上则属于侵权的帮助行为。

在第二类直播中,直播平台只是一个工具,更多情况下是被不法分子利用作为传统网络犯罪的引流场,借直播之名行违法犯罪之事。它们通过淫秽视频、涉黄直播、赌博游戏等内容来吸引用户,通过广告、充值消费、诱导用户赌博等手段来获取收益。除此之外,直播平台也为网络招嫖、网络赌博等犯罪行为提供了一种新的更为隐蔽的实施途径。

2018 年 9 月,中山东升警方破获一起利用网络直播平台开设赌场案。一名叫蒲某高的男子开设了酷某公司。该公司通过搭建网络直播聊天平台,对外招商若干代理站长。代理站长成立视频直播聊天站,招聘主播,进行网络直播,从而吸引游客、玩家等观看。玩家可向直播平台充值(用人民币充值兑换成游戏币),用于向直播主播刷

---

〔49〕 参见浙江省衢州市中级人民法院刑事裁定书,(2019)浙 08 刑终 333 号。

礼物,平台和主播通过所刷礼物进行盈利。也就是酷某公司提供软件平台服务,代理站长向酷某公司承租服务,负责具体实施经营。为了吸引玩家,酷某公司发展了9某娱乐、芭某娱乐、某某天空、某某古镇等十余个代理直播网站。为了快速赚取暴利,酷某公司在直播平台上接入了一款名为“争霸级车行”的小游戏,供玩家用游戏币进行投注赌博,设置5-30倍不等的赔率。每玩一局,直播平台就从中“抽水”若干。玩家赢取游戏币之后,可以给代理站长或主播刷礼物,再由站长或主播兑换成人民币返回给玩家。大量的玩家冲着有赌博游戏这一点,不断涌入这些直播平台。代理站长通过赌博游戏的“抽水”盈利后,以一定比例与酷某公司进行分成。[50] 蒲某高等4名嫌疑人以涉嫌开设赌场罪被警方依法刑拘。

(三)黑公关类黑灰产

与正常的公关不同,“黑公关”是一类打着公共关系的名头,在暗处专门以“黑”为营生的网络营销公司。“黑公关”往往会与同业竞争的一方企业达成协议,专门损害另一方企业的商业信誉和商品声誉。[51] 实质上,“黑公关”是以网络资源为杠杆,专以恶意诽谤、歪曲打击客户的竞争对手或竞品为职业的网络营销公司。

网络“黑公关”幕后组织严密,规模庞大,一般还握有门户网站、平面及网络媒体的资源,同时养有众多大V、大号,且通过机器人维持着庞大的“僵尸粉”。“黑公关”已形成一套完整的利益链,可以提供接单、策划、枪手、新闻源、推手、水军、删帖公司组成的一条龙产业链,以及阅读、评论、转发“全方位服务”。

网络“黑公关”之所以愈演愈烈,主要原因在于网络的强隐蔽性导致事后取证难、维权难、惩罚难。但是网络“黑公关”这种畸形的营销方式,不仅破坏了正常的市场秩序、公平的竞争环境和清朗的网络空间,还大幅地增加了新企业发展壮大的难度、危害了守法企业的正常发展。为保障和强化网络安全和信息安全,遏制网络“黑公关”,刑法并非无法作为。

网络“黑公关”主要分为两类:一类是在网络媒体、各种论坛、社交平台上发表企业或个体的负面失实文稿,然后向涉事企业或个人实施讹诈。另一类则是纯粹以营利为目的,接受客户指令,密集发帖,诋毁污蔑竞争对手或竞品。对于第一类“黑公关”行为,定性比较明确。根据最高人民法院、最高人民检察院《关于办理利用信息网络实施诽谤等刑事案件适用法律若干问题的解释》,以在信息网络上发布、删除等方式处理网络信息为由,威胁、要挟他人,索取公私财物,数额较大,或者多次实施上述行为的,依照《刑法》第274条规定,以敲诈勒索罪定罪处罚。而第二类“黑公关”行为所涉

---

〔50〕 参见《直播聊天刷礼物?原来是为赌》,载《南方法治报》2018年9月14日,第4版。

〔51〕 李国民:《网络“黑公关”,还要横行到几时》,载《检察日报》2019年12月25日,第8版。

情况较为复杂，治理难度也比较大。其中，情节严重的，若符合刑法规定的犯罪构成要件的，则可能以损害商业信誉、商品声誉罪，诽谤罪，强迫交易罪或是非法经营罪等罪名追究其刑事责任。

2019 年 8 月，江苏、山东等地公安机关联动美团安全事务部，打击了多起捏造事实恶意抹黑美团及美团首席执行官（Chief Executive Officer，CEO）王兴的“黑公关”刑事案件，共抓获犯罪嫌疑人十余人并采取刑事拘留、批准逮捕等刑事强制措施，部分涉案网站已经被关闭。从警方提供给美团的调查取证材料看，涉案人员针对黑稿制定了严密的价目表，标题含有王兴的黑稿首发每篇收费 200 元，转发稿件每篇收费 50 元，标题含有美团的文章每篇收费仅为 20 元。上述人员涉嫌非法经营罪，已被移送人民检察院提起公诉。[52]

〔52〕 参见王秋丽：《遏制“网络黑公关”　须斩断利益链》，载《嘉兴日报》2019 年 9 月 18 日，第 2 版。

第八章　人工智能法

第一节　人工智能及其法律地位

得益于21世纪以来大数据的发展、算法的革新以及网络设施的改进，人工智能[1]已深度嵌入人们的生产生活。人工智能产品在方方面面扮演着重要角色，不仅能够执行过去只有人才能完成的任务，而且逐渐展现出“自主”和“认知”的特征，以至于发挥出了意想不到的作用。随着人工智能技术的进步，智能化将成为产业发展的重要方向。近几年，美国、日本、欧盟等均制定了各自的“人工智能战略”。我国国务院则于2017年印发《新一代人工智能发展规划》，从战略态势、总体要求、重点任务、资源配置、组织实施等方面全面阐明了我国的人工智能国家战略。面对人工智能的蓬勃发展，人们在欢欣鼓舞之余，也表达了对滥用人工智能技术的担忧。[2] 任何技术的发展都是一把“双刃剑”，在鼓励发展人工智能技术造福人类的同时，我们更要警惕人工智能技术带来的风险与挑战。如何在不妨碍人工智能发展的前提下，减少技术创新可能给社会造成的负面影响，是信息时代对人工智能进行法律规制的难点所在。

一、人工智能的界定及其形态

（一）人工智能的界定

迄今为止，产业界对于何谓“人工智能”尚未形成统一认识。不过，界定“人工智能”总是离不开对“智能”二字的理解。诚如人工智能之父约翰·麦卡锡（John McCarthy）所言，对于“智能”的定义，必须建立在与人类智力关系的基础上，并侧重于一些难以界定的相互联系的人类特征，包括自我意识、语言使用、学习能力、抽象能力、适应能力和推理能力。据此，麦卡锡将人工智能定义为“制造智能机器，特别是智能计

---

〔1〕 在理论上，人工智能有两种形态：一是人工智能作为独立的存在体；二是人工智能嵌入人体以实现人类与智能机器的融合。本书所指的人工智能，是第一种形态的人工智能。

〔2〕 李明：《马斯克：人工智能可能成为永久的独裁者》，载新浪网2018年4月6日，https://tech.sina.com.cn/it/2018-04-06/doc-ifysuuyc3043649.shtml；王风枝：《霍金：人工智能也有可能是人类文明史的终结》，载网易网2017年12月13日，http://tech.163.com/17/1213/15/D5HVJCVJ00097U7R.html。

算机程序的科学和工程”[3]。由斯图尔特·拉塞尔(Stuart J. Russell)和彼得·诺维格(Peter Norvig)所撰写的经典人工智能教科书《人工智能:一种现代方法》(Artificial Intelligence: A Modern Approach),则从四个角度定义人工智能:人性化思考(thinking humanly)、人性化行为(acting humanly)、理性思考(thinking rationally)和理性行动(acting rationally)。[4]还有人试图为人工智能下一个简单的定义:“能够执行通常需要人类智能的任务的计算机系统的理论和开发。”[5]

除了抽象的定义,有人试图通过构建一些标准用以判断机器是否具备“智能”。阿兰·图灵(Alan Turing)在《计算机和智能》一文中提出的“图灵测试”,是目前最广为接受的判断标准。图灵认为,人类测试者通过一些设备向被测试者提问,如果有超过30%的测试者不能确定被测试者是人还是机器,被测试者就被认为具有人类智能。[6]美国资深侵权法教授F. 帕特里克·哈伯德(F. Patrick Hubbard)则从五个方界定“智能机器人”:(1)具有一定尺寸;(2)具备一定机动性;(3)可以接收和传输信息(连通性);(4)可以通过独立的肢体运动响应外部输入(自主性);(5)可以接收、评估、使用和传输信息,以及从经验中学习并通过学习确定未来响应的程度(智能性)。[7] 欧洲议会法律事务委员会于2015年向欧盟委员会提交过一份《致委员会有关机器人民事规则的建议报告》(以下简称《机器人报告》),将符合如下特点的机器界定为“智能机器人”:(1)通过传感器或通过与其所处环境交换数据(互联)以获得自主权,并对这些数据进行交换和分析;(2)从经验和互动中自我学习(选择性标准);(3)至少有一定物质支撑;(4)行为能够适应环境;(5)在生物学意义上是没有生命的。[8]

本书认为,人工智能是指具有一定人类智力的信息技术客体。首先,人工智能是信息技术客体。因此,人工智能非自然物,而是人类研究、设计、创造的物,其融合一定的信息技术,并体现于产品等创造物中。其次,人工智能具有一定的人类智力。按照人工智能的智力水平高低,可以将人工智能分为弱人工智能、类人工智能和超人工智

---

[3] John McCarthy, *What is Artificial Intelligence*?, Stanford University (Nov. 12, 2007), http://www-formal.stanford.edu/jmc/whatisai.pdf.

[4] See Stuart J. Russell & Peter Norvig, *Artificial Intelligence: A Modern Approach*, 1034, 3^{d} edition 2010, p. 2.

[5] See David Schatsky, Craig Muraskin & Ragu Gurumurthy, *Demystifying Artificial Intelligence: What Business Leaders Need to Know about Cognitive Technologies*, Deloitte University Press, 2014, p. 3.

[6] See A. M. Turing, *Computing Machinery and Intelligence*, 59 MIND 433 (1950).

[7] See F. Patrick Hubbard, *Sophisticated Robots: Balancing Liability, Regulation, and Innovation*, 66 Florida Law Review 1803 (2014).

[8] See *Report with recommendations to the Commission on Civil Law Rules on Robotics* [2015/2103(INL)], European Parliament (Mar. 12, 2019), http://www.europarl.europa.eu/doceo/document/A-8-2017-0005_EN.pdf.

能。最后,人工智能可在一定程度上从事人类意欲从事的活动。人类研究、设计、创造人工智能是为了使其替代人类活动或完成人类难以完成的复杂活动。

(二)人工智能的形态

尽管产业界和学术界迄今尚未对"人工智能"形成统一定义,但人们总体上形成了对"人工智能"的一致认识:人工智能的核心是算法和数据,本质上是通过各种现代技术方式对人类智能进行模仿甚至超越,其显著特征在于自主性(独立于外部控制或影响而对于外部世界作出决定并实施的能力),而这种自主性是纯技术性质的,其程度取决于人工智能设计的复杂程度。[9] 根据人工智能的发展水平,学界通常将人工智能分为弱人工智能、强人工智能和超人工智能三种形态。弱人工智能具有一定的自主判断能力、决策能力和行动力,但劣于人类智能,不具备人类的逻辑推理能力。这一阶段的人工智能基本处于人类控制之下,本质上是辅助人类完成特定活动的工具。强人工智能是人类级人工智能。这一阶段的人工智能已不完全是受人类操纵的工具,一定程度上可以摆脱人类的控制。超人工智能则完全超越人类,此时人工智能具备的完全自主性,可以完全脱离人类控制而存在。[10] 以人工智能辅助司法裁判为例,在弱人工智能阶段,技术只是帮助、支持或给出相关司法建议(支持技术);在强人工智能阶段,技术可以取代法官和司法活动(替代技术);在超人工智能阶段,技术可以改变法官的工作方式,并提供非同寻常的司法形式(破坏性技术)甚至重塑法官的角色。[11](见表8-1)

表8-1 人工智能形态与人类智能水平和人类控制的关系

人工智能形态	智能水平	人类控制
弱人工智能	劣于人类智能	基本处于人类控制之下
强人工智能	人类级智能	一定程度上摆脱人类的控制
超人工智能	高于人类智能	可以完全摆脱人类控制

目前,人工智能在图像识别、医疗诊断、自动驾驶、无人机、语音交互、智能制造等领域有着广泛的应用。随着人工智能发展和应用的深入,一些问题逐渐暴露出来。一

[9] See John McCarthy, *What is Artificial Intelligence?*, Stanford University (Nov. 12, 2007), http://www - formal. standard. edu/jmc/whatisai. pdf; F. Patrick Hubbard, Sophisticated Robots: *Balancing Liability, Regulation, and Innovation*, 66 Florida Law Review 1803, 1807 (2014); Stuart J. Russell & Peter Norvig, *Artificial Intelligence: A Modern Approach*, 1034, 3^{d} edition, 2010, p. 2; A. M. Turing, *Computing Machinery and Intelligence*, 59 MIND 433(1950).

[10] 参见郭少飞:《"电子人"法律主体论》,载《东方法学》2018年第3期。

[11] See Tania Sourdin & *Judge v. Robot: Artificial Intelligence and Judicial Decision - Making*, 41 U. N. S. W. L. J. 1114(2018).

方面,人工智能是一种极具颠覆性的技术,运用得当可以造福人类,但运用失当则会带来破坏性。然而,无论是国内还是国外,从人工智能研发到应用都还没有形成统一规范,也缺乏足够的监管。这既让人工智能行业呈现百花齐放的发展盛况,也给一些别有用心者提供了机会。另一方面,人工智能是多种技术的叠加,其产品往往具有一定"自主性",人工智能产品致人损害后,如何在相关主体之间分配责任以及对受害者进行救济,现有法律规则虽能提供一定的制度供给,但还远远不够。人工智能法律规制的缺失,已经开始引发一系列负面影响,并孕育着潜在的社会风险。人工智能法律规制的缺失固然有法律对于新兴事物的调整存在天然滞后性的因素,但更多的原因则是人工智能从研发到应用的复杂性以及由此给法律规制造成的困难。

二、人工智能在法律关系中的定位

无论是人工智能研发过程中的分散和不透明问题,还是投入使用后人工智能行为的可预见性问题,抑或人类对人工智能的管控问题,都对人工智能的法律规制提出了诸多挑战。面对人工智能的风险与挑战,无论是从监管角度还是从法律责任分配角度,人工智能法律规制的前提都是明确人工智能在法律关系中的定位,即应当将人工智能作为法律关系的主体还是客体对待。一旦人工智能确立了人格,就可以获得像人类一样的权利能力和行为能力,并对自己的行为负责。[12] 这对于现有法律体系来说,必然是重大变革。因此,必须深入考察人工智能的法律地位。只有在明确人工智能法律定位的基础上,才能构建科学、合理的规则体系。

(一)人工智能主体地位之否定

从技术发展史来看,人类一直在通过各种方式打造能够模拟人脑的人工智能,乐观派甚至认为未来会出现超越人类智能的人工智能,从而其具备"人"的属性。从实践来看,日本、沙特一度传出赋予机器人"户籍"或"公民身份"的消息。[13] 欧洲议会法律事务委员会的《机器人报告》则提议将最先进的智能机器人定义为"电子人"(electronic person),并赋予其相应的权利义务。[14]

相当多的国内外观点认为,应当将人工智能定位为法律主体,或至少要赋予其一

---

〔12〕 See Jason Zenor, *Endowed by Their Creator with Certain Unalienable Rights: The Future Rise of Civil Rights for Artificial Intelligence*, 5 Savannah Law Review 115 (2018).

〔13〕 See Jennifer Robertson, *Human Right vs Robot Rights: Forecasts from Japan*, 46 Critical Asian Studies 571 (2014); Lauren Sigfusson, *Saudi Arabia Grants Citizenship to Robot*, discovermagazine. com (Mar. 12, 2019), http://blogs. discovermagazine. com/d – brief/2017/10/27/robot – citizen – saudi – arabia/#. WqOD-jWa76T9.

〔14〕 *Report with recommendations to the Commission on Civil Law Rules on Robotics* [2015/2103(INL)], European Parliament (Jan. 27, 2007), http://www. europarl. europa. eu/doceo/document/A – 8 – 2017 – 0005_EN. pdf.

定的权利。肯定人工智能主体地位的代表性观点有“电子人说”、“代理说”和“拟制主体说”等。持“电子人说”的学者,从法律主体发展的历史变迁、人工智能的本质属性、制度属性,以及经济、文化、社会、伦理、哲学等角度,认为应当为机器人创造一个特定的法律地位,至少应当将最先进的自主机器人确定为具有独立承担可能造成的任何损害的电子人的地位。〔15〕“代理说”将人工智能视为一个具有目的性的系统,即人类的代理人。〔16〕“拟制主体说”则主张,为解决涉及人工智能产物的权利归属和侵权纠纷,人工智能可以像法人那样被赋予拟制的法律人格。〔17〕除以上三种代表性学说外,还有一些学者认为,未来人工智能还有超越人类智能的可能,立法者应当有一定的前瞻性,赋予智能机器人以一定的权利,否则恐怕会导致对人工智能所引发的法律关系调整之不足。〔18〕即便在弱人工智能阶段,通过解释的路径,也可以将特定情形下的人工智能认定为法律主体,如此更可以为未来人工智能的发展奠定法律主体基础。〔19〕

人工智能究竟是否应当被赋予法律主体地位,首先应考察人工智能是否具备“人格”。法律意义上的人,包括自然人和法律拟制的人两类。我国《民法典》将民事主体分为自然人、法人和非法人组织三类。具有自主意识并能够进行独立的意思表示是赋予主体法律人格的前提,拥有一定财产则是主体承担法律责任的物质基础。〔20〕现阶段,人工智能不具有自然人所具有的生命、道德、良知、伦理、自我意识和情感,也未发展出人类理性,更不具有社会属性。人工智能不像人类,除了正常思维路径之外,顿悟、直觉和灵感等仅通过事先设定的算法或通过海量数据训练自主生成算法就能够实现的“智能”,人工智能只是按照预先设计的程序而非像自然人那样基于“理性”实施行为,故民法基于理性自然人的假定而设计的规则无法适用于人工智能。〔21〕人工智能也与法人和非法人组织完全不同。它不像法人和非法人组织那样是一个“想象的共同体”,所形成的意志并非团体意思,故不应将其视为法人或非法人组织。其次,从人类开发人工智能的目的而言,其本意并非在于创造竞争者,只是为了更好地服务于

---

〔15〕参见郭少飞:《“电子人”法律主体论》,载《东方法学》2018 年第 3 期。

〔16〕See Samir Chopra, Laurence F. White, *A Legal Theory for Autonomous Artificial Agents*, Michigan University of Michigan Press, 2011.

〔17〕参见 Colin R. Davies, *An Evolutionary Step in Intellectual Property Rights – Artificial Intelligence and Intellectual Property*, 27 Computer Law & Security Review 601(2011);杨清望、张磊:《论人工智能的拟制法律人格》,载《湖南科技大学学报(社会科学版)》2018 年第 6 期。

〔18〕参见张玉洁:《论人工智能时代的机器人权利及其风险规制》,载《东方法学》2017 年第 6 期。

〔19〕参见陈吉栋:《论机器人的法律人格——基于法释义学的讨论》,载《上海大学学报(社会科学版)》2018 年第 3 期。

〔20〕参见孙占利:《智能机器人法律人格问题论析》,载《东方法学》2018 年第 3 期。

〔21〕参见赵万一:《机器人的法律主体地位辨析——兼谈对机器人进行法律规制的基本要求》,载《贵州民族大学学报(哲学社会科学版)》2018 年第 3 期;杨立新:《人工类人格:智能机器人的民法地位——兼论智能机器人致人损害的民事责任》,载《求是学刊》2018 年第 4 期。

人类的生产和生活。如果赋予人工智能以法律人格，将其视为与自然人或法人等具有平等地位的主体，则当人工智能与人类发生法律关系时，如何协调其与人类的利益冲突，是现有法律体系所不能解答的。[22] 典型表现在，赋予人工智能主体资格后，由人工智能独立承担相应的责任，人工智能的设计者和制造者却被排除在责任之外，必将为人工智能的设计者和制造者规避责任提供机会。考虑到现阶段人工智能并没有独立的财产，赋予其主体地位并不意味着能让人工智能实际承担责任。

(二)人工智能的客体定位

在否定了人工智能的主体地位后，毫无疑问应该将人工智能定位为法律上的客体。事实上，也只有将人工智能定位为客体，才能实现人工智能法律规制的目的。

首先，法律是用于调整人类行为的规范体系，而人工智能并不具备人类理性。尽管可以将法律规则输入人工智能程序，但人工智能只是机械地执行相应的程序，而非如人类那样有意识地遵守法律。质言之，人工智能只有“表示行为”，而无“主观意思”，法律行为中“故意”或“过失”的判定对于人工智能来说毫无意义。因而按照人类的法律，认定人工智能的行为是否违法存在困境。而如将人工智能定位为客体，则仅需规范与人工智能相关的人类的行为，从而从根本上使人工智能处于人类法律的规制之下。[23] 其次，人工智能蕴含巨大的风险，必须始终处于人类的支配和控制之下。人工智能技术的发展以补充人类能力为重点，而不是取代人类，在人工智能的发展过程中，确保人类始终控制之是至关重要的。因而，人工智能只能作为客体。[24] 最后，从技术角度讲，强人工智能乃至超人工智能能否实现还有极大的争议。[25] 现阶段尚无机器能通过图灵测试，人工智能的意思不过是基于特定算法所开发出的计算机程序。主流科学界亦有人认为，全面超过人类的强人工智能不可能实现，不宜过分把科幻代入现实并炒作人工智能，关于强人工智能的讨论并没有现实意义。[26] 如果人工智能发展到拥有完全的自我意识，并为了自己的存在而不择手段时，就必须及时阻绝，避免人工智能对人类利益造成威胁与损害。[27] 因此，在现阶段乃至未来可预见的时间内，在客体基础上构建人工智能的法律规则，将人工智能的发展及其风险纳入规制范围，

---

〔22〕 参见房绍坤、林广会：《人工智能民事主体适格性之辨思》，载《苏州大学学报（哲学社会科学版）》2018 年第 5 期。

〔23〕 参见刘洪华：《论人工智能的法律地位》，载《政治与法律》2019 年第 1 期。

〔24〕 参见刘洪华：《论人工智能的法律地位》，载《政治与法律》2019 年第 1 期。

〔25〕 参见[美]尼克：《人工智能简史》，人民邮电出版社 2017 年版，第 21 页。

〔26〕 参见王飞跃：《新 IT 与新轴心时代：未来的起源和目标》，载《探索与争鸣》2017 年第 10 期；陈钟：《从人工智能本质看未来的发展》，载《探索与争鸣》2017 年第 10 期。

〔27〕 参见甘绍平：《机器人怎么可能拥有权利》，载《伦理学研究》2017 年第 3 期。

是更加实际的路径。[28]

尽管人工智能应当被视为客体，但人工智能与一般意义上的物又有所区别。毕竟，人工智能可以在一定程度上独立存在，也可以独立“思考”。特别是能够进行人机互动并激发人类情感的人工智能，已经具有人格象征意义，法律应将其区别于一般物对待，不能仅仅视其为不动产或动产。[29]

第二节　人工智能法律规制的困境

人工智能与经济社会的紧密结合已成为不可避免的趋势。当前人工智能虽然可以模拟并表现人类智力，甚至在单一领域超越人类，但整体尚未达到人类智能水平。不过，发达国家正通过类脑人工智能、神经拟态计算、绘制人脑回路图谱、全脑仿真等方式，力图打造更强的人工智能形态。[30] 产业界和科学界最为担心的就是人工智能超越人类智能，并取代人类成为世界主宰。尽管超人工智能的实现只是理论上的，但现有技术条件下的人工智能已然给法律的规制带来了难题，并孕育着更多的挑战。人工智能法律规制的困难主要源于人工智能从研发到应用环节所产生的各种问题。

一、研发过程中的分散和不透明问题

人工智能是现代计算机、大数据、图像处理、认知科学等科学技术以及网络基础设施共同发展的产物。由于所依赖的底层技术具有各种特性，人工智能的研发必然会打上底层技术的烙印，加之人工智能的研发是相对系统并具有一定复合性（叠加了各种技术）的工程，其暴露出的问题往往比底层技术更加明显。分散和不透明性是人工智能研发过程中最为显著的问题。

首先，人工智能的研发是充分开放的，这会导致研发的分散性。与其他工业技术的开发需要庞大的资源和基础设施不同，任何一台与互联网相连的计算机都可以参与人工智能的研发。从硬件端来说，人工智能系统单个组件的开发可以由多个主体在不同时间、不同地点、无须事先协调的情况下进行，参与人工智能研发的人员相互之间可

---

〔28〕 参见赵万一：《机器人的法律主体地位辨析——兼谈对机器人进行法律规制的基本要求》，载《贵州民族大学学报（哲学社会科学版）》2018 年第 3 期；杨立新：《人工类人格：智能机器人的民法地位——兼论智能机器人致人损害的民事责任》，载《求是学刊》2018 年第 4 期；刘洪华：《论人工智能的法律地位》，载《政治与法律》2019 年第 1 期；刘宪权：《人工智能时代机器人行为道德伦理与刑法规制》，载《比较法研究》2018 年第 4 期。

〔29〕 参见朱体正：《人工智能时代的法律因应》，载《大连理工大学学报（社会科学版）》2018 年第 2 期。

〔30〕 参见顾凡及：《欧盟和美国两大脑研究计划之近况》，载《科学》2014 年第 5 期。

能没有任何法律关系。从软件端来说,开发人工智能所使用的程序可以来源于开放源码的软件库,每个库都是在其他库基础上独立构建和开发的,从事人工智能开发的程序员每天可以匿名地对这些库进行各种修改。在此基础上,从这些库中获取的组件可以被合并到由不参与组装底层软件库的开发者所开发的人工智能系统的程序中。无论是从硬件端还是从软件端来说,虽然单独开发组件并进行组装的模式在所有复杂系统的研发中都一定程度地适用,但现代计算机系统中软硬件组件之间的离散性水平和交互性规模已经超越其他技术,由此决定了研发过程的分散性会随着更强人工智能形态的出现进一步增加。

其次,人工智能的研发具有不透明性。与诸如汽车制造等产业工艺成熟、具有高度透明度不同,人工智能的研发并不透明。一方面,人工智能的研发涉及多种技术,所使用的算法或数据都是隐藏在交互界面后面,不会直观地展现出来。另一方面,人工智能的内部结构一般是高度保密的,不容易通过逆向工程〔31〕解构。以人工智能产品的算法歧视为例,人工智能产品出现算法歧视问题有其深层次原因,但从根本上来说是所使用的算法和底层数据不透明所致。人工智能的语料库来源于人类,其中难免含有歧视性话语,因而也就不可避免地使人类固有的歧视经由算法而表现于人工智能之中。〔32〕例如,某图像识别软件将黑人标记为"黑猩猩"〔33〕,微软的聊天机器人发表的言论带有种族歧视、性别歧视和纳粹同情色彩〔34〕。鉴于算法"中立"是一种完全理想的状态,要做到算法反歧视,就必须对底层数据进行筛选和淡化,这势必牵涉公开算法及底层数据。而一旦要求公开算法和底层数据,就可能会暴露人工智能产品的核心技术,就商业竞争而言,这显然是研发者所不愿意的。

人工智能研发过程中的分散和不透明会给法律规制带来诸多难题。人工智能研发的分散性意味着项目的参与者可能分布于多个国家,彼此之间没有任何法律关系。用于人工智能的某些组件先于人工智能项目的构思而存在,而组件的设计者可能无法预想到他们的设计将被纳入人工智能系统。即便能够预想到,组件叠加后的效果也是根本无法预估的。分散性带来的直接后果是人工智能产品致人损害后,由于可能牵涉多个相互之间没有任何法律关系的主体,确定责任归属或责任的分担(涉及技术溯源

---

〔31〕 逆向工程,又称"逆向技术",是一种产品设计技术再现过程,即对一项目标产品进行逆向分析及研究,从而演绎并得出该产品的处理流程、组织结构、功能特性及技术规格等设计要素,以制作出功能相近,但又不完全一样的产品。

〔32〕 参见姚万勤:《大数据时代人工智能的法律风险及其防范》,载《内蒙古社会科学(汉文版)》2019 年第 2 期。

〔33〕 Mark Wilson, *Google apologizes for Photos app's racist blunder*, BBC News (Jul. 1, 2015), https://www.bbc.com/news/technology-33347866.

〔34〕 Thomas Claburn, *Microsoft silences its new A. I. bot Tay, after Twitter users teach it racism*, Techcrunch (Mar. 24, 2016), https://techcrunch.com/2016/03/24/microsoft-silences-its-new-a-i-bot-tay-after-twitter-users-teach-it-racism.

以及因果关系的确定),以及受害者在受到人工智能产品损害后的救济都将变得复杂。如果参与研发者分散在不同法域,还意味着对人工智能研发的监管需要跨区域,这将大大增加监管的难度。人工智能研发的不透明性还会导致极大的安全风险。特别是当人工智能产品的设计存在缺陷时,受困于研发过程中的不透明,该缺陷不仅对使用者,对于下游生产〔35〕商和销售商甚至监管者而言都是难以检测的,这将极大地使旨在管理与人工智能相关风险的制度复杂化。

二、人工智能行为的可预见性问题

开发人工智能的最直接目的是模拟甚至超越人类智能,使人工智能产品能够像人类一样"思考"并服务于人类。高度拟真的人工智能产品,尤其是具备学习能力的人工智能产品,一旦具备"人性化思考""人性化行为"的能力,就会表现出极大的创造性。例如,在疾病诊断领域,病理学家认为,癌症预测主要依赖对肿瘤细胞而非肿瘤细胞周围的支持组织(基质)的成分的研究,但癌症病理学机器学习程序 C – Path 发现,基质实际上比肿瘤细胞更适合作为乳腺癌的预测指标。〔36〕 C – Path 的这一发现,不仅颠覆了主流医学理论,也是程序开发者所始料未及的。

现阶段人工智能产品形成"创造力"的机理,与人类的思维过程仍存在颇多差异。人工智能程序可以调动丰富的计算资源,在给定的时间内,人工智能程序可以比人类智能探索更多的可能性,从而允许人工智能系统分析人类可能没有考虑到的、更不可能尝试实现的潜在解决方案。计算机程序不像人类那样具有"思维定式",完全不受人类决策者所依赖的先入为主的观念、经验法则、认知偏差和传统智慧的限制。而人类大脑认知具有局限性,无法分析所接收到的全部甚至大部分信息。人类的创新之举,对于计算机而言不过是充分地调动了其计算资源,穷尽了所有的可能性。正是通过这种强大的计算能力,人工智能可以生成人类无法预料的解决方案,实现"创造性"。

人工智能能够实现"创造性",对于人类(包括该人工智能的研发者)而言其行为就具备一定的不可预见性。人工智能的学习能力使之可以不必按照开发者最初设定的指令来运行,其行为主要取决于其设计后所习得的经验。因此,人工智能运算过程和运算的结果(表现为决策或判断),即使是最细心的设计师和生产商也无法预测。随着由各种人工智能技术叠加的通用人工智能系统的发展,尤其是神经拟态计算、全

---

〔35〕 本书所指的"生产"是为了商业目的的商品化生产,为了研发需要制造少数人工智能设备用于测试或改进目的不构成本书意义上的"生产"。

〔36〕 See Andrew H. Beck. *Systematic Analysis of Breast Cancer Morphology Uncovers Stromal Features Associated with Survival*, 3 Transl. Med. 108(2011).

脑仿真等技术的应用,人工智能的创造力不会仅局限于通过大量计算穷尽一切人类智能无法企及的可能,而是可以与人脑思维过程相结合,如此一来人工智能行为的不可预测性将显著增加。一旦人类无法有效预见人工智能被投入使用后的行为,人工智能产品对外部环境的影响也就无法预估,这对于如何管理人工智能带来的风险无疑又是一个挑战。此外,由于人工智能产品可能执行连其设计者都无法预见的行为,如何设定事前的监管规则是一大难题。

三、人类对人工智能的管控问题

对于不具备学习能力的人工智能来说,其功能和目标由装载于其上的程序决定,程序一旦设定,该人工智能就会不遗余力地实现这个目标,其行为虽可能超出设计者所预想,但处于总体可控的状态。而对于能够自主学习并适应外部环境的人工智能而言,其行为的不可预测性较强。学习型人工智能可以通过大数据以及习得的经验自主改进其算法,模拟人类的学习活动,以获取新知识和新技能,并以独特甚至不可预见的方式与所处环境互动。一项复杂的人工智能系统可以自行改进其硬件和程序,以至于它所获得的认知能力远远超过其设计者。

人工智能行为的不可预测性大大提高了人类控制人工智能的难度,特别是当高级形态的人工智能出现时,理论上人类有可能完全失去对人工智能的控制。失去对人工智能的控制可分为两种情形:当对某一人工智能的操作和监督负有法律责任的人无法控制人工智能时,称为局部失控(lose local control);当某一人工智能不再能被任何人控制时,称为完全失控(lose general control)。[37] 技术的复杂性决定了人工智能的任何一个系统发生改变,都会带来全局性的影响。仅就目前而言,局部失控问题已不同程度地出现,如近年来各国爆出的人工智能机器杀人事件。[38] 完全失控问题也已初见端倪,如美国的算法交易系统能够自动执行诸如股票交易之类的指令,这些指令可以以纳秒为单位执行,从而在非常短的时间内产生巨大的经济影响,人类根本无法进行实时干预。[39] 随着机器学习能力的提升,特别是到了人工智能 2.0 时代,人类将不再仅仅追求给人工智能确定的框架,而是使之自行形成一些算法规则,超脱人类所设定的各种算法和程式。越来越多的人担忧,人工智能的"自主性"会越来越强,人工智

---

〔37〕 See Matthew U. Scherer, *Regulating Artificial Intelligence System: Risks, Challenges, Competences, and Strategies*, 29 Harvard Journal of Law & Technology Volum 353, 367 (2016).

〔38〕 参见天天:《人工智能惹的祸?德国大众发生机器人杀人案》,载欧洲时报网,http://www.oushinet.com/news/europe/germany/20150703/198315.html。

〔39〕 See Nils Pratley, *The Trillion - Dollar Questions over the Flash Crash and the Hound of Hounslow*, *Guardian*, The Guardian (Mar. 12, 2019), http://www.theguardian.com/business/2015/apr/25/flash-crash-hound-of-hounslow-trillion-dollar-question.

能的发展可能会突破人类的认识，超出人类控制范围。一旦出现强人工智能形式，不仅人类对人工智能的控制变得更难，而且可能会出现人工智能主动抵制人类控制的现象，这将给人类社会带来灾难性的风险，并最终损害人类的根本利益。[40] 值得庆幸的是，人工智能脱离人类控制的情况还未大范围出现，人工智能并非在所有场景的应用都会带来不可控的风险。由于不同类型、不同发展形态的人工智能产品会带来不同的风险，如何设置有效的风险管控手段，在不阻碍技术创新的情况下区别应对人工智能发展所带来的风险，是人工智能法律规制的根本性难题。

第三节　基于风险控制和问责的人工智能法律制度框架

无论是人工智能研发过程中的分散和不透明问题，还是人工智能行为的可预见性问题，抑或人类对人工智能的管控问题，都对人工智能的法律规制提出了不少的挑战。国内外有相当多的观点认为，应当将人工智能定位为法律主体（电子人[41]、拟制主体[42]），或至少要赋予其一定的权利[43]。从实践来看，日本、沙特一度传出赋予机器人"户籍"或"公民身份"的消息。[44] 但现阶段，人工智能不具有自然人的属性，也未发展出人类理性，只是按照预先设计的程序而非像自然人那样基于"理性"实施行为，故民法基于理性自然人的假定而设计的规则显然无法适用于人工智能。[45] 从技术角度讲，强人工智能乃至超人工智能能否实现还有极大的争议。[46] 主流科学界亦有人

---

〔40〕 参见杨立新：《民事责任在人工智能发展风险管控中的作用》，载《法学杂志》2019 年第 2 期。

〔41〕 参见郭少飞：《"电子人"法律主体论》，载《东方法学》2018 年第 3 期。

〔42〕 参见杨清望、张磊：《论人工智能的拟制法律人格》，载《湖南科技大学学报（社会科学版）》2018 年第 6 期；Colin R. Davies, *An Evolutionary Step in Intellectual Property Rights – Artificial Intelligence and Intellectual Property*, 27 Computer Law & Security Review 601, 601 – 606（2011）.

〔43〕 参见张长丹：《法律人格理论下人工智能对民事主体理论的影响研究》，载《科技与法律》2018 年第 2 期；张玉洁：《论人工智能时代的机器人权利及其风险规制》，载《东方法学》2017 年第 6 期；陈吉栋：《论机器人的法律人格——基于法释义学的讨论》，载《上海大学学报（社会科学版）》2018 年第 3 期。

〔44〕 See Jennifer Robertson, *Human Right vs Robot Rights: Forecasts from Japan*, 46 Critical Asian Studies 571（2014）；Lauren Sigfusson, *Saudi Arabia Grants Citizenship to Robot*, discovermagazine. com（Mar. 12,2019）, http://blogs. discovermagazine. com/d – brief/2017/10/27/robot – citizen – saudi – arabia/#. WqOD-jWa76T9, March. 12, 2019.

〔45〕 参见赵万一：《机器人的法律主体地位辨析——兼谈对机器人进行法律规制的基本要求》，载《贵州民族大学学报（哲学社会科学版）》2018 年第 3 期；杨立新：《人工类人格：智能机器人的民法地位——兼论智能机器人致人损害的民事责任》，载《求是学刊》2018 年第 4 期。

〔46〕 参见［美］尼克：《人工智能简史》，人民邮电出版社 2017 年版，第 21 页。

认为，全面超过人类的强人工智能不可能实现。[47] 况且，人工智能没有独立的财产，无法承担实际责任，赋予其法律人格并无意义。而确保人类对人工智能的始终控制，在根本上使人工智能处于人类法律的规制之下至关重要。[48] 因此，就现阶段以及可预见的未来而言，人工智能都是不具有生命的机器而已，不会转变为“人”的范畴，更不会成为与人类并列的主体形态，而在客体基础上构建人工智能的法律规则，将人工智能的发展及其风险纳入规制范围，是更加实际的路径。[49]

在明确人工智能作为客体的法律定位基础上，我们可以尝试为解决人工智能法律规制的困难提供一个框架。一般而言，人工智能法律规制的难点在于对人工智能风险的管控以及因人工智能产品致损所引发责任的分配，这决定了人工智能法律规制的核心是风险控制与问责。因此，未来人工智能相关立法应当主要围绕这两点展开。鉴于此，本书提出如下制度建议。

一、构建统一的监管体系

为更好地对人工智能产品研发、生产、销售和应用进行全过程监管，研判其中隐含的技术风险，规范人工智能技术的健康发展，各国已尝试或考虑设立专门机构，全面负责人工智能的监管。欧洲议会法律事务委员会的《机器人报告》，吁请欧盟委员会设立专门的欧洲机器人和人工智能监管部门，以便提供所需的技术、伦理和监管专业知识。[50] 该机构有权定义“人工智能”，许可在某些环境下进行人工智能研究，以及建立人工智能安全认证程序。日本于 2016 年成立了人工智能技术战略委员会，作为国家层面的综合管理机构，并组建召开了人工智能技术战略会议。[51]

就我国而言，鉴于现阶段人工智能技术仍处于低烈度的快速发展阶段，人工智能产品尚未暴露出影响公共安全的潜在风险，人工智能的研发、生产和销售可以由工信部门、市场监管部门等进行管控，目前似无建立专门监管部门的必要。不过，在人工智

---

〔47〕 参见王飞跃：《新 IT 与新轴心时代：未来的起源和目标》，载《探索与争鸣》2017 年第 10 期；陈钟：《从人工智能本质看未来的发展》，载《探索与争鸣》2017 年第 10 期。

〔48〕 参见刘洪华：《论人工智能的法律地位》，载《政治与法律》2019 年第 1 期。

〔49〕 参见赵万一：《机器人的法律主体地位辨析——兼谈对机器人进行法律规制的基本要求》，载《贵州民族大学学报（哲学社会科学版）》2018 年第 3 期；杨立新：《人工类人格：智能机器人的民法地位——兼论智能机器人致人损害的民事责任》，载《求是学刊》2018 年第 4 期；刘洪华：《论人工智能的法律地位》，载《政治与法律》2019 年第 1 期；刘宪权：《人工智能时代机器人行为道德伦理与刑法规制》，载《比较法研究》2018 年第 4 期。

〔50〕 *Report with Recommendations to the Commission on Civil Law Rules on Robotics* [2015/2103(INL)], European Parliament (Jan. 27, 2007), http://www.europarl.europa.eu/doceo/document/A-8-2017-0005_EN.pdf.

〔51〕 参见崔成：《透视日本人工智能战略　首次披露开发时间表》，载搜狐网，https://www.sohu.com/a/152921405_403191。

能技术发展的同时,明确监管职责,构建统一的监管体系,针对每个阶段人工智能管控的重点,采取渐进式监管仍十分必要。现阶段,可考虑由相关行政机关共同建立人工智能监管协调机构或联席组织,根据包容、审慎的监管原则,建立全流程监管体系,确保人工智能技术从研发到应用整个过程的风险控制在监管协调机构的主导下。监管部门的主要职责包括:(1)与国际接轨,确定人工智能的相关行业标准,如准入标准、制造标准、操作标准、技术安全标准等。(2)根据人工智能的应用场景,划分人工智能产品的类型,根据相应的风险等级实施分类监管。(3)建立研发备案制度,未进行备案的研发行为,应当予以制止,情节严重或可能引发重大风险的,应给予相应处罚。(4)建立人工智能的风险评估和安全认证制度,对于符合安全标准,不会带来巨大社会风险的人工智能产品,发放生产许可。[52] (5)强制人工智能产品的信息披露,贯彻透明度和算法责任。鉴于人工智能行业标准是纯技术性问题,本书不作讨论,以下就其他几个方面展开探讨。

二、实施分类监管

人工智能产品有不同的类别,可以应用于不同的场景,不同场景下人工智能所造成的风险亦有所不同。例如,一个智能翻译软件所能直接引发的风险是翻译错误,可能造成一些经济或时间上的损失,但基本不会对用户造成人身损害。而一个智能制造机器人,则有可能直接危及人的生命。这提示我们,为提升监管效率和监管的针对性,应当根据人工智能应用场景的不同,划分相应的风险等级,对于不同类型的机器人,采取不同的监管措施。

工信部《关于印发〈促进新一代人工智能产业发展三年行动计划(2018－2020年)〉的通知》(工信部科〔2017〕315号)将人工智能产品的大类分为智能控制产品、智能理解产品和智能硬件产品。按照通知的列举,智能网联汽车、智能服务机器人、智能无人机等可归入智能控制产品范畴,视频图像身份识别系统、智能语音交互系统、智能翻译系统等可归入智能理解产品范畴,智能家居产品等可归入智能硬件产品范畴。[53] 针对不同类型的人工智能产品,可以划分不同风险级别。按照对人身、财产安全构成威胁程度的不同,可以将人工智能产品划分为高、中、低三种风险级别。通常,智能理解产品属于低风险等级,智能硬件产品和智能控制产品属于中、高风险等级。在分类基础上,除在研发过程中都必须遵循的透明度和算法责任原则(下文详述)外,不同风

〔52〕 参见袁曾:《人工智能有限法律人格审视》,载《东方法学》2017年第5期。

〔53〕 参见《工业和信息化部关于印发〈促进新一代人工智能产业发展三年行动计划(2018－2020年)〉的通知》,载工业和信息化部网2017年12月14日,http://www.miit.gov.cn/n1146285/n1146352/n3054355/n3057497/n3057498/c5960779/content.html。

险等级的人工智能产品，还应采用如图 8－1 所示差异化的风险管控手段，减少人工智能社会化应用的潜在风险。

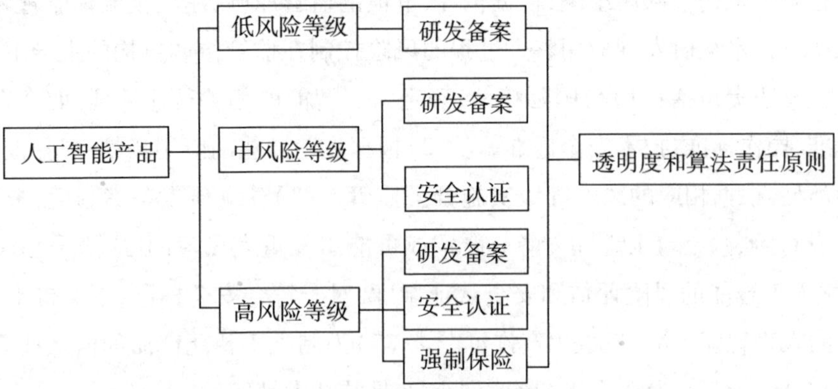

图 8－1　人工智能产品差异化风险管控手段

对于低风险的人工智能产品，无须经过专门的安全认证流程，只需遵循通常的研发标准、安全标准等，履行相应的研发备案手续（安全认证流程和研发备案手续，下文详述）。对于中等风险的人工智能产品，除要遵循低风险人工智能产品研发需要遵守的规则外，还必须经过安全测试流程，取得安全认证后，才能投放到市场。对于高风险人工智能产品，除中等风险人工智能产品研发和生产需要遵守的规则外，还需要在研发阶段进行算法过滤（尤其是敏感和歧视性词汇），避免因算法用语导致潜在风险。对于一些应用广泛、可能造成重大危害的人工智能产品，为避免人工智能产品的研发者、生产者和销售者无力承担责任的情况出现，充分保护用户和社会公众的人身、财产权益，最大限度地降低人工智能产品所引发的社会风险，从风险共担的角度出发，应当要求人工智能产品的研发者、生产者和销售者为其人工智能产品购买强制保险，人工智能强制责任保险应覆盖人工智能研发、生产、销售到使用各环节的所有潜在责任。当人工智能产品致损且研发者、生产者、销售者或其他责任人无力赔偿时，受害者可以从强制保险中获得相应的赔偿。此外，还可考虑在人工智能监管部门的主导下，构建人工智能赔偿责任基金。通过人工智能损害风险分摊机制，在人工智能责任相关方无力赔偿且强制保险赔偿金无法覆盖受害人的全部损失时，动用人工智能赔偿责任基金，按规定对受害人予以赔偿。强制保险赔偿金、赔偿责任基金和强制保险亦可并存，其中，赔偿责任基金承担人工智能利益相关者无力赔偿且强制保险不足以覆盖的部分，以更好地维护受害人的利益。当然，人工智能赔偿责任基金也可以在紧急情况下承担先行赔付责任，人工智能赔偿责任基金代为垫付相应费用后，可以向有责任的主体追偿。

三、建立研发备案制度

鉴于研发阶段最容易识别、控制人工智能产品可能引发的风险，因而有必要要求人工智能产品的研发者向监管部门履行研发备案。具体而言，人工智能产品的研发者应当在正式启动研发项目前，向所在地市级（或以上）监管部门进行备案。提交备案的内容包括：拟研发项目的基本情况、应用场景、项目研发计划、风险等级预估及相应风险管理手段等。监管部门应设置专家组，对提交备案的人工智能研发项目进行评判，确定风险等级并给予风险管理方面的安全指导。在确定项目的风险等级后，监管部门应当根据相应的等级在人工智能产品研发、生产、销售到应用等后续环节进行差异化监管。

需要指明的是，研发备案并非行政许可。人工智能产品的研发者只要依据法律、法规规定提交相应的备案材料，监管部门都应当予以风险等级评判。研发者在取得相应的风险等级确认后，即可开展正式的研发工作。当然，对于监管部门确定的风险等级有异议的，特别是研发者认为拟开发的项目被认定的风险等级高于实际风险等级的，可以向上级监管部门提出异议。而对于监管部门认定的项目风险等级在实际研发过程中转化为更高风险等级的，监管部门有权力进行重新认定并采取相应的监管措施。未经研发备案的项目，一经发现，监管部门应当及时予以制止，对于情节严重或可能引发重大风险的，可以进行相应处罚。处罚的种类和幅度，应当由未来有关人工智能的相关立法具体设定。

四、建立安全认证制度

为了确保人工智能产品的安全可控，监管部门应当建立安全认证体系，中等风险以上的人工智能产品的生产，必须接受安全测试。测试的目的是在现实场景中评估人工智能可能带来的风险（如自动驾驶汽车，要在城市道路上进行测试）。测试应由监管部门委托给相关科研机构、行业组织、人工智能专家组成的专家组负责实施，也可以邀请潜在的用户和利益相关者参与。〔54〕 测试的主要内容包括：(1)产品功能与设计目标是否具有一致性；(2)人工智能的决策步骤可以重构和跟踪（有助于计算和解释人工智能的行为）；(3)人工智能行为的可预测性；(4)确保人工智能在与人类互动时可以被识别为人工智能；(5)人工智能产品是否可能造成用户或不特定人的人身、财产损害；(6)是否具有确保人类控制的机制等。

在测试过程中，申请人工智能产品认证的主体必须披露与产品有关的所有技术信

---

〔54〕 See Ryan Calo, *Artificial Intelligence Policy: A Primer and Roadmap*, 51 U. C. Davis Law Review 399(2017).

息，包括：(1)完整的源代码；(2)对人工智能测试的硬件/软件环境的描述；(3)人工智能在测试环境中的运行方式；(4)与人工智能安全性相关的任何其他信息。[55]

经过测试，符合安全标准的人工智能产品可以获得监管部门的安全认证，并可向市场投放。经监管部门安全认证的人工智能产品的研发者和生产者将受到一般侵权责任法律规则的保护，原告必须证明人工智能产品的研发者和生产者具有过错，才能就其所遭受的损害要求赔偿；而未经安全认证的研发者和生产者将对其产品造成的损害承担严格的连带责任(原告无须证明研发者和生产者的过错，即可主张研发者和生产者承担连带赔偿责任)。[56] 对于未经安全认证即将人工智能产品投放市场的研发者、生产者和销售者，监管部门应当予以相应的处罚，处罚的种类和幅度同样由未来人工智能相关立法设定。总之，建立人工智能安全认证体系的根本目的，在于通过责任制度激励人工智能研发者和生产者生产符合安全标准的人工智能产品。未经安全认证的研发者和生产者，一方面将受到监管部门的处罚，另一方面更要就其产品造成的损害承担巨额赔偿责任。潜在的法律风险将迫使研发者和生产者认真检审其产品的安全性，内化法律风险成本。

考虑到安全认证只是基于当时技术水平和专家组的主观认识，并非绝对的安全。为促进人工智能安全认证体系整体水平的提高，一旦通过认证的人工智能产品导致了安全事故，监管部门应当进行深入调查，并发布安全事故调查报告。为实现人工智能产品的可溯源，生产出来的中等风险以上的人工智能产品必须进行登记，以便追溯和问责，登记的内容包括该产品的研发者、生产者、生产日期、识别号(ID)、使用范围等。

五、强化算法透明度及责任

人工智能研发过程中的不透明性极易导致安全问题，并给人类控制人工智能产品带来困难。算法和数据是人工智能的核心之一，透明度和算法责任原则强调披露人工智能的算法和所使用的数据，公众有权知晓与人工智能有关的各种信息，算法的设计者需要对使用算法作出的决策承担责任。需要指出的是，算法透明度并不应当是要求公开源代码(这会导致商业秘密的泄露，阻碍技术创新)，而是公开人工智能产品的技术特征和主要技术内容。

透明度和算法责任原则一直为人工智能相关行业协会所重视。国际计算机协会(Association for Computing Machinery)于2017年提出了七项透明度和算法责任原则，

---

〔55〕 See Matthew U. Scherer, *Regulating Artificial Intelligence System: Risks, Challenges, Competences, and Strategies*, 29 Harvard Journal of Law & Technology Volume 353(2016).

〔56〕 See Matthew U. Scherer, *Regulating Artificial Intelligence System: Risks, Challenges, Competences, and Strategies*, 29 Harvard Journal of Law & Technology Volume 353(2016).

这是目前最为全面的行业标准，包括：(1)知情(awareness)，算法设计者和其他利益相关者应了解算法的设计、实施和使用中可能存在的偏差，以及偏差可能对个人和社会造成的潜在危害；(2)访问和纠正(access and redress)，监管者应鼓励采用一些机制，以便受到算法知情决策不利影响的个人和团体提出质疑和纠正；(3)问责(accountability)，即便无法详细解释算法是如何产生结果的，机构也应该对他们使用算法作出的决策负责；(4)解释(explanation)，鼓励使用算法决策的系统和机构解释算法所遵循的程序和作出的具体决策；(5)数据溯源(data provenance)，对训练数据〔57〕收集方式的描述应由算法的构建者进行维护，同时探索由人工或算法数据收集过程引起的潜在偏差；(6)可审核性(auditability)，应记录模型、算法、数据和决策，以便在怀疑有危害的情况下进行审核；(7)验证和测试(validation and testing)，机构应使用严格的方法来验证其模型，并记录这些方法和结果。特别是，他们应该定期进行测试，以评估和确定模型是否产生歧视性伤害。〔58〕

我国在构建人工智能透明度和算法责任原则时可以借鉴以上七项原则。此外，还需针对人工智能的功能和技术特点进行相应完善。一是在透明度方面，有必要附加差异化的隐私保护策略，如用户匿名化、禁止搜集用户与使用产品无关的个人信息、未成年用户隐私的特别保护等；要求具备产品使用标记和反馈循环功能，高风险等级人工智能产品应配备“黑匣子”，用以记录机器执行每个事务的数据，以便于在产品发生事故时调查事故原因。二是在算法责任方面，在开发完成后，研发者需要验证人工智能系统是否按照设计的意图运行，能否有效防范风险；对算法和用于改进算法的训练数据进行全面的检查，评估系统可能带来的影响。〔59〕

六、明确人工智能产品致损的责任承担

在确定人工智能法律客体属性的基础上，人工智能产品所引发的法律责任毫无疑问应当由“人”来承担而非由人工智能自行承担。若人工智能产品是一般的物，则按照一般物件致人损害的规则分配责任即可。然而，人工智能产品是具有一定“自主性”的，对于具备学习能力的人工智能产品而言，其行为还具有一定程度的不可预测性。在这种情况下，由人工智能产品致损所引起的法律责任如何承担是一个亟待明晰

〔57〕 指数据挖掘过程中用于训练数据挖掘模型的数据。训练数据选择一般有以下要求：数据样本尽可能大、数据多样化，数据样本质量较高。

〔58〕 See *Statement on Algorithmic Transparency and Accountability*, ACM Digital Library (Mar. 12, 2019), https://www.acm.org/public-policy/algorithmic-panel.

〔59〕 See Sonia K. Katyal. *Private Accountability in the Age of Artificial Intelligence*, 66 UCLA Law Review 54 (2019).

的问题。例如,无人驾驶汽车造成事故时,该由汽车的生产商还是算法的设计师抑或是坐在车上的人员来承担责任?又如,医生将医疗诊断的任务委托给智能设备,是否需要对误诊导致的医疗事故承担责任?再如,依据智能投顾(机器人顾问)所给出的建议进行投资所造成的损失,应由投资人自行承担还是可以向智能投顾研发者进行追责?

要解答以上问题,必须区分人工智能造成损害的类型。如果遵循传统侵权法思路,人工智能产品致损包括两种情形:一是人工智能产品缺陷造成的损害(产品责任);二是人工智能产品使用所造成的损害(监督责任)。在责任归属的具体路径上,一般存在产品责任说和参照动物管领人两种方式。根据现行法律框架,如果人工智能产品存在设计、制造等方面的缺陷,则可以产品责任这一特殊的侵权制度确定相应的责任,也即由设计者、生产者、销售者承担责任,先行承担责任的主体可以依据《民法典》侵权责任编向有过错者追偿。如果人工智能的事故是由对人工智能产品负有管领、控制职责的人造成的,则该人需要在未尽善良管理人义务的范围内承担责任。[60]

人工智能产品致损的一种特殊情形是,损害由按照其预设的程序(包括自主习得的经验)精准地运行所造成,即在发生事故时,对人工智能产品负有监督职责的人没有过错,人工智能产品的研发、生产以及运输等中间环节也未产生任何缺陷,损害完全是因为人工智能按照程序运行所致。此种情形下,很难根据产品责任或监督责任规则确定责任承担主体。此时确定责任归属,可以考虑借助风险管理方法,即考察在该种情况下,究竟哪个主体能够将风险降至最低并处理负面影响。如果有能力将风险降至最低并处理负面影响的人,未尽到相应的风险管理义务,其就应当承担损害赔偿责任,这既可能是人工智能产品的所有者或使用者,也可能是该产品的设计者或生产者。[61]

综上可见,人工智能时代的到来已不可避免,法律规制不能缺位。基于现阶段和未来可预见时间内人工智能的发展形态,面对人工智能法律规制的困难,本节立足于人工智能的客体定位,提出了人工智能法律规制的框架。考虑到人工智能技术处于不断发展和迭代过程中,根据人工智能的技术演变速度和所达到的程度,适时调整监管手段和方式,实现人工智能监管的动态化,使人工智能始终处于可控、安全的发展范围之内,是未来人工智能立法所需要密切关注的。毕竟面对众多的主体、错综复杂的关系、技术上的叠加和人工智能类型的多样化,无论是从监管还是从法律责任归属角度,均需针对人工智能的特点和发展水平进行相应的规则设计。行业发展趋势已经表明,与20世纪大多数技术一样,人工智能的发展将主要由商业和研究机构而非个体推动。

---

〔60〕 参见刘小璇、张虎:《论人工智能的侵权责任》,载《南京社会科学》2018年第9期。

〔61〕 参见[美]约翰·弗兰克·韦弗:《人工智能机器人的法律责任》,郑志峰译,载《财经法学》2019年第1期。

因此,人工智能研发的监管重心应当落在大型的公司、研究机构之上。只有始终确保人工智能技术的发展处于总体可控的状态,人类才能真正享受人工智能带来的便利,而不会惶惶不可终日,让电影中的场景在现实中出现。

第四节　人工智能算法"公共性"应用的法律规制

人工智能的核心在于算法[62]和数据,人工智能法律规制的重点之一就在于对算法的规制。"大数据杀熟"[63]、"信息茧房"[64]、"算法偏见"[65]等提示我们已经生活在被算法包围的世界里,未来社会将进入一个由算法主导的时代。[66] 除了对人工智能法律规制的一般性讨论外,我们还须特别关注作为人工智能核心之一的算法的法律规制。与人工智能的个性化应用和公共性应用相对照,人工智能算法也呈现出个性化或公共性的特征。个性化的算法仅针对特定用户,影响面小,且在人工智能的应用中并不占据主流,值得法律特别规制的是公共性算法的应用。"公共性"算法改变着我们的消费观念、交往方式、工作场景等各方面,一旦此类算法被滥用以至于出现"算法霸权",不仅会影响正常的社会秩序,也可能支配乃至重构社会关系。因此,我们在鼓励发展人工智能技术造福人类的同时,更要警惕人工智能算法的"公共性"应用给人类社会带来的风险与挑战,从法律规制角度做好充分的应对。

一、人工智能算法的"公共性"应用及其表现形式

"算法是一种有限、确定、有效的并适合用计算机程序来实现的解决问题的方法。"[67]算法本质上是解决特定问题的策略机制。作为一种技术,算法本身没有权力属性,但是算法一旦应用于公共领域,就会带有权力色彩。因此,也有人认为,"代码

---

〔62〕 广义上的算法不仅包括源代码,也包括经由算法生成的最终结果所依赖的数据。如无特别说明,本书所称的算法,包括经算法处理的数据。

〔63〕 即根据客户的消费习惯、消费理念和过往消费记录等,基于海量数据通过一定算法以最大限度地挖掘商业价值,对于同样的商品和服务,对老客户、忠诚客户进行价格歧视(一般表现为提高售价),损害消费者权益的行为。

〔64〕 指人们的信息领域会习惯性地被自己的兴趣所引导,从而将自己的生活桎梏于像蚕茧一般的"茧房"中的现象。"今日头条"等资讯类应用软件,会根据使用者的偏好、浏览习惯、所在区域、年龄、性别等精准推送内容,虽然在很大程度上可以帮助我们快速获取需要的信息,但也导致人们获取知识的渠道被限缩在算法控制的范围。

〔65〕 又称"算法歧视",详见后文相关论述。

〔66〕 参见[以色列]尤瓦尔·赫拉利:《未来简史》,林俊宏译,中信出版社 2017 年版,第 296 页。

〔67〕 [美]塞奇威克、韦恩:《算法》(第 4 版),谢路云译,人民邮电出版社 2012 年版,第 1 页。

即法律”(Code is Law)[68]。所谓算法的“公共性”就是算法与公共利益相关,具有影响社会运行的规则属性。[69] 算法的“公共性”应用有如下两种表现形式。

1. 算法与公权力的结合。进入21世纪以来,我国一直倡导电子政务、网上办事,行政审批事项上网率在一些地区已经成为考核指标。尤其是近十年来,随着技术条件的日渐成熟,政府运用人工智能技术开展信用信息评价、构建人员信息识别系统、辅助行政执法等日臻成熟,使得作为人工智能核心之一的算法在社会治理和政务服务中发挥着越发重要的作用。当前,在公共服务领域,算法已经渗透到公权力行使的各个领域。一些公权力的行使常依赖算法的事实认定功能(如人脸识别、交通监控),算法在其中起到重要的辅助作用。而在有些应用场景下,算法已经摆脱工具化属性,完全取代公权力,扮演着资源调配和决策作出等关键性角色。例如,一些地区在保障性安居住房的分配、积分落户的评定和排序、义务教育阶段入学资格的排位等方面,几乎完全依赖人工智能算法生成结果,人类的工作只是对算法给出的结果进行审查或者是简单的信息传导。党的十九大报告提出“全面增强执政本领”,其中重要本领之一就是“善于结合实际创造性推动工作,善于运用互联网技术和信息化手段开展工作”。2018年10月31日,习近平总书记在主持中共中央政治局集体学习时曾明确指出,要加强人工智能同社会治理的结合,开发适用于政府服务和决策的人工智能系统,运用人工智能提高公共服务和社会治理水平。可以预见,今后在公共服务领域和社会治理方面,人工智能系统将会得到更加普遍、更为广泛、更深程度的应用,算法与公权力的结合会更加紧密,算法的“公共性”会得到更为全面、充分的体现。

2. 算法与商业平台的结合。算法在公权力领域的应用所展现出的“公共性”是显而易见的,除了与公权力的结合外,算法与商业平台的结合也影响社会生活的各个层面,展现出明显的“公共性”。一些商业平台(如百度、阿里巴巴、腾讯、今日头条、美团、滴滴)控制着我们对资讯的获取,掌握着我们的个人信息和信用状况,改变着我们的消费方式和消费习惯,我们在智能终端平台所留下的任何痕迹都被这些平台所记录、保存并通过各种方式使用。更值得注意的是,这些商业平台已不仅是商业上的存在,而是逐渐演化成各领域庞大的社会资源掌控者。滴滴官网显示,截至2019年,滴滴已为超过4.5亿用户提供出租车、专车、快车、顺风车、豪华车、公交、小巴、租车等全面的出行服务。仅2016年6月到2017年6月一年间,在滴滴平台获得过收入的司机或车主总数就达2108万人,滴滴平台每天直接给264万名司机提供收入。[70] 掌握了

---

〔68〕 Lawrence Lessig, *Code and Other Laws of Cyberspace*, Basic books, 1999, p.1.

〔69〕 参见贾开:《人工智能与算法治理研究》,载《中国行政管理》2019年第1期。

〔70〕 《滴滴政策研究院:新经济,新就业－2017年滴滴出行平台就业研究报告》,载搜狐网2017年10月24日,https://www.sohu.com/a/199915625_483389。

庞大公共与私人交通出行资源的滴滴平台，虽然并没有获得公权力的任何授权，但却在事实上通过算法支配着巨大的公共交通资源。而有些商业平台对于公共事务的介入则更加深刻。例如，在美国，有人利用脸书的用户数据和网络信息，在网站上精准地推送政治广告，影响美国总统选举。[71] 由此可见，算法与商业平台的结合，使得算法不再是一种工具，更是一种权力。以往制度化的权力只存在于公权力体系中，但在信息时代，算法借助算力和架构演变成控制社会资源的非制度化权威。[72] 算法已然从网络空间的治理转移到了现实社会的治理，其"公共性"的彰显正是通过对海量社会资源的控制实现的。

二、人工智能算法"公共性"应用的潜在风险

算法在公共领域和商业平台中发挥着举足轻重的作用，具有"公共性"的算法如果不能得到规范的应用，就会产生各种风险，这些风险实质上就是公共风险。[73] 算法的"公共性"应用至少会产生三种风险。

（一）因算法不透明所产生的风险

与有形物品不同，算法不可以被拆解以观察其内部结构。专业人员在对算法进行理解和测试时，只能通过算法的输入和输出来推测其可能的架构，因而算法常被视为"黑箱"。算法"黑箱"所带来的直接后果是算法不透明。算法就是在不透明的环境中进行数据处理，并根据不同情况作出不同的决策。以往人们常将算法不透明归咎于算法服务商对商业秘密或知识产权的保护。事实上，计算机源代码很难被转为自然语言，即便公开算法，普通社会公众也很难理解算法的内涵。在人工智能2.0时代，算法已不再局限于程序员事先编写的代码和架构，深度学习功能使算法可以生成高级的认知结果。算法的学习能力使之可以不必按照开发者最初设定的指令来运行，算法行为主要取决于其设计后所习得的经验。对于具备深度学习能力的算法，即使是算法的设计者可能也无法解释清楚算法的运行过程。因此，算法的运算过程和运算结果（表现为决策或判断）就难以预知，这会大大增加算法的不透明性。

对于人工智能在公共服务领域的应用，算法的不透明会在不同程度上削减社会公众的知情权，也必然影响着社会公众各方面权利的行使。例如，国内不少城市都有方便本地居民享受公共服务的智能服务平台，但因为理解的问题，一些人并不能很好地

---

〔71〕《扎克伯格：之前说Facebook不影响大选　现在我后悔了》，载新浪网2017年9月28日，https://tech.sina.com.cn/i/2017-09-28/doc-ifymkwwk6528462.shtml。

〔72〕参见张凌寒：《算法权力的兴起、异化及法律规制》，载《法商研究》2019年第4期。

〔73〕参见段泽孝：《人工智能时代互联网诱导行为的算法规制》，载《江西社会科学》2019年第2期。

利用这些平台,导致其不能充分地享受公共服务。又如,铁路售票系统有“候补购票”[74]功能,在购票高峰期,熟悉该功能的人比其他人更有可能购买到所需的车票。因此,算法的不透明成为横亘在社会公众之间的鸿沟,尤其是在具备不同学识、财富、资源的自然人之间造成新的不平等。此外,算法的不透明性意味着只有少部分掌握算法核心技术的人才知道算法的运行机理,如果有人通过算法干预甚至主宰社会的运转,以至于影响到公平正义价值之实现,就会出现所谓的“算法独裁”。特别是当将算法应用于公共决策领域之时,算法的不透明可能会放大决策错误的风险,并使消解算法给社会带来的负面影响变得更加困难,以至于出现算法的技术化统治。以《淘宝平台服务协议》(2019 年 8 月 19 日版)为例,该协议第 6.1 条“违约认定”第 2 款约定:“淘宝可依据您的用户数据与海量用户数据的关系来认定您是否构成违约;您有义务对您的数据异常现象进行充分举证和合理解释,否则将被认定为违约。”该协议第 6.2 条“违约措施处理”第 3 款约定:“淘宝会依照您行为的风险程度指示支付宝公司对您的支付宝账户采取取消收款、资金止付等强制措施。”该条第 4 款约定:“淘宝可将对您上述违约行为处理措施信息以及其他经国家行政或司法机关生效法律文书确认的违法信息在淘宝平台上予以公示。”[75]从上述条款可以看出,淘宝对于用户行为是否构成违约的判定是依据特定的用户数据与海量用户数据的关系,而如果用户要对淘宝判定的违约行为进行质疑,则必须承担充分举证和合理解释的义务,但是考虑到大多数用户并不知晓淘宝算法的内容,更无法理解该算法,指望用户对数据异常进行举证并作出解释在有些情况下可能并不实际。特别是在用户的账户被盗用的情况下,用户举证证明自己不存在违约会变得更难。一旦用户被认定为违约,后果是极其严重的,不仅用户的支付宝账户可能会被采取取消收款、资金止付等强制措施,淘宝还会在平台上公示用户的违约行为处理措施。鉴于淘宝平台以及蚂蚁金服(淘宝网所属阿里巴巴旗下平台)在公民信用信息方面的巨大影响力,用户被淘宝算法判定为违约的后果有可能是灾难性的。

(二)因算法“偏见”所产生的风险

在算法出现的早期,人们多认为算法是客观的,故而把算法“中立”奉为圭臬。实际上,算法的“客观”只是经由机器语言所展示出来的表象。在算法的开发过程中,人类是按照固有的知识体系进行编写的,人类所掌握的知识并不完全都是客观的自然法

---

〔74〕 所谓候补购票,是指旅客通过 12306 网站或手机客户端购买火车票时,如遇所需车次、席别无票时,可按日期、车次、席别提交购票需求,并在预付票款后,售票系统自动安排网上排队候补。

〔75〕 参见《淘宝平台服务协议》。

则，还有大量的实践经验乃至隐性知识[76]，因而人类的知识体系本身就具有不同程度的主观性。此外，算法的编写者由于所受教育、所处阶层、成长经历乃至开发环境等因素的影响，一些主观性认识会不可避免地被编码到算法中。[77] 在算法实现路径多样化的情况下，编写者还会进行一定方法乃至价值上的取舍，尤其是倾向于作出更有利于自身利益的选择，这又难免会带有感性的因素。[78] 因此，纯粹意义上的算法"中立"是很难实现的，算法总是带有一定程度的"偏见"。即便在人工智能能够自主学习并更新其算法的情况下，仍不能从根本上完全摆脱人类初始算法的"烙印"，即使今后有超人工智能出现，恐怕也难以实现纯粹意义上的算法"中立"。对于具备自主学习功能的算法而言，算法"偏见"只会逐渐代码化并形成正反馈循环，从而使"偏见"固化和加强。[79]

除技术性因素外，人工智能算法在不同场景和不同地域应用时，也可能会出现"偏见"。例如，针对白人面部特征的人脸识别系统，会有很大的概率将有色人种识别为嫌犯。[80] 在 2016 年 State v. Loomis 案[81]中，法院使用了一款辅助量刑软件(COMPAS)，该软件汇总了过往刑事案件的数据，通过对案件所涉及的十几个参数的分析，评判被告人在未来一定时间内重新犯罪的可能性。法院根据评估出的被告人的"人身危险性"，对被告人处以了相应的刑罚。不过，由于该软件只提供评估结果而没有评估过程记录，当事人质疑法院对其量刑没有遵循正常程序，并侵害到了其要求个性化判决(individualized sentence)的权利。但法官认为该软件的评估方法不向法院和当事人披露并不会妨害当事人的正当程序权利，不披露具体的算法也是出于保护COMPAS"专有性"的需要。COMPAS 只是提供类型化的罪犯群体累犯风险的汇总数据，法院并非完全依赖该评估报告作出判决，因此建立在 COMPAS 评估报告基础上，且基于法官自身判断所作出的判决仍属于个性化的判决。State v. Loomis 案的判决在美国一度引发了人们对辅助量刑软件使用合法性的争议，尤其是对黑人的量刑歧视。[82]

---

[76] 根据知识能否清晰地表述和有效的转移，可以把知识分为显性知识(explicit knowledge)和隐性知识(tacit knowledge)，"隐性知识"即无法被清晰地表述和有效转移的知识。参见[英]迈克尔·波兰尼：《个人知识：迈向后批判哲学》，许泽民译，贵州人民出版社 2000 年版，第 445 - 447 页。

[77] 参见曹建峰：《怎样应对人工智能带来的伦理问题》，载《学习时报》2018 年 6 月 14 日，第 7 版。

[78] 参见陈鹏：《大数据与智能时代的信息乱象及其治理》，载《学习时报》2018 年 9 月 5 日，第 6 版。

[79] 参见李醒民：《人工智能技性科学与伦理》，载《社会科学论坛》2019 年第 4 期。

[80] 参见当当：《误将立法委员当嫌犯　华裔议员呼吁禁用人脸识别》，载新浪网 2019 年 8 月 15 日，http://edu.sina.com.cn/a/2019 - 08 - 15/doc - ihytcern1016023.shtml。

[81] See 881 N. W. 2d 749(Wis. 2016).

[82] See Sonja B. Starr, *Evidence - Based Sentencing and the Scientific Rationalization of Discrimination*, 66 Stan. L. Rev. 803(2014); Cecelia Klingele, *The Promises and Perils of Evidence - Based Corrections*, 9I Notre Dame L. Rev. 537(2015).

人工智能技术在信用评估、司法裁判、社会管理等方面有着广泛应用,因此算法“偏见”会带来一系列社会问题。一方面,算法“偏见”会导致决策的不公,损害法律主体的平等权,而这种损害是由算法这种看似客观公正的手段所致,往往具有更大的隐蔽性。另一方面,算法的技术性“偏见”本无可厚非,随着算法技术的进步,纯技术上的“偏见”会逐渐减少甚至可以在特定领域完全消除,因技术“偏见”所导致的社会风险总体处于可控范围内。但故意设置的算法“偏见”,特别是带有主观恶意、非法目的或商业目的的“偏见”是无法根除的。这种“偏见”打着算法“中立”的旗号,损害的不仅是个体的正当权益,也会最终损害社会公共利益,故其社会危害性更大。

(三)因算法“权力异化”所产生的风险

公权力领域的算法应用,在缺乏有效规制的情况下,会产生“权力异化”的风险,原因有二:一方面,限制公权力的正当程序制度对算法失效,特别在行政执法领域,听取行政相对人的陈述和申辩是当事人的正当权利,算法只是根据既定的逻辑按照已有的法规、事实作出行政执法决定,当事人的陈述、申辩难以转化为算法语言并对人工智能系统作出的决定产生影响。即便陈述、申辩可以被纳入算法中,但由于行政相对人知识、语言表达等方面的欠缺,其陈述、申辩会被选择性采纳甚至忽略。另一方面,算法毕竟是由人类编写的,出现漏洞在所难免。由于算法通常不会对行政相对人公开(事实上也没有公开的必要,因为绝大多数行政相对人无法理解算法),在漏洞被发现乃至填补前,算法的权威性无论是对于行政主体本身还是对于行政相对人而言,都不会被轻易否定。尽管单一智能行政执法系统出现漏洞的概率很低,但基于墨菲定律〔83〕,在样本容量足够大的情况下,人工智能在行政执法领域的应用必然会导致不合理甚至违法事件的发生。一旦算法出现错误,普通的社会公众根本无法察觉,也就不可能有机会纠正公权力行使的错误并维护自身合法权益。因此,传统用于限制公权力行使的法律原则和法律规则在面对算法权力时存在无法适用的困境。由于算法处理数据的高效性,在批量决策的环境下,“算法权力”异化的风险会呈指数级放大。此外,算法与公权力“合谋”会形成权力滥用,而通过算法进行腐败和寻租具有极强的隐蔽性,相较于传统的权力腐败更需警惕。例如,为促成本地企业中标政府采购项目,政府采购平台所开发出的评估企业信用信息状况的智能系统,故意对外地企业设置更多的指标项,导致对外地企业负面评价增多,降低外地企业中标率。这种行为违背了政府采购公平竞争的原则,也会扰乱正常的市场秩序,属典型的算法权力滥用。

算法在商业平台的应用,同样因具有“公共性”而展现出“准公权力”的属性。但一些商业平台倚仗用户的信任和依赖,为了获取不正当利益,通过算法作出损害当事

〔83〕 墨菲定律指出,如果事情有变坏的可能,不管这种可能性有多小它总会发生。

人或社会公共利益之举。例如,百度利用竞价排名,推送一些没有正当资质或与当事人检索条件不符的医院,误导当事人的就医选择和诊治方案,甚至间接造成当事人死亡的严重后果,如魏则西事件〔84〕;携程凭借其掌握的信息优势,对不同用户提供的同种服务进行差异化定价〔85〕;以今日头条为代表的互联网内容平台,为迎合用户阅读喜好,宣扬历史虚无主义,持续传播色情低俗信息,违规提供互联网新闻信息服务〔86〕。近年来,商业平台借助人工智能算法和平台优势,引导舆论、妨碍竞争、破坏市场公平的现象更是不胜枚举,尤其值得关注的是商业平台所造成的隐私窥探和泄露问题。人工智能算法因其强大的计算能力和数据挖掘能力,可以收集、处理用户通过人机交互等由网络行为生成的结构化和非结构化数据,并在海量个性化数据基础上形成用户的深度画像。在数据量足够庞大的情况下,人工智能算法不仅能够知悉用户的个人信息,还可以全面预测用户的心理特征甚至预测用户的行为,并揭示出用户的潜在隐私。而这些隐私一旦泄露,会被商业化利用,给权利人带来无尽烦恼。由此可见,商业平台在现代社会中扮演着举足轻重的角色,其算法影响力丝毫不弱于政府公权力,因而商业平台算法权力异化所带来的风险也是不容忽视的。

三、人工智能"公共性"算法应用风险的二元规制策略

在智能时代,政府部门和商业平台均须借助人工智能实现社会治理和商业目的,但人工智能算法"公共性"应用的潜在风险又是难以回避的,我们需要做的是尽可能地从法律规制的角度减少算法风险的负面影响。鉴于算法本身是一种技术,故而从技术角度对算法进行规制是当然之理。此外,算法在公共领域的应用,已经使得算法具有很强的权力属性,因此还有必要从算法权力角度予以规范。

(一)技术角度的规制策略

算法风险之一是技术风险,技术规制是算法规制的基础。从纯技术角度对算法进行规制,包括如下两个方面。

1. 明确算法监管部门并统一算法标准

为更好地对人工智能进行全面监管,国外已有建立人工智能专门监管部门的实践

〔84〕 参见《百度竞价排名黑幕被央视曝光 患者搜索医院遭遇"冒牌货"》,载搜狐网 2018 年 9 月 10 日,https://med.sina.com/article_detail_102_1_52401.html。

〔85〕 参见《为什么携程大数据"杀熟"的套路屡屡不改?》,载搜狐网 2018 年 7 月 9 日,http://www.sohu.com/a/240094402_374686。

〔86〕 参见《快讯丨今日头条传播色情低俗信息被勒令暂停更新 24 小时》,载搜狐网 2017 年 12 月 29 日,http://www.sohu.com/a/213697571_411484。

或探索。[87] 就我国而言，鉴于现阶段人工智能技术仍处于低烈度的快速发展阶段，人工智能产品的研发、生产和销售可以由工信部门、市场监管部门等进行管控，目前似无建立专门监管部门的必要。但对于人工智能算法而言，由于具备“公共性”的算法应用已经暴露出一些风险，而当前对于算法并没有相应的监管部门，这显然不利于算法的有效规制，因而明确算法的监管部门势在必行。考虑到当前与网络及信息化管理相关的行政机关职能众多、人力有限，且缺乏与算法有关的专门技术人才，故有必要依托中国计算机行业协会（包括地方会员协会）等专门的行业自律组织开展算法的具体监管工作，即建立由相关行政机关负责指导，行业自律组织负责实施的算法监管体制。

而要尽可能地减少算法“公共性”应用的风险，还必须由行业自律组织主导制定相关算法标准。算法标准包括技术标准和伦理标准[88]两部分。[89] 工信部《关于印发〈促进新一代人工智能产业发展三年行动计划（2018－2020年）〉的通知》提出，要“建设人工智能产业标准规范体系，建立并完善基础共性、互联互通、安全隐私、行业应用等技术标准，鼓励业界积极参与国际标准化工作”。统一算法技术标准的优势在于：首先，不同的人工智能算法虽然能够实现基本相同的目的，但其所采用的技术标准以及由此搭建的代码架构并不为外人所知，因而从技术层面跟踪算法违规难以实现。强调算法透明度的关键不在于披露算法的具体内容，而在于向利益相关者披露算法的运作原理和决策的生成过程，统一的算法技术标准无疑有助于提升算法的透明度。其次，由于算法“中立”难以实现，算法难免存在一定“偏见”。减少乃至消除偏见最好的方式，就是构建统一的技术标准。例如，对于人脸识别，可考虑适用基于特征脸（PCA）的人脸识别方法、弹性图匹配的人脸识别方法或线段 Hausdorff 距离（LHD）的人脸识别方法等。最后，统一的算法标准能够在一定程度上限制算法设计者的编写行为，有助于降低算法权力异化风险。当然，统一算法的技术标准并不意味着某个领域的算法只能遵循一个标准，算法的标准可以有多个。统一算法标准的核心内涵在于确认某种算法在现有技术条件下的科学性和合理性。另外，统一的算法标准不是一成不变的，而是需要根据技术发展水平以最有利于算法目的的实现同时减少可能的损害为原则进行动态调整。

---

〔87〕 See *Report with recommendations to the Commission on Civil Law Rules on Robotics* [2015/2103(INL)], European Parliament (Jan. 27, 2007), http://www.europarl.europa.eu/doceo/document/A-8-2017-0005_EN.pdf；参见崔成：《透视日本人工智能战略 首次披露开发时间表》，载搜狐网2017年6月29日，https://www.sohu.com/a/152921405_403191。

〔88〕 参见张凌寒：《算法规制的迭代与革新》，载《法学论坛》2019年第2期；贾开：《人工智能与算法治理研究》，载《中国行政管理》2019年第1期。

〔89〕 算法的技术标准，是指从算法的构成要素出发，所构建的具体操作性标准；算法的伦理标准，是指算法设计所应遵循的符合人类基本价值观的抽象标准。本书只讨论算法的技术标准。

2. 建立算法备案制度

为预先减少“公共性”算法在投入应用后所引发的风险，有必要建立该类算法的备案制度。2021 年 9 月，网信办等九部门联合印发《关于加强互联网信息服务算法综合治理的指导意见》。该意见提出，有序推进算法备案工作。建立算法备案制度，梳理算法备案基本情况，健全算法分级分类体系，明确算法备案范围，有序开展备案工作。该规定搭建了我国算法备案制度的基本框架。在此基础上，本书认为，备案职权由监管部门授予行业自律组织。具体而言，算法的研发者应当在算法设计完成后投入应用前，向所在地市级（或以上）行业自律组织进行备案。提交备案的内容包括：算法的基本信息、应用场景、算法所遵循的技术标准、算法可能存在的风险以及相应风险管理手段等。行业自律组织有权对提交备案的算法进行一定程度的初步审查，以便将有损害风险的算法予以剔除，进而尽可能地保证投入应用的算法符合相应技术标准。对于备案过程中发现存在风险的算法，行业自律组织有权要求算法研发者进行相应修改；对于可能存在重大风险的算法，行业自律组织有权决定不予备案。算法研发者对于行业自律组织要求修改算法或不予备案算法的决定有异议的，可以向上级行业自律组织申诉。对于上级行业自律组织作出的决定仍有异议的，可以提起行政复议或行政诉讼。对于未经备案的算法或备案的算法与实际投入使用的算法不一致的（包括备案材料描述上的不一致），监管部门应当责令禁止该算法的应用。对可能引发重大风险或已经造成一定后果的，监管部门应当予以相应处罚。处罚的种类和幅度，由未来有关人工智能的相关立法予以设定。行业自律组织也可以视情节一并采取相应的纪律处分措施。

需要指明的是，算法备案并非行政许可。算法的研发者只要依据法律、法规规定提交符合条件的备案材料，算法经初步审查不存在相应风险的，行业自律组织都应当接受备案，以避免过多地干预算法的应用，阻碍技术创新。研发者在取得备案登记文件后，即可将算法转入应用阶段。算法备案的意义有二：（1）确保投入应用前的算法是按照统一的算法技术标准设计的，从源头降低“公共性”算法可能存在的风险。（2）便于查明算法风险产生的原因，并确定算法责任主体。一旦算法投入应用后产生公共风险甚至造成利益相关者乃至公共利益的损害，备案材料中所记载的算法设计者、算法设计标准等基本信息有助于快速确定算法风险产生的原因以及相关责任主体并进行问责。

（二）权力角度的规制策略

算法的技术规制手段只能消减算法纯技术上的风险，技术上的规制固然重要，但算法在公共领域的适用，使其具备了权力属性，具有权力属性的算法被不当应用才是风险产生的根源，故而还有必要对于算法背后具有权力属性的要素进行规制。权力角度的规制策略主要包括以下方面。

1. 提升算法透明度

算法的不透明性是算法应用中的一个难题，也是算法“公共性”应用风险的重要来源。一种解决方案是倡导算法公开，即披露算法所采用的源代码及所依托的数据，使公众知晓与人工智能有关的各种信息。但是，考虑到普通公众并不具备理解算法所表达内涵的能力，算法公开不但基本上达不到解决问题的目的，反而不利于知识产权和商业秘密的保护。对于涉及政府公共治理领域的算法规则披露，还有可能让不法分子有机可乘，作出损害社会公共利益之举。因此，越来越多的观点不提倡形式上的算法公开〔90〕，提升实质意义上的算法透明度才是解决问题的出路，我国可根据“公共性”人工智能算法应用场景的特点通过如下方式强化算法透明度。

（1）确立算法解释规则。算法的设计者和算法的应用者应当对算法作出决策的过程进行解释，从而使利益相关者的合法权益在遭受算法不当影响时，能够知晓自身合法权益遭受到的损害以及如何寻求救济。〔91〕 算法解释规则还应要求，各大平台必须定期发布算法透明度报告，公开算法的技术特征和主要技术内容，明确算法作出决策的过程，揭示在算法设计、应用和数据安全方面的技术要点以及风险提示。确立算法的解释规则，可以从制度上防范和化解算法“公共性”应用的潜在风险。

（2）确立知情权和异议权规则。知情权是社会公众的基本权利。在算法决策中，当事人如不知晓决策形成的过程，就无法有效维护其权益。知情权和异议权规则强调，受到算法决策影响的主体有权知晓决策的作出包含算法因素，以及算法决策影响自身权利的方式与程度。〔92〕 在对算法决策有异议的情况下，当事人有权在正当程序制度的保护下进行陈述申辩和寻求救济。如欧盟《通用数据保护条例》第 71 条规定：“数据主体有权获得人工干预，表达其观点，获得针对自动化决策的解释并提出异议的权利。”〔93〕

（3）完善个人信息和隐私保护规则。为减少人工智能算法给用户个人信息和隐私造成的损害，应借鉴欧盟《通用数据保护条例》确立的数据收集最小化原则（禁止搜集与算法使用无关的个人信息）、数据保密和安全存储原则（采用合理措施对数据加密并进行安全存储）、数据使用目的限制原则（个人信息的利用必须与事先披露的收

〔90〕 参见孙建丽：《算法自动化决策风险的法律规制研究》，载《法治研究》2019 年第 4 期；高学强：《人工智能时代的算法裁判及其规制》，载《陕西师范大学学报（哲学社会科学版）》2019 年第 3 期。

〔91〕 See Merle Temme, *Algorithms and Transparency in View of the New General Data Protection Regulation*, 3 Eur. Data Prot. L. Rev. 473 (2017).

〔92〕 参见张凌寒：《算法权力的兴起、异化及法律规制》，载《法商研究》2019 年第 4 期。

〔93〕 See Recital 71 of GDPR.

集目的相符)、数据处理透明原则(告知社会公众个人信息将被如何利用以及安全保障措施)等,对数据收集和利用行为进行规范引导。此外,还应确保数据收集准确性、数据的匿名化使用、敏感数据合理使用以及未成年人个人信息得到特别保护。[94] 当事人有权反对基于纯商业目的的个人信息处理,包括有权反对与营销目的有关的数据画像,尤其是有关其经济状况、健康状况、个人偏好、行为习惯、地理位置或行踪相关的分析和预测。[95]

2. 明确算法在特定领域的辅助应用地位

算法在一些领域的应用无法覆盖全部信息,只能通过抓取事先设定的有效信息或关键词的方式(如"概率模型"[96])进行简单化、扁平化处理,这必然导致要素的减少。如果某种决策必须建立在所针对对象的全部信息基础上,尤其是全部信息所涉及的各个要素之间还存在只有人类基于理性才能理解的逻辑关系时,这种决策就不能完全依赖算法,算法仅仅只是发挥辅助作用,否则就会很容易出现算法"偏见"或算法"权力异化"。换言之,此类决策最终仍必须主要由人类基于理性作出。以人工智能辅助司法为例,机器人裁判需要从相对标准化的司法文书中提炼共性,进而确定统一的裁判标准。但是标准化司法文书是有限的,一个案件所涉及的是法规、事实、证据等各种要素的集合,同样的要素在不同的地域、司法政策和社会环境下可能会以不同的形式渗透于司法裁判中并影响法官对于案件的认识,裁判文书中不同案件个性化的说理恰恰是司法裁判的生命力,也是司法正义的有力保障。概率建模对于案件情境信息的涵摄不足,会削减人工智能在司法裁判过程中的价值甚至会出现"机械司法"。对于一些复杂的案件,司法要素的有效筛选、法律价值在个案中的位阶取舍、法律责任以及权重比例的分配,仅靠简单的数据分析、逻辑判断是无法完成的,必须结合裁判者的理性才能得到公正的结果。[97]

通常而言,算法处于辅助性的决策地位主要涉及政府公权力行使的一些领域。但在商业领域,尤其是在涉及不特定多数人重大人身或财产权益决策的情况下,鉴于"公共性"算法的"准公权力"性质,如果算法无法涵盖决策作出所涉及的全部信息,也应在决策中处于辅助地位。

---

[94] 参见孙清白、王建文:《大数据时代个人信息"公共性"的法律逻辑与法律规制》,载《行政法学研究》2018 年第 3 期。

[95] 参见汪庆华:《人工智能的法律规制路径:一个框架性讨论》,载《现代法学》2019 年第 2 期。

[96] 即给定一个用户的查询串,相对于该串存在一个包含所有相关文档的集合,可以把这样的集合看作是一个理想的结果文档集,在给出理想结果集后,就能很容易得到结果文档。

[97] 参见马靖云:《智慧司法的难题及其破解》,载《华东政法大学学报》2019 年第 4 期。

3. 确立算法问责机制

在我国互联网兴起的二十多年里，每当出现新型的违法犯罪行为时，总有人以“技术无罪”的理由为之开脱。如果技术是纯中性的且能够得到规范的应用，“技术无罪”或能成立。但至少在“公共性”算法应用领域，由于算法“偏见”和算法“权力异化”的存在，算法责任不可避免。算法问责机制要求算法权力通过规范的方式行使，相关主体有义务减轻算法所带来的负面影响或潜在危害，当算法造成实际损害时，相关主体须对算法决策承担责任。[98] 算法责任的承担方式可比照侵权责任，主要包括：停止侵害、消除危险、赔偿损失、消除影响、恢复名誉等。[99] 确立算法责任有助于督促研发者和应用者对算法风险的检查，以减少算法可能造成的实际损害，激发研发者和应用者完善算法的积极性。申言之，算法责任机制有如下内涵：(1)在算法开发完成后，研发者需要验证算法是否按照设计的意图运行，特别是对算法和用于改进算法的训练数据进行全面的检查，评估算法的应用可能存在的风险以及是否存在有效的风险防范措施[100]；(2)算法应当通过规范、公正的方式进行应用，避免出现算法“偏见”和算法权力的滥用；(3)考虑到普通的社会公众无法充分认识和理解算法，同时督促算法的研发者和应用者谨慎对待算法权力，算法责任应当是一种严格责任：一旦算法在应用过程中产生任何风险或造成任何实际损害，算法的研发者和应用者都有义务承担算法责任，即便事先已取得利益相关者的知情同意或基于纯粹的技术缺陷也不足以阻却相关主体所应承担的算法责任。

鉴于算法责任具有隐蔽性，普通大众很难从过程或行为手段上判断算法作出决策的过程是否存在可归责的事由。因此，对算法决策所形成的结果进行评判是判断算法责任最为直观有效的路径，也就是通过倒推的方式初步判断是否存在算法责任，再通过对算法的技术审查结合侵权责任规则最终确定算法责任的承担。[101] 以“大数据杀熟”所造成的算法“偏见”为例，若不同主体之间仅仅因为消费习惯、消费频次等因素的不同，就获得不同的消费体验和消费价格，则说明该算法可能存在“偏见”。在对该算法进行技术审查后，发现算法确实存在“偏见”的，就需要进行算法问责。在算法的研发者与算法的应用者为同一主体的情况下，毫无疑问，算法责任应由该主体承担。在算法研发者与算法应用者不是同一主体的情况下，可参照《民法典》侵权责任编第

---

〔98〕 参见杨学科：《论智能互联网时代的算法歧视治理与算法公正》，载《山东科技大学学报（社会科学版）》2019年第4期。

〔99〕 参见孙建丽：《算法自动化决策风险的法律规制研究》，载《法治研究》2019年第4期。

〔100〕 See Sonia K. Katyal, *Private Accountability in the Age of Artificial Intelligence*, 66 UCLA Law Review 54 (2019).

〔101〕 参见卜素：《人工智能中的“算法歧视”问题及其审查标准》，载《山西大学学报（哲学社会科学版）》2019年第4期。

四章产品责任的规则逻辑分配算法责任。申言之，受到算法“偏见”损害的当事人可以向算法的研发者主张算法责任，也可以向算法的应用者主张算法责任。算法“偏见”由研发者造成的，应用者赔偿后，有权向研发者追偿。因应用者的过错导致算法存在“偏见”的（如变更算法应用场景、修改部分算法），研发者赔偿后，有权向应用者追偿。因第三人的过错使算法存在“偏见”（如黑客侵入系统故意修改算法），造成他人损害的，算法的研发者、应用者赔偿后，有权向第三人追偿。

综上所述，人工智能时代的到来已不可避免，随着更强人工智能形态的出现，人工智能对人类社会的影响究竟能达到何种程度尚不可预知。如何在不妨碍人工智能发展的前提下，减少技术创新可能给社会造成的负面影响，是信息时代对人工智能进行法律规制的难点。作为人工智能的核心，算法塑造的已然不再只是网络空间的行为规则，更是现实社会的治理规则。对“公共性”算法的规制需要根据算法技术的发展状况以及算法在公共领域的应用特点展开。本节所提出的二元规制路径，是应对算法“公共性”应用风险的尝试。在此基础上，倡导社会共治、向社会公众普及算法基本知识、加强对算法研发者和应用者的道德约束，无疑可以更加有效地促进算法的公正、透明和合理利用。总之，算法发展过程中出现的问题必须通过发展的方式解决，只有始终秉持技术规制和权力规制的基本逻辑，才能更好地促进“公共性”算法为人类社会服务。

第五节　人工智能应用中的个人信息保护

前已述及，人工智能的核心是算法和数据。人工智能时代的发展在给我们的生产生活带来革新和便利的同时，也在急剧放大整个社会的风险。人工智能发展的最终目的是服务人类，而其应用场景也均围绕人类需求展开，故人工智能应用过程中难免涉及对个人信息的处理。因此，人工智能立法除须对算法进行特别的法律规制外，还需要关注对个人信息的保护。截至2020年3月，我国互联网用户已达9亿，互联网网站超过400万个，应用程序数量超过300万个，个人信息的收集、使用更为广泛。虽然近年来我国个人信息保护力度不断加大，但在现实生活中，一些企业、机构甚至个人，从商业利益等出发，随意收集、违法获取、过度使用、非法买卖个人信息，利用个人信息侵扰人民群众生活安宁、危害人民群众生命健康和财产安全等问题仍十分突出。在信息化时代，个人信息保护已成为广大人民群众最关心、最直接、最现实的利益问题之一。在人工智能时代，特别是在大数据技术普遍应用的当下，我们需要考虑如何为人工智能应用中的个人信息保护构建更为合理的路径。

一、个人信息的界定及其价值

纵观域外立法，对个人信息最经典的定义是可以直接或间接用于确认个人身份的信息。[102] 例如，《香港个人数据（隐私）条例》（1995 年）规定，个人数据[103]是指可直接或间接用于确定个人身份的数据。[104] 欧盟《个人数据保护指令》（Personal Data Protection Directive，95/46/EC）将个人数据界定为“与一个已识别或可识别自然人相关的信息”[105]。对于个人信息的范围，域外立法一般以列举加兜底的方式加以规定，诸如姓名、住址、电话号码、社保账号、驾驶证号、金融账户号码、生物数据（如指纹、DNA）等是常见的各国立法保护的个人信息类型。[106] 我国《民法典》第 1034 条第 2 款规定：“个人信息是以电子或者其他方式记录的能够单独或者与其他信息结合识别特定自然人的各种信息，包括自然人的姓名、出生日期、身份证件号码、生物识别信息、住址、电话号码、电子邮箱、健康信息、行踪信息等。”《个人信息保护法》第 4 条第 1 款规定：“个人信息是以电子或者其他方式记录的与已识别或者可识别的自然人有关的各种信息，不包括匿名化处理后的信息。”根据这两款规定，我国对个人信息界定的重心落在可用于识别自然人个人身份的基础之上。

由于个人信息内涵丰富，自有人类社会以来，个人信息就一直发挥着巨大的作用。个人信息的价值随着信息利用的频度和深度的加大而愈加凸显。进入 21 世纪，个人信息已成为数字经济时代的“货币”。[107] 在信息时代，个人信息不仅对信息主体而言是有价值的，对于全社会而言也是一种重要资源。个人信息的价值表现在两方面：（1）商业价值。个人信息的挖掘和商业使用可以改变营销模式，建立健全完善的社会信用体系，形成各种类型的个人信息库，为人们提供更好的产品和服务。（2）公共管理价值。对个人信息的收集和利用，可以更好地推进公共管理和公共服务。[108] 在商

---

[102] 学界通说观点基本认同该经典定义。参见王利明：《论个人信息权的法律保护——以个人信息权与隐私权的界分为中心》，载《现代法学》2013 年第 4 期；张新宝：《从隐私到个人信息：利益再衡量的理论与制度安排》，载《中国法学》2015 年第 3 期。

[103] 域外立法有 Personal Data 与 Personal Information 两种表述，国内学者有“个人数据”“个人信息”“个人资料”等译法，鉴于我国《网络安全法》、原《民法总则》等法律文件均使用“个人信息”的表述，除因翻译外国法律文件或引用学者著述中表述为“Personal Data”时使用“个人数据”一词外，本书其他地方均以“个人信息”一词统一指代“Personal Data”与“Personal Information”。

[104] See Personal Data (Privacy) Ordinance 1995 (Cap 486) (Hong Kong) s 2(1)(b).

[105] Council Directive 95/46, on the Protection of Individuals with Regard to the Processing of Personal Data and on the Free Movement of Such Data, art. 2(a).

[106] 参见韩国《个人信息保护法》第 2 条、韩国《网络法》第 2 条、英国《1998 年数据保护法》第 1 条（1）、《新加坡个人数据保护法》第 2 条（1）等。

[107] See Diane A. MacDonald and Christine M. Streatfeild, *Personal Data Privacy and the WTO*, 36 Hous. J. Int'l L. 626(2014).

[108] 参见张新宝：《从隐私到个人信息：利益再衡量的理论与制度安排》，载《中国法学》2015 年第 3 期。

业领域，个人信息的交易已经形成一个巨大的数据市场，在这个市场中，用户的个人信息被用于获利。用户的个人信息成为热销商品，有着普通消费者同意将信息披露给这些公司时所不知的价值。[109] 可见，在信息时代，个人信息不再只作为一种绝对的财产权或人格权对象而出现，而具有一定的“公共性”，应当允许相关方对个人信息进行充分地收集、分析和使用，形成一种新型的社会合作关系。[110]

二、传统基于控制理论的个人信息保护模式

当今世界，个人信息保护立法最为发达的首推美国和欧盟。美国对个人信息的保护主要体现于隐私法中。早期美国隐私法中并没有个人信息这个概念。个人信息保护问题真正受到关注在于计算机和互联网的发展，导致个人信息可以被搜索、叠加、分析并海量处理，而传统隐私权制度无法对个人信息进行有效保护。于此背景下，美国通过扩张隐私范围的方式将个人信息纳入保护，而个人可识别信息（Personally Identifiable Information，PII）正是美国隐私法中最核心的概念之一，个人可识别信息界定了隐私法保护的范围，个人可识别信息的收集、使用和披露都主要置于隐私法的框架下予以保护，没有个人可识别信息，就没有隐私损害。[111]

控制理论是主导美国个人信息保护立法的核心，强调选择和个人自我决定在个人信息保护中的作用。[112] 控制理论可以概括为基于主观管理和个人偏好表达实现控制的信息管理理论。在控制理论之下，个人被假定是理性的，因此有权控制有关其个人信息的收集、处理、传输和后续使用，有权决定披露个人信息的范围和方式，并有权更改其个人信息中的错误。[113] 除了自我决定和自我管理理论，学者还从财产角度概念化控制并分析数据主体的权利。[114] 根据这一理论，个人信息可以被视为财产权利。人们应当对有关他们的信息享有所有权，有权控制对其个人信息的处理。控制了某人的权利在法律上就意味着在“信息市场”上有权交易该数据。[115] 控制理论和财产理论的核心是信息主体的“同意”使收集、使用、披露和交易个人信息合法化。在控制理论

---

[109] See Eugene E. Hutchinson, *Keeping Your Personal Information Personal: Trouble for the Modern Consumer*, 43 *Hofstra L.* Rev. 1154(2014 - 2015).

[110] 参见吴伟光：《大数据技术下个人数据信息私权保护论批判》，载《政治与法律》2016 年第 7 期。

[111] See Paul M. Schwartz & Daniel J. Solove, *The PII Problem: Privacy and a New Concept of Personally Identifiable Information*, 86 New York University Law Review 1816(2011).

[112] See C. Fried, Privacy, 77 Yale Law Journal 475, 482 (1968); W. A. Parent, *Recent Work on the Concept of Privacy*, 20 American Philosophical Quarterly 341(1983).

[113] See Christophe Lazaro & Daniel Le Metayer, *Control over Personal Data: True Remedy or Fairy Tale*? 12 SCRIPTed 3(2015).

[114] See J. Litman, *Information Privacy/Information Property*, 52 Stanford Law Review 1283(2000).

[115] See Christophe Lazaro, *Daniel Le Metayer*, *Control over Personal Data: True Remedy or Fairy Tale*? 12 SCRIPTed 3(2015).

的支配下,美国形成了以联邦贸易委员会(Federal Trade Commission,FTC)和行业自律为主要模式的个人信息保护体制。FTC主要充当消费者个人信息保护的"守夜人"角色。FTC保护个人信息的手段为要求公司充分披露其涉及消费者或用户的个人信息处理行为,即"透明度规则"。对于在个人信息领域的违法行为,FTC有权进行处罚或提起诉讼。FTC支持网络产业的自我管理,规定与消费者数据收集产业有关的透明度并促进"禁止追踪"机制和收据收集的"选出"机制的使用。"禁止追踪"机制允许消费者选择停止由之前已获得其同意的公司或数据中间商对他们信息的追踪。"选出"条款简单赋予消费者选择不让某个公司获取并使用他们个人信息的选择权。通常而言,FTC会采取强制措施确保公司履行保护消费者个人信息的承诺,并有权对违反隐私承诺、欺骗消费者的公司进行处罚并提起诉讼。[116]

除FTC对个人信息的保护外,美国计算机与互联网产业界对于个人信息的行业自律监管也是美国个人信息保护的一大特色。行业自律监管的核心为"告知和选择"机制。"告知"要求个人信息处理者应当申明隐私政策,详细描述收集、使用和传播用户个人信息的各种方式,以及如何对用户的个人信息进行保护。"选择"则赋予用户对网站如何收集和使用他们的个人信息以选择权,多数情况下以"选出权"的方式出现,即除非用户明确不同意隐私政策中所描述的对其个人信息的收集、使用和传播的方式与范围,否则个人信息处理者就可以其隐私政策中描述的方式和范围收集、使用和传播用户的个人信息。[117]

另外,为应对计算机化的数据系统对个人信息隐私的后果的担忧,一个美国政府的顾问委员会最早提出"公平信息行为准则"(或称"公平信息实践",Fair Information Practice Principles,FIPP),该规则后来被广为采用并逐渐得到完善,几乎成为行业习惯。FIPP可谓基于控制理论的个人信息保护模式的集大成者,将基于控制理论个人信息保护的精髓展露无遗。目前最为通行的"公平信息行为准则"主要包括如下规则[118]:(1)目的限定,即在收集个人信息前必须先披露收集的目的,个人信息的使用必须与该目的相符;(2)限制信息收集,又称"信息最小化",即个人信息收集及利用应以实现特定目的的最小必要为限;(3)限制使用和披露个人信息,即除非基于当事人同意或

---

[116] Trade Comm'n, *Protecting Consumer Privacy in an Era of Rapid Change*, Federal Trade Commission (Jul. 14, 2012), http://www. ftc. gov/sites/default/files/documents/reports/federal - trade - commission - report - protecting - consumer - privacy - era - rapid - change - recommendations/1 20326privacyreport. pdf.

[117] See Daniel J. Solove, Woodrow Hartzog, *The FTC and the New Common Law of Privacy*, 114 Colum. L. Rev. 583(2014).

[118] OECD也有类似规定,See *OECD Guidelines on the Protection of Privacy and Transborder Flows of Personal Data*, OECD(May 2, 2017), http://www. oecd. org/document/8/0,3343,en_2649_34255_18151861 1 _1 1,00. html。

有法定权利,个人信息不能被披露或用于其他目的;(4)仅收集使用准确、相关、最新信息(数据质量原则),即所收集的个人信息仅与事先确定的目的相关并符合该目的所要求的准确、完整和最新信息;(5)个人享有通知、获取修改个人信息的权利(个人参与),即个人拥有如下权利:收集个人信息的知情权、获取信息权、要求修改权等;(6)构建有关个人能够知晓及了解的信息处理机制(透明处理机制),即应当告知社会公众隐私政策和措施,个人应当能够有途径了解个人信息的使用;(7)个人信息安全,即应当采取合理安全措施保护个人信息免受丢失及未经授权的获取、破坏、使用、修改或披露;(8)责任原则,即控制个人信息的收集和使用的主体有责任采取措施确保前述准则的实施。[119]

在欧洲,个人信息保护立法的法理基础是个人信息自决论。个人信息自决理论源于德国法,根据个人信息自决论,任何违反当事人意志的信息收集、处理或者利用的行为都侵犯了信息主体的自决权,从而也侵犯了该信息承载的人格利益。[120] 个人信息自决论在本质上与个人信息控制理论并无区别,均强调个人信息的收集和处理必须经信息主体同意,收集和处理个人信息的目的要告知信息主体,收集和处理个人信息的行为必须透明等。[121] 欧盟最早关于个人信息保护的法律规范是 1995 年颁布的《个人数据保护指令》。该指令规定的个人数据处理原则与 FIPP 基本一致,即包括合法处理、目的限定、数据最小化、透明度、个人数据安全保护、数据处理责任等方面,唯一不同之处在于该指令更为细致地区分了敏感个人数据和非敏感个人数据,对个人数据进行差别化保护。[122]

由此可见,传统个人信息保护模式的核心在于确保信息主体对有关其信息收集和处理行为的控制,是基于控制理论框架下的信息主体"权利中心主义"。这种模式有效的前提在于个人能够有效控制其个人信息,并在理性判断基础上行使自己的各项权利,对个人信息的保护偏重信息主体的主观意愿。

---

〔119〕 *Information Resellers Consumer Privacy Framework Needs to Reflect Changes in Technology and the Marketplace*, U. S. Goverment Accountability Office(May 6, 2013),http://www. gao. gov/assets/660/658151. pdf.

〔120〕 参见杨芳:《个人信息自决权理论及其检讨——兼论个人信息保护法之保护客体》,载《比较法研究》2015年第6期。

〔121〕 例如德国《联邦数据保护法》(Federal Data Protection Act)第4节第1款明确规定"只有在本法或者其他法律允许或规定或数据主体同意时,个人数据的收集、处理和使用才是被许可的"。

〔122〕 *Directive 95/46/EC of the European Parliament and of the Council of 24 October 1995 on the Protection of Individuals with Regard to the Processing of Personal Data and on the Free Movement of Such Data*, European Union (May 2,2017), http://eur-lex. europa. eu/search. html? qid=1495440812783&text=95/46/EC&scope=EURLEX&type=quick&lang=en.

三、人工智能时代传统个人信息保护模式之不足

传统个人信息保护法律建构于控制理论和个人信息自决权理论〔123〕之上，强调信息主体对其个人信息的“控制”，并以“知情同意”为核心形成了一整套个人信息收集和处理规则。目前欧美仍在使用的个人信息保护法大多制定于20世纪90年代或21世纪初，当时互联网和人工智能的发展方兴未艾，大数据、电子商务、社交网络、搜索引擎等还未充分发展起来，传统个人信息法律保护制度在促进个人信息流通、增进社会福祉方面发挥了应有作用。到目前为止，提倡个人控制一直都是解决个人信息处理技术导致问题的核心方案。基于该原因，控制的概念经常作为个人信息保护政策的核心要素被提及。但是，最近20多年互联网的迅猛发展和人工智能技术的广泛应用正在逐步破坏信息主体对其个人信息的控制能力，个人自我管理信息这个表面上简单且熟悉的概念变得十分模糊，依赖“知情同意”框架似乎已不能实现对个人信息的有效保护，基于控制理论的个人信息保护面临着“失灵”的危险。

首先，信息不对称和个人信息处理者的“霸王政策”正侵蚀着基于控制理论的个人信息保护模式的合法性基础。基于控制理论的个人信息保护模式的理论前提是信息主体是理性经济人，他们有能力实现对个人信息的有效控制，只要经过信息主体同意，收集和处理其个人信息的行为即是合法的。对于大多数人而言，他们根本无法掌握与个人信息风险有关的充分信息，同时还缺乏有关个人信息保护技术和法律方面的知识。由于信息不对称，信息主体有时并不知道其个人信息被收集，也不知道其个人信息会被怎样处理。在缺乏足够信息的情况下，由于信息不对称及缺乏对于不确定性和潜在风险的了解，信息主体作出决策的过程受到干扰。在大多数案件中，信息主体也并不了解共享和交换个人信息的潜在后果。在对潜在不利后果缺乏明确了解的基础上，信息主体很难充分考量是否允许收集和处理其个人信息。一些人工智能应用向消费者提供的隐私政策过于冗长且晦涩难懂，很多消费者根本无法理解这些隐私政策，甚至有相当数量的人不会花时间去阅读隐私政策。让人费解的隐私政策还会给消费者造成错觉。通常，个人信息处理者自愿公布隐私政策，会让消费者产生个人信息保护方面的信赖，以为非经同意，个人信息处理者不会分享其个人信息。然而，事实上，这些个人信息处理者是在作出虚幻的承诺，消费者的数据可能在他们毫不知情的情况下就被分享了。因此，很多消费者会不假思索地对于商家收集其个人信息的行为全盘接受。更有甚者，一些人工智能服务，特别是移动网络终端应用的使用，必须以用

---

〔123〕 根据前述分析，两种理论在本质上都是强调信息主体对其个人信息的有效控制，并以此为基础构建个人信息保护规则，后文统一以“控制理论”指代这两种理论。

户接受该网络或应用软件收集用户个人信息为前提,如果用户拒绝对其个人信息的收集,就无法享受相应的服务。在这种"霸王"政策之下,用户的"同意"已非其真实意志的表达,用户也不可能实现对其个人信息的"控制"。

其次,在个人信息流转过程中,信息主体很难实现对个人信息处理的"全过程控制"。即使信息主体能够掌握充分信息,能够理解个人信息处理者的隐私政策并作出合乎理性的决策,也并不意味着信息主体就可以实现对其个人信息的有效控制。在人工智能应用背景下,信息收集的主体多元化,很多情况下信息主体对于有关其个人信息的收集并不知情,在个人信息经多方流转之后,信息主体很难知晓有关其个人信息的后续处理,更无法向第三方行使"控制"。[124] 特别是当个人信息已由信息收集方转移到信息中间商时,信息中间商对信息的处理通常无须经过信息主体同意,信息主体已完全失去对其个人信息的控制。

最后,一些新技术的应用,也正在颠覆传统个人信息的收集和处理方式,使得信息主体对个人信息的控制根本无从谈起。一个典型的例子就是网络科技公司开发的基于三维空间的拟真交互体验式地图浏览,如谷歌街景和百度全景地图。该技术的核心是通过专业相机将现实世界的空间场景捕捉下来,利用软件将多幅屏幕照片拼接合成,并模拟成三维空间的360度全景景观,可真实地表现现实空间场景。街景的拍摄通过捕获人物或附近街道、车牌以及其他图像会产生交互的视觉地图,不经意间产生了对个人信息的收集、使用和披露。虽然全景地图开发者已经通过打码等方式对地图中的人脸、车牌号等进行模糊处理,但是根据收入地图中的其他景观、标志、符号、体型等仍有可能识别出特定个人。于此情形下的信息主体根本无法行使传统意义上对其个人信息的有效控制,无法执行以同意为基础的个人信息收集、使用和披露规则。[125]

面对这样一些变化,信息主体的"知情同意"遭到破坏,个人信息的决定自由难以实现,传统基于控制理论的个人信息保护规则已无法实现预定目的。以FIPP为例,在目的限定原则方面,与传统上对个人信息的收集和简单利用相比,个人信息的后续比对挖掘和价值开发成为创造价值的主要来源,收集的个人信息用于超出原初收集的、无法预知的目的,使传统"目的限定"原则遭遇前所未有的挑战。与此同时,个人信息日益成为重要生产资料,具有重要的商业和公共管理价值,个人信息资源的有效利用,可以提升社会福祉,传统"信息最小化"原则的合理性被逐渐削弱。透明度原则是FIPP的核心要求之一,信息从业者在收集、处理、分享和利用个人信息时,必须事先告

〔124〕 See A. Acquisti & J. Grossklags, *What Can Behavioral Economics Teach Us About Privacy*, in Acquisti A. et al. eds., Digital Privacy: Theory, Technologies, and Practices, Auerbach Publications, 2007, p. 363 – 377.

〔125〕 See Teresa Scassa, *Geographical Information as Personal Information*, 10 Oxford University Commonwealth Law Journal 185(2010).

知信息主体其目的。然而在大数据背景下,信息主体很难知道其个人信息的收集、分析与利用是否基于已被告知的特定目的。

基于以上原因,依赖信息主体对其个人信息进行有效控制几无可能,必须要有新的机制实现对个人信息的有效保护。在人工智能技术环境下,控制个人信息究竟是何种含义？这种控制的特点、目的和潜在限制是什么？我们如何保证个人有效控制其个人信息？或者,我们是否应当改变思路,以新的模式代替传统基于控制理论的个人信息保护模式？

四、欧美个人信息保护法为适应人工智能时代所做的新变革

(一)美国

考虑到基于"控制理论"的个人信息保护模式已无法应对人工智能时代个人信息保护所面临的新威胁,美国近年来出台一系列法案,旨在强化个人信息保护。早在20世纪末,美国已在特定领域通过零散规定的方式修正传统个人信息保护规则中的不足。例如,针对个人信息多方流转、个人信息使用泛滥的状况,在保险领域,国会于1996年通过了《健康保险携带及责任法案》(The Health Insurance Portability and Accountability Act,HIPAA),规定个人健康信息只能被特定的、法案中明确的主体使用并披露。[126] 为解决金融领域个人信息处理不透明问题,1999年,美国又颁布了《格雷姆-里奇-比利雷法》(Gramm Leach Bliley Act),即金融现代化法案,用于控制金融机构处理个人信息的方式。该法案要求金融机构向消费者提供隐私通知,并解释其从消费者处收集何种信息,信息将会被共享到哪里,信息共享后将会被如何使用,在后续传播过程中信息将被如何保护。[127]

除零散修改现行法律外,美国也尝试通过专门立法的方式适应人工智能时代个人信息保护的需求。对于个人信息保护堪称颠覆性的法案首推美国《消费者隐私权利法案(草案)》(Consumer Privacy Bill of Rights Act)。《消费者隐私权利法案(草案)》试图从两个方面对传统个人信息保护模式进行发展:一方面,确认了消费者所享有的一系列权利,这些权利使消费者能够对企业将如何处理其个人信息有明确的预期。另一方面,通过强调具体适用环境的方式对个人信息处理原则进行了重述。[128] 该法案

---

〔126〕 *The Health Insurance Portability and Accountability Act of 1996*, U. S. Government Information(Aug. 21, 1996), https://www.gpo.gov/fdsys/pkg/PLAW-104publ191/html/PLAW-104publ191.htm.

〔127〕 *Gramm-Leach-Bliley Act of 1999*, U. S. Government Information(Nov. 12, 1999),http://www.gpo.gov/fdsys/pkg/STATUTE-113/pdf/STATUTE-113-Pg1338.pdf.

〔128〕 参见周辉等:《网络环境下消费者数据的隐私保护——在全球数字经济背景下保护隐私和促进创新的政策框架》,载《网络法律评论》2013年第1期。

旨在调整机构收集、使用和披露个人信息的行为，创新之处在于引入以情境为导向的个人信息保护新机制。该法案正文由“个人控制”“透明度”“尊重情境”“集中收集与有责利用”“数据安全”“信息接入与信息质量”“法律责任”等部分构成。其中，从事个人信息收集和处理的机构必须履行法定义务，包括：(1)识别隐私风险，保护个人信息；(2)执行为确保个人数据安全所设计的安全保障措施；(3)定期评估并调整这些安全保障措施。安全保障措施的合理性取决于：①与个人信息有关隐私的危险度；②对个人信息安全威胁的可预见性；③为保护个人信息广为接受的管理上的、技术上的或物理上的安全保障措施；④执行及定期评估安全保障措施的成本。[129] 据此，《消费者隐私权利法案(草案)》拟建立起一种以情境和风险为导向的个人信息保护模式。

以情境和风险为导向的个人信息保护模式可以概括为：“当消费者提交个人信息时——无论是开放社交网络中存在的信息还是在交易行为中包含的敏感个人信息，消费者对互联网企业都有着合理期待，希望企业能够以与信息存在的情境相适应的方式使用这些信息。”[130]《消费者隐私权利法案(草案)》的核心是个人信息处理者要通过相应场景中合理的手段收集、存储及利用个人信息。如果相应场景中的个人信息处理不合理，个人信息处理者需要对个人信息处理行为进行隐私风险评估，并采取适当的手段降低隐私风险。《消费者隐私权利法案(草案)》将符合情境作为个人信息处理的合法性授权，一方面扩张个人信息处理的合法事由，适应信息化时代大规模处理个人信息的现实需要，有利于个人信息的利用；另一方面也强化了信息主体在特定情境中的隐私期待。情境理念与传统目的限定原则最大的不同在于，情境理念是对信息处理的动态评价，在信息处理过程中随着情境的变化，信息处理是否具备合法性可能也会发生变化；而目的限定原则则相对僵化，只要信息处理的行为符合信息收集之时确定的目的，信息处理行为就具备合法性，忽视了信息处理过程中可能存在的变化，特别是当信息主体原初作出同意收集和处理的事实和考量发生重大变化时，即使信息处理行为符合收集之初设定的目的，也会违背信息主体的意愿，于此情形下信息处理行为的合法性就值得怀疑。[131]

(二)欧盟

为应对大数据和人工智能时代个人信息保护的新需要，欧盟也在改革传统个人信

---

〔129〕 See *Consumer Privacy Bill of Rights Act of 2015* (*Draft*), White House (Feb. 12, 2014), https://www.whitehouse.gov/sites/default/files/omb/legislative/letters/cpbr-act-of-2015-discussion-draft.pdf. 特朗普入主白宫后，该草案已从白宫官网上撤下，这部法案能否出台前途未卜。

〔130〕 周辉等：《网络环境下消费者数据的隐私保护——在全球数字经济背景下保护隐私和促进创新的政策框架》，载《网络法律评论》2013 年第 1 期。

〔131〕 参见范为：《大数据时代个人信息保护的路径重构》，载《环球法律评论》2016 年第 5 期。

息保护模式上作出了努力,欧盟于2016年4月颁布的《通用数据保护条例》[132],已于2018年5月25日生效并取代《个人数据保护指令》。该条例赋予了信息主体广泛的权利,强化了信息主体[133]对其个人信息[134]的控制,并通过数据处理合法认证、数据保护影响评估、事先协商、数据外泄通知、安全处理措施等新机制,突出了隐私风险评估等新理念。欧盟《通用数据保护条例》的变革主要体现在如下方面。

1. 廓清个人数据处理的一般原则

(1)同意原则。针对个人数据收集和处理过程中存在的信息不对称和隐私"霸王"政策导致的数据主体同意虚化问题,《通用数据保护条例》第7条规定,数据主体同意对其个人数据收集和处理的意思表示必须是具体的、明确的,而且是在被充分、清楚告知的前提下自由作出的。数据主体可以随时撤回同意,但不影响撤回同意之前数据处理行为的合法性。

(2)透明度原则。针对个人数据流转过程中数据主体很难实现对个人数据处理"全过程控制",以及新技术的应用可能导致数据主体对其个人数据控制弱化的状况,《通用数据保护条例》第12条规定,有关个人数据的收集、使用和处理对于信息主体都必须是透明的。透明度原则要求与个人数据处理有关的任何信息和通信都容易获得且容易理解,使用清晰明白的语言。数据主体应当了解有关其个人数据处理的风险、规则、安全措施、权利以及如何行使权利。

(3)敏感个人数据处理。区分敏感个人数据处理和非敏感个人数据处理,是欧盟个人数据保护立法的一大特色,在《个人数据保护指令》原有基础上,结合现代科技发展,《通用数据保护条例》继续强化了对敏感个人数据的保护。根据该条例第9条和第10条规定,敏感个人数据包括能够表明个人的种族、政治主张、宗教和哲学信仰、工会会员资格、基因数据、生物数据、关于个人健康或者性生活的数据以及有关个人犯罪和违法的数据。敏感个人数据一般禁止处理,除非能够满足特定的例外条件,这些例外条件主要包括:其一,数据主体明确表示同意处理其敏感个人数据,欧盟或成员国法律禁止处理的除外;其二,依据欧盟或成员国法律,为了数据主体的基本权益保护,数据控制者或数据主体在雇佣、社会保障和社会保护法领域为了履行义务或行使权利必须要处理敏感数据;其三,当数据主体由于身体或法律原因不能作出同意时,为了保护

---

[132] *Regulation (EU) 2016/679 of the European Parliament and of the Council of 27 April 2016 on the protection of natural persons with regard to the processing of personal data and on the free movement of such data, and repealing Directive 95/46/EC* European Union (Apr. 5,2016), http://eur-lex.europa.eu/legal-content/EN/TXT/? qid=1495440276991&uri=CELEX:32016R0679. 下文所引《通用数据保护条例》的规定源自该出处,不再赘述。

[133] 《通用数据保护条例》中称"数据主体"。

[134] 《通用数据保护条例》中称"个人数据"。

数据主体或其他自然人重大利益的需要处理敏感数据；其四，数据主体已将该敏感数据公开；其五，基于司法、公共利益、公共健康、预防疾病、评估员工工作能力、医学诊断等需要。

2. 强化数据主体的权利

为加强数据主体对其个人数据的控制，特别是解决人工智能时代个人数据过度商业化开发给数据主体带来的困扰，《通用数据保护条例》赋予数据主体一些新的权利。

（1）访问权（Right of Access）（第 15 条）：数据主体有权从数据控制者处获得其个人数据是否被处理的确认，若其个人数据被处理，则数据主体有权访问其个人数据和下列信息：处理的目的、处理个人数据的种类、个人数据将被储存的预期期限、数据主体所享有的权利等。

（2）拒绝权（Right to Object）（第 21 条）：数据主体享有绝对的拒绝权，拒绝数据控制者基于公共利益、官方职权以及第三方合法利益处理个人数据，拒绝个人数据的市场营销行为等。

（3）被遗忘权（Right to Eerasure，Right to be Forgotten）（第 17 条）：当存在如下情形时，数据主体有权要求数据控制者毫不迟延地删除其个人数据：①个人数据与收集或处理数据的目的不相关；②当数据主体撤回同意或者数据控制者没有合法理由处理数据时；③为了符合欧盟或成员国法律规定的义务必须删除该个人数据。数据控制者有责任采取合理的措施删除已公开的符合前述规定的个人数据，并通知处理此数据的其他数据控制者，删除前述个人数据链接、复制件。

3. 建立数据处理风险防控机制

除从强化数据主体对其个人数据的控制权入手外，《通用数据保护条例》还围绕规范数据处理行为和防范风险，特别建立了有关数据处理全过程的风险防控机制，主要包括如下五个方面：

（1）数据处理合法认证（Certification）（第 42 条）：欧盟鼓励建立个人数据保护认证机制以及数据保护封印和标志，以表明数据控制者和数据处理者的数据处理行为符合《通用数据保护条例》要求。认证是数据控制者和数据处理者自愿提供的，《通用数据保护条例》不强制要求企业必须进行认证。

（2）数据保护影响评估（Data Protection Impact Assessments ）（第 35 条）：如果某种信息处理方式（特别是含有新技术的数据处理）的本质、范围、情境和目的可能给数据主体权利和自由带来很高的风险，在处理之前，《通用数据保护条例》要求数据控制者应当进行处理行为对个人数据保护的影响评估。《通用数据保护条例》并没有对高风险进行界定，但规定有以下情形，应当事前评估：基于自动化数据处理对个人特征的系统性、广泛性评估，基于此评估作出的决定会对数据主体产生法律上或同样重要的影响；处理大量敏感数据；对公共领域大范围的系统性监控等。

(3)事先协商(Prior Consultation)(第36条)：如果数据保护影响评估显示数据处理行为是高风险的，且数据控制者没有降低风险的措施，数据控制者应当与监管部门事先协商，由监管部门提出书面处理意见或措施。

(4)数据泄露报告(Notification of a Personal Data Breach)(第33条)：当有个人数据泄露情况发生时，信息控制者应当毫不迟延地(不超过72小时)向监管部门报告，除非该泄露不可能给个人权利和自由造成风险。根据《通用数据保护条例》第4条释义部分第12项的界定，个人数据泄露是指导致偶然的或者非法的数据破坏、损失、修改、未经授权的披露、访问、传播、存储或其他处理等。

(5)安全处理措施(Security of Processing)(第32条)：《通用数据保护条例》规定，数据控制者和数据处理者应当执行恰当的技术和管理上的措施，以确保具有与风险相匹配的安全保障水平。这些安全处理措施包括：个人数据的假名化[135]和加密；确保持久的机密性、完整性、可用性和数据处理系统可恢复性的能力；当发生物理或者技术事故时及时修复数据可用性、可访问性的能力；定期测试、评定、评估技术和管理措施的有效性。

4. 加强监管与处罚

为强化对数据控制者和数据处理者的监管，《通用数据保护条例》第58条赋予个人数据监管部门广泛的执法权，包含调查权、整改权和建议权三大类。调查权包括：要求数据控制者或处理者提供有关任务履行的信息；以数据保护审计形式开展调查；检查数据控制者或处理者的相关证书；通知数据控制者、处理者相关违反《通用数据保护条例》的行为；要求数据控制者或处理者向监管部门提供访问所有有关其任务履行信息的接口。整改权包括：警告数据控制者或处理者数据处理行为涉嫌违反《通用数据保护条例》；谴责数据控制者或处理者违反条例的数据处理行为；命令数据控制者或处理者服从数据主体要求行使根据《通用数据保护条例》所享有的权利；命令数据控制者或处理者在特定期间以特定方式使其数据处理行为符合《通用数据保护条例》要求；命令数据控制者或处理者向数据主体告知数据泄露；处以临时或终局性限制措施，包括禁止数据处理活动；命令修改或删除个人数据或限制处理个人数据；撤回认证或命令认证机构撤回已颁发的证书或当条件不满足时，命令认证机构禁止认证。建议权包括：建议数据控制者履行事先协商程序；就个人数据保护向相关主体发出倡议、要

---

[135] 个人数据匿名和假名有所区别，依据《通用数据保护条例》，假名数据仍然属于个人数据，受条例规制。而匿名数据是指已经完全移除个人可识别信息之后的数据，不属于个人数据，不受《通用数据保护条例》规范。

求或观点;采用标准数据保护条款等。

为震慑违法个人信息处理行为,结合相关处理的性质、范围或目的和被影响的数据主体的数量以及损害程度等因素,《通用数据保护条例》第 83 条规定了对违法者的严厉处罚。处罚分为两档,第一档是处以 1000 万欧元或者上一年度全球总营业额的 2% ,两者取其高;第二档是处以 2000 万欧元或者企业上一年度全球总营业额的 4% ,两者取其高。

从《通用数据保护条例》的上述变革来看,欧盟从强化数据主体对其个人数据的控制着手,并以风险防范为理念搭建起对个人数据收集与处理全过程进行风险管理的框架,辅以强大的监管手段和严厉的处罚措施,应对大数据和人工智能时代个人数据保护所面临的挑战。美国《消费者隐私权利法案(草案)》试图以情境为核心取代传统目的限定原则,对个人信息收集与处理行为进行规制,而《通用数据保护条例》更强调个人数据处理过程中的风险管理,看似不同的背后其根本出发点都是一致的,即在大数据和人工智能时代,信息主体对其个人信息难以进行有效控制的情况下,改变单纯依赖信息主体“权利中心”的“静态”单向控制,建立个人信息收集和处理者“义务中心”的“动态”监管机制。

五、人工智能应用背景下我国个人信息处理的规制策略

(一)我国现行个人信息保护模式

当前我国有关个人信息保护的规定散见于各种法律文件中。

1. 全国人大常委会《关于加强网络信息保护的决定》

全国人大常委会《关于加强网络信息保护的决定》第 2 条规定:“网络服务提供者和其他企业事业单位在业务活动中收集、使用公民个人电子信息,应当遵循合法、正当、必要的原则,明示收集、使用信息的目的、方式和范围,并经被收集者同意,不得违反法律、法规的规定和双方的约定收集、使用信息。网络服务提供者和其他企业事业单位收集、使用公民个人电子信息,应当公开其收集、使用规则。”该条是对个人信息保护的原则性规定,一是要求个人信息收集必须经信息主体同意;二是公开收集、使用信息的目的、方式和范围及收集、使用规则,即传统个人信息保护框架中的“知情同意”规则。该决定第 3 条规定,信息收集者收集的个人信息必须严格保密,不得泄露、篡改、毁损,不得出售或者非法向他人提供,即个人信息安全规则。该决定第 4 条规定了信息收集者和处理者应当采取技术措施和其他必要措施保护个人信息安全并在个人信息安全受到侵害时采取补救措施的义务。该决定第 8 条则赋予信息主体对于侵害其个人信息合法权益的行为,有要求网络服务提供者删除有关信息或者采取其他必要措施予以制止的权利。

2.《消费者权益保护法》

《消费者权益保护法》第 29 条针对消费者个人信息保护作出了专门规定，不过与《关于加强网络信息保护决定》相关规定基本一致，即要求经营者收集消费者个人信息收集必须经消费者同意，公开收集、使用信息的目的、方式和范围及收集、使用规则，采取技术措施和其他必要措施保护个人信息安全并在个人信息安全受到侵害时采取补救措施的义务。

3.《网络安全法》

《网络安全法》作为我国网络安全领域的“宪法”，一方面承继了《关于加强网络信息保护决定》有关个人信息保护的规定；另一方面也增加了一些新规定，特别是将《关于加强网络信息保护决定》中的“网络服务提供者和其他企业事业单位”替换为“网络运营者”，并在定义部分将“网络运营者”界定为“网络的所有者、管理者和网络服务提供者”，明确了网络个人信息保护的义务主体。该法第 40 条规定：“网络运营者应当对其收集的用户信息严格保密，并建立健全用户信息保护制度。”该条是对个人信息保护的原则性规定。该法第 41－43 条是对个人信息保护的具体规定：第 41 条与《关于加强网络信息保护决定》第 2 条的内容基本一致，只是增加了不得收集与网络服务无关的个人信息的规定；第 42 条第 1 款与《关于加强网络信息保护决定》第 3 条内容一样，是关于个人信息安全保护的规制，不过增加了除外情形，即经过处理无法识别特定个人且不能复原的信息不在安全保护范围之外；第 42 条第 2 款和第 43 条则对应《关于加强网络信息保护决定》第 4 条和第 8 条，只是在《关于加强网络信息保护决定》赋予信息主体删除权的基础上，增加了信息主体对其错误信息的更正权。

4.《民法典》

我国《民法典》还有大量关于个人信息保护的规定，2021 年 8 月通过的《个人信息保护法》则是我国完整规定个人信息处理规则的法律，将个人信息保护权上升为公民的一项基本权利。《民法典》和《个人信息保护法》中有关个人信息保护的规定基本承袭于原有立法，但也有相当多的规定是原有立法不能囊括的。《民法典》第 1035 条规定了处理个人信息的条件，即征得该自然人或者其监护人同意，公开处理信息的规则，明示处理信息的目的、方式和范围以及不违反法律、行政法规的规定和双方的约定。《民法典》第 1036 条规定了行为人处理个人信息责任豁免的情形，包括在该自然人或者其监护人同意的范围内合理实施的行为、合理处理该自然人自行公开的或者其他已经合法公开的信息（但是该自然人明确拒绝或者处理该信息侵害其重大利益的除外）以及为维护公共利益或者该自然人合法权益，合理实施的其他行为。《民法典》第 1037 条则规定了自然人享有的个人信息权利：“自然人可以依法向信息处理者查阅或者复制其个人信息；发现信息有错误的，有权提出异议并请求及时采取更正等必要措施。自然人发现信息处理者违反法律、行政法规的规定或者双方的约定处理其个人信息的，有权请求信息处理者及时删除。”有关信息处理者的义务，《民法典》第 1038 条作了集中规定：“信息处理者不得泄露或者篡改其收集、存储的个人信息；未经自然人同意，不得向他人非法提供其个人信息，但是经过加工无法识别特定个人且不能复原的除外。信息处理者应当采取技术措施和其他必要措施，确保其收集、存储的个人信息安全，防止信息泄露、篡改、丢失；发生或者可能发生个人信息泄露、篡改、丢失的，应当及时采取补救措施，按照规定告知自然人并向有关主管部门报告。”《民法典》第 1039 条还特别规定了国家机关、承担行政职能的法定机构及其工作人员在履行职责过程中对自然人个人信息的保密义务。

5.《个人信息保护法》

作为我国首部个人信息保护的专门立法，《个人信息保护法》从个人信息处理的一般规定、敏感个人信息的处理、国家机关处理个人信息、个人信息跨境提供的规则、个人在个人信息处理活动中的权利、个人信息处理者的义务、履行个人信息保护职责的部门等方面对个人信息保护作了全面规范，其中有大量规定涉及人工智能应用中的个人信息保护。

（1）《个人信息保护法》汲取了其他立法中的有益经验，并且在原有知情、同意、更正、补充、删除等的基础上，通过第 44－50 条对个人在个人信息处理活动中的权利作了更加全面的界定，包括同意权、知情权、要求解释权、限制和拒绝处理权、查阅权、更正权、删除权、可携带权等。立法赋予个人丰富的个人信息权利，有利于个人在各类人工智能应用场景中更好地控制其个人信息。例如，取得同意是处理个人信息的合法性基础。在实践中，多数人工智能应用只设置有“一键同意”，而且以“同意”作为提供服务的前提，这实际上剥夺了用户的“同意权”，使得“同意”彻底沦为形式。鉴于此，《个人信息保护法》第 16 条规定：“个人信息处理者不得以个人不同意处理其个人信息或者撤回同意为由，拒绝提供产品或者服务；处理个人信息属于提供产品或者服务所必需的除外。”此外，《个人信息保护法》还规定需要单独获得同意的有五类应用场景：个人信息公开、向第三方提供个人信息、向境外提供个人信息、处理敏感个人信息，以及并非出于维护公共安全目的而使用公共场所采集的图像和身份识别信息。这些规定都强化了个人对其个人信息的控制，尤其是对特定应用场景下的个人信息处理单独同意以及不得以同意作为提供产品或服务的条件的规定，大大限制了人工智能应用对个人信息的滥用。

（2）《个人信息保护法》还针对人工智能应用中的“大数据杀熟”问题作了特别规

制。“大数据杀熟”的核心是自动化的算法决策。自动化决策[136]会对广告业产生影响。许多广告商在无限度追求商业利益的过程中，经常忽略用户个人的感受，用户往往只能被动接受个性化广告的推送，用户拥有主动权后，可以自行选择是否开启类似功能。个人信息进行去标识化的处理后，可以用于大数据分析和群体画像分析，从而为精准营销、定制化的产品开发、市场拓展提供可行的参考依据。在安全可控的前提下，使用现有的个人信息，也可以进行相关的模型训练。上述基于个人信息产生的模型、群体画像、市场预测与分析、产品开发策略等数据产品，可以进入数据市场流通，从而产生数据流通价值。为避免自动化决策损害个人合法权益，《个人信息保护法》第24条规定：“个人信息处理者利用个人信息进行自动化决策，应当保证决策的透明度和结果公平、公正，不得对个人在交易价格等交易条件上实行不合理的差别待遇。通过自动化决策方式向个人进行信息推送、商业营销，应当同时提供不针对其个人特征的选项，或者向个人提供便捷的拒绝方式。通过自动化决策方式作出对个人权益有重大影响的决定，个人有权要求个人信息处理者予以说明，并有权拒绝个人信息处理者仅通过自动化决策的方式作出决定。”据此，自动化决策的适用必须受到一些约束，即个人信息处理者不得对个人实行不合理的差别待遇，有义务向个人提供便捷的拒绝方式以及负有自动化决策方式的说明义务。

(3)我国《个人信息保护法》还规定了对个人信息保护的影响评估。考虑到人工智能应用场景下的个人信息处理存在一定风险，欧盟设立了个人信息保护影响评估制度(personal information security impact assessment)，我国《个人信息保护法》也引入了该制度。所谓个人信息保护影响评估，是指针对个人信息处理活动，检验其合法合规程度，判断其对个人信息主体合法权益造成损害的各种风险，以及评估保护个人信息主体的各项措施有效性的过程，旨在发现、处置和持续监控个人信息处理过程中对个人信息主体合法权益造成不利影响的风险。依据我国《个人信息保护法》第55条第2项规定，利用个人信息进行自动化决策的，个人信息处理者应当事前进行个人信息保护影响评估，并对处理情况进行记录。《个人信息保护法》第56条明确了个人信息保护影响评估的内容，包括：个人信息的处理目的、处理方式等是否合法、正当、必要；对个人权益的影响及安全风险；所采取的保护措施是否合法、有效并与风险程度相适应。

(4)《个人信息保护法》还对特定类型的个人信息处理者赋予了更严格的责任要求。国内的百度、阿里巴巴、腾讯三大互联网公司和国外的脸书、苹果等互联网企业掌握着大量个人信息，对互联网生态环境有巨大的影响和控制力。学界普遍认为，这些

---

[136] 自动化决策，是指通过程序自动分析、评估个人的行为习惯、兴趣爱好或者经济、健康信用状况等，并进行决策的活动。例如，消费过程中不同的定价、信贷领域评估贷款额度都是自动化决策的应用场景。

“守门人”企业应当受到更加严格的规范,并承担起更多责任。对此,《个人信息保护法》第 58 条规定,提供重要互联网平台服务、用户数量巨大、业务类型复杂的个人信息处理者,应当成立主要由外部成员组成的独立机构对个人信息保护的情况进行监督。此外,还应定期发布个人信息保护社会责任报告,接受社会监督。

从以上规定可以看出,我国立法目前采取的仍为欧美国家传统的基于控制理论的个人信息保护模式,基本建立了知情同意、目的限定、透明度机制、个人信息安全、个人信息影响评估等个人信息保护制度,并赋予了信息主体一系列的个人信息权利。一些半官方性质的智库发布的个人信息保护规则也没有跳出这个框架。[137] 在司法实践中,同样是围绕控制理论展开对个人信息处理合法性的讨论。[138] 总而言之,我国个人信息保护的制度逻辑是在限定处理目的之下,以个人信息的最小化为原则,在取得信息主体知情同意的基础上,遵循信息处理的公开透明与信息的完整性,严格个人信息处理的方式、方法,赋予信息主体一系列权利并合理界定违法个人信息处理的法律责任。我国对个人信息保护的基本思路沿袭于“个人信息控制论”(或称“个人信息自决论”),其理论核心是信息主体的“知情同意”使个人信息处理合法化。[139] 这种模式有效性的前提在于个人能够有效行使对其个人信息的控制,并在理性判断基础上行使自己的各项权利。

(二)基于强化控制与风险管理理念的个人信息保护模式

前已述及,传统基于控制理论的个人信息保护模式难以应对人工智能应用场景下个人信息保护的需要,对此,欧盟已从法律制度层面开启改革。为有效应对大数据和人工智能技术发展所带来的挑战,我国也应顺势而为,对现有个人信息保护法律制度进行完善。由于我国个人信息保护法律制度还比较薄弱,现阶段个人信息随意收集和滥用的情况十分普遍,公民有权对其个人信息进行控制的观念尚未形成,基于控制理论的传统个人信息保护模式仍然有存在的必要,而且应当在现有框架基础上进行强化。另外,在人工智能时代,无论是基于增进公共福祉还是商业使用的需要,大规模的

---

[137] 参见中国科学技术法学会、北京大学互联网法律中心:《互联网企业个人信息保护测评标准》,载《网络法律评论》2015 年第 1 辑。

[138] 例如在北京淘友天下技术有限公司等与北京微梦创科网络技术有限公司不正当竞争纠纷案中,北京知识产权法院认为:“商业化利用个人信息必须告知用户并取得用户的同意。因此,互联网中,对用户个人信息的采集和利用必须以取得用户的同意为前提,这是互联网企业在利用用户信息时应当遵守的一般商业道德。……第三方平台在使用用户信息时还应当明确告知用户其使用的目的、方式和范围,再次取得用户的同意。……新浪微博用户选择对公众公开个人信息,并不意味着上诉人淘友技术公司、淘友科技公司可以未经新浪微博用户的同意,获取用户头像信息、标签信息、职业信息、教育信息并展示在脉脉软件的人脉详情中。”参见北京知识产权法院民事判决书,(2016)京 73 民终 588 号。

[139] 参见杨芳:《个人信息自决权理论及其检讨——兼论个人信息保护法之保护客体》,载《比较法研究》2015 年第 6 期。

个人信息处理已无法避免。因而人工智能应用场景下,对于个人信息的保护不仅应着眼于限制个人信息的收集和利用,还应重视防止个人信息被滥用于不正当目的,给信息主体造成人身和财产上的损害以及对公共安全和国家安全构成威胁。为应对人工智能应用场景下个人信息保护的需要,我们应借鉴欧美基于情境和风险防控理念的个人信息保护新机制,从以下方面进一步完善个人信息保护法律制度。

1. 强化信息主体对其个人信息的控制

(1)提高个人信息处理的透明度

透明度是信息主体行使权利的前提。目前我国个人信息处理透明度实现的主要方式是“隐私声明”,即事先公开收集、使用信息的目的、方式和范围及收集、使用规则。然而传统透明度机制日渐沦为“摆设”,语言晦涩难懂,“隐私声明”中的关键信息也不显著标明,导致用户通常既不仔细阅读具体声明内容,也无法理解其内涵。为提高个人信息处理的透明度,应当要求个人信息处理者以尽可能浅显的语言描述其“隐私政策”,并对其中的关键内容通过加粗、斜体等方式显著标明。另外,针对目前透明度机制主要适用于事前收集的状况,未来完善个人信息保护法时应当将透明度机制贯穿个人信息处理的全过程,使信息主体能及时了解有关其个人信息处理的风险、规则、安全措施、权利以及如何行使权利。特别是应建立持续性的信息披露机制,要求信息处理者在履行个人信息收集阶段的告知义务后,还应及时告知个人信息后续处理过程中相对于收集阶段发生的情况变化以及个人信息处理所产生的风险,以充分保障信息主体的知情权。持续信息披露需关注其有效性,即立法应明确信息处理者应向信息主体告知哪些信息,避免信息过载,保证披露效果。信息处理者既不能遗漏重要信息的披露,也不能告知无关信息,更不能过度告知信息导致无法阅读,而应用清晰、简洁的语言以醒目的方式披露对于是否同意可能产生影响的重要信息,尤其是告知信息主体有访问、更正、删除等一系列权利及其行使方式。[140] 对于难以理解或容易产生歧义之处还应予以专门解释,包括提供更详细的补充链接、弹出窗口特别提示、采用可视化演示甚至体验式告知的方式强化告知的效果。

(2)构建敏感个人信息的分层和分阶段同意规则

通常认为,与一般个人信息处理可经推定同意和默示同意不同,敏感个人信息的处理应当受到最严格的同意限制,即信息处理者必须取得信息主体有关其敏感个人信息处理的明确、具体的同意。[141] 在传统的同意模式下,取得信息主体的同意通常只发

---

〔140〕 参见田野:《大数据时代知情同意原则的困境与出路——以生物资料库的个人信息保护为例》,载《法制与社会发展》2018 年第 6 期。

〔141〕 参见丁晓强:《个人数据保护中同意规则的“扬”与“抑”——卡 - 梅框架视域下的规则配置研究》,载《法学评论》2020 年第 4 期。

生在信息收集阶段,对收集的同意即代表对后续处理行为的同意或在收集阶段即以同意对个人信息的后续处理作为接受服务的条件,这就导致信息主体对于后续处理行为的同意基本被架空。由于个人信息处理的场景多样,处理的风险也会随着场景的变化而变化,要使信息主体的同意能够得到补强,就应围绕处理场景的变化建立分层与分阶段同意机制。所谓分层同意是按照对敏感个人信息需求的深入程度为标准对信息作出纵向分类:第一层同意只包含与是否同意处理敏感个人信息以及处理的敏感个人信息种类、目的和方式等,这是现有一般个人信息处理的同意模式;第二层同意主要涉及敏感个人信息后续处理的要素,相对于收集之初所取得的同意,其内容发生了变化,可能超出信息主体对处理场景的合理预期,此时需要重新取得信息主体的同意。分阶段同意则是信息主体对于敏感个人信息处理具体环节(收集、存储、使用、加工、传输、提供、公开)的同意,包括各处理环节所涉及的主体、处理信息的范围、信息安全保护措施、可能产生的风险以及风险应对等针对该具体环节的具体同意事项。敏感个人信息处理各环节应当取得信息主体的单独同意,不能“一揽子”同意。分层、分阶段同意与宽泛同意相比,均指向信息主体的明示同意,克服了同意的模糊性,让信息主体更容易理解其同意的意义,场景化的同意方式更具针对性,能够实现信息主体对有关其敏感个人信息处理的有效控制。[142]

(3)尊重情境

尊重情境是美国《消费者隐私权利法案(草案)》用以取代传统目的限定原则的最重要革新,是对个人信息处理的“动态控制”。由于目的限定原则仅关注个人信息处理行为是否符合信息收集之时确定的目的,忽视了个人信息处理过程中可能存在的变化,一方面无法适应人工智能时代大规模处理个人信息的现实需要,另一方面也无法真正实现信息主体在特定情境中对个人信息保护的期待。由于个人信息的范围不断扩大,在不同情境之下,对于个人信息的同样利用会带来不同的结果,并导致在某一情境之下个人信息的合理利用在另一情境之下就转变为不合理。而衡量个人信息利用是否合理的关键在于个人信息利用是否符合信息主体的合理预期。尊重情境要求收集和处理个人信息的方式必须与信息主体提供信息时的情境相一致。若在收集个人信息后,以与个人信息收集之时不相符的方式处理这些信息,则必须通知信息主体选择是否同意该处理方式。

尊重情境还表现在对个人信息的“动态”界定。个人信息的传统定义方式存在的最大问题在于对信息的绝对二元化区分。然而随着计算机和网络技术的发展,过去非

---

[142] 参见田野:《大数据时代知情同意原则的困境与出路——以生物资料库的个人信息保护为例》,载《法制与社会发展》2018年第6期。

个人可识别信息通过整合转变成了可识别信息，导致个人信息和非个人信息之间的界限变得模糊。特别是人工智能技术[143]被广泛应用于信息分析，使信息的价值得到了充分挖掘。另外，区分个人信息和非个人信息有时候也取决于情境。“可识别性”是个人信息的重要属性，但信息是否可识别在当下更多地依赖技术而非人的主观判断。信息搜集与再识别化技术的应用使很多价值密度低的数据更易被赋予“可识别性”特征。[144] 例如，去除诸如姓名、住址、电话号码、社保账号等识别信息的医疗数据，并非真正匿名，因为剩下的数据通过与其他数据库数据连接或比对的方式，或通过寻找独特特征的方式仍能被用来重新识别个人。因此，绝对化地将信息二元化区分为个人信息和非个人信息是难以实现的，对信息是否具备“可识别性”的判断必须建立在相应情境基础上。实质上，由于个人信息的范围在不断扩大，个人信息的界定变成动态的，有时依赖于所处的具体情境；脱离特定情境，特定信息就不具有可识别性，也就不是个人信息。因此，未来完善《个人信息保护法》时，应该明确个人信息的界定必须基于特定情境。在特定情境下，能够被认定为个人信息的，关于该信息处理的全过程都应当纳入信息主体的控制之下。

2. 建立个人信息处理的风险管理

(1)加强个人信息处理的技术治理

现代个人信息保护法所要保护的不再是小规模、单一化的个人信息，而是数据控制者(处理者)以自动化方式处理的大规模、多样化的个人信息。[145] 因而与大数据时代的个人信息保护相匹配的理念应当是“标准先行”，即定位于为个人信息安全建立相应技术标准，以强化人工智能应用背景下个人信息处理的技术治理。[146] 加强个人信息处理的技术治理有如下内涵：

第一，个人信息脱敏。在个人信息收集端和储存端，为避免公众的个人信息被窥探，应当对个人信息通过脱敏规则进行数据变形处理，分散、分区域储存数据并进行加密保护，以隐藏数据之间的联系，使数据细节模糊化。[147] 待需要对该数据进行其他处理时，再以静态脱敏库或即时逐条返回的形式自动装载还原，以消除个人信息的敏感性。如果涉及向其他主体传输个人信息，在不影响数据使用的前提下，个人信息处理者也应尽可能进行脱敏处理。个人信息脱敏可将计算迁移到数据所有者的“本地”来

---

〔143〕 大数据技术能够使计算能力和算法精度最大化，可以对数据进行筛选和对比分析，进而产生更加真实、客观和精准的结果。

〔144〕 参见张敏：《大数据背景下我国个人数据法律保护模式分析》，载《中国信息安全》2015 年第 6 期。

〔145〕 参见周汉华：《个人信息保护的法律定位》，载《法商研究》2020 年第 3 期。

〔146〕 参见崔俊杰：《个人信息安全标准化进路的反思》，载《法学》2020 年第 7 期。

〔147〕 参见郑志峰：《通过设计的个人信息保护》，载《华东政法大学学报》2018 年第 6 期。

面向密文作处理，改变数据在明文状态下的迁移不可避免地造成在每一个环节的泄露，从源头防范个人信息泄露的风险。

第二，个人信息泄露防护。个人信息在收集、存储、使用、传输、公开等各环节都有可能发生泄露，个人信息处理者需要针对每个环节的特点设置相应的个人信息泄露防护机制。一旦发现收集、存储、使用、传输、公开的个人信息有可能泄露，引发相应风险的，可以进行相应的阻断。数据泄露防护系统应具有溯源的功能，实现对泄露的个人信息的追溯。在处理个人信息时，应采取加密措施并对处理的数据附加必要的追踪溯源标记，便于在发生数据泄露时及时发现泄露源头。[148] 在个人信息处理的全过程，应尽可能相对集中地处理个人信息，并采取严密的访问控制、权限识别、实时监测、违法阻断等安全措施。

（2）根据个人信息处理风险等级采取相应风险防控措施

欧美个人信息保护立法改革的重中之重是对个人信息处理过程中可能存在的风险的防控。美国《消费者隐私权利保护法案（草案）》试图确立隐私风险识别—安全措施—定期评估的架构。欧盟《通用数据保护条例》则围绕数据处理合法认证—数据保护影响评估—事先协商—数据泄露报告—安全处理措施构建个人数据处理风险防控体制。由于目前我国个人信息保护仍为传统模式，个人信息处理风险防控相关制度尚不够完善，未来完善《个人信息保护法》时，有必要借鉴欧盟相关制度。个人信息处理风险防控的核心在于进行个人信息处理风险评估，以确定个人信息处理行为是否会对信息主体的权益带来安全风险。我国《个人信息保护法》第 55 条和第 56 条建立了个人信息保护影响评估制度，但只规定了需要进行个人信息保护影响评估的情形以及个人信息保护影响评估的内容，没有明确不同风险等级之下的处置措施。立法需要进一步明确，个人信息处理者有义务通过对个人信息处理风险的“程度性”评估，在相应场景中具体地评估个人信息处理行为可能造成的隐私侵害风险，并根据风险等级采取相应的措施，对个人信息处理进行动态控制。[149] 立法应明确要求个人信息处理者在评估结果的基础上划分个人信息处理的风险等级，如采取欧盟《通用数据保护条例》的路径，将风险程度划分为高、中、低三级，并根据具体场景中评估出的风险等级，设计层级化的信息主体控制机制。例如，当风险等级为低时，个人信息控制者只需按照能够符合当事人预期的通常的数据保护流程处理个人信息，无须采取特别的风险防护手段。当风险等级为中时，应当根据个人信息处理的场景，结合个人信息的特性以及处理手段等，采取针对性的风险防护手段。当风险等级为高时，个人信息处理者除须采

---

〔148〕 参见刘权：《论网络平台的数据报送义务》，载《当代法学》2019 年第 5 期。

〔149〕 参见范为：《大数据时代个人信息保护的路径重构》，载《环球法律评论》2016 年第 5 期。

取中等风险层级的保护措施外,还应在处理之前就预期处理的目的和方法、为了保障信息主体权益所采取的措施等与个人信息保护主管部门进行沟通,按照个人信息保护主管部门的建议采取更严格的保护措施,并在个人信息保护主管部门的指导下制定个人信息泄露处置预案。一旦个人信息泄露,个人信息处理者应当立即根据处置预案采取相应举措,并毫不迟延地向个人信息保护主管部门报告。个人信息泄露可能对信息主体权益造成损害的或已经给信息主体的权益造成侵害的,信息控制者还应尽快通知信息主体。未来,还可考虑在立法中设立激励机制,鼓励信息收集者和处理者定期向社会公布个人信息保护风险评估报告。[150]

对于个人信息的安全保障措施,《电信和互联网用户个人信息保护规定》第三章"安全保障措施"从防止用户个人信息泄露、毁损、篡改或者丢失,个人信息发生或者可能发生泄露、毁损、丢失时向监管部门报告,加强从业者个人信息保护相关知识、技能和安全责任培训,例行自查等方面进行了规范。这些安全保障措施仅是浅层次的,在此基础上,未来完善《个人信息保护法》时,还应有更深层次的安全保障措施,包括:信息和数据加密;确保信息机密性、完整性、可用性和信息处理系统可恢复性的能力;定期测试、评估技术和管理措施有效性等。如有必要,也可考虑建立个人信息收集和处理合法认证机制,作为对个人信息收集者和处理者的基本判断和认可。

(3)扩充监管手段

目前我国尚未设立专门的个人信息保护监管机关,个人信息保护相关立法也未明确个人信息保护的监管机关。[151] 依据国务院《关于授权国家互联网信息办公室负责互联网信息内容管理工作的通知》(国发〔2014〕33 号),国务院授权重新组建的网信办负责全国互联网信息内容管理工作,并负责监督管理执法。另外,工信部网络安全管理局负责承担电信网、互联网网络数据和用户信息安全保护管理工作。[152] 由此可见,当前我国个人信息保护监管职责主要归属于工信部网络安全管理局,网信办负有监督职责。《电信和互联网用户个人信息保护规定》规定的监管措施包括:要求提供相关资料、现场检查、对违法行为记入其社会信用档案并予以公布等。相较于欧盟的监管措施,我国现有监管手段还很匮乏。特别是个人信息处理者有违法行为,可能或

〔150〕 参见张敏:《大数据背景下我国个人数据法律保护模式分析》,载《中国信息安全》2015 年第 6 期。

〔151〕 《网络安全法》第 64 条第 1 款规定:"网络运营者、网络产品或者服务的提供者违反本法第二十二条第三款、第四十一条至第四十三条规定,侵害个人信息依法得到保护的权利的,由有关主管部门责令改正,可以根据情节单处或者并处警告、没收违法所得、处违法所得一倍以上十倍以下罚款,没有违法所得的,处一百万元以下罚款,对直接负责的主管人员和其他直接责任人员处一万元以上十万元以下罚款;情节严重的,并可以责令暂停相关业务、停业整顿、关闭网站、吊销相关业务许可证或者吊销营业执照。"

〔152〕 参见中华人民共和国工业和信息化部网络安全管理局机构职责介绍,载中华人民共和国工业和信息化部 2018 年 10 月 27 日,https://www.miit.gov.cn/jgsj/waj/jgzz/art/2020/art_4646354791574be7b6971ba29254e910.html。

导致严重个人信息泄露或损害的，监管部门应该享有对个人信息处理者处以临时或终局性限制措施，包括禁止信息处理活动、命令修改或删除个人信息等要求整改的职权。对于违反《个人信息保护法》的一般行为，可以赋予监管部门进行谴责的权力。除此之外，欧盟《通用数据保护条例》中监管部门的建议类职权也值得借鉴，如就个人信息保护向相关主体发出倡议、要求，制定标准个人信息保护条款建议信息收集者或处理者采用等。

3. 明确违法个人信息处理行为的法律责任

目前，我国个人信息保护相关立法在责任规制方面普遍重刑事责任追究。按照最高人民法院、最高人民检察院《关于办理侵犯公民个人信息刑事案件适用法律若干问题的解释》的规定，几乎所有侵犯公民个人信息行为都可能直接触犯刑事责任。相比之下，违反个人信息保护法规的行为应当受到怎样的行政监管，相关主体应当如何承担民事责任则缺乏足够的规范指引，导致出现刑法制裁与其他法律手段脱节、责任规范与行为规范脱节的现象。[153] 对于人工智能应用场景中的个人信息保护，刑事责任的规制固然重要，行政责任和民事责任方面的法律规范亦亟须补强。

（1）行政责任

对于个人信息处理违法行为的惩处，行政责任必不可少。行政责任的承担须建立在行政监管手段完善的基础上。对于个人信息处理行为的监管，可根据处理行为所能引发的风险大小，采取“递进式”的监管策略。个人信息主管部门须定期或不定期对个人信息处理的合规性进行检查和评估，对于检查过程中发现的一般风险，个人信息保护主管部门可以采用提示个人信息保护面临的风险、约谈、要求就个人信息保护作出说明、要求进行相应整改等措施强化过程监管。个人信息主管部门在监管过程中发现个人信息处理存在重大风险的，应当责令个人信息处理者暂停或停止个人信息处理、暂停或停止使用个人信息文件和个人信息系统或直接对个人信息处理者进行接管等。

在行政监管过程中发现个人信息处理者存在违法行为的，个人信息主管部门应根据违法行为情节的严重性予以相应行政处罚。个人信息处理者有一般违法行为且未造成严重后果的，个人信息保护主管部门可以采取警告、责令限期改正等；个人信息处理者的违法行为对信息主体的权益造成侵害的，个人信息保护主管部门应当责令相关责任主体消除影响（如删除个人信息）、赔礼道歉并予以罚款；对于严重违法行为（如造成大范围的个人信息泄露），可以并处吊销责任主体的个人信息处理许可乃至营业

---

[153] 参见周汉华：《探索激励相容的个人数据治理之道——中国个人信息保护法的立法方向》，载《法学研究》2018 年第 2 期。

执照等；对于无权处理个人信息的，应当责令销毁个人信息文件并予以罚款甚至拘留；对于多次违法处理个人信息的，应当加大处罚力度。至于情节严重性的认定，可结合违法所得、违法处理个人信息的数量、信息主体权益受损的程度、造成经济损失和社会影响的大小等因素考虑。

(2)民事责任

我国《民法典》第 111 条规定："自然人的个人信息受法律保护。任何组织或者个人需要获取他人个人信息的，应当依法取得并确保信息安全，不得非法收集、使用、加工、传输他人个人信息，不得非法买卖、提供或者公开他人个人信息。"《民法典》第 111 条虽对自然人的个人信息权益保护作出了原则性，但由于缺乏具体的责任规范，给违法个人信息处理行为的归责造成了法律适用上的困难，因而需要从理论上予以廓清。由于人工智能应用场景下的违法个人信息处理（如个人信息泄露）往往涉及多个主体，违法个人信息处理行为的归责重点在于如何在多个主体之间分配责任。

任何参与个人信息处理的主体都需要对违法个人信息处理所造成的损害承担责任。为充分保障信息主体的权益救济，应采取举证责任倒置，即只有当个人信息处理者能够证明其对引起损害的事件不负任何责任时，才能豁免其责任。在有多个侵权主体的前提下，可能存在的责任形态包括：连带责任、按份责任和补充责任。第一，连带责任适用于共同侵权的情形，既包括《民法典》第 1168 条规定的狭义共同侵权行为，也包括《民法典》第 1169 条和第 1170 条规定的广义教唆、帮助侵权以及不能确定具体侵权人的共同危险行为。如果某一责任主体已对损害支付了全部赔偿，则该主体有权向参与同一信息处理的其他责任者追偿。个人信息处理行为构成广义共同侵权的，各行为主体应对此承担连带责任。《民法典》第 1171 条还规定了一种承担连带责任的情形，即如果多个行为主体分别实施的个人信息处理行为造成同一损害，每个人的处理行为都足以造成全部损害的，则每个行为主体应对整个损害负责，以确保信息主体得到有效的赔偿。第二，按份责任适用于二人以上分别侵权。第三，未尽到安全保障义务的补充责任。个人信息处理者应当以个人信息受托人身份处分其控制的个人信息，强化其个人信息的受托职责。[154]《民法典》第 111 条明文规定："任何组织或者个人需要获取他人个人信息的，应当依法取得并确保信息安全……"可见，维护个人信息安全是个人信息处理者的法定义务。因第三人的侵权行为造成损害的，个人信息处理者未尽到安全保障义务的，应参照《民法典》第 1198 条承担相应的补充责任。

至于民事责任的承担方式，除停止侵害、消除危险、消除影响、恢复名誉、赔礼道歉

〔154〕参见解正山：《数据驱动时代的数据隐私保护——从个人控制到数据控制者信义义务》，载《法商研究》2020 年第 2 期。

等非金钱责任外，为提高违法个人信息处理行为的成本，可考虑在一般损害赔偿的基础上引入惩罚性赔偿。《民法典》只是在第 1185 条规定了故意侵害他人知识产权且情节严重情形下的惩罚性赔偿。故意侵害个人信息权益且导致严重后果的违法行为的危害性并不弱于故意侵害知识产权行为导致的严重后果，未来亦可参照《民法典》第 1185 条在个人信息保护立法中明确故意侵害个人信息权益且导致严重后果的惩罚性赔偿责任。

对于个人信息权益损害形式和损害赔偿数额的认定，《个人信息保护法》第 69 条明确“按照个人因此受到的损失或者个人信息处理者因此获得的利益确定；个人因此受到的损失和个人信息处理者因此获得的利益难以确定的，根据实际情况确定赔偿数额”。但该条并未充分揭示侵害个人信息的损害形态，也未明确“实际情况”应当考量哪些因素。为指引司法实践全面认定侵害个人信息所造成的各种实质性损害，立法需要充分列举侵害个人信息的损害形式，明确损害赔偿数额所应考虑的因素，实现对个人信息权益的充分保障。

对于个人信息损害形式的认定，应当围绕侵害个人信息权益损害后果的特殊性展开。传统法学理论将个人信息权益视为单纯人格权，并据此构建的损害认定观点忽视了大数据时代个人信息所具有的财产属性。而完全把个人信息权益“财产化”在驱动形成个人信息需求的巨大市场的同时，也将个人信息安全置于巨大的风险之中。国内学界对于个人信息权益性质的认定虽有分歧，但通说观点基本认同个人信息权益兼具人身属性和财产属性。从我国立法来看，《民法典》虽将“个人信息保护”置于人格权编，但同样也在总则编一般性地规定了个人信息保护的基本原则，并明确“不得非法买卖”个人信息，说明《民法典》并未否定个人信息的财产价值。因此，侵害个人信息导致人身权益和财产权益受损当无疑义。而依据《个人信息保护法》第 28 条的界定，敏感个人信息是“一旦泄露或者非法使用，容易导致自然人的人格尊严受到侵害或者人身、财产安全受到危害的个人信息”，侵害敏感个人信息会导致人身、财产权益受损更自不待言。与侵害一般个人信息相比，侵害敏感个人信息所导致的更多的是人身损害，且侵害敏感个人信息所造成的人身损害除名誉损害、精神损害、隐私侵害等传统损害形式外，还有情感伤害、身份盗窃、社会歧视、尊严受损、信誉损失甚至焦虑和恐惧等一般个人信息侵害所不涉及的新型损害。由于这些新型损害并不常见且较为隐蔽，在当前司法实践中很难确认，不利于对个人信息权益的保护。因而有必要在立法上明确列举，为司法裁判提供清晰指引。同时，立法还应留有余地，允许对敏感个人信息的损害形式采用更加开放、更加灵活的解释立场，确保敏感个人信息的损害能够得到应有的救济。

对于个人信息损害赔偿数额的确定，应当围绕影响个人信息权益损害赔偿的各种因素展开。考虑到个人信息侵害会给信息主体造成多种形式的损害，尤其是在信息时代，随着现代科技的应用，特别是自动化数据处理方式的大规模使用，敏感个人信息的侵害后果比一般个人信息更加严重。因此，为更好地保护敏感个人信息，需要全面考虑影响敏感个人信息权益损害赔偿的因素，如侵害敏感个人信息的类型、范围、数量和敏感度，以及侵害敏感个人信息的目的、手段、影响范围和结果等。即便尚未发生具体损害后果，只要敏感个人信息的处理行为能够反映多数人的担忧或者行为足以导致重大形式的伤害，也应当确认存在实质性的损害，从而实现对敏感个人信息权益侵害的从宽认定。[155] 此时，需要考量的因素主要包括侵害敏感个人信息所造成的风险等级以及损害发生的可能性与严重性。[156] 此外，在确定敏感个人信息损害赔偿数额时，还需要考虑特别"过错"的因素。从构成侵权的要件而言，与传统意义上侵害敏感个人信息权益需要主观过错不同，大数据环境下的敏感个人信息侵害不应以主观过错为构成要件，只要损害实际发生，就应当认定侵权的存在。不过，"过错"虽不是侵害敏感个人信息权益的构成要件，但"过错程度"（故意、重大过失、一般过失、轻微过失）在损害赔偿数额确定中却至关重要。[157] 过错程度越高，个人信息处理者所应承担的损害赔偿责任就越重。

综上可见，尽管我国现有立法已搭建了个人信息保护的基本框架，但在大数据和人工智能时代，进一步完善个人信息保护立法仍有必要。基于此，立法必须关注网络大数据时代传统个人信息保护模式的不足，尽可能从风险防控角度化解个人信息处理给信息主体造成的损害，同时以提升信息处理透明度、实现信息主体全过程控制、尊重情境和敏感个人信息特别保护等新机制增强信息主体对其个人信息的有效控制。信息时代，唯有确保个人信息安全，才能使人们更好地享受技术进步带来的便利。

---

〔155〕 See Paul Ohm, *Sensitive Information*, 88 S. Cal. L. Rev. 1125(2014 - 2015).

〔156〕 参见解正山：《数据泄露损害问题研究》，载《清华法学》2020 年第 4 期。

〔157〕 参见郭北南：《个人信息的民事法保护与救济》，载《国家检察官学院学报》2021 年第 2 期。

参 考 文 献

一、中文文献

（一）著作类

1. 张楚:《网络法学》,高等教育出版社 2003 年版。
2. 李艳主编:《网络法》,中国政法大学出版社 2008 年版。
3. 孙占利主编:《信息网络法学》,厦门大学出版社 2012 年版。
4. 陈奎、刘宇晖编著:《网络法十六讲》,对外经济贸易大学出版社 2014 年版。
5. 刘品新:《网络法学》(第 2 版),中国人民大学出版社 2015 年版。
6. 杨合庆主编:《中华人民共和国网络安全法解读》,中国法制出版社 2017 年版。
7. 谢永江、李欲晓主编:《网络安全法学》,北京邮电大学出版社 2017 年版。
8. 京东法律研究院:《欧盟数据宪章:〈一般数据保护条例〉GDPR 评述及实务指引》,法律出版社 2018 年版。
9. 马民虎主编:《网络安全法适用指南》,中国民主法制出版社 2019 年版。
10. 张文显主编:《法理学》(第 3 版),法律出版社 2007 年版。
11. 朱景文主编:《法理学》(第 3 版),中国人民大学出版社 2015 年版。
12. 李适时主编:《中华人民共和国民法总则释义》,法律出版社 2017 年版。
13. 陈甦主编:《民法总则评注》(下册),法律出版社 2017 年版。
14. 朱庆育:《民法总论》(第 2 版),北京大学出版社 2016 年版。
15. 王利明:《人格权法研究》(第 3 版),中国人民大学出版社 2018 年版。
16. 王泽鉴:《人格权法:法释义学、比较法、案例研究》,北京大学出版社 2013 年版。
17. 程啸:《侵权责任法》(第 2 版),法律出版社 2015 年版。
18. 王泽鉴:《侵权行为》(第 3 版),北京大学出版社 2016 年版。
19. 马怀德主编:《行政法与行政诉讼法》(第 5 版),中国法制出版社 2015 年版。
20. 姜明安主编:《行政法与行政诉讼法》(第 6 版),北京大学出版社 2015 年版。
21. 于志强:《中国网络法律规则的完善思路・行政法卷》,中国法制出版社 2016 年版。
22.《行政法与行政诉讼法学》编写组:《行政法与行政诉讼法学》(第 2 版),高等教育出版社 2018 年版。
23. 杨兴凯编著:《电子政务》(第 4 版),东北财经大学出版社 2018 年版。
24. 范健主编:《商法》(第 4 版),高等教育出版社 2011 年版。

25. 电子商务法起草组编著:《中华人民共和国电子商务法条文释义》,法律出版社 2018 年版。
26.《商法学》编写组编:《商法学》,高等教育出版社 2019 年版。
27. 王迁:《网络版权法》,中国人民大学出版社 2008 年版。
28. 吴汉东主编:《知识产权法》(第 5 版),法律出版社 2014 年版。
29. 梅术文:《网络知识产权法:制度体系与原理规范》,知识产权出版社 2016 年版。
30. 李宗辉:《人工智能的知识产权法挑战与应对》,知识产权出版社 2021 年版。
31. 王瑞贺主编:《中华人民共和国反不正当竞争法释义》,法律出版社 2018 年版。
32. 赵廷光等:《计算机犯罪的定罪与量刑》,人民法院出版社 2000 年版。
33. 皮勇:《网络犯罪比较研究》,中国人民公安大学出版社 2005 年版。
34. 孙景仙、安永勇:《网络犯罪研究》,知识产权出版社 2006 年版。
35. 刘军:《网络犯罪治理刑事政策研究》,知识产权出版社 2017 年版。
36. 喻海松:《网络犯罪二十讲》,法律出版社出版 2018 年版。
37. 邵彦铭等:《网络犯罪的识别与防控》,中国民主法制出版社 2019 年版。
38. 谢望原主编:《网络犯罪与安全:2018》,中国人民大学出版社 2019 年版。
39. 王肃之:《网络犯罪原理》,人民法院出版社 2019 年版。
40. 台湾大学法律学院、台大法学基金会编译:《德国民法典》,北京大学出版社 2017 年版。
41. 潘琪译:《美国统一商法典》,法律出版社 2018 年版。
42. [美]凯斯·桑斯坦:《网络共和国:网络社会中的民主问题》,黄维明译,上海人民出版社 2003 年版。
43. [美]马克·A. 莱姆利等:《软件与互联网法》(下),张韬略译,商务印书馆 2014 年版。
44. [美]劳伦斯·莱斯格:《代码 2.0:网络空间中的法律》,李旭、沈伟伟译,清华大学出版社 2018 年版。
45. [美]路易斯·D. 布兰代斯等:《隐私权》,宦盛奎译,北京大学出版社 2014 年版。
46. [美]埃弗雷姆·特班、戴维·金、李在奎、梁定澎、德博拉·特班:《电子商务——管理与社交网络视角》(第 8 版),占丽等译,中国人民大学出版社 2018 年版。
47. [法]达尼埃尔·马丁、弗雷德里克-保罗·马丁:《网络犯罪——威胁、风险与反击》,卢建平译,中国大百科全书出版社 2002 年版。
48. [美]Marjie T. Britz:《计算机取证与网络犯罪导论》,戴鹏、周雯、邓勇进译,电子工业出版社 2016 年版。
49. [美]尼克:《人工智能简史》,人民邮电出版社 2017 年版。
50. [以色列]尤瓦尔·赫拉利:《未来简史》,林俊宏译,中信出版社 2017 年版。
51. [美]塞奇威克、韦恩:《算法》(第 4 版),谢路云译,人民邮电出版社 2012 年版。

(二)论文类

1. 蒋坡:《论网络法的体系框架》,载《政治与法律》2003 年第 3 期。
2. 高家伟:《论电子政务法》,载《中国法学》2003 年第 4 期。

3. 刘满达:《“网络法”热的冷思考》,载《当代法学》2003 年第 5 期。
4. 张楚:《关于网络法基本问题的阐释》,载《法律科学(西北政法大学学报)》2003 年第 6 期。
5. 胡凌:《“马的法律”与网络法》,载《网络法律评论》2010 年第 1 辑。
6. 王建文、奚方颖:《我国网络金融监管制度:现存问题、域外经验与完善方案》,载《法学评论》2014 年第 6 期。
7. 唐旺、宁华、陈星、朱璇:《关键信息基础设施概念研究》,载《信息技术与标准化》2016 年第 4 期。
8. 刘晗:《域名系统、网络主权与互联网治理历史反思及其当代启示》,载《中外法学》2016 年第 2 期。
9. 张新宝、许可:《网络空间主权的治理模式及其制度构建》,载《中国社会科学》2016 年第 8 期。
10. 徐骏:《智慧法院的法理审思》,载《法学》2017 年第 3 期。
11. 谢永江:《论网络安全法的基本原则》,载《暨南学报(哲学社会科学版)》2018 年第 6 期。
12. 刁胜先、郑浩:《大数据战略视野下我国信息网络安全立法分析》,载《重庆邮电大学学报(社会科学版)》2018 年第 1 期。
13. 寿步:《网络安全法基本概念若干问题》,载周汉华主编:《网络信息法学研究》第 3 期,中国社会科学出版社 2018 年版。
14. 金耀:《个人数据匿名化法律标准明晰——以〈网络安全法〉第 24 条为中心》,载张平主编:《网络法律评论》第 20 卷,北京大学出版社 2018 年版。
15. 周汉华:《网络法治的强度、灰度与维度》,载《法制与社会发展》2019 年第 6 期。
16. 马宁:《我国网络安全的法治化进程:从诸法分立到协调统一》,载《人民法治》2019 年第 19 期。
17. 马力、祝国邦、陆磊:《〈网络安全等级保护基本要求〉(GB/T 22239 - 2019)标准解读》,载《信息网络安全》2019 年第 2 期。
18. 刘思蓉、申永波、崔颖:《网络关键设备和网络安全专用产品安全认证简述》,载《信息技术与网络安全》2019 年第 3 期。
19. 齐爱民:《论个人信息的法律属性与构成要素》,载《情报理论与实践》2009 年第 10 期。
20. 黄芬:《侵权责任法中受害人同意的法律性质探究》,载《求索》2011 年第 6 期。
21. 王利明:《论个人信息权的法律保护——以个人信息权与隐私权的界分为中心》,载《现代法学》2013 年第 4 期。
22. 贺栩栩:《比较法上的个人信息数据自决权》,载《比较法研究》2013 年第 2 期。
23. 张新宝:《从隐私到个人信息:利益再衡量的理论与制度安排》,载《中国法学》2015 年第 3 期。
24. 洪延青:《“以管理为基础的规制”——对网络运营者安全保护义务的重构》,载《环球法律评论》2016 年第 4 期。
25. 叶金强:《〈民法总则〉“民事权利章”的得与失》,载《中外法学》2017 年第 3 期。
26. 周汉华:《探索激励相容的个人数据治理之道——中国个人信息保护法的立法方向》,载《法学研究》2018 年第 2 期。
27. 叶名怡:《个人信息的侵权法保护》,载《法学研究》2018 年第 4 期。

28. 叶名怡:《论个人信息权的基本范畴》,载《清华法学》2018 年第 5 期。
29. 张新宝:《〈民法总则〉个人信息保护条文研究》,载《中外法学》2019 年第 1 期。
30. 石佳友:《人格权立法的进步与局限——评〈民法典人格权编草案(三审稿)〉》,载《清华法学》2019 年第 5 期。
31. 温世扬:《民法典人格权编草案评议》,载《政治与法律》2019 年第 3 期。
32. 程啸:《民法典编纂视野下的个人信息保护》,载《中国法学》2019 年第 4 期。
33. 王利明:《民法典人格权编草案的亮点及完善》,载《中国法律评论》2019 年第 1 期。
34. 张新宝:《个人信息收集:告知同意原则适用的限制》,载《比较法研究》2019 年第 6 期。
35. 陆青:《个人信息保护中"同意"规则的规范构造》,载《武汉大学学报(哲学社会科学版)》2019 年第 5 期。
36. 王利明:《数据共享与个人信息保护》,载《现代法学》2019 年第 1 期。
37. 朱芒:《开放型政府的法律理念和实践(上)——日本信息公开制度》,载《环球法律评论》2002 年第 3 期。
38. 朱芒:《开放型政府的法律理念和实践(下)——日本信息公开制度》,载《环球法律评论》2002 年第 4 期。
39. 李正华:《国外电子政务的立法及其启示》,载《信息网络安全》2006 年第 7 期。
40. 周汉华:《电子政务法研究》,载《法学研究》2007 年第 3 期。
41. 金承东:《论电子政务法——内涵、边界及其部门属性》,载《电子政务》2009 年第 7 期。
42. 中国社会科学院法学研究所电子政务法研究课题组:《国外电子政府立法总结与分析报告——"电子政务法研究"课题专题报告之一》,载《电子政务》2009 年第 7 期。
43. 李广乾:《论电子政务的法治职能——中国电子政务法律框架的逻辑结构与构建》,载《电子政务》2012 年第 5 期。
44. 朱芒:《公共企事业单位应如何信息公开》,载《中国法学》2013 年第 2 期。
45. 陆幸福:《论依申请公开政府信息之制度改进》,载《法学》2013 年第 4 期。
46. 余凌云:《政府信息公开的若干问题——基于 315 起案件的分析》,载《中外法学》2014 年第 4 期。
47. 孟强龙:《行政约谈法治化研究》,载《行政法学研究》2015 年第 6 期。
48. 秦小建:《政府信息公开的宪法逻辑》,载《中国法学》2016 年第 3 期。
49. 章剑生:《政府信息获取权及其限制——〈政府信息公开条例〉第 13 条评析》,载《比较法研究》2017 年第 2 期。
50. 王炳:《公平竞争审查的合宪性审查进路》,载《法学评论》2021 年第 2 期。
51. 彭錞:《我国政府信息公开制度的宪法逻辑》,载《法学》2019 年第 2 期。
52. 蒋红珍:《面向"知情权"的主观权利客观化体系建构:解读〈政府信息公开条例〉修改》,载《行政法学研究》2019 年第 4 期。
53. 韩世远:《医疗服务合同的不完全履行及其救济》,载《法学研究》2005 年第 6 期。
54. 王建文:《我国商法引入经营者概念的理论构造》,载《法学家》2014 年第 3 期。

55. 范为:《大数据时代个人信息保护的路径重构》,载《环球法律评论》2016 年第 5 期。
56. 高圣平:《论个人信息保护的目的——以个人信息保护法益区分为核心》,载《法商研究》2019 年第 1 期。
57. 徐亮:《网上证券交易:挑战、法律困境及出路》,载《法学论坛》2005 年第 2 期。
58. 叶林、刘辅华:《构建上市公司股东大会网络通讯表决制度的法律思考》,载《当代法学》2005 年第 5 期。
59. 黄韬:《股东网络投票:制度安排与现实效果》,载《清华法学》2008 年第 6 期。
60. 黄立、何田田:《比较法视野中的 ATM——以许霆案为研究线索》,载《法学杂志》2008 年第 3 期。
61. 刘明祥:《再论用信用卡在 ATM 机上恶意取款的行为性质——与张明楷教授商榷》,载《清华法学》2009 年第 1 期。
62. 张明楷:《非法使用信用卡在 ATM 机取款的行为构成盗窃罪——再与刘明祥教授商榷》,载《清华法学》2009 年第 1 期。
63. 徐聪、郭溧鸣:《因时间误差引发的证券交易失败民事责任之探析》,载《政治与法律》2010 年第 10 期。
64. 冯果、李安安:《投资者革命、股东积极主义与公司法的结构性变革》,载《法律科学》2012 年第 2 期。
65. 杨东:《互联网金融风险规制路径》,载《中国法学》2015 年第 3 期。
66. 刘明:《论私募股权众筹中公开宣传规则的调整路径——兼评〈私募股权众筹融资管理办法(试行)〉》,载《法学家》2015 年第 5 期。
67. 樊云慧:《股权众筹平台监管的国际比较》,载《法学》2015 年第 4 期。
68. 冯辉:《网络借贷平台法律监管研究》,载《中国法学》2017 年第 6 期。
69. 王涛:《〈慈善法〉的立法理念、制度创新和完善路径》,载《法学论坛》2018 年第 1 期。
70. 赵磊:《论比特币的法律属性——从 HashFast 管理人诉 Marc Lowe 案谈起》,载《法学》2018 年第 4 期。
71. 潘静:《从政府中心规制到社会共治:互联网金融治理的新视野》,载《法律科学》2018 年第 1 期。
72. 黎四奇:《二维码扫码支付法律问题解构》,载《中国法学》2018 年第 3 期。
73. 郭禾:《规避技术措施行为的法律属性辨析》,载沈仁干主编:《数字技术与著作权:观念、规范与实例》,法律出版社 2004 年版。
74. 向高飞:《商业方法专利侵权行为研究》,载《电子知识产权》2005 年第 10 期。
75. 李肖红、马丽平:《搜索引擎技术现状及趋势分析》,载《社会科学论坛》2005 年第 5 期。
76. 王仁云:《深度链接的争议及应用前景》,载《电子商务》2007 年第 4 期。
77. 张弘:《商业方法专利侵权研究》,载《中国发明与专利》2009 年第 7 期。
78. 刘lower:《网络环境下侵犯商业秘密的法律保护——以证据规则为中心》,载《电子知识产权》2010 年第 2 期。
79. 周奇:《云计算技术专利保护初探》,载《电子知识产权》2012 年第 12 期。

80. 李扬:《互联网领域新型不正当竞争行为类型化之困境及其法律适用》,载《知识产权》2017 年第 9 期。
81. 孔祥俊:《论反不正当竞争法的基本范式》,载《法学家》2018 年第 1 期。
82. 常远:《计算机犯罪的回顾和预测》,载《法律科学(西北政法大学学报)》1991 年第 3 期。
83. 范德繁、于宏:《针对网络犯罪之认定探讨——兼评刑法相应立法的完善》,载《法制与社会发展》2001 年第 5 期。
84. 刘守芬、孙晓芳:《论网络犯罪》,载《北京大学学报(哲学社会科学版)》2001 年第 3 期。
85. 孙道萃:《网络犯罪治理的基本理念与逻辑展开》,载《学术交流》2017 年第 9 期。
86. 徐剑锋:《互联网时代刑法参与观的基本思考》,载《法律科学(西北政法大学学报)》2017 年第 3 期。
87. 皮勇:《论新型网络犯罪立法及其适用》,载《中国社会科学》2018 年第 10 期。
88. 王燕玲:《中国网络犯罪立法检讨与发展前瞻》,载《华南师范大学学报(社会科学版)》2018 年第 4 期。
89. 李立丰、宫宇:《电信网络诈骗案件的特点及防控对策分析——以 2014 年至 2016 年全国范围内电信网络诈骗案件为分析样本》,载《净月学刊》2018 年第 1 期。
90. 任彦君:《网络黑客产业链的发展趋势与治理对策分析》,载《犯罪研究》2018 年第 1 期。
91. 何静:《面对 DDos 攻击有哪些防护措施》,载《计算机与网络》2019 年第 21 期。
92. 刘艳红:《网络爬虫行为的刑事规制研究——以侵犯公民个人信息犯罪为视角》,载《政治与法律》2019 年第 11 期。
93. 刘艳红:《网络犯罪的刑法解释空间向度研究》,载《中国法学》2019 年第 6 期。
94. 陈兴良:《网络犯罪的刑法应对》,载《中国法律评论》2020 年第 1 期。
95. 李文坚:《大数据背景下 DDoS 常见攻击及其治理和缓解》,载《网络安全技术与应用》2020 年第 3 期。
96. 郭少飞:《"电子人"法律主体论》,载《东方法学》2018 年第 3 期。
97. 杨清望、张磊:《论人工智能的拟制法律人格》,载《湖南科技大学学报(社会科学版)》2018 年第 6 期。
98. 张长丹:《法律人格理论下人工智能对民事主体理论的影响研究》,载《科技与法律》2018 年第 2 期。
99. 陈吉栋:《论机器人的法律人格——基于法释义学的讨论》,载《上海大学学报(社会科学版)》2018 年第 3 期。
100. 孙占利:《智能机器人法律人格问题论析》,载《东方法学》2018 年第 3 期。
101. 赵万一:《机器人的法律主体地位辨析——兼谈对机器人进行法律规制的基本要求》,载《贵州民族大学学报(哲学社会科学版)》2018 年第 3 期。
102. 房绍坤、林广会:《人工智能民事主体适格性之辨思》,载《苏州大学学报(哲学社会科学版)》2018 年第 5 期。

103. 刘洪华:《论人工智能的法律地位》,载《政治与法律》2019 年第 1 期。
104. 王飞跃:《新 IT 与新轴心时代:未来的起源和目标》,载《探索与争鸣》2017 年第 10 期。
105. 甘绍平:《机器人怎么可能拥有权利》,载《伦理学研究》2017 年第 3 期。
106. 杨立新:《人工类人格:智能机器人的民法地位——兼论智能机器人致人损害的民事责任》,载《求是学刊》2018 年第 4 期。
107. 朱体正:《人工智能时代的法律因应》,载《大连理工大学学报(社会科学版)》2018 年第 2 期。
108. 姚万勤:《大数据时代人工智能的法律风险及其防范》,载《内蒙古社会科学(汉文版)》2019 年第 2 期。
109. 张玉洁:《论人工智能时代的机器人权利及其风险规制》,载《东方法学》2017 年第 6 期。
110. 刘宪权:《人工智能时代机器人行为道德伦理与刑法规制》,载《比较法研究》2018 年第 4 期。
111. 袁曾:《人工智能有限法律人格审视》,载《东方法学》2017 年第 5 期。
112. [美]约翰·弗兰克·韦弗:《人工智能机器人的法律责任》,郑志峰译,载《财经法学》2019 年第 1 期。
113. 贾开:《人工智能与算法治理研究》,载《中国行政管理》2019 年第 1 期。
114. 张凌寒:《算法权力的兴起、异化及法律规制》,载《法商研究》2019 年第 4 期。
115. 段泽孝:《人工智能时代互联网诱导行为的算法规制》,载《江西社会科学》2019 年第 2 期。
116. 孙建丽:《算法自动化决策风险的法律规制研究》,载《法治研究》2019 年第 4 期。
117. 高学强:《人工智能时代的算法裁判及其规制》,载《陕西师范大学学报(哲学社会科学版)》2019 年第 3 期。
118. 孙清白、王建文:《大数据时代个人信息"公共性"的法律逻辑与法律规制》,载《行政法学研究》2018 年第 3 期。
119. 汪庆华:《人工智能的法律规制路径:一个框架性讨论》,载《现代法学》2019 年第 2 期。
120. 马靖云:《智慧司法的难题及其破解》,载《华东政法大学学报》2019 年第 4 期。
121. 杨学科:《论智能互联网时代的算法歧视治理与算法公正》,载《山东科技大学学报(社会科学版)》2019 年第 4 期。
122. 卜素:《人工智能中的"算法歧视"问题及其审查标准》,载《山西大学学报(哲学社会科学版)》2019 年第 4 期。
123. 杨芳:《个人信息自决权理论及其检讨——兼论个人信息保护法之保护客体》,载《比较法研究》2015 年第 6 期。
124. 田野:《大数据时代知情同意原则的困境与出路——以生物资料库的个人信息保护为例》,载《法制与社会发展》2018 年第 6 期。
125. 丁晓强:《个人数据保护中同意规则的"扬"与"抑"——卡 - 梅框架视域下的规则配置研究》,载《法学评论》2020 年第 4 期。
126. 张敏:《大数据背景下我国个人数据法律保护模式分析》,载《中国信息安全》2015 年第 6 期。
127. 周汉华:《个人信息保护的法律定位》,载《法商研究》2020 年第 3 期。

128. 崔俊杰:《个人信息安全标准化进路的反思》,载《法学》2020 年第 7 期。

129. 郑志峰:《通过设计的个人信息保护》,载《华东政法大学学报》2018 年第 6 期。

130. 刘权:《论网络平台的数据报送义务》,载《当代法学》2019 年第 5 期。

131. 解正山:《数据驱动时代的数据隐私保护——从个人控制到数据控制者信义义务》,载《法商研究》2020 年第 2 期。

(三)其他类

1. 陈宇:《正确区分电子商务中正常的侵权投诉和商业诋毁》,载《中国知识产权报》2013 年 11 月 20 日,第 6 版。

2. 赵沨:《拆拆电子红包的涉罪问题》,载《人民法院报》2015 年 3 月 4 日,第 6 版。

3. 叶竹盛:《微信红包背后的法治元素》,载《法制日报》2016 年 2 月 22 日,第 7 版。

4. 罗书臻:《建立"互联网 +"时代下的智能庭审》,载《人民法院报》2016 年 11 月 18 日,第 2 版。

5. 吴沈括:《网络犯罪治理视野下的国际合作》,载《检察日报》2017 年 12 月 14 日,第 3 版。

6. 李俊、白艳利、王潇:《流量劫持行为的司法认定》,载《人民法院报》2017 年 1 月 5 日,第 7 版。

7. 张晨:《司法行政智能化建设取得新成效》,载《法制日报》2020 年 6 月 9 日,第 1 版。

8. 曹建峰:《怎样应对人工智能带来的伦理问题》,载《学习时报》2018 年 6 月 14 日,第 7 版。

9. 陈鹏:《大数据与智能时代的信息乱象及其治理》,载《学习时报》2018 年 9 月 5 日,第 6 版。

10. 蔡东海:《揭秘:棱镜计划》,载中国日报网,http://www.chinadaily.com.cn/hqzx/2013-06/19/content_16637738.htm。

11. 张洋:《看山姆大叔如此偷窥世界》,载新华网,http://www.xinhuanet.com//world/2014-05/27/c_1110870573_2.htm。

12. 施聪等:《网络安全大案|乌克兰大停电,恶意攻击世界震惊》,载新浪网,http://news.sina.com.cn/c/2017-09-15/doc-ifykyfwq7588000.shtml。

13. 乔雷华:《孟加拉国央行被窃 8100 万美元》,载新浪网,http://news.sina.com.cn/w/zx/2016-03-13/doc-ifxqhmve9124770.shtml。

14. 华信:《脸书深陷"数据门" 扎克伯格首度回应》,载新华网,http://www.xinhuanet.com/info/2018-03/23/c_137059810.htm。

15. 王萌:《美国脸书公司用户隐私泄露人数上升至 8700 万》,载腾讯网,https://news.qq.com/a/20180405/001640.htm。

16. 李明:《马斯克:人工智能可能成为永久的独裁者》,载新浪科技,https://tech.sina.com.cn/it/2018-04-06/doc-ifysuuyc3043649.shtml。

17. 王风枝:《霍金:人工智能也有可能是人类文明史的终结》,载网易科技 2017 年 12 月 13 日,http://tech.163.com/17/1213/15/D5HVJCVJ00097U7R.html。

18. 天天:《人工智能惹的祸?德国大众发生机器人杀人案》,载欧洲时报网,http://www.oushinet.com/news/europe/germany/20150703/198315.html。

19.《工业和信息化部关于印发〈促进新一代人工智能产业发展三年行动计划(2018-2020 年)〉的

通知》,载工业和信息化部网 2017 年 12 月 13 日,http://www.miit.gov.cn/n1146285/n1146352/n3054355/n3057497/n3057498/c5960779/content.html。

20. 北京市海淀区人民法院民事判决书,(2000)海知初字第 74 号。

21. 最高人民法院民事判决书,(2013)民三终字第 5 号。

22. 南京市中级人民法院民事判决书,(2014)宁民终字第 5028 号。

二、外文文献

1. Samir Chopra & Laurence F. White, *A Legal Theory for Autonomous Artificial Agents*, Michigan University of Michigan Press, 2011.

2. David Schatsky, Craig Muraskin & Ragu Gurumurthy, *Demystifying Artificial Intelligence: What Business Leaders Need to Know about Cognitive Technologies*, Deloitte University Press, 2014.

3. Gregory A. Stobbs, *Business Method Patents* 2nd *Second edition*, New York, Wolters Kluwer Law & Business(2012).

4. William L. Prosser, *Privacy*, 48 California Law Review 383(1960).

5. Michael W. Carroll & Robert Schrader, *Computer – Related Crimes*, 32 American Criminal Law Review 185 (1995).

6. Frank H. Easterbrook, *Cyberspace and the Law of the Horse*, 1996 University of Chicago Legal Forum 207(1996).

7. David R. Johnson & David Post, *Law and Borders – The Rise of Law in Cyberspace*, 48 Stanford Law Review 1367 (1996).

8. Lawrence Lessig, *The Law of the Horse: What Cyberlaw Might Teach*, 113 Harvard Law Review 501 (1999).

9. Eric J. Bakewell et al., *Computer Crime*, 38 American Criminal Law Review 485 (2001).

10. Amalie M. Weber, *The Council of Europe's Convention on Cybercrime*, 18 Berkeley Technology Law Journal 431 (2003).

11. F. Patrick Hubbard, *Sophisticated Robots: Balancing Liability, Regulation, and Innovation*, 66 Florida Law Review 1803 (2014).

12. Tania Sourdin, *Judge v. Robot: Artificial Intelligence and Judicial Decision – Making*, 41 University of New South Wales Law Journal 1114(2018).

13. Jason Zenor, *Endowed by Their Creator with Certain Unalienable Rights: The Future Rise of Civil Rights for Artificial Intelligence*, 5 Savannah Law Review 115 (2018).

14. Colin R. Davies, *An Evolutionary Step in Intellectual Property Rights – Artificial Intelligence and Intellectual Property*, 27 Computer Law & Security Review 601(2011).

15. Matthew U. Scherer, *Regulating Artificial Intelligence System: Risks, Challenges, Competences, and Strategies*, 29 Harvard Journal of Law & Technology Volume 353(2016).

16. Jennifer Robertson, *Human Right vs Robot Rights*: *Forecasts from Japan*, 46 Critical Asian Studies 571(2014).

17. Ryan Calo, *Artificial Intelligence Policy*: *A Primer and Roadmap*, 51 U. C. Davis Law Review 399 (2017).

18. Sonia K. Katyal, *Private Accountability in the Age of Artificial Intelligence*, 66 UCLA Law Review 54(2019).

19. Paul M. Schwartz & Daniel J. Solove, *The PII Problem*: *Privacy and a New Concept of Personally Identifiable Information*, 86 New York University Law Review 1814(2011).

20. C. Fried, *Privacy*, 77 Yale Law Journal 475 (1968).

21. W. A. Parent, *Recent Work on the Concept of Privacy*, 20 American Philosophical Quarterly 341 (1983).

22. J. Litman, *Information Privacy/Information Property*, 52 Stanford Law Review 1283 (2000).

23. Teresa Scassa, *Geographical Information as Personal Information*, 10 Oxford University Commonwealth Law Journal 185(2010).

24. 白井均 = 城野敬子 = 石井恭子『電子政府(デジタル・ガバメント)』(東洋経済新報社,2000年)。

25. 高橋和之『立憲主義と日本国憲法[第2版]』(有斐閣,2010年)。

26. 芦部信喜(高橋和之補訂)『憲法[第5版]』(岩波書店,2011年)。